Friedrich Würthle

DIE SPUR FÜHRT NACH BELGRAD

*Die Hintergründe
des Dramas von Sarajevo 1914*

MIT 33 ABBILDUNGEN
UND ZAHLREICHEN KARTEN, KARTENSKIZZEN
UND FAKSIMILES IM TEXT

VERLAG FRITZ MOLDEN · WIEN–MÜNCHEN–ZÜRICH

Bildnachweis:
Bildarchiv der Österreichischen Nationalbibliothek (4);
Muzej Grado, Sarajevo (3);
Sarajevo-Archiv, Wien (26);
Schutzumschlagfoto: Heeresgeschichtliches Museum, Wien.

1. Auflage

Copyright © 1975 by Verlag Fritz Molden, Wien–München–Zürich
Alle Rechte vorbehalten
Schutzumschlag und Ausstattung: Hans Schaumberger, Wien
Lektor: Johannes Eidlitz
Technischer Betreuer: Franz Hanns
Schrift: Garmond Garamond-Antiqua
Satz: Filmsatzzentrum Deutsch-Wagram
Druck und Bindearbeit: Welsermühl, Wels
ISBN 3-217-00539-2

Inhalt

Vorwort 7

I. Österreichische Herausforderung
  1. Das Attentat 9
  2. Der Marsch nach Saloniki 17
  3. Opfer edler Pflichterfüllung 19
  4. Der Rache zweiter Teil 22
  5. Serbiens Unschuld 28
  6. Das bosnische Aviso 35
  7. Motive 39
  8. Furcht um Serbien 45
  9. 16 Lastwagen, 171 Reiter 53

II. Generalstabskonzept
  1. Der einzige serbische Moslim 59
  2. Die verdächtigen Anarchisten 63
  3. Agententreffen 69
  4. Methoden des nationalen Terrors 74

III. Pašić: „Von nun an wird es anders sein als bisher!"
  1. Der 3. Oktober 1913 und die „pressante Demarche". 79
  2. Sechs Monate Entspannung 85
  3. „An uns ist es, Österreich nicht herauszufordern!" . . 91
  4. „Die Kriegsfurie an die Kette gelegt" 99
  5. „Serben alle und überall" 104
  6. Der serbische „Vizekönig" und sein Schwiegersohn . 111
  7. Diplomatendisput 118

- IV. Die diplomatische Aktion gegen Serbien
  1. Der immer vornehme Leon Pfeffer 125
  2. Ein schönes Geständnis 128
  3. Die Kriegsschuld-Depesche 135
  4. Die Annexion und Serbiens Wohlverhalten 140
- V. Kein Verkehr mit Konfidenten!
  1. Eine politische Monstrosität 146
  2. Masaryk: „Österreich muß ein Reich werden!" 151
  3. Der beste Konfident 157
  4. Vasić und Masaryk 161
  5. Abbruch persönlicher Beziehungen 186
  6. Falsche Spuren 192
  7. Nachtragsverhöre 200
- VI. Die Würfel fallen
  1. Sasonow: „Serbien soll verzichten!" 207
  2. Ultimatum: Artikel sechs 215
  3. Der 25. Juli und Zar Nikolaus II. 221
  4. Der Staatsgefangene 226
  5. „Erschöpfende Aufschlüsse" 231
  6. Der gegenwärtige Augenblick ist einzigartig 234
  7. Belgrad – offene Stadt 237
  8. Mörderische Hypothesen 247
- VII. Chronik (1914–1958) 253
- VIII. Nachwort 273
- IX. Anmerkungen 287
- X. Abkürzungen 346
- XI. Register 348

Danksagung 352

Vorwort des Autors

Läßt sich die Gefahr, daß es eines Tages, vielleicht schon morgen oder übermorgen, zum Ausbruch des Dritten Weltkrieges kommt, ganz ausschließen? Sicher nicht. Auch heute können unkontrollierte Kräfte in das Geschehen eingreifen und eine „ausweglose" Situation schaffen wie im Sommer 1914. Die „berechtigte" Terrortat eines Gymnasiasten, der zwei Pistolenschüsse auf den österreichischen Thronfolger und seine Gattin abgab, lösten eine Kettenreaktion aus, die eine Friedenswelt zerstörte, welche immerhin ein halbes Jahrhundert Bestand hatte. Die „unbedingt notwendigen" diplomatischen und militärischen Selbstschutzmaßnahmen und Gegenmaßnahmen setzten die Welt in Brand, unterbrachen eine kontinuierliche evolutionäre Entwicklung und veränderten die Landkarte Europas. Die damit verbundene Neuordnung schuf wieder die Voraussetzungen für den nächsten Weltkrieg, der dann unseren Erdteil entmachtete.

Dunkle, unkontrollierte Kräfte, die hinter den Kulissen agieren – vom Ausland gesteuerte Terrorgruppen und nur sich selbst verantwortliche Agenten- und Konfidentendienste –, sind stärker denn je. Sie treiben auch heute ihr Spiel, wie sie es schon vor 1914 getrieben haben.

Die Tat von Sarajevo wird verschieden gedeutet. Die einen sprechen vom Freiheitsprotest eines um seine Existenz ringenden kleinen Volkes gegen Rückständigkeit und brutale Tyrannei. Die anderen sehen nationalen Größenwahn am Werk, der ohne Rücksicht auf Opfer rasch machtpolitische Ziele erreichen will. Und die dritten wieder sehen in der Mordtat ein Vorspiel zum heutigen West-Ost-Konflikt an der „blutigen und finsteren Linie", die, wie der Nobelpreisträger Ivo Andrić sagte, durch seine bosnische Heimat geht und den Orient vom Okzident trennt.

Trotz umfangreicher Literatur ist das Thema noch nicht ausgeschöpft. Es bietet eine Fülle beziehungsreicher Aspekte, und in den Archiven, aber auch an anderen Orten, häuft sich aufschlußreiches Material, das zu sichten und auszuwerten der Autor jahrelang bemüht war. Neue Gesichtspunkte beruhen auf neuen, hier zum erstenmal veröffentlichten Unterlagen. Sie dürften auch das Interesse jener Leser erwecken, die zu anderen Schlußfolgerungen kommen als der Autor.

Hinweise auf die Forschungsgeschichte der Ereignisse um den 28. Juni 1914 finden sich im *Nachwort* des Buches.

I. Österreichische Herausforderung

1. Das Attentat

Erzherzog Franz Ferdinand, seit dem Selbstmord seines Vetters, des Kronprinzen Rudolf, 1884 präsumtiver und seit 1896 definitiver Thronfolger Österreich-Ungarns, wurde am 28. Juni 1914 in der bosnischen Hauptstadt Sarajevo ermordet. Ein junger Serbe namens Gavrilo Princip tötete Franz Ferdinand und dessen „morganatische" Gattin Sophie, Herzogin von Hohenberg, durch aus nächster Nähe abgefeuerte Pistolenschüsse. Es waren die ersten Schüsse des Ersten Weltkriegs: alles Unheil, das den alten Kontinent Europa bis zum heutigen Tag heimgesucht hat, Unheil, das sich aber auf die ganze Erde erstreckt, all das hat an jenem 28. Juni in Sarajevo seinen Anfang genommen.

Franz Ferdinand, der auch den Titel „d'Este" trug, als Erbe der Herzogsfamilie Este, die Modena in Norditalien regiert hatte, war ein Neffe Kaiser Franz Josephs. Sein Vater, der Bruder des Kaisers, Erzherzog Karl Ludwig war schon 1896 gestorben. Franz Ferdinand hatte zwei Brüder, Otto und Ferdinand Karl: der erste starb schon 1906, sein Sohn Karl sollte später als Nachfolger Franz Josephs den Thron besteigen. Der zweite, Ferdinand Karl, verzichtete auf Titel und Würden, heiratete eine Bürgerliche und lebte bis zum Jahr 1915 unter dem Namen eines Herrn Burg in Meran.

Franz Ferdinand galt als eigenwillige, energische und nicht unbegabte Persönlichkeit. In bittern Auseinandersetzungen mit dem Kaiser und dessen überalterter Umgebung hatte er durchgesetzt, daß ihm ein gewisser Einfluß auf die Regierungsgeschäfte und vor allem auf die Armee und die Marine eingeräumt wurde. In seiner Residenz, dem Belvedere in Wien, hatten sich Ansätze zu einer künftigen

Regierung gebildet, seine Militärkanzlei war entscheidend an allen Neuerungen und Reformen beteiligt.

Im Belvedere entstand der Plan, der vielleicht den Zerfall der alten Doppelmonarchie noch verhindern und dem Streit der dreizehn Nationalitäten Österreich-Ungarns Einhalt gebieten hätte können: die Umwandlung in eine Art Bundesstaat. Zunächst war es dem Erzherzog um die Südslawenfrage gegangen: Kroaten, Slowenen und Serben sollten ein eigenes Staatsgebilde erhalten, also Trialismus statt Dualismus der Monarchie. Später entwickelten sich Franz Ferdinands Pläne auf den Föderalismus hin: alle Nationalitäten gleichberechtigt neben den Deutschen und den Madjaren.

Hauptproblem für den Reformer Franz Ferdinand war freilich dieses Ungarn, das Land der Heiligen Stephanskrone, dessen Gebiet unangetastet zu wahren Kaiser Franz Joseph, als er sich zum König Ungarns krönen ließ, geschworen hatte. Die Befreiung der Südslawen aus dem „ungarischen Joch" war aber nur möglich, wenn der künftige Kaiser und König diesen Eid nicht leistete, sondern eine Verfassung in Ungarn oktroyierte, die die Herauslösung Kroatiens aus dem ungarischen Reich – und nebenbei auch eine Wahlrechtsreform – vorsah. Da zu befürchten war, daß man sich in Ungarn einer solchen Lösung der Nationalitätenfrage gewaltsam widersetzen würde, arbeitete man im Auftrag Franz Ferdinands sogar einen Feldzugsplan aus, um die Ungarn durch Einmarsch loyaler Truppen zum Nachgeben zu zwingen.

Franz Ferdinand war trotz konservativer Erziehung in manchem ein modern denkender Mann. So hielt er in seinem Privatleben nichts vom spanischen Hofzeremoniell und den Vorschriften des habsburgischen Hausgesetzes. Er verliebte sich in eine hübsche, junge böhmische Gräfin, Sophie von Chotek. Um sie, die nicht Ebenbürtige, heiraten zu können, beschwor Franz Ferdinand feierlich einen Thronverzicht für die Kinder aus dieser Ehe – ausgerechnet an einem 28. Juni, und zwar des Jahres 1900. Obwohl aus dieser Ehe zwei Söhne, Max und Ernst, sowie eine Tochter, Sophie, hervorgingen, hatten sie schon bei ihrer Geburt das Nachfolgerecht verloren: an den 1900 erst dreizehn Jahre alten Neffen Franz Ferdinands, Erzherzog Karl Franz Joseph. Es war freilich sehr die Frage, was in Sachen Nachfolge geschehen würde, wenn Franz Ferdinand einmal Kaiser geworden war.

Jedenfalls war es dieser Mann, auf den sich die Hoffnungen jener richteten, die glaubten, es sei noch möglich, der alten Monarchie neues Leben einzuflößen.

Am 28. Juni 1914 kam Franz Ferdinand mit seiner Gattin Sophie nach Sarajevo. Er hatte vorher an Manövern in Bosnien teilgenommen, die der Armeeinspektor in Sarajevo, Feldzeugmeister Potiorek, leitete. Dieser General war die höchste militärische und als „Landeschef" die höchste zivile Autorität in Bosnien und der Herzegowina. Erst 1878 war das bis dahin türkische Gebiet als Folge des Berliner Kongresses von Österreich besetzt worden (Okkupation). 1908 hatte es wegen Bosnien und der Herzegowina eine internationale Krise gegeben, weil Österreich-Ungarn die Provinz annektierte, dafür aber einen weiter südlich gelegenen Landesteil, den sogenannten Sandschak, räumte und damit den Türken überließ. 1912 eroberten dann Serben und Montenegriner den Sandschak.

Bosnien und die Herzegowina paßten verwaltungs- und verfassungsmäßig nur schwer in den höchst künstlichen und kompliziert ausgewogenen barocken Bau der Doppelmonarchie. Die Provinz wurde weder Österreich (Cisleithanien genannt), noch auch Ungarn (Transleithanien) zugeschlagen, sondern wurde von einem der wenigen beiden Reichshälften gemeinsamen Ministerium, nämlich dem der Finanzen, verwaltet. Die Bewohner Bosniens und der Herzegowina waren Kroaten, Serben und Mohammedaner, welch letztere damals wie heute unter Tito als eigene Nation anerkannt wurden, obwohl sie natürlich Kroaten oder Serben sind und serbokroatisch sprachen und sprechen.

* * *

Die Ereignisse des 28. Juni 1914 in Sarajevo spielten sich nun nach amtlichen Dokumenten und überprüften Zeugenaussagen folgendermaßen ab: Der Hofsonderzug mit dem Erzherzog und seiner Gattin, der Herzogin von Hohenberg, hatte mit 17 Minuten Verspätung das Bad Ilidža[1] verlassen und war gegen 10.07 beim sogenannten Defensionslager[2] eingetroffen, wo eine Autokolonne für die geplante Stadtrundfahrt bereitstand. Den Leitwagen des Konvois stellte die Polizei, im zweiten Wagen fuhren Bürgermeister und Regierungskommissär, das dritte Auto mit der Wiener Zulassungsnummer A III-118 war für sechs Personen bestimmt: die hohen Gäste, den Landeschef und Armeeinspektor Feldzeugmeister Oskar Potiorek, sowie den Besitzer des Wagens, Graf Harrach, Flügeladjutant des Erzherzogs, und schließlich den Chauffeur. Die Suite des Thronfolgers war in den Wagen 4, 5 und 6 untergebracht.

Den Appelquai entlang, der das Ufer des Flusses Miljačka begleitet, auf einer Strecke von nicht viel mehr als 500 Meter, hatten inzwischen unbehindert sechs Attentäter ihre Posten bezogen. Einige waren knapp vorher, um acht Uhr früh, im Hinterzimmer einer Zuckerbäckerei bewaffnet worden, und zwar durch den 24 Jahre alten Lehrer und Journalisten Danilo Ilić. Er hatte den Aufstellungsplan mit dem 19 Jahre alten Gavrilo Princip abgestimmt, der bis gegen neun Uhr mit einem Schulfreund, dem Sohn des Sarajevoer Staatsanwaltes Svara, spazieren gegangen war.

Als auf der Fahrt zum Rathaus der Konvoi langsam die Österreichisch-ungarische Bank am Quai passierte und der Landeschef, General Potiorek, den ihm gegenübersitzenden Erzherzog auf ein militärisches Objekt am anderen Miljačkaufer aufmerksam machte, löste sich von der niedrigen Ufermauer ein junger Mann und machte sich an einem Straßenbahnmast zu schaffen. Mit weitausholender Bewegung warf er dann einen büchsenförmigen Gegenstand gegen das Auto des Thronfolgers. Es war eine serbische Handgranate mit Zeitzündung, die jedoch vom zurückgeklappten Verdeck abprallte und erst unter dem nachfolgenden Auto explodierte. Der 19 Jahre alte Schriftsetzer Nedeljko Čabrinović, hatte sich noch knapp vor der Tat, die Handgranate in der Tasche, eine Zeitung in der Hand, photographieren lassen; zum Andenken, wie er sagte. Über die Tat selbst sagte er aus: „Ich griff mit der rechten Hand unter die linke Achsel, wo meine Bombe verborgen war. Als sich das Thronfolgerauto näherte, zündete ich die Bombe, indem ich sie mit der Kapsel gegen den Tramway-Mast schlug. Ich warf sie und sah noch, wie sie abprallte. Ob es Verletzte gab, weiß ich nicht, denn ich sprang über die hohe Ufermauer in die Miljačka. (Die ganz seicht und unschwer zu durchwaten ist, d. A.) Ich wollte mich vergiften, das mißlang, da ich in der Aufregung das weiße Pulver verstreute. Detektive jagten mir nach und schleppten mich zur Polizei...[3]" In der Gerichtsverhandlung, Monate später, sagte Čabrinović: „Als die Bombe flog, sah mir Franz Ferdinand mit einem kalten, starren Blick ins Auge.[4]"

Graf Harrach, Flügeladjudant des Thronfolgers, berichtet: „Ich saß vorne neben dem Chauffeur, als plötzlich eine Detonation ertönte... Nach dem Knall[5] hatte der Chauffeur das Auto vorschießen lassen... Seine kaiserliche Hoheit... bat mich nachzusehen, ob es Tote oder Verletzte gegeben hätte. Zurückgekehrt, meldete ich, Oberstleutnant Merizzi (der Flügeladjudant Potioreks, d. A.) wäre schwerer verletzt, Graf Boos-Waldeck leichter. Nach einer kleinen Pause fuhren wir zum Rathaus weiter[6]."

Im Rathaus angekommen, war Franz Ferdinand übelster Laune. In seiner Erregung fiel er dem Effendi Fehim Čurčić, Bürgermeister der

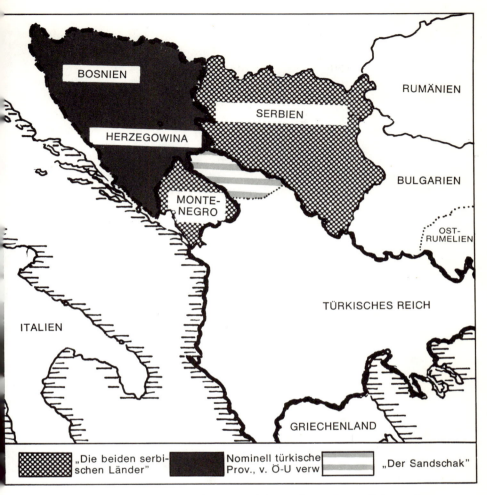

Der Stand der Grenzziehung auf dem westlichen Balkan auf Grund des Berliner Kongresses von 1878 und bis zu den Balkankriegen 1912/13. (SAR.-A.)

Stadt Sarajevo, ins Wort und unterbrach dessen Begrüßungsansprache: „Das ist ja recht hübsch! Da kommt man zum Besuch in diese Stadt und wird mit Bomben empfangen! . . . So, jetzt fahren Sie fort[7]." Dabei war der Effendi, ein Muster an Loyalität, nicht ganz gesund. Wußte der Thronfolger nicht Bescheid über ihn? Doch, man hatte ihn instruiert: „Ćurčić spricht deutsch, war einer der ersten Muselmanen, welche die Offizierscharge erreichten. Ein sehr anständiger Mann, aber ohne besondere Bedeutung[8]." Ein ergebener Habsburgfreund und deshalb für serbische Blätter „ein verfluchter Hundesohn⁹". Warum hatte ihn also der Thronfolger zum Sündenbock gestempelt? Oder galt der „höchste Anraunzer" im Grunde genommen gar nicht dem Bürgermeister, sondern dem Alleinverantwortlichen? Ihm, dem Landeschef? Hatte dieser nicht die „volle Verantwortung" übernommen?

Im Rathaus wurde eine Änderung der Fahrtroute angeordnet[10]. Der neue Plan sah die Rückfahrt über den Appelquai zum Garnison-Spital vor, wo Franz Ferdinand den verwundeten Oberst Merizzi besuchen wollte. Der der Öffentlichkeit bekanntgegebene Weg durch die Innere Stadt sollte vermieden werden. Aber die Autokolonne bog, nachdem sie das Rathaus verlassen hatte, in eben diese Fahrtroute ein, wo an der Ecke Gavrilo Princip schußbereit wartete. Zu dem Fehler kam es, weil General Potiorek den Auftrag, anders zu fahren, an den Chauffeur nicht weitergegeben hatte.[11] Hatte der Landeschef die Entfernung vom Rathaus zum „Schillereck[12]" unterschätzt? Ein Katzensprung von 370 Metern. Es ging um Augenblicke, die Potiorek versäumte. Der Wagen bog um die Ecke, die Katastrophe, das zweite Attentat war geschehen. Die Herzogin von Hohenberg verblutete an jener Kugel, die Potiorek gegolten hatte. Wer Potioreks Fehlleistung erklären will, ist auf Vermutungen angewiesen. Beging er eine Unachtsamkeit? Hatte er durch die Bombenexplosion einen Schock erlitten? Manche seiner Aussagen vor dem Untersuchungsrichter sprechen dafür. Oder war eine Depression, hervorgerufen durch den Eindruck, gescheitert zu sein und die kaum erworbene Gunst des zukünftigen Monarchen wieder verloren zu haben, an seinem Verhalten schuld?

Durch den Fahrtirrtum verminderte sich jedenfalls die Schußdistanz von neun auf zweieinhalb Meter, wodurch, wie man sich ausdrückte, „das edle Wild zum Abknallen in unmittelbarer Nähe des Schützen hingestellt worden war".

Die oft aufgestellte Behauptung, der Erzherzog hätte die bosnische Hauptstadt auf keinen Fall lebend verlassen, an allen Ecken wären aufopferungsbereite Attentäter gestanden, ist Unsinn. Der Aufstellungsplan ist längst kein Geheimnis mehr. Er verrät uns, daß kein Verschwörer entlang der im Rathaus neu beschlossenen Route gestanden hatte.

Überhaupt ging die wilde Entschlossenheit der Jugendlichen nicht so weit, wie es die revolutionäre Literatur gerne dartun möchte. Drei der sechs Attentäter[13] hatten, Pistole und Bombe in der Tasche, ihr Opfer ungehindert passieren lassen. Ihr Waffenlieferant stand als Zu-

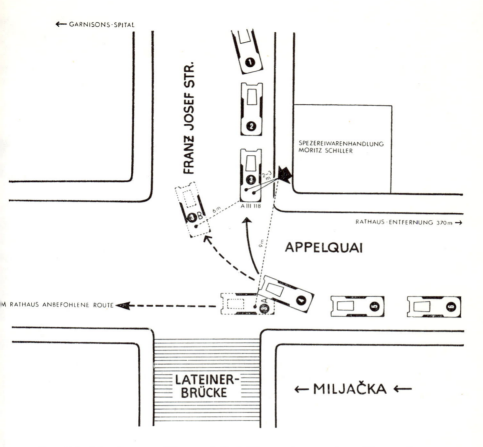

Der Ablauf des Attentats: *Wagen 1* Polizei, *Wagen 2* Bürgermeister, *Wagen 3* Franz Ferdinand und Sophie, *Wagen 4, 5 und 6* Begleitung. Wäre der anbefohlene Kurs gefahren worden, hätte Princip eine Schußweite von neun, wäre der Wagen vorschriftsmäßig gefahren, von sechs Meter gehabt, so aber waren es nur 2,5 Meter. (SAR.-A.)

schauer untätig dabei. Verächtlich nannte der Verschwörer Trifko Grabež[14] mehrere der Mitangeklagten „atentatori slabije kvalitete."*

Der umsichtige Graf Harrach hatte allerdings dem Frieden nicht getraut. Er stellte sich auf das Trittbrett, um mit seinem Körper „von links Seine kaiserlische Hoheit zu decken". „Wir fuhren", beschreibt Harrach die Situation genau, „bis zur Lateinerbrücke und bogen gegen die Franz-Joseph-Gasse ein. In dem Moment erteilte Landeschef Potiorek, ... dem Chauffeur den Auftrag zu reversieren (den

* Attentäter minderer Qualität.

Rückwärtsgang einzuschalten, d. A.), um geradeaus (nach kurzem Zurückstoßen) den Appelquai weiterzufahren. Naturgemäß blieb das Auto während der Prozedur des Schaltens cirka 2–3 Sekunden stehen, da ertönte von rechts aus dem Menschenspalier ein Schuß und einen Augenblick darauf ein zweiter aus unmittelbarer Nähe. Während das Auto zurückstieß, spritzte ein dünner Blutstrahl aus dem Munde Seiner kaiserlichen Hoheit auf meine rechte Backe. Ich zog mein Taschentuch heraus, um das Blut vom Munde des Erzherzogs zu wischen, da sagte die Herzogin: ‚Um Gottes Willen, was ist Dir geschehen?' Ihr Körper rutschte vom Sitz und sie legte ihr Gesicht auf die Knie ihres Gatten. Ich ahnte nicht, daß sie getroffen war und glaubte, sie sei vor Schreck ohnmächtig geworden. Den Erzherzog hörte ich dann sagen: ‚Sopherl, Sopherl, stirb mir nicht, bleibe für meine Kinder.' Um das Vorsinken des Kopfes zu verhindern, packte ich den Erzherzog beim Rockkragen und richtete an ihn die Frage: ‚Leiden Eure kaiserliche Hoheit sehr?' Deutlich antwortete er: ‚Es ist nichts.' Er verzog ein wenig sein Gesicht und wiederholte sechs- oder siebenmal, das Bewußtsein verlierend, immer leiser die Worte: ‚Es ist nichts.' Darauf begann er zu röcheln, zuerst schwach, dann heftiger. Als das Auto vor dem Konak[15] hielt, hatte das Röcheln aufgehört. Wir trugen die beiden leblosen Körper über die Treppe ins Gebäude, wo die Ärzte den Tod konstatierten[16]. Das geschah um 11 Uhr[17]."

Princips erstes Verhör begann um 11.15. Über das Attentat befragt, sagte er: „Die Leute schrien, als sich der erste Wagen näherte, ‚Hoch', ich aber bemühte mich, den Thronfolger zu erspähen. Die Dame neben ihm ließ mich zögern. Sollte ich schießen oder nicht? Einen Augenblick lang überlegte ich. Ein sonderbares Gefühl veranlaßte mich, dann doch auf den Thronfolger zu zielen, und zwar vom Trottoir aus, wo ich stand. Das war keine Kunst (wörtlich: was um so leichter war), weil das Auto in der Kurve seine Fahrt verlangsamte. (Der Wagen war sogar, wie Graf Harrach und andere aussagten, 2–3 Sekunden stehen geblieben, d. A.) Wie oft ich geschossen habe? Ich glaube zweimal, vielleicht öfters, ich war aufgeregt und weiß nicht, wen ich traf und ob ich überhaupt jemanden traf[18]." Am Abend wußte er Bescheid, kannte die Folgen seiner Tat und sagte, es täte ihm leid, auch die Herzogin getötet zu haben[19]. Sonst zeigte er keine Spur von Reue.

Der Dienstkämmerer des Erzherzogs, Baron Andreas Morsey[20], und der Generalstabsmajor von Hüttenbrenner[21] waren, als sie die Schüsse hörten, aus ihren Autos gesprungen, hatten ihre Paradesäbel gezogen und waren zum Schillereck vorgerannt. Princip entwand sich gerade, die Pistole zwischen die Knie geklemmt, dem Zugriff eines Theologiestudenten[22]. Ein Unbekannter bearbeitete mit einem Eisenstück den Helm des Dienstkämmerers, und dieser versetzte Princip Säbelhiebe. Die Sicherheitswache sei „unerhört provokant aufgetreten" und habe ihm, sagte Morsey, das Einschreiten verwehrt. Das veranlaßte ihn, einem der Polizisten einen „mit ungeheurer Wucht geführten Säbelhieb" auf die Schulter zu versetzen. Als der Major herbeikam, war der Attentäter „bereits in festen Händen". Der Major wandte sich den Opfern zu, „sah den Kopf der Herzogin in den Schoß ihres Gatten sinken", aus dessen Mund „unter gurgelnden Tönen ein dicker Blutstrahl sprang". Hüttenbrenner suchte nach Militärärzten, die er dann in den Konak beorderte, wohin das Auto mit den Sterbenden über die Lateinerbrücke rückwärts fahrend, entschwunden war.

2. Der Marsch nach Saloniki

Als bewußte Demütigung des serbischen Volkes galt und gilt die Tatsache, daß Erzherzog Franz Ferdinand „ausgerechnet" am Vidovdan, dem Tag des „nationalen Enthusiasmus[1]", in Sarajevo einzog. Die Manöver der k. u. k. Armee bezeichnete man als existenzgefährdende Bedrohung des serbischen Staates, auch als „empörenden Akt der Gewalt und Manifestation der Unterwerfung[2]". Die Schlußfolgerungen, die man in den Ländern der Entente zog, waren: das Attentat vom 28. Juni 1914 sei eine berechtigte Reaktion, die einzig mögliche Antwort, auf eine verletzende Provokation gewesen.

Schon Oberst Apis-Dimitrijević, Chef des Nachrichtendienstes im serbischen Generalstab, hielt die „Angst um Serbien", ausgelöst durch die Absicht, die Welt vor ein militärisches Fait accompli zu stellen, für das wichtigste Attentatsmotiv. „Ich fühlte", sagte Dimitrijević, „daß Österreich einen Krieg gegen uns plant. Ich dachte, daß durch das Verschwinden des österreichischen Thronfolgers Franz Ferdinand die Clique der Militärs, deren Haupt er war, ihre Macht einbüßen würde und so die Kriegsgefahr aufgehoben und verschoben werden würde[3]."

Zahlreiche serbische, aber auch andere Autoren sind der gleichen Ansicht. Sie behaupten, die „Zusammenziehung der österreichisch-ungarischen Heeresteile in Bosnien war der eigentliche Anlaß für die Organisation des Attentates[4]". Dem wurde kaum widersprochen, ja, in den Schulen Jugoslawiens lehrt man heute noch: „Princip, der Held, hat mit der Pistole in der Hand den österreichischen Drang nach dem Osten und den Marsch auf Saloniki gestoppt[5]." Bei Vladimir Dedijer, dem Tito-Biographen und Sarajevo-Forscher, ist das Attentat der Vorwand, „die Macht Habsburgs bis vor die Tore Salonikis auszuweiten[6]". Im *Serbischen Generalstabswerk* heißt es: „Die Idee des Dranges nach Osten bis zur Ägäis hat das freie Serbien direkt bedroht ... die Durchführung dieses Ziels forderte geradezu die Vernichtung des freien Serbiens, weshalb man aber, der anderen Großmächte wegen, ganz besondere Rechtfertigungen erfinden mußte, die jedoch nicht leicht zu konstruieren waren[7]." Die erfundene oder konstruierte Rechtfertigung war eben das Attentat von Sarajevo. Dieser Gedanke kommt auch in der Gedenktafel in Sarajevo zum Ausdruck. 1964 schrieb die Belgrader Zeitung *Borba* dazu: „... die bosnische Jugend hatte den Wunsch, vor der ganzen Welt die Armada aufzuhalten, die... vorzudringen begann, um die slawische Erde zu unterdrücken, sie zu zerstückeln und Brüder und Schwestern zu Feinden zu machen... unter der Führung Franz Ferdinands Serbien zu überfallen, um noch ein Stück slawischer Erde an sich zu reißen und gemeinsam mit Deutschland weiter in den Osten vorzudringen[8]."

Aber auch deutsche Rechtsgelehrte urteilten ähnlich: „Der Einzug am Vidovdan fügte sich glänzend ein in diejenige Richtung der österreichisch-ungarischen Politik, die Handlungen provozieren wollte, aus denen man einen Kriegsgrund gegen Serbien konstruieren konnte." Diese Expertise[9] wurde zwar in den zwanziger Jahren verfaßt, aber erst 1967 der Öffentlichkeit übergeben und mit einem Geleitwort des deutschen Bundespräsidenten, Gustav Heinemann, bedacht. Die Donaumonarchie war nach diesem Gutachten ebenso wie nach Ansicht des russischen Gesandten in Belgrad, Nikolaus Hartwig, „ein Verschwörer gegen den Frieden Europas[10]".

Sogar Attentatskomplizen paßten ihre Beweggründe der allgemeinen Auffassung an, so der sonst um Objektivität bemühte Historiker und Belgrader Universitätsprofessor Vaso Čubrilović. Als er als 17jähriger Gymnasiast 1914 vor dem Sarajevoer Untersuchungsrichter stand, antwortete er auf die Frage nach dem Attentatsmotiv: „In meinem Zorn, daß ich in der Schule durchgefallen war, war mir auch am Leben nichts mehr gelegen. Deshalb sagte ich dem Ilić (dem 24jährigen Lehrer und technischen Organisator des Anschlages), daß ich das Attentat begehen werde[11]." „... als ich den Erzherzog sah, tat es mir leid, ihn zu töten. Anfangs hatte ich diese Absicht, *weil ich in den Zeitungen gelesen hatte, daß er gegen die Slaven ungerecht sei... daß er alle Slaven unterdrücken wollte... auch weiß ich nicht, aus welchem Motiv ich das Attentat begehen wollte[12]."* Vom Vidovdan und den Manövern kein Wort. 50 Jahre später freilich schrieb Vaso Čubrilović: „Wenn jemand in den militärischen oder politischen Kreisen Österreichs den Besuch des Thronfolgers am Vidovdan ausnützen wollte, dann konnte er keinen besseren Tag wählen... Franz Ferdinand fand es für gut, an Manövern teilzunehmen, die an der Grenze Serbiens und Montenegros ein Jahr nach Beendigung des zweiten Balkankrieges stattfanden[13]."

Suchte man am Ballhausplatz nach den spannungsreichen Jahren 1912 und 1913 – in den Monaten vor dem Attentat – aber wirklich nur die Gelegenheit, über Serbien herzufallen? Oder hoffte man in Wien, in dieser Phase der Entwicklung, auf Besserung der Beziehungen? Stand die Absicht der Aggression im Vordergrund oder verschaffte erst die Empörung über die Bluttat der „Wiener Kriegspartei" den nötigen Auftrieb und damit die Möglichkeit, „unerfüllbare" Forderungen an Serbien zu stellen? Untersucht man an Hand der Sarajevoer Gerichtsakten und anderer neuerdings zugänglicher Dokumente die gegen Österreich-Ungarn erhobenen Vorwürfe, prüft man die politische Situation und die Frage, ob der Termin am Vidovdan und die bosnischen Manöver die Ereignisse beeinflußt haben, so kommt man nicht nur in dieser Hinsicht zu überraschenden Ergebnissen.

Wie auch König Alexander von Jugoslawien nach dem Krieg über Österreich-Ungarns Kriegswillen zu überraschenden Ergebnissen kam. Er glaube nicht an ihn, sagte der König, wohl aber seien einige Staatsmänner der Monarchie in eine Art Taumel geraten (pris d'une sorte de vertige), der sie die Situation verkennen ließ... Österreich-Ungarn, das in einem Krieg alles zu verlieren und nichts zu gewinnen hatte, sei in den Krieg blindlings hineingerutscht, der für alle – auch die Sieger – im Grunde nur Unglück gebracht habe[14].

3. Opfer edler Pflichterfüllung

Am 28. Juni feierten die Serben den Vidovdan, den Tag des hl. Veit oder Vidov[1], der aber, anders als der hl. Sava[2], kein Serbe war. Am 28. Juni 1389 (dem 15. Juni nach dem Kalender alten Stils) besiegten die Türken das serbische Heer auf dem Amselfeld (Kosovo-polje[3]). Damit begann die 500 Jahre dauernde Unterwerfung der Serben unter die türkische Herrschaft. Somit wurde der Vidovdan zu einem Tag der nationalen Trauer. Zu den Erinnerungen an die Schlacht auf dem Amselfeld gehörte vor allem aber auch die Erinnerung an den Ritter Miloš Obilić[4], der, die Niederlage seines Volkes rächend, den siegreichen Sultan Murat I. noch am Vidovdan in dessen Zelt ermordete. Man hätte den Tag also besser auch Obilić-Dan oder zum Andenken an den Fürsten Lazar[5], der auf dem Amselfeld fiel, Knez-Lazar-Dan nennen können. An jenem 28. Juni 1389 begann die jahrhundertelange „Türkennacht", die „Leidensgeschichte", das „Volksmartyrium" der Serben.

Die Niederlage auf dem Amselfeld 1389 hatte ein Kollektivtrauma und eine nationale Neurose ausgelöst. Ihr entsprangen der serbische Vermächtnisgedanke (Zavetna misao) und die Vorstellung, eine Wiedergeburt sei nur durch Leiden möglich. „Wir büßten all unser Glück dort ein", sang, 400 Jahre nach der Katastrophe, Petar Petrović Njegoš, Fürstbischof von Montenegro, im Nationalepos *Der Bergkranz*[6]. Dedijer vergleicht das Amselfeld mit der Klagemauer der Juden und betont die mystisch-religiöse Bedeutung des Kosovo. Der serbische Vermächtnisgedanke kulminierte im Traum eines siegreichen Kreuzzuges gegen das Osmanische Reich und hielt mit der Intensität einer messianischen Verheißung die Hoffnung auf die Auferstehung des großserbischen Reiches wach.

Zum Unterschied vom Königreich Serbien, wo der Vidovdan rot im Kalender stand und gesetzlicher Feiertag[7] war, galt er anderswo, so in Bosnien und der Herzegowina, als Arbeits- und Wochentag[8]. Das war auf eine freie Entscheidung der serbisch-orthodoxen Metropolie zurückzuführen. Seit der 1905 gewährten Kirchen- und Schulautonomie[9] fiel die Gestaltung des im Lande gültigen Kirchenkalenders allein in ihre Kompetenz. Den Vidov- und Obilić-Dan ohne Anstände und Provokationen zu feiern lag im Interesse der Landesbehörden, aber nicht weniger auch im Interesse der bosnischen Serben. Beide wollten eines vermeiden: die Mohammedaner Bosniens – 32 Prozent im ganzen Land, 45 in der Stadt Sarajevo, 48 in Mostar und 55 in Banjaluka – vor den Kopf zu stoßen. Die Behörden der Ruhe und Ordnung wegen, die serbischen Politiker aus parteipolitischen Gründen. Für die national indifferenten Moslems hatte nämlich dieser Gedenktag eine andere, geradezu gegensätzliche Bedeutung. Hatte nicht für sie am Amselfeld 1389 der wahre Glaube gesiegt und der Islam triumphiert? Und Obilić war für Muselmanen kein Nationalheld, sondern der Meuchelmörder eines erhabenen und gerechten Sultans. Mit einem Wort, öffentliche Kosovo-Rachefeiern hätten die bosnischen „Türken" eher verärgert und gereizt. Das aber entsprach nicht der serbischen Taktik, die darauf ausging, die Anhänger des Propheten unter peinlichster Schonung ihrer Empfindlichkeiten zu sich herüberzuziehen und gegen die landfremden „Kuferaschen[10]" aufzubringen.

1912 schrieb der „Ohrfeigen-Marić", ein Gymnasiast, der seinen Schuldirektor attackierte, an den Freund und späteren Attentäter Danilo Ilić: „Ich dichtete ein Lied, ein Lied, wie das Volk es liebt, das man zur Gusla* singen kann. Unser Haß gegen die ‚Švabas**' kommt darin zum Ausdruck. Und der Ekel vor der Trunksucht. Das Lied wird dem Fortschritt und der Gemeinschaft dienen...[11]"

Haß und Antialkoholpropaganda mit Guslabegleitung. So etwas hat es gegeben. Aber bei jeder Gelegenheit und immer wieder, in ewiger Litanei, früher und damals: das Heldenlied von Kosovo. Dadurch wurde ein an antike Vorbilder mahnender Heroenkult ins 20. Jahrhundert übertragen. Guslatöne begleiteten die monotonen Gesänge der von Ort zu Ort ziehenden Guslaren, die mehr als nur Hüter der nationalen Überlieferung waren. Bei den zahlreichen Analphabeten, oft bis 90 Prozent der Bevölkerung, ersetzte das Guslarenlied Flugblätter, Zeitungen, Romane, Wahlreden und Geschichtswerke. Ihr Vortrag war das einzige Kommunikationsmittel, und das bis in die neueste Zeit. Nach Texten des Nationalbarden Njegoš sangen sie: „Alle fielen in den Schlachten, nur der Gusla sanfter Klang vermochte all die heißen Tränen uns zu trocknen." Oder: „Heldenlaufbahn ist der Übel größtes, aber doch das süßeste der Getränke, die die *Seelen unserer Kinder laben*...[12]"

Nun, welchen der Amselfeld-Helden gebührte höchstes Lob? Dem Serbenzar Lazar, der in der Schlacht den Tod fand? Nein, er ist nicht der erste. Auch nicht Vuk Branković, der in den Verdacht geriet, ein Verräter zu sein. (Keine Lichtgestalt ohne Bösewicht, kein Held ohne Verräter!) Der Heldenlorbeer gebührte dem „Opfer edler Pflichterfüllung", dem Ritter Obilić. Welch edler Pflicht tat er Genüge? Darüber geben die serbischen Schulbücher Auskunft: Ritter Miloš Obilić stürmte nach verlorener Schlacht mit zehn serbischen Edelleuten bis zum Zelt des Sultans, küßte dem Sultan die Füße und erstach ihn. Und nach Njegoš sangen die Guslaren: „Auf den Nacken tratest du dem Sultan, aufschlitztest du den Fettbauch."

Obilić wurde, trotz der Fragwürdigkeit seiner Tat, zur Inkarnation

---

* Primitives, einsaitiges Streichinstrument.
** Švabas = Schwaben, Schimpfname für Österreicher und Deutsche.

des serbischen Nationalgedankens. Schon Eduard Gibbon, der englische Historiker, findet es für den serbischen Volkscharakter bezeichnend, daß gerade diese Tat als die heiligste und heroischste der Nachwelt übermittelt wurde[13]. In einem von Njegoš gedichteten Reigen heißt es: „O Held Miloš, Neid weckst du in uns allen, edles Opfer heiliger Pflichterfüllung... Deiner Ritterseele Heldengröße stellt in Schatten alle Freiheitskämpfe... Der Grieche Leonidas? Wer ist das schon, wenn Obilić auf den Kampfplatz schreitet?[14]"

Ein Meuchelmörder wird zur serbischen Siegfriedgestalt, die tief im Volksbewußtsein verankert ist. Doch die Lichtgestalt der germanischen Sagen wirkt gegen den Ritter Obilić schemenhaft und blutleer. Unvorstellbar, daß ein deutscher Offizier seine Grenadiere mit dem Schlachtruf „Siegfried" angespornt und ins Feuer getrieben hätte. Für serbische Bauernsoldaten war dagegen der Ruf „Obilić" Mahnung, Ansporn und Verpflichtung. Der Amselfeld-Mord regte die Volksphantasie an und formte das Kollektivbewußtsein der Massen. Ja, noch mehr, der Obilić- und Amselfeld-Kult schuf ein Leitbild, dessen Ausstrahlung den völkischen Verfolgungswahn mit hervorrief, aber auch Mordhemmungen beseitigte und die Neigung zur Selbstaufopferung unterstützte. Vielleicht kommt das Wort Schicksalspathologie dem Sachverhalt am nächsten.

Njegoš schrieb mit Recht: „Miloš raubt den Menschen die Besinnung." Die jungen Leute aus Bosnien und der Herzegowina lernten zu Hause und in den von ihnen so geschmähten österreichischen Schulen Schillers Freiheitsdrama *Wilhelm Tell* und das südslawische Nationalepos *Der Bergkranz* von Petrović Njegoš. Gavrilo Princip vergötterte beide Dichtungen, doch *Der Bergkranz* „labte seine Seele". Ihn kannte er auswendig, Wort für Wort. Er verglich Franz Ferdinand mit Sultan Murat I. Sich selbst identifizierte er mit Miloš Obilić.

4. Der Rache zweiter Teil

1912, nach dem Sieg der Balkanstaaten über das Osmanische Reich, änderten sich Sinn und Bedeutung des Vidovdan, die Amselfeld-Niederlage war gerächt. Die Zeit schien gekommen, die dem Kosovo-Gedanken innewohnende Aggression abzubauen. Doch daran dachte man in Belgrad nicht, im Gegenteil, man verstärkte sie und setzte sie im Kampf gegen die „k. u. k. Türken" und gegen den „Padischah in der Wiener Hofburg" ein. Zuerst geschah dies in Untergrundbroschüren, dann in der Belgrader Boulevardpresse, endlich 1914 in einer halbamtlichen Publikation. Die österreichische Öffentlichkeit war ahnungslos, ihr kam der Bedeutungswandel des Vidovdan erst nach dem Attentat von Sarajevo voll zum Bewußtsein.

Nicht so ahnungslos waren die Behörden. Das illegale Material, das meistens durch offiziell zugelassene Kulturvereine, auch durch kirchliche Organisationen, eingeschmuggelt wurde, wanderte, wenn es der Polizei in die Hände fiel, nach kurzer Amtshandlung in die Aktenschränke. Ein typisches Beispiel: 1912 verbot die Staatsanwaltschaft Sarajevo die Belgrader Propagandaschrift *Narodna odbrana*[1], in der die „zweite Auferstehung" angekündigt wurde und vom zukünftigen Vidovdan die Rede war, an dem die „neuen Türken" und der „Sultan in Schönbrunn" verjagt werden müßten. Für die bosnischen Behörden war diese Broschüre nur der Anlaß, die provokanten Vorträge eines Belgrader Propagandisten[2] zu verbieten. Das war alles. Dann wurde das betreffende Aktenmaterial in der Registratur der Sarajevoer Landesregierung abgelegt und nicht mehr beachtet. Als nach der Ermordung des Thronfolgers die Agramer Staatsanwaltschaft von der Zentralstelle gravierendes Material anforderte, erhielt sie über die Tätigkeit des Vereines „Narodna odbrana" keine Unterlagen[3].

Auch im Ministerium des Äußeren nahm man erst *nach* dem 28. Juni 1914 vom Bedeutungswandel des Vidovdan richtig Notiz, und zwar durch eine „majestätische Manifestation", eben den Vidovdan-Aufruf vom gleichen Tag, der dem serbischen Amtsblatt beigelegt war und in dem zum erstenmal offiziell verkündet wurde: „Nur ein Teil des Kosovo ist gerächt, nur ein Teil des Volkes gesühnt. Ebenso weit und breit, wie die Gebiete sind, in denen unsere Volkssprache gehört wird... ebenso weit ist die Bedeutung des Veitstages und des Kosovo." Und dann folgen die üblichen nationalen Phrasen von den weinenden Kroaten, Slowenen und Serben, von den Millionen in klirrenden Ketten und von der heiligen Aufgabe, die ihrer harre[4]. Erst in seinem Bericht über die Vidovdan-Feier 1914 am Amselfeld kam der österreichisch-ungarische Geschäftsträger zur endgültigen Erkenntnis: „... *nunmehr* sind wir an die Stelle der Türken als Erbfeinde getreten." Sein Bericht traf erst am 1. Juli in Wien ein[5].

Andere nationale Gedenktage und Anlässe bereiteten den bosnischen Behörden größere Sorgen, der Vidovdan war kein Tag der Demonstrationen, sondern ein Tag der Theateraufführungen nationaler Vereine und vor allem der Sammelbüchse, schlimmstenfalls der

Disziplinarstrafen für Schüler. 1913 wurde bei den Franziskanern in Mostar eine Vidovdan-Gedenkmesse für die Gefallenen der Balkankriege gelesen, an der Orthodoxe und Katholiken teilnahmen, kroatische und serbische Gymnasiasten blieben wegen des Meßbesuches „unerlaubt dem Unterricht fern[6]". Die Erhebungen ergaben, daß die Franziskaner in Unkenntnis des demonstrativen Charakters der Kundgebung ihre Kirche zur Verfügung gestellt hatten, erst durch die Beteiligung der serbisch-orthodoxen Jugend seien ihnen die Augen geöffnet worden. Sollten die guten Patres, die enragierten Verkünder südslawischen Heldengeistes, ebenfalls den Bedeutungswandel des Vidovdan nicht erfaßt haben?

Südslawische Politiker fanden bessere Gelegenheiten als den Vidovdan, um den Einigungsgedanken zu demonstrieren, zum Beispiel die Gedenktage für Zrinsky und Frankopan[7].

Nach dem Ersten Weltkrieg erfuhr der Vidovdan neuerdings einen Bedeutungswandel. Princip wurde mit Miloš Obilić, dem Helden der Amselfeld-Schlacht, verglichen und zum Nationalheros erhoben. Er brauchte allerdings, um zu wirken, ein negatives Pendant, einen modernen Sultan Murat, und das war der Thronfolger Franz Ferdinand, den man schon zu Lebzeiten verteufelt hatte. In der Populärliteratur tritt dann der Mörder Princip als legendäre Gestalt und Retter auf. Auch im Lied der Guslaren:

Im Jahre 1914 war es, als der gewaltige Kaiser von Österreich vier Divisionen seines Heeres sammelte, lauter Madjaren, tüchtige Soldaten, und an der Spitze des Kaisers Sohn, der Thronfolger. Car Franjo schickte das Heer in das unglückliche Bosnien, es sollte das Land Serbien überfallen und ihm einen grauenhaften Untergang bereiten. Aber die Serben durchschauten die bösen Absichten ... Die Herzen erzitterten und erstarrten ... Nachdem des Kaisers Sohn angekommen war ... rückten die Schwaben ein in die Stadt Sarajevo. Voran marschierte des Kaisers Garde, um den jungen Ferdinand zu schützen. Die Musik zog durch die Gassen ... und weiter ging die Parade. Da springt Gavro Princip auf, er fährt los wie ein Drache fürwahr ... Halt ein, Schwabe! Was hast du hier zu marschieren ... Das ist nicht dein Land ... Und Gavro reißt den Revolver hoch ... Hintereinander läßt er zwei Schüsse los. Einer durchbohrt die Heldenbrust des Kaisersohns, ... er wird in Ewigkeit nicht mehr erwachen.

Und weil in einer richtigen Guslarenlegende ein Held Frauen kein Leid zufügt, wird die Herzogin von Princip auch nicht erschossen ...

... Seine Gattin Sophie wurde von Raserei erfaßt, ... und fiel in Ohnmacht ... Neben ihrem Gemahl sinkt die Unglückliche tot zu Boden ...[8]

Nach einer anderen Version verflucht die Sterbende ihren Gatten, weil er ausgezogen war, das arme Serbien zu erobern! War sich Franz Ferdinand überhaupt der Bedeutung des Vidovdan bewußt? Über die Monsterfeier, die für den 28. Juni geplant war, wurde er informiert, und zwar schon am 20. Jänner. Obwohl sie auf dem 1912 eroberten Amselfeld, also nicht in Bosnien, sondern in Serbien abgehalten werden sollte, schrieb der Thronfolger auf die diesbezügliche Meldung: „Sehr im Auge behalten." Da mit einer „Massenbeteiligung hierländischer Serben", also österreichisch-ungarischer Untertanen, zu rechnen war, sollte die Kundgebung durch einen Vertrauensmann des Evidenz-Bureaus beobachtet werden[9]. Tatsächlich reisten dann 1200 Serben aus Österreich und Ungarn über die Grenzen[10].
Mit bestem Willen hätte sich schwer ein Tag finden lassen, an dem der Besuch des zum Serbenfeind gestempelten Thronfolgers in den „gestohlenen Provinzen" von der Belgrader Propaganda nicht als Provokation hingestellt worden wäre. Für sie war die christliche Heilsgeschichte mit nationalen Anliegen verknüpft. Ostern mahnte daran, daß „die weinenden Brüder in Österreich" die Leiden des gekreuzigten Heilands erlitten. Der Karfreitag erinnerte an das Golgatha der Nation, der Karsamstag an die kommende Auferstehung Großserbiens, Weihnachten war das Geburtsfest der Nation, und zu Pfingsten schüttete der „serbische Gott" den Geist der Rache aus, am Savatag hatten die „Brüder jenseits der Drina die Stadt Sarajevo aufzusuchen und das Vermächtnis des heiligen Sava zu erfüllen". Völkisch-nationaler Geist durchdrang den ganzen serbisch-orthodoxen Kalender, kaum ein Tag des Kirchenjahres, an dem nationale Gefühle nicht verletzt worden wären. Auch den Attentätern, den Hauptakteuren des Dramas, war jeder Tag recht. Darüber ließen sie das Gericht nicht im Zweifel. Ausführlich und ohne Scheu schilderten sie, was sie zu ihrer Tat bewog, und übereinstimmend gaben sie den Zeitpunkt ihres endgültigen Entschlusses an, sie nannten genau den Tag, an dem sie erfuhren, wann der Thronfolgerbesuch stattfinden werde. Das war 24 Tage vor dem Mord, am 4. Juni! Damals fuhr die „Troika", bestehend aus dem Schüler Gavro Princip (19 Jahre und 11 Monate), dem Gymnasiasten Trifko Grabež (19 Jahre) und dem Buchdruckergehilfen Nedeljko Čabrinović (19

Jahre), aus dem nordbosnischen Städtchen Tuzla nach Sarajevo. Die „Troika", die am 28. Mai (!) Belgrad verlassen und mit Hilfe serbischer Offiziere sechs Bomben und vier Pistolen auf Schmugglerpfaden durch die Drina-Auen nach Bosnien geschleppt hatte, deponierte diese bei einem Tuzlaer Kinobesitzer, den sie wissen ließ, daß sie die Absicht hätte, den Thronfolger zu ermorden. Das war am 3. Juni, tags darauf in der Bahn, hinter Doboj, kam Čabrinović mit einem Bekannten, dem Polizeiagenten Vila[11], ins Gespräch. Über diese Unterhaltung gab Čabrinović, ohne gedrängt zu werden, beim Untersuchungsrichter zu Protokoll: „Vila erzählte mir, er habe tags zuvor meinen Vater (Vaso Č., der als Polizeispitzel ein Kollege des Vila war, d. A.[12]) in Sarajevo gesehen ... Auf meine Frage teilte mir Vila mit, der Thronfolger werde am 25. Juni nach Sarajevo kommen. Als wir Belgrad verließen", fuhr Čabrinović in seiner Aussage fort, „dachten wir, der *Thronfolger sei bereits in Sarajevo oder werde in einigen Tagen hinkommen*[13]." Dreieinhalb Monate später, in der Gerichtsverhandlung, wiederholte Čabrinović ausdrücklich, vor dem Zusammentreffen mit Vila habe er „nicht gewußt, wann der Thronfolger kommen werde[14]". Auch Dedijer, der öfters den Vidovdan ins Treffen führt, versucht in seinem Werk nicht, seinen Lesern einzureden, daß den Verschwörern vor dem 4. Juni das Datum des Besuches bekannt gewesen wäre[15]. Wie lange man sich in Belgrad bereits über die Durchführung des Attentats einig war, geht aus einer anderen Aussage des Čabrinović hervor, der zu entnehmen war, daß die Absprachen zwischen den serbischen Offizieren und den Attentätern einmal eine Unterbrechung erfuhren. Das war im Frühjahr 1914, als Kaiser Franz Joseph gefährlich erkrankte und in der Eisenbahnstation von Konopischt in Böhmen ein „Separatzug unter Dampf stand, der den Thronfolger Erzherzog Franz Ferdinand schleunigst nach Wien zu bringen bestellt war[16]". In diesen Tagen sagte Milan Ciganović (Zutreiber, Adlatus und Agent des aktiven serbischen Majors Voja Tankosić) zu Čabrinović: „Aus diesem (dem geplanten Mord, d. A.) wird nichts werden ... der alte Kaiser ist krank, der Thronfolger wird nicht nach Bosnien kommen[17]." Wann das war? Das läßt sich fast genau auf den Tag feststellen. Am 18. April stellte der Arzt bei dem 84jährigen Patienten „katarrhalische Symphtome der Bronchien fest, welche nach Fiebererscheinungen eine ernste Wendung anzunehmen drohen". In den Zeitungen erschien das erste Bulletin am 20. April[18]. Mordpläne gegen Würdenträger der Monarchie und Angehörige des Hauses Habsburg bestanden seit Jahren, und zwar seit jene serbischen Verschwöreroffiziere, die 1903 ihren König[19] umgebracht hatten, mit den bosnischen Jugendlichen in Verbindung kamen. Die für die nationale Auslandsarbeit in Altserbien, Mazedonien und Bosnien eingesetzten serbischen Grenz-(und Terror-)Offiziere rekrutierten sich hauptsächlich aus dem genannten Verschwörerkreis.

Gavro Princip gestand nach seiner Tat, noch am 28. Juni, er habe schon vor Jahren von Rachemorden geträumt[20]. Seiner Aussage nach habe er schon als Sechzehnjähriger am Grabe eines Attentäters, des Bogdan Žerajić, geschworen, diesem nachzueifern und bei erstbester Gelegenheit den Landeschef Potiorek umzubringen. Jedenfalls machte Princip seine Aussage zu einer Zeit, als er noch hoffte, es werde ihm gelingen, vor Gericht als Einzelgänger aufzutreten und so alle Hintermänner zu decken. Auch Čabrinović wurde, wie er dem Untersuchungsrichter sagte, seit Jahren von „Rachegedanken geplagt[21]".

Obwohl der Bosnier Gavro Princip nie serbisches Bandenmitglied, nie Komitadži war – zum Unterschied von seinen Freunden –, verkehrte er in ihren Kreisen, mit Vorliebe unter Freischärlern bosnischer Herkunft. Das waren Männer, die sich nach harter Ausbildung in Speziallagern[22] und in grausamen mazedonischen Bandenkämpfen oder anderswo bewährt hatten. Nach Beendigung der Balkankriege* lungerten sie, nach neuen Abenteuern und blutigem Einsatz lechzend, in den Belgrader Kafanas herum. Unter ihnen waren Fanatiker, politische Desperados und wenige Idealisten. Auch in Sarajevo stand Princip in Verbindung mit heimgekehrten Freiheitskämpfern, etwa mit dem serbischen Agenten (und Dichter!) Vladimir Gačinović und dem Terrororganisator (und Übersetzer!) Danilo Ilić. Diese beiden Kontaktmänner zur serbischen Armee galten als „intellektuelle Köpfe der Mlada Bosna", agierten aber auf die strengen Weisungen des Geheimdienstes der serbischen Armee und geheimer Organisationen, die zum Zweck getarnter Auslandsarbeit aufgezogen waren. Ihren Lebensunterhalt bezogen sie aus Belgrad unter verschiedenen Titeln. Gačinović und Ilić waren um vier Jahre älter als Princip, der danach fieberte, ihre Anerkennung zu erringen, es ihnen gleichzutun oder sie womöglich zu übertreffen.

---

* 1912 und 1913.

5. Serbiens Unschuld

Der letzte serbische Gesandte in Wien hieß Jovan M. Jovanović, vorher war er Generalsekretär im Belgrader Außenamt, kurze Zeit sogar Minister. Als er Ende 1912 nach Wien versetzt wurde, gestand er dem k. u. k. Gesandten in Belgrad, Stephan Ugron, er trete diesen Posten „mit einer gewissen Bangigkeit" an, ja, er befürchte sogar, den Aufgaben, die seiner harrten, „nicht gewachsen zu sein". Der höfliche Ugron beruhigte ihn und meinte, die Sache werde nicht schiefgehen, er müsse nur „eine gerade, offene Politik" verfolgen, dann könnte er einer „warmen Unterstützung" gewiß sein und mit „großem Entgegenkommen seitens des Grafen Berchtold rechnen[1]".

Eine gerade, offene Politik? Leichthin gesagt und schwer betrieben. Schon nach den ersten Wiener Pourparlers wurde dem neuen Gesandten, nachdem sich sein russischer Kollege über ihn beschwert hatte, eine derbe Lektion zuteil. Die Folge war eine St. Petersburger Intervention beim serbischen Ministerpräsidenten Nikola Pašić, der vor „der Gefahr allzu offener Rücksprachen" gewarnt wurde, diese hätten bereits „zum Gerücht einer Sonderverständigung mit Wien" geführt[2]. Pašić verfaßte in Gegenwart des russischen Gesandten Hartwig ein geharnischtes Telegramm an Jovanović, in dem es hieß: „Seien Sie vorsichtig[3]." Der Zurechtgewiesene rechtfertigt sich mit den Worten: „Ich habe nur gesagt, Serbien sei bereit, Österreich einige Konzessionen zu machen, um das adriatische Meer zu gewinnen. *Sonst habe ich nichts gesagt*[4]." Und dabei blieb es auch.

Nach Ansicht der Österreicher pflegten serbische Beamte mit wenigen Ausnahmen „blind" die Weisungen des russischen Gesandten, des Herrn von Hartwig, zu befolgen. Eine dieser Ausnahmen soll Jovan Jovanović gewesen sein[5]. Das ließ eine Besserung der „feindnachbarlichen Beziehungen" erhoffen. Zudem ging dem neuen Gesandten der Ruf eines „fanatischen Patrioten" voraus, dessen Ziel einzig und allein die Unabhängigkeit seines Landes sei[6]. Doch was verstand man unter Unabhängigkeit? Überall etwas anderes. In St. Petersburg waren russophile Serben Vorbilder staatlicher Unabhängigkeit. Und in Wien? Da sah man in austrophiler Gesinnung die Garantie serbischer Selbständigkeit. Das ergab sich aus der von allen Großmächten betriebenen Politik des Mißtrauens und vorbeugender Einflußnahme. Sie erwuchs aus der Angst, am Tage kommender Auseinandersetzungen werde dieser „unabhängige Kleinstaat" auch in den Reihen des Gegners stehen. Serbische Nationalisten gaben dem Begriff Unabhängigkeit wieder einen anderen Sinn. Sie hielten sich an die serbische *Staatsschrift*[7] aus dem Jahre 1844, in der es hieß: „Vor allem muß klar sein, daß Österreich der Feind des serbischen Zukunftsstaates sein *muß*. Wir können uns mit diesem Staat von Zeit zu Zeit verständigen, aber ein einträchtiges, auf politische Sympathien begründetes Verhältnis ist nicht möglich... Mit Rußland ist das gleiche der Fall." In dem 1888 beschlossenen Programm der Radikalen Partei[8], der Pašić angehörte und die besser radikal-nationale Partei hätte heißen sollen, fanden Grundgedanken der *Staatsschrift* Eingang, doch glaubte man das Ziel nur durch Anlehnung an das Zarenreich erreichen zu können. Unter Unabhängigkeit verstand man dann Selbständigkeit für alle Teile des Serbentums (auch jenseits der Grenzen), wobei wieder der Begriff Serbentum andere südslawische Nationen, auch nichtserbische, einschloß. Konfliktstoff mehr als genug.

Jovan Jovanović war Diplomat und Politiker, ein sehr ehrgeiziger, aber nicht sehr erfolgreicher Politiker. Die Motive seiner Handlungsweise liegen nicht offen zutage. Auf den Grafen Berchtold machte der neue Gesandte „keinen ungünstigen Eindruck", er hielt ihn weder für einen „Draufgänger, noch für einen ‚verschlagenen Machiavelli'"... „Wenn die leitenden Männer in Belgrad so denken, wie Jovanović bei uns spricht", so fand Berchtold, „ließe sich tatsächlich eine Sanierung erhoffen[9]..."

Ein farbloses Bild entwarf Ritter von Bilinski, gemeinsamer Finanzminister von 1912 bis 1915 und Ressortminister für Bosnien. In seinem Erinnerungsbuch[10] nannte Bilinski Jovanović „einen jungen, intelligenten Menschen, der seiner Überzeugung nach ein Anhänger jener serbischen Politik war, die ein Einvernehmen mit der Monarchie wünschte". Bilinski betonte, er habe sich „gern mit ihm über allgemeine südslawische Fragen unterhalten". An einer anderen Stelle behauptete er sogar allen Ernstes, Jovanović gehörte zu jener Gruppe, die um den Preis der Vereinigung aller südslawischer Länder bereit war, die serbische Dynastie der Karageorgjević gegen die Habsburger einzutauschen.

Der serbische Diplomat Dr. Milan Bogičević rechnete Jovan Jovanović zu jenen seiner Kollegen, deren Berichte sich an „Drohungen, Zumutungen und Anmaßungen gegenüber Österreich-Ungarn nicht genug tun konnten[11]".

Auch nicht klarer ist sein Verhältnis zur Geheimorganisation „Vereinigung oder Tod" (Ujedinjenje ili Smrt), genannt „Die Schwarze Hand" (Crna Ruka). Unter Jovanović' Ägide als Generalsekretär im Belgrader Außenamt ließen die königlich serbischen

Vertreter in Wien und Budapest den Blättern Dementis zukommen, in denen es allen Ernstes hieß, „alle auf die Crna Ruka bezüglichen Nachrichten seien phantastische und böswillige Erfindungen, ebenso alle Gerüchte über den Bestand einer geheimen Offiziersgesellschaft mit revolutionären Zielen". Als die Blätter der Donaumonarchie diese serbischen Dementis wunschgemäß wiedergaben, erregte dies in Belgrad „allgemeine Heiterkeit[12]". Kein Wunder, denn dort wußte man in jeder Kaffeeschenke irgend etwas über das Treiben der einflußreichen Offiziersgruppe. Dem italienischen Gesandten gegenüber äußerte sich Jovanović zur nämlichen Zeit über die Geheimorganisation in so „sympathischen Tönen", daß dieser zur Überzeugung kam, Generalsekretär Jovanović gehöre ihr persönlich an oder unterhalte gute Beziehungen zu ihr[13].

Wenige Tage bevor Jovanović seinen Wiener Posten antrat, klagte er Herrn Ugron, die Regierung sei der Militärpartei (hinter der die Crna Ruka stand) gegenüber ohnmächtig, man nötige Pašić zur Abdankung und liefere den König den Militärs aus[14]. Und als zwei Jahre später, im Mai 1914, knapp vor dem Attentat, tatsächlich die befürchtete Belgrader Regierungskrise eintrat und Pašić durch die Militärs gestürzt werden sollte – wozu König Peter bereits die Einwilligung gegeben hatte –, galt Jovanović als Ministerkandidat für ein der Schwarzen Hand gefügiges Kabinett[15].

Jovanović' Stellung in Wien, unter günstigen Auspizien angetreten, wurde von Jahr zu Jahr prekärer. Seine große Hoffnung, Österreich-Ungarn einen Hafen an der Adriaküste für Serbien abzuringen, war bald gescheitert. Mit seinen Beziehungen zum Außenminister, dem Grafen Berchtold, stand es nicht zum besten, die erhoffte Sanierung war ausgeblieben, die „gerade, offene Politik" war Theorie geblieben, und von einem gewissen Entgegenkommen war erst wieder in den letzten Monaten die Rede. Bilinski wiederholte ein wienerisches Ondit, das besagte, der „Poldl" mag den „Joka" nicht. Mit „Poldl" war der K. u. K. Minister des kaiserlichen und königlichen Hauses und des Äußern, Leopold Graf Berchtold, und mit „Joka" der Gesandte des Königs von Serbien gemeint. Das gespannte Verhältnis sei der Grund gewesen, weshalb der in Wien akkreditierte serbische Diplomat seine Gespräche nicht mit dem zuständigen Außenminister, sondern mit dem „Bosnienminister", eben Herrn Bilinski, habe führen müssen. Welch unleidlicher Zustand. Nach Bilinski, dessen Ausführungen mit Vorsicht aufzunehmen sind, habe es auch Franz Ferdinand nicht haben wollen, daß Graf Berchtold mit Jovanović zusammenarbeite, „da auch er den Joka nicht mochte". Doch das dürften Übertreibungen sein. Unleugbar hatte Jovanović in Wien einen schweren Stand. Die Fama behauptete, der serbische Gesandte habe dreimal beim Erzherzog Franz Ferdinand um eine Antrittsaudienz angesucht und sei dreimal unter nichtigen Vorwänden abgewiesen worden. Auch der Kaiser habe gegen ihn eine Aversion gehabt, ihn bei der Überreichung des Beglaubigungsschreibens auffallend kühl behandelt, und ihm sogar die Hand verweigert[16].

Das bedauerliche Resultat: Jovanović fühlte sich in Wien zurückgesetzt. Ob er deshalb in seiner Berichterstattung immer gehässiger wurde, oder ob umgekehrt die Behandlung auf sein Verhalten zurückzuführen war, wer will das entscheiden? Man machte ihm in Wien zum Vorwurf, er habe früher als Vorstand des serbischen Propagandabüros Anschläge gegen die Monarchie organisiert, in der sogenannten Prochaska-Affäre[17], über die noch zu reden sein wird, habe er sich feindselig und unkorrekt benommen. Auch sein Nachtragsbericht über die bosnischen Manöver und einen Zusammenstoß des „unverträglichen Erzherzogs" mit General Potiorek, abgefertigt am 6. Juli 1914, entbehrt nicht einer gewissen Infamie: Hier der Wortlaut: „Die Manöver wurden mit einer äußerst anstrengenden Übung an einem steilen Berghang abgeschlossen. Die Herzogin von Hohenberg, der diese Übung gefiel, wünschte deren Wiederholung und der Erzherzog ordnete die nochmalige Durchführung derselben an. Der kommandierende General verweigerte diese jedoch mit Rücksicht auf die Übermüdung der Soldaten, worauf ihm der Erzherzog seine Unzufriedenheit zum Ausdruck brachte. Seine despotische Natur zeigte sich oft in der Mißachtung der Menschen[18]." Diese Information an den Ministerpräsidenten Pašić wäre leicht zu überprüfen gewesen, denn acht Tage nach dem Attentat wußte jeder Wiener Zeitungsleser, erst recht jeder interessierte Diplomat, daß die Herzogin gar nicht das Manövergebiet besucht hatte und in Bad Ilidža geblieben war. Jovanović kann hier der Vorwurf, wissentlich die Unwahrheit berichtet zu haben, nicht erspart werden. Er griff jedes Gerücht auf, auch wenn es unwahrscheinlich war. Als der Erzherzog in Konopischt tschechische Arbeiter einstellte, tat er es nur, weil sie billiger waren. Was hätte Jovanović gesagt, wenn Franz Ferdinand deutsche Arbeiter ins tschechische Gebiet hätte bringen lassen?

Den französischen Botschafter unterrichtete Jovanović als Fachmann in südslawischen Fragen über die Situation im Süden der Monarchie. Das geschah zum Beispiel mit folgenden Behauptungen: „Der Zustand der wachsenden Gärung in den südslavischen Provinzen der Doppelmonarchie sei derart, daß die österr.-ung. Regierung genötigt gewesen wäre, sich entweder in die Lostrennung dieser Provinzen zu fügen oder eine verzweifelte Anstrengung zu machen, um sich diese Provinzen zu erhalten... Die Zeit arbeite für Serbien", sagte Jovanović zum französischen Botschafter, die „südslavischen Provinzen sind innerhalb drei Jahren bereit, sich gegen Österreich-Ungarn zu erheben, ohne daß Serbien nur den kleinen Finger zu rühren brauche[19]."

Das Verhalten der südslawischen Bevölkerung zu Beginn des Krieges, ebenso das Verhalten der südslawischen Regimenter im Krieg sprechen eine andere Sprache.

Nach dem Krieg, zehn Jahre nach dem Attentat, war es Jovan Jovanović, der seiner angeblich in Wien erfolgten Warnung neuerlich eine politische Bedeutung gab. Er half damit seinem früheren Chef Nikola Pašić aus arger Verlegenheit. Ein Mitglied des serbischen Vorkriegskabinetts, der damalige Unterrichtsminister Ljuba (!) Jovanović, hatte durch seine Erklärung, Ministerpräsident Pašić habe von den Vorbereitungen zum Attentat Kenntnis gehabt[20], Sensation erregt. Damit war die von dem englischen Publizisten Seton-Watson mit Vehemenz vorgebrachte Theorie von der „vollkommenen Unschuld des offiziellen Serbiens", die den Serben viele Freunde und große Unterstützung in der Welt verschafft hatte, zum Wanken gebracht[21].

Über die angebliche Warnung des serbischen Gesandten erfuhr die Öffentlichkeit bereits zwei Tage nach dem Attentat durch ein Belgrader Blatt[22], das wissen wollte, Jovanović habe sie dem k. u. k. Minister des Äußern, Grafen Berchtold, persönlich überbracht, und dieser habe ihm die Weitergabe der Warnung an den Kaiser und an den Thronfolger zugesagt. Prompt erschien in einem dem Außenministerium nahestehenden Blatt ein Dementi, daß die Belgrader Nachricht „jeder Begründung" entbehre[23]. Jovanović beließ es dabei, reagierte darauf nicht, obwohl er, um das Dementi richtigzustellen, noch drei Wochen, bis zu seiner Abreise, Zeit gehabt hätte. Pašić persönlich nahm noch vor dem Kriegsausbruch zur Frage der Warnung Stellung, und zwar in dem Sinn, daß die serbische Regierung selbstverständlich gewarnt hätte, wenn sie von der Verschwörung unterrichtet gewesen wäre[24]. Anderseits ließen serbische Diplomaten durchblicken, daß auch in dieser Hinsicht alle Pflichten erfüllt wurden.

Nach dem Krieg fragte man von verschiedenen Seiten: Was wußte Serbiens Ministerpräsident wirklich? Ließ er warnen, ja oder nein?

Dabei lag folgende Schlußfolgerung nahe: „Vom Attentat nichts wissen und dabei die Attentäter an der Ausführung verhindern, dazu noch das Attentatsobjekt warnen, ist ein Ding der Unmöglichkeit[25]." Doch Jovan Jovanović hatte darauf auch eine Antwort: Er, als Gesandter in Wien, habe gewarnt, nicht weil er von konkreten Vorbereitungen oder einer Verschwörung wußte, sondern weil auf die ungeheuerlichen österreichisch-ungarischen Provokationen – der Thronfolgerbesuch am Vidovdan und die Manöver, bei der revolutionären Gesinnung der jungen Bosnier – eine derartige Reaktion eigentlich selbstverständlich sein mußte. Indem auch er Motivationen fälschte, rechtfertigte er Pašić. Er tat dies in mehreren Artikeln und in einem Vortrag an der Belgrader Universität, in dem er ausführte: „An dem Tag, an dem der Agramer *Srbobran* meldete, Franz Ferdinand werde den bosnischen Manövern beiwohnen und das ausgerechnet am Vidovdan, bestürmten die Četnići[26] den Major Tankosić um die Erlaubnis, diesen Besuch verhindern zu dürfen. Als serbischer Gesandter in Wien suchte ich am 5. Juni[27] den Minister Bilinski (Gem. Finz. Min.) auf und eröffnete ihm in freundschaftlicher Weise, daß der Besuch Franz Ferdinands und die Manöver am Vidovdan von der Bevölkerung als Herausforderung betrachtet werden und daß ein scharfer Schuß sich in einer unerwünschten Richtung verirren könnte. Bilinski nahm davon nicht Notiz (gemeint ist, in seinen Erinnerungen[28], d. A.), aber daß das Gespräch stattgefunden hat, kann aus den Archiven nachgewiesen werden[29]."

Möglich, daß bei einem Gespräch die Reise berührt worden ist[30]. Doch daß keine amtliche Warnung erfolgte, das ist das einzige, was sich aus den Archiven nachweisen läßt. Die Darstellung des Herrn Jovanović ist auf alle Fälle eine Verschleierung des Sachverhaltes.

Die im *Srbobran* vom 17. März 1914 erwähnte Notiz nannte „Mitte Juni" als Besuchstermin, sie enthält kein Wort vom Vidovdan. Das ungefähre Besuchsdatum erfuhren die Attentäter bekanntlich am 4. Juni[31].

Ferner: In keinem der diplomatischen Berichte der Wiener serbischen Gesandtschaft, weder in dem vom 17. noch in jenen vom 20. und 26. Mai, gibt es einen Hinweis auf den Vidovdan. Ja, es hat den Anschein, als wäre dem Vertreter der serbischen Regierung in Wien, also Herrn Jovanović selbst, ebenso wie der österreichischen Behörde, erst nach dem Attentat zum Bewußtsein gekommen, daß der Besuch auf einen kritischen Tag gefallen war.

Herr Jovanović wurde vom vor- und umsichtigen Ministerpräsidenten Pašić nicht beauftragt, in irgendeiner Form, privat, amtlich oder auch nur andeutungsweise, einen Schritt zu unternehmen, der als Warnung hätte aufgefaßt werden können. Daß dies nicht geschah, beweisen nicht nur die österreichischen, sondern auch die serbischen Akten. Am 4. Juli 1914 sandte der serbische Ministerpräsident folgendes Telegramm an den Wiener Vertreter: „Einige Blätter melden, daß Sie die Aufmerksamkeit auf die Gefährlichkeit der Reise nach Sarajevo gelenkt haben. *Was ist an der Sache?*[32]" Die Antwort ist vom selben Tag, sie lautete: „Er (Jovanović) meldet, daß er am Ende des vorigen Monats einigen Botschaftern gesagt hat, daß die Manöver in Bosnien wie eine Demonstration aussehen[33]."

Daß Jovanović in Wien akkreditierte Botschafter aufmerksam machte, ist durchaus glaubhaft, unglaubwürdig dagegen ist seine Darstellung der Vorsprache bei Minister Bilinski, deren Inhalt so belanglos gewesen sein muß, daß er sich darüber keine Notizen machte, das genaue Datum vergaß und es auch nicht für notwendig fand, darüber nach Belgrad zu berichten.

Auf die erwähnten, 1924 erhobenen Anschuldigungen des früheren serbischen Unterrichtsministers Ljuba Jovanović reagierte Pašić auf typische Weise: Es sei einfach nicht wahr, daß er jemals im serbischen „Ministerrat" von den Attentatsvorbereitungen gesprochen habe[34]. Nun, Ljuba (!) Jovanović hatte das auch nie behauptet, sondern erwähnt, Pašić habe ihn und den Innenminister Stojan Protić informiert. Zur Sache selbst äußerte sich Pašić, von einer „Ermordung" des Thronfolgers habe er keine Ahnung gehabt. Auch das hatte ihm in dieser Form niemand vorgeworfen, denn ob der Anschlag gelingen würde, war doch ungewiß.

Über Nikola Pašić, den „serbischen Bismarck[35]", waren in Belgrad viele Anekdoten im Umlauf. Alle, eine wie die andere, hoben seine Gerissenheit hervor, so auch diese: Eines Tages störte Frau Pašić ihren Mann bei einem Pressegespräch. Der Ministerpräsident meinte, jetzt habe er keine Zeit und gab ihr in seiner Antwort einen falschen Vornamen. Später wurde Pašić von seinem Sekretär gefragt, weshalb er das getan habe, ganz Belgrad wisse doch, wie seine Gattin heiße. Darauf Pašić: „Wenn der Journalist diesen grotesken Namen anführt, und das wird er sich nicht entgehen lassen, habe ich eine famose Gelegenheit, alles zu dementieren, was der Kerl schreibt und mir nicht paßt."

6. Das bosnische Aviso

Als im Oktober 1914 Princip und Genossen vor ihren Richtern standen, waren diese bestrebt, den genauen Zeitpunkt zu erfahren, an dem sich die Angeklagten zur Ausführung ihrer Tat entschlossen hatten. Als sich Oberlandesgerichtsrat Dr. Alois Curinaldi danach erkundigte, antwortete der Angeklagte Princip: „Der *definitive* Entschluß fiel, als wir einen (Zeitungs-)Ausschnitt *Mitte März 1914* (der von Bosnien nach Belgrad gesandt worden war) erhielten... oder einige Tage *davor*[1]." Wie lange davor, gab Princip in einer anderen Aussage an: zuerst habe er die Nachricht vom Besuch in den Zeitungen gelesen, erst nachher habe er zu Čabrinović gesagt, nun sei die Gelegenheit gekommen, das Attentat auszuführen, erst 10 Tage später erhielt Čabrinović den erwähnten Zeitungsausschnitt, durch den man mit Sicherheit wußte, daß der Thronfolger tatsächlich nach Bosnien kommen werde[2].

Auch daraus geht klar hervor, daß der Mord schon vorher geplant war. Dieser von Princip angeführte Zeitungsausschnitt muß immer wieder, heute noch, als Indiz dafür herhalten, daß die Initiative zu diesem „Tyrannenmord" nicht von den serbischen Offizieren, sondern von den revolutionären Idealisten der „Mlada Bosna" ausging. Man stritt sich um „die Ehre des Verbrechens", und dieser Streit ist heute noch im Gange. Schade nur, daß die Belgrader Polizei das „bosnische Aviso" nie herausgegeben hat, obwohl es samt dem Koffer des Čabrinović in ihre Hände gefallen war. So stehen weder der genaue Wortlaut der Zeitungsnotiz noch das Datum des Absendetages fest, ungefähr läßt es sich ermitteln. Hier die Version des Borivoje Jevtić. Dedijer zählt diesen Autor zu den „bekannten Gestalten der jugoslawischen Literatur[3]" und nennt ihn ein hervorragendes Mitglied des Sarajevoer Kružok (Zirkel) der Mlada Bosna: „Im März brachte der Agramer *Srbobran* die Notiz, Österreich beabsichtige, im Sommer große Manöver auf dem Gelände von Sarajevo bis Romanija und Chan-Pijesak in unmittelbarer Nähe der serbischen Grenze abzuhalten. Die Manöver sollte der Thronfolger befehligen, ein sehr klerikaler, aber in bürgerlichen, kroatischen Kreisen als *Freund* der kroatischen Freiheit und Fürsprecher des Trialismus* populärer Mann. Diese Nachricht regte den Sarajevoer Zirkel auf... Als sich wie gewöhnlich bei Varagić (Dichter und

---

* Dreigliederung der Monarchie: Österreich, Ungarn und die südslawischen Gebiete.

Journalist) mehrere Mitglieder des Zirkels einfanden, wurde nach langem Kommentieren beschlossen, die Emigranten in Belgrad von der beabsichtigten Herkunft (sic!) des Thronfolgers zu benachrichtigen. Die Notiz wurde aus der Zeitung ausgeschnitten, ohne ein Wort der Erklärung auf ein gewöhnliches Papier geklebt. Darauf setzte Mihajlo Pušara, damals städtischer Beamter, die Anschrift: an Čabrinović, Belgrad, Kaffee ‚Goldener Hausen', Grüner Ring. Um weniger Verdacht zu erwecken, falls der Brief geöffnet würde, brachte ihn Pušara am folgenden Tag nach Zenica und gab ihn dort weiter[4]."

Die beiden von Jevtić genannten Bosnier, der Journalist Varagić und der städtische Beamte Pušara, verbrachten den Abend des 27. Juni mit Princip. Am nächsten Morgen trieben sich beide in der Nähe des Tatortes herum, ein erwähnenswerter Umstand, ebenso erwähnenswert wie das Geständnis des Bombenwerfers Čabrinović, der den Empfang des „bosnischen Avisos" vor Gericht bestätigte[5]. Offen bleibt nach wie vor die Frage, welchem Blatt die Notiz entnommen wurde. Dedijer zählt fünf Zeitungen auf, die in Frage kommen[6]. Die verschiedenen Notizen stimmten alle mit der ursprünglichen Sarajevoer Korrespondenzmeldung der Wiener *Reichspost* vom 17. März überein: „Erzherzog Franz Ferdinand wird *Mitte Juni* mit Gemahlin nach Bosnien kommen. Der Thronfolger wird an den Manövern des 15. und 16. Korps teilnehmen. Ein mehrtägiger Aufenthalt ist vorgesehen. Eine autoritative Bestätigung dieser nachts eingetroffenen Meldung liegt nicht vor."

Sie ließ auch noch lange auf sich warten. Das Obersthofmeisteramt und die Militärkanzlei des Thronfolgers standen vor einer Menge von Terminen und hüteten sich wohlweislich, zu früh Tag und Stunde dieses Besuches öffentlich bekanntzugeben, noch viele Wochen blieb es bei der Formulierung „Mitte Juni", und nur intern kam es zur Fixierung des Besuchstermins.

Nedeljko Čabrinović entschlüpfte in der Untersuchung eine vielsagende Bemerkung: „Wir politisierten oft beim Zeitungslesen", sagte er, „und dann zählten wir jene Leute auf, die man entfernen müßte.[7]" Das waren österreichische Würdenträger, auch bosnische und serbische Politiker, eine Liste von Persönlichkeiten, die anderer Meinung waren und daher als Verräter galten.

Nach seinem Belgrader Aufenthalt und seinem Besuch beim serbischen Terroroffizier Milan Vasić, der schon 1911 die Ermordung Franz Ferdinands ins Auge gefaßt hatte[8], spielte auch Čabrinović mit diesem Gedanken. So im Herbst 1913, als er von Triest nach Opatija (Abbazia) ging[9]. Doch weniger schwierig und vor allem leichter heranzukommen war seiner Meinung nach an den Verräter Djorde Nastić[10], einen Bosnier, von dem Čabrinović unsinnigerweise annahm, er sei österreichischer Diplomat geworden. Über Nastić unterhielt sich der Buchdruckergehilfe im Frühjahr 1914 in der Belgrader Kafana „Zum Eichenkranz" mit einem gewissen Doka Bajić, einem früheren Kellner und Komitadži. Dieser mysteriöse Mann – und nicht Princip (!) – war es, der Čabrinović zu verstehen gab, Nastić zu erledigen sei verdienstvoll, vordringlich sei aber, den Thronerben der österreichisch-ungarischen Monarchie aus der Welt zu schaffen. Das wäre eine Heldentat, würdig eines Obilić. Čabrinović forderte Waffen. Bajić meinte, nichts sei einfacher als das, schließlich habe er seine Verbindungen[11].

Den Inhalt dieser Unterredung gab Čabrinović in Sarajevo zu Protokoll, und zwar mit folgenden Worten: „Als Bajić Franz Ferdinand nannte, lächelte ich und zeigte ihm jenen Brief (das bosnische Aviso, d. A.), den ich am gleichen Tag bekommen hatte ... Auch später bemerkte Bajić *wiederholt, wie notwendig es wäre*, den Thronfolger zu töten[12]."

Wer war dieser Bajić? In wessen Auftrag mahnte er? Princip, der Bauernschlaue, suchte vor Gericht, wie es seiner Art entsprach, das Geständnis des Čabrinović zu entwerten, seine Offenheit auszugleichen, indem er Bajić schlecht zu machen versuchte. Dieser Kerl lebe auf großem Fuß, erklärte er. Auch arbeite er nicht. Daraus könne man nur schließen, daß dieser Bajić ein bezahltes Subjekt sei, ein Spion, natürlich ein österreichischer[13]! Staatsanwalt Svara dagegen durchschaute Princips Versuche, solche Spuren zu verwischen, er meinte mit Recht, wäre Bajic ein österreichischer Spion, dann hätte er den Mordplan gemeldet und es wäre nie zu der von ihm provozierten Tat gekommen. Bajić sei, so schloß Staatsanwalt Svara, „höchstwahrscheinlich ein Agent der Belgrader Polizei, beziehungsweise der dortigen offiziellen Kreise[14]".

Princip gebrauchte öfters solche Ablenkungsmanöver. Nicht nur im Falle Bajić, wo man ihm schwer das Gegenteil beweisen konnte, auch seinen Freund Mihajlo Pušara[15] suchte er auf ähnliche Weise zu entlasten. Pušara, städtischer Angestellter und Absender des bosnischen Avisos, war Princips schneidigster und entschlossenster Mithelfer, er war beim Attentat mit dabei, ja, er griff sogar aktiv ein, als er dem Polizisten, der Princip in den Arm fallen wollte, einen schmerzhaften Tritt in den Bauch versetzte. Pušara war es, der auf Leutnant Andreas Morsey[16] eindrang, mit einem Eisenstück auf seinen Helm schlug und den Versuch machte – den aussichtslosen Versuch –,

Princip vor der aufgebrachten Menge und dem Zugriff der Polizei zu schützen. Dann floh Pušara in den Saal des Gesangsvereines „Sloga" (Eintracht), wo eine Namenspatronsfeier für den hl. Vidov (eine behördlich zugelassene!) stattfand. Dort stimmte Princips Mithelfer mit „seiner anerkannt schönen Stimme geistliche Lieder an[17]". Über diesen wackeren Genossen sprach Princip in der Verhandlung abfällig und mit Verachtung: Angst hätte er vor ihm gehabt, richtige Angst, denn Pušara sei ein österreichischer Spitzel. Vladimir Dedijer meinte dazu lakonisch: „Das Gericht schenkte ihm Glauben[18]." Und ein serbischer Historiker stellte dazu mit Recht fest: „Princip stellte sich dumm, um Pušara nicht zu belasten." Gavrilos Rezept war es eben, alle Personen, die er decken wollte, zu verdächtigen.

Weder in der Untersuchung noch vor Gericht war es den Angeklagten verwehrt, ihren politischen Ansichten Ausdruck zu verleihen. Sie machten von dieser Möglichkeit Gebrauch, mehr oder weniger reichlich, je nach Temperament. Niemand hinderte sie daran, ihre Beweggründe darzustellen und ihrer Entrüstung über die „Zustände" Ausdruck zu verleihen. Wodurch sie sich provoziert fühlten, davon war ausgiebig die Rede, allerdings nicht vom Vidovdan, denn dieser spielte als Beweggrund die geringste Rolle. Čabrinović erwähnte ihn einmal, aber nur, weil er 51 Tage nach dem Mord und seiner Festnahme vom Untersuchungsrichter danach gefragt wurde[19]. Das verschaffte dem Buchdruckergehilfen die gewünschte Gelegenheit, das Interesse auf sich, auf sein persönliches Schicksal, zu lenken, wozu es ihn immer wieder drängte. Čabrinović litt darunter, daß sein Vater, der Gastwirt Vaso Čabrinović, der Polizei Spitzeldienste leistete. Alle Welt wußte davon, und Nedeljko klagte dem Untersuchungsrichter: „Auch mich haben die hiesigen Sozialisten... als Spion bezeichnet[20]." Doch den jungen Čabrinović tröstete der Gedanke: Auch Serbiens größter Held, Milan Obilić, galt zuerst als Verräter. Am Vidovdan 1389 zeigte er dann der Welt, daß er kein Verräter war, und am Vidovdan 1914 bewies dies auch Nedeljko Čabrinović.

Verständlich, daß sich dem überspannten Buchdruckergehilfen der Vergleich mit dem größten Heros der serbischen Geschichte aufdrängte. Trotzdem blieb auch er – wie alle anderen – bei der Aussage, der Entschluß zur Tat habe schon vor Kenntnis des Vidovdan-Termins, und zwar schon lange vorher, festgestanden. Der Termin hätte ihn dann „angeeifert", das allerdings.

7. Motive

Čabrinović' persönlicher Beweggrund, schon am 28. Juni spontan vorgebracht und dem Untersuchungsrichter geradezu aufgedrängt, war folgender: „Vor zwei Jahren nahm ich", sagte Čabrinović, „an dem damaligen Streik der Typographen teil. Deshalb wurde ich von der Sarajevoer Polizei für fünf Jahre ausgewiesen[1]. Mein Vater ging mit mir zur Behörde und bat um Nachsicht der Strafe ... Bei dieser Gelegenheit hielt mir ein Regierungskommissär eine Moralpredigt." Diese sicher nicht schlecht gemeinten Vorhaltungen waren es, die in dem damals 17jährigen, überspannt wie er war, die Mordlust weckten: Das Verhalten des Kommissärs „war mir so verhaßt", eiferte sich Čabrinović, „daß ich nur bedauerte, keinen Revolver im Sack zu haben ... Er als Fremder[2] erlaubte sich, mir Weisungen zu erteilen, mir als Einheimischem! Nach diesem Vorfall wurde mein Entschluß zum Attentat konkreter, es kam mir auch der Gedanke, in den Landtag zu gehen und von der Galerie aus eine Bombe auf die Abgeordneten zu werfen, bin ich doch davon überzeugt, daß sie Halunken und Feiglinge sind...[3]" Noch in der Erinnerung berauschte sich Čabrinović an der Vorstellung, wie herrlich es wäre, auf den Beamten, der ihn belehrt hatte, „aus allen sechs Läufen Feuer zu geben[4]".

Auch bei Princip erleichterten persönliche Erlebnisse – besonders eines – den bezahlten Provokateuren wie Ciganović und Bajić die Arbeit. Sie hatten bei ihm, der in einer Entwicklungskrise stand, leichtes Spiel. Psychologen werten seine Tat als „Akt der Selbstbestätigung", und dafür spricht vieles. Princip war klein und schwächlich, er litt darunter, zugleich war er krankhaft stolz. Dieser Stolz wurde verletzt, nicht wie bei Čabrinović durch einen „hergelaufenen Beamten", sondern viel ärger und wirkungsvoller durch ein Idol der serbischen Jugend, einen in Gedichten und Broschüren glorifizierten Armee- und Komitadžikommandanten, einen Helden aus den Balkankriegen und Grenzkämpfen. Gleich bei der Polizei und noch erregt von der Tat und den Schlägen, die er bei der Festnahme bezogen hatte, demaskierte sich Princip durch folgende Bemerkung: „Wo ich hinkam, hielt man mich für einen Schwächling ... für einen Menschen, der durch das übermäßige Studium der Literatur[5] vollkommen zugrunde gerichtet war ..." Und dann fügte er treuherzig hinzu: „Ich simulierte einen schwachen Menschen, bin es aber nicht[6]."

Als es im Mai 1914 zu einer Vorsprache bei dem Idol der Belgrader nationalistischen Jugend, dem Major Voja Tankosić, kommen sollte, ging Princip nicht hin, sondern sandte seinen Freund Grabež. Tankosić wollte sich von der Entschlossenheit der ausgewählten Mörder persönlich überzeugen, Princip aber wagte es nicht, dem „Befehlshaber aller Komitadži-Einheiten[7]" gegenüberzutreten. Er kannte ihn schon aus dem Jahre 1912, was er dem Gericht verschwieg, er gab nur zu, beim Ausbruch des Balkankrieges nach Serbien gekommen zu sein und sich dort eine Zeitlang „an der Grenze (der türkischen, d. A.) im Waffengebrauch geübt zu haben". Als Tankosić die Kämpfer bestimmte, die in die Türkei einfallen sollten, „erkrankte ich, und man schied mich aus[8]".

Seine Freunde glaubten nicht an die Erkrankung und behaupteten, Princip wollte Tankosić nicht wiedersehen, „weil er noch immer an dessen demütigende Worte im Jahre 1912 dachte, als er sich den Komitees anschließen wollte, doch vom Major abgewiesen worden war..." Der Major war ein rücksichtsloser Mann. Als er Princip zu sehen bekam, machte er nur eine Handbewegung: „Du bist zu klein und zu schwach[9]."

Die jungen Bosnier in der Emigration kränkten sich über den Hohn ihrer Belgrader Kameraden und sprachen darüber offen mit den Richtern. So Trifko Grabež: „Schließlich kam ich in Serbien mit jungen Leuten in Verbindung, welche sich über unsere Teilnahmslosigkeit wunderten[10]." Čabrinović war, wie immer, offenherziger: „Wir wurden immer wieder gefragt, wie es in Bosnien steht und wann wir uns befreien... sie machten sich über uns lustig[11]." Und: „In der Presse und von jedem, den ich traf, wurde die bosnische Frage aufgeworfen. Wie steht es mit euch, hieß es. Weshalb befreit ihr euch nicht? Mit einem Wort: wir wurden verspottet[12]." Daß arrivierte Komitadži wie Bajić, Ciganović und Bandenführer wie Tankosić mit diesen jungen Fanatikern, die sich ausgestoßen fühlten, leichtes Spiel hatten, steht wohl außer Zweifel.

Princip sagte: „Meine Gedanken waren, daß jeder, der eine Seele hat und für das leidende Volk empfindet, protestieren muß, denn die Rache ist süß und blutig[13]." Čabrinović erging sich in ähnlichen Phrasen: „Das Attentat hatte die Tendenz, im Volk den Nationalismus zu entzünden, das nationale Bewußtsein und das Gefühl der Rache[14]." Osveta, Osveta! Rache und immer wieder Rache! Doch Rache wofür? Darauf gab es verschiedene Antworten: „Für die schlechte Verwaltung." Zu ihr zählte in den Augen der Jugendlichen jede bürokratische Administration an sich und der „kalte Typ[15]" der österreichischen Schulen mit ihrer Pedanterie, in denen vielfach tschechische Lehrer, die nicht wenig verhaßt waren, unterrichteten. Unter „schlechter Verwaltung" verstand man auch die zögernde Lösung der Kmetenfrage, bei der die feudalen Moslims nicht vor den Kopf gestoßen werden sollten. Rachegefühle erweckten auch plausible und reale politische Gründe, über die man österreichischerseits im Zusammenhang mit dem Attentatsprozeß nicht gerne diskutieren wollte[16]: Rache für die Annexion, für den Ausnahmezustand 1913, für den Agramer Hochverratsprozeß, das kroatische Kommissariat usw. Darüber entrüsteten sich die Angeklagten, nicht über den für den Vidovdan festgesetzten Besuch des österreichischen Thronfolgers.

Für Fehler der österreichisch-ungarischen Politik waren in den Augen der bosnischen Jung-Emigranten nicht der alte Kaiser, kaum die Regierungen in Wien und Budapest, sondern einzig und allein der Thronfolger und seine „Kriegstreiberclique" verantwortlich.

Eine gefährliche Vereinfachung, die auf eine raffinierte serbische Diffamierungs-Kampagne und das österreichische Unvermögen zu einer Gegendarstellung zurückzuführen war. Franz Ferdinand wurden Aehrenthals „diplomatischer Überfall", die Annexion, Conrads „Präventiv-Drohungen", Forgáchs „Fälschungen" und die Gewaltmaßnahmen der ungarischen Kommissäre in Kroatien angelastet. Völlig zu Unrecht, wie wir heute wissen.

Čabrinović und Princip nannten den Erzherzog den „Feind aller Slawen[17]". Grabež, der gebildetste der Gruppe, aber auch Kanjcević, der 19jährige Kroate, waren gegenteiliger Ansicht[18]. Alle aber waren sie von Franz Ferdinands Tüchtigkeit und Gefährlichkeit überzeugt. Da heißt es: Der Erzherzog war ein „guter Soldat[19]", ein hervorragender Heerführer, der ein „zweiter Napoleon hätte werden können" und an anderer Stelle „er arbeitete viel[20]" und war „ein genialer Mensch, der Serbien sehr geschadet hätte[21]". Princip glaubte den Erzherzog ermorden zu müssen, weil er ein mächtiger, militärischer Faktor[22] und seine Tätigkeit für die Jugoslawen gefährlich war[23].

Weswegen gefährlich? Wegen der akuten Gefahr eines Überfalls? Wegen einer unmittelbaren Bedrohung des kleinen serbischen Staates? Nein, auf die Idee, sich damit zu rechtfertigen, kamen die Angeklagten nicht. Das brachten sie klar zum Ausdruck. Der österreichische Thronfolger mußte dran glauben, weil er den Zielen der Angeklagten, der „Grundidee", wie sie sagten, der Vereinigung aller Jugoslawen, im Wege stand[24]. Dies allein habe Princip im Auge gehabt: „Ich war bestrebt, alle Südslawen in einer staatlichen Form zu einigen und von Österreich zu befreien... wir waren der Ansicht,

1894
ad 8 38

Zahl ....
Name .... *Princip*
Vorname .... *Gavrilo* .... Klassifikations-Nr. .... Männlich

Rechte Hand.

| 1. Rechter Daumen | 2. Rechter Zeigefinger | 3. Rechter Mittelfinger | 4. Rechter Ringfinger | 5. Rechter Kleinfinger |

(Falz) \ / \ \ \ (Falz)

Die Abdrücke sind so herzustellen, daß die letzte Gelenksbeuge unmittelbar über der fetten schwarzen Linie zu liegen kommt. Ist ein Abdruck nicht gelungen, so ist über demselben ein neuer Abdruck zu machen.
Das Fehlen, die Beschädigung oder Deformation eines Fingers, welche die Anfertigung eines Abdruckes überhaupt oder eines guten Abdruckes verhindert, ist unter »Anmerkung« zu verzeichnen.

Linke Hand.

| 6. Linker Daumen | 7. Linker Zeigefinger | 8. Linker Mittelfinger | 9. Linker Ringfinger | 10. Linker Kleinfinger |

(Falz) / / ~ / (Falz)

| Rechte Hand. Gleichzeitiger Abdruck der vier Finger. | Linke Hand. Gleichzeitiger Abdruck der vier Finger. |

Karte aufgenommen in *Sarajevo*
am *20. VI. 1914* von *Gavrilo*
Visum des Amtsvorstandes .... Anmerkung ....
Klassifiziert am .... von ....
Nachgeprüft am .... von ....

»Bosnische Post« Sarajevo. 1807-14.

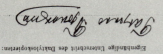

Die Fingerabdrücke Gavrilo Princips und seine Unterschrift auf dem „Daktyloskopier-Protokoll" vom 20. 7. 1914. (Photokopie: SAR.-A.)

daß man Österreich vernichten muß[25]." ... „Ich dachte, *wenn er* (Franz Ferdinand) *nicht mehr sein werde, wird Serbien Bosnien leichter erobern können*[26]." Princip läßt das Gericht über seine Meinung und Erfahrungen nicht im unklaren: „In Serbien dachte jeder, daß Bosnien und die Herzegowina mit der Zeit von Österreich, und *zwar durch einen Krieg* losgetrennt werden müsse, und deshalb hat auch das serbische Parlament die nötigen Mittel dafür votiert, und bereitet sich Serbien im allgemeinen darauf vor[27] ... Alle jene, unter denen ich mich bewegte, hatten das Ziel, Bosnien von Österreich loszureißen und es Serbien *einzuverleiben*[28] ... Die Serben müssen nach Bosnien kommen, um hier Ordnung zu schaffen[29]." Klingt das nicht alles anders als die offizielle serbische Leseart? Auch anders als die im Westen verbreiteten Vorstellungen? Aus den Äußerungen der Angeklagten geht nicht hervor, daß die jungen Revolutionäre einen österreichisch-ungarischen Überfall auf Serbien befürchteten. Ihre Aussagen beweisen, daß die von Dedijer zitierte Bemerkung des bosnischen Schriftstellers Mašlesa, Princip habe sich „mit dem Revolver in der Hand dem österreichischen Drang nach dem Südosten entgegengestellt[30]", lediglich Propagandawert besitzt. Es ist die übliche heroische Auslegung.

Das Ziel der „Mlada Bosna", also der von Belgrad gesteuerten Jugendgruppen, war die Loslösung von Bosnien und die Zerstörung der Monarchie. Das leugneten die Angeklagten nicht, darüber waren sie einig. Nicht aber darüber, was nach der Loslösung geschehen sollte. Die einen dachten gleich Apis-Dimitrijević an ein großserbisches Reich mit serbischer Vorherrschaft, die andern an einen jugoslawischen Staat unter serbischer Führung und die dritten an einen jugoslawischen Föderativstaat. Daß jeder Staat der Südslawen ein Vielvölker- und Vielnationalitätenstaat mit all seinen Schattenseiten[31] sein mußte, das erkannten die jungen Leute in ihrer nationalen Besessenheit nicht. Aber wer dachte damals schon daran? Zusammenfassend sagte Princip: „Als Beispiel diente uns die Vereinigung in Deutschland und besonders in Italien, und im gegebenen Moment hätte man die Vereinigung durchgeführt. Als solcher war ein *europäischer* Krieg gedacht, gelegentlich dessen sich Serbien und die Jugoslawen so gestärkt hätten, daß sie von Österreich abfallen könnten ... Wir haben niemals von Österreich erwartet, daß es die Jugoslawen einigen werde, sondern wir erwarteten, daß es wie die Pest zerfällt ...[32]"

„Wie haben Sie sich das vorgestellt?" fragte der Gerichtsvorsitzende den Angeklagten Princip, und dieser antwortete: „Durch

Terror ... das heißt die Höchsten töten, jene beseitigen, die Hindernisse in den Weg legen ... die den Gedanken der Vereinigung stören³³."

Ist das die Sprache der Furcht? Trifko Grabež ist es, der in dieser Hinsicht die letzten Zweifel beseitigt. Der Vorsitzende drang in ihn und fragte: „Sie sahen Franz Ferdinand als einen fähigen Feldherrn an? Gut. Sie fürchteten ihn daher, falls es zu einem Krieg mit Serbien kommen sollte?" Voller Hohn antwortete Grabež: „Ich fürchtete ihn keineswegs. Mich hat nicht Serbien (das heißt die Angst um Serbien, d. A.) geleitet, sondern allein Bosnien ..." Der Vorsitzende: „Ihr Ziel ist, Bosnien und die Herzegowina Serbien einzuverleiben?" Grabež bejahte³⁴.

8. Furcht um Serbien

Unbesprochen ist bis jetzt der in aller Welt erhobene Vorwurf, die Abhaltung der bosnischen Manöver sei eine Bedrohung Serbiens gewesen, und die bevorstehende Gefahr und der Vidovdan-Termin hätte die „verzweifelten Idealisten" der Mlada Bosna auf den Plan gerufen. Die Wahrheit ist, daß auch die Truppenübungen der k. u. k. Armee als Tatmotiv auszuschalten sind, zeitlich und überhaupt. Die Beweggründe waren andere, sie sind bekannt. Čabrinović gab seiner Meinung Ausdruck, Serbien sei, um zu verhindern, daß Österreich-Ungarn Albanien okkupiere¹, vor der Mobilisierung gestanden. Serbien habe mit Rumänien einen Vertrag zur Aufteilung der Doppelmonarchie geschlossen. Danach werde Siebenbürgen zu Rumänien kommen, Serbien erhalte die jugoslawischen Länder Bosnien und die Herzegowina, Dalmatien, Kroatien, Krain, Slawonien und die Bačka. Dieses neue Reich werde Jugoslawien heißen². Seine Ansicht über das militärische Kräfteverhältnis faßte Čabrinović noch vor Kriegsausbruch in dem lakonischen Satz zusammen: „*Serbien ist stärker als Österreich.*" Dies einfach deshalb, sagte er, „weil Österreich bei einem Krieg gegen Serbien ein Riesenheer aufstellen müsse, und zwar gegen Rußland, Rumänien und selbst gegen seinen Verbündeten Italien, nicht zu vergessen die große Anzahl von Soldaten, die es zu Hause behalten müsse, um sich gegen die unzufriedenen Tschechen, Polen, Magyaren, Serben, Slowenen und Kroaten zu schützen." Mit einem Wort: den Rest des Heeres, den Österreich gegen Serbien aufbieten könne, den brauche Serbien nicht zu fürchten. Das, meinte Čabrinović, sei seine Auffassung, und ganz Serbien denke so wie er[3]. Ferner glaubte er: „Um Österreich zu vernichten, genügt eine Revolution."

Trifko Grabež übernahm aus der *Istina* die *Gegenangriff*-Theorie, nach ihr wurden die Manöver veranstaltet, um die Abwehr eines serbischen Angriffes vorzubereiten. Danach war die Ermordung Franz Ferdinands ein Versuch, diese Abwehr zu stören.

In den Monaten der gerichtlichen Untersuchung, in der Zeit vom 28. Juni bis zum 12. Oktober 1914, kam es den Angeklagten zum Bewußtsein, das offene Eingeständnis ihrer aggressiven Absichten könnte für sie und andere nachteilige Folgen haben. Erstens standen sie im Widerspruch zum offiziellen Standpunkt ihrer serbischen Hintermänner, die, um die Weltmeinung für sich zu gewinnen, die wirkungsvollen Legenden von der absichtlichen Vidovdan-Demütigung, den Überfallsmanövern und dem Kriegsrat von Konopischt[4] auszuwerten begannen. Zweitens machten die Rechtsanwälte ihren Schützlingen klar, ihre Offenherzigkeit könne Mitschuldige und Helfershelfer an den Galgen bringen. Diese nämlich mußten damit rechnen, nicht nur wegen Beihilfe zum Mord, sondern auch wegen Hochverrates verurteilt zu werden.

Schon am ersten Verhandlungstag bemängelte der Gerichtsvorsitzende die geänderte Taktik des Čabrinović, der früher gesagt hatte, die Attentäter wollten mithelfen, die serbischen Aspirationen auf Bosnien und die Herzegowina zu erfüllen, und nun behauptete, sie hätten unter Einsatz ihres Lebens verhindern wollen, daß Serbien erobert werde.

Mit dieser neuen Verantwortung hatten die Angeklagten wenig Glück. Elf von ihnen wurden schuldig gesprochen, „eine gewaltsame Änderung der Verhältnisse der Gebiete Bosniens und der Herzegowina zu der österreichisch-ungarischen Monarchie und die Angliederung an das Königreich Serbien herbeizuführen und zu diesem Behufe Seine k. u. k. Hoheit den Erzherzog Thronfolger Franz Ferdinand getötet zu haben...[5]"

Trifko Grabež, ein aufgeweckter Bursche, reagierte am schnellsten und widerrief seine frühere Aussage mit deutlichen Worten: „Zuerst sagte ich, wir wollten unsere Ideen auf terroristischem Weg verwirklichen. Später sagte ich, wir wollten die Lage unseres Volkes *in* Österreich verbessern. Die letzte Aussage ist richtig[6]."

Über das Verhalten des Lehrers Danilo Ilić vermerkte das Urteil: „Das Gericht nimmt an, daß Ilić in der Voruntersuchung die Wahrheit sagte und in der Hauptverhandlung nur deshalb seine

Aussage änderte, damit er sich nach Möglichkeit entlaste, weil er sich nach Verlesung der Anklageschrift der Wichtigkeit der ihm imputierten Handlung bewußt geworden ist[7]."

Und nun zu den „berechtigten Sorgen" des serbischen Generalstabes. Wie steht es mit ihnen? Sie sollen ja seinen Nachrichtenchef dazu getrieben haben, ein Abwehrattentat zu inszenieren. Das ist in den Geschichtsbüchern eine weitverbreitete Version. Sie hat ihren Ursprung in der „authentischen Schilderung" des serbischen Obersten Čedomir Popović über ein Gespräch mit dem berühmt-berüchtigten Apis-Dimitrijević, dem Chef der Sektion für den Nachrichtendienst des serbischen Generalstabes, im Jahre 1915. Popović schrieb, Dimitrijević habe, der Natur seines Dienstes entsprechend, alles wachsam verfolgt, was Österreich, namentlich in militärischer Hinsicht, unternahm. „Er empfing verschiedene... Informationen, daß das amtliche Österreich sich vorbereite, Serbien um jeden Preis anzugreifen und einen beliebigen Kriegsvorwand aufzustöbern, da Serbien damals recht schwach war. Je mehr solcher Informationen er empfing, desto mehr bemächtigte sich seiner die Vorstellung von der Möglichkeit eines solchen Angriffes, ja vielleicht gar eines Überfalles auf Serbien, und diese Befürchtung verwandelte sich bei ihm in eine wahre Angst um Serbien... Diese Meldung (von den k. u. k. Manövern) erregte die nationalistische Jugend in Bosnien und der Herzegowina im höchsten Maße, und Dragutin Dimitrijević nicht minder; während die bosnische Jugend in diesem Besuche des österreichischen Thronfolgers eine absichtliche Provokation der offiziellen serbischen Kreise erblickte, sah Apis darin eine Serbien unmittelbar bedrohende Gefahr." Dann zitierte Popović weiter aus seinem Gespräch mit Apis: „Ich war überzeugt", habe Dimitrijević wörtlich zu ihm gesagt, „daß die projektierten Manöver in Bosnien der Vorwand seien für einen Einfall Österreichs in Serbien, geleitet vom Höchstkommandierenden der österreichischen Armee, Thronfolger Franz Ferdinand. Und davor hatte ich in meinem Herzen eine unsägliche Furcht... Du weißt, welche heillosen Spannungen... damals in unserem Lande herrschten[8]. Wie unsere militärische Situation beschaffen war, ist dir bekannt, die Österreicher brauchten nur mit zwei Kavalleriedivisionen in Serbien einzurücken, es wäre niemand dagewesen, sie aufzuhalten. Ehe unsere Truppen aus den südlichen Gebieten herbeikämen, wäre Serbien niedergeworfen...[9]"

Ein Appell, der seine Wirkung nicht verfehlte und bis heute noch behält. Hatte der Generalstab der serbischen Armee, dieses ob seiner Tapferkeit und Tüchtigkeit überall gerühmten Heeres, in der Tat einen so schlecht informierten Nachrichtenchef? Allerdings soll Dimitrijević vom zaristischen Generalstab alarmierende Informationen über einen in Konopischt am 12. und 13. Juni durch den „Hauptinitiator" Franz Ferdinand geplanten Überfall[10] bekommen haben.

Wenige militärische Nachrichtenchefs hatten solche Möglichkeiten, sich umfassend über die Verhältnisse in Bosnien zu informieren wie der oberste Nachrichtenoffizier des serbischen Generalstabes. Kein anderer verfügte über ein derart dichtes Netz von Agenten, Helfern und Helfershelfern. Sie entstammten den Kreisen der serbischen „Narodna odbrana", der Prosvjta, der Sokoln, der Abstinenzlervereine, der Landwirtschafts-Genossenschaften und der von Belgrad gesteuerten „Mlada Bosna". In den Grenzorten arbeiteten eigene Nachrichtenoffiziere für Dimitrijević. Zu behaupten, er habe von jeder Stecknadel gehört, die jenseits der Drina zu Boden fiel, wäre übertrieben, aber über politische und militärische Situationen, vor allem über Truppenbewegungen, waren er und seine Nachrichtenoffiziere, darunter auch Oberst Ćeda Popović, vollkommen im Bilde.

Rechtzeitig, also im Frühjahr 1914, kamen die sogenannten *Detailbestimmungen für die größeren Manöver in Bosnien und der Herzegowina* und die Anordnungen der Manöverleitung heraus[11]. Das war ein Heftchen von 50 Seiten, aus dem hervorging, daß Franz Ferdinand nicht, wie es in der Erklärung des Obersten Apis heißt, die Manöver leiten, sondern ihnen beiwohnen werde. Die Ordre de bataille ist darinnen nicht enthalten, doch exakte Angaben über die Manöverart, dann eine Menge Details, zum Beispiel die Anzahl der Exerzierpatronen, lauter Material, aus dem sich jeder Generalstäbler einen Überblick über Umfang und Bedeutung dieser Manöver verschaffen konnte. Die nicht als „geheim" bezeichnete Zusammenstellung wurde in der Landesdruckerei Sarajevo in einer Auflage von 400 Stück gedruckt. Daß der serbische Nachrichtendienst nicht über den Inhalt dieser *Detailbestimmungen* orientiert gewesen wäre, ist unglaubwürdig.

Schon lange vor der Abreise der Attentäter aus Belgrad, also Anfang April, informierte der serbische Militärattaché in Wien, Oberst Lešjanin, sein Ministerium wahrheitsgemäß über die Situation in der Monarchie: „Ich weiß als sicher", schrieb er, „daß man von zuständiger Seite nicht beabsichtigt, etwas zu tun, was Verwicklungen oder größere Geldausgaben hervorrufen würde. Erst recht nicht gegenüber Rußland, dessen Bewaffnung, Vermehrung des Heeres und insbesondere seine Probemobilisierungen, einen tiefen Eindruck gemacht und eine große Unruhe hervorgerufen haben. Der Chef des Generalstabes, General Hötzendorf, hat sich schon vor einigen Tagen in einem Gespräch mit einer Persönlichkeit ausgedrückt, daß Österreich in keiner Weise auf die russischen Herausforderungen zu antworten gedenkt; es wird nicht in denselben Fehler verfallen, den es in der letzten Krise gemacht hat und sich materiell erschöpfen. Dieses Mal wird es passiv dastehen; wenn es zum Handeln genötigt wird, wird Österreich wissen, was es zu tun hat. Das sind seine Worte... Ich selbst bin überzeugt, daß Österreich-Ungarn weder in diesem Frühjahr noch in naher Zukunft..., bewaffnete Konflikte hervorrufen wird. Der Krieg, der nach Meinung aller unausweichlich und nahe ist, wird andere Beweggründe haben, der Augenblick ist noch nicht gekommen...[12]"

Diese und auch die folgende Meldung lagen dem Ministerpräsidenten Pašić vor: „Ein österreichischer Offizier ist dieser Tage hierher nach Wien aus einer bosnisch-herzegowinischen Garnison gekommen. Er ist Serbe sowohl dem Blute als auch seinen Gefühlen nach, und ich habe mich an ihn um Auskunft hinsichtlich der Ausrüstung und der Konzentrierung der Truppen in jenen Gebieten wenden können. Er hat mir versichert, daß dort alles friedlich und in Ordnung ist und daß es dort keinerlei neue Truppen gibt...[13]"

Serbiens Militärattaché, Ljubomir Lešjanin, verdient Beachtung, denn er ist es, der im Jahre 1914 die Situation am klarsten beurteilt. 1909 war er nach Wien versetzt worden. Damals hatte es geheißen, seine Ernennung sei ein Beweis dafür, daß jetzt wieder Anhänger des alten Regimes, also der Dynastie Obrenović*, auf wichtige Posten kämen[14]. Als es dann im Jahre 1911 um den Besuch des serbischen Königs bei Kaiser Franz Josef ging, sollte auch Lešjanin in die Suite aufgenommen werden, für die nur Leute vorgesehen waren, die sich an der Mordnacht 1903 nicht beteiligt hatten[15].

Weshalb Franz Ferdinand auf den serbischen Militärattaché nicht gut zu sprechen war, geht aus den Berichten nicht hervor. General Auffenberg erwähnte dies und schrieb, bei den Manövern 1913 hätte sich ein spannender Moment ergeben, als der Thronfolger die fremden Militärattachés begrüßte, denn „alle, die diesem Akt im abgelaufenen Jahr beigewohnt hatten, beherrschte noch die Erinnerung, wie peinlich es gewesen war, als der Thronfolger den serbischen Attaché, Oberst Lešjanin, ostentativ übergangen hatte. Indessen war aber Serbien in zwei Feldzügen siegreich gewesen, und eine uns zwar

---

* Der 1903 ermordete König Alexander war der letzte Obrenović.

feindlich gesinnte, doch nicht zu unterschätzende Militärmacht geworden. Wie würde sich's jetzt gestalten? Oberst Lešjanin sah diesem Moment begreiflicherweise mit erhöhter Spannung entgegen, denn ein abermaliges Brüskieren hätte zweifellos Konsequenzen nach sich gezogen. Er saß, flankiert vom französischen und russischen Kollegen, blaß zu Pferd und – uns allen fiel ein Stein vom Herzen, als der Erzherzog auch ihn mit einem Handschlag begrüßte[16]."

Zu den vielen Beweisen für die objektive Berichterstattung dieses serbischen Offiziers zählt ferner ein Bericht, der von der Allgemeinen Militärischen Abteilung des Belgrader Kriegsministeriums an das serbische Außenministerium weitergeleitet wurde, und zwar am 26. Mai 1914. Zwei Tage nachher verließen die Attentäter, ausgestattet mit Empfehlungsschreiben und Waffen der serbischen Armee, Belgrad.

Die geplanten bosnischen Manöver verringerten weder Spannung noch Mißtrauen, hieß es in dem Dokument. Natürlich trügen sie nicht zur Besserung der Beziehungen zwischen den beiden Ländern bei. In Wien gebe es Leute, die behaupten, diese Manöver seien Ausdruck einer neuen Politik. Der des Thronfolgers? „Gerüchte besagen sogar, der Kaiser hätte, wenn er die Geschäfte noch führen würde, nicht so gehandelt." Aber zeige die Geschichte nicht öfters, stellte Lešjanin fest, daß Thronfolger, wenn sie zur Regierung kamen, ihre Haltung änderten?

Der Oberst zählte folgende Manöverziele auf: Vor allem die Absicht, unruhige Elemente im Land in Schach zu halten und zur Vernunft zu bringen. Durch die Konzentration einer imposanten Kriegsmacht wolle man das hohe Ansehen des serbischen Heeres schmälern, ein Ansehen, das es sich hierzulande durch den letzten (Balkan-)Krieg errungen hat. Ferner will man Serbien gegenüber die Bereitschaft, Rüstung und Tauglichkeit der österreichisch-ungarischen Armee demonstrieren und zeigen, man sei für alle Eventualitäten gerüstet und willens, sein Gebiet zu verteidigen. Wie alle Manöver, so diene schließlich auch dieses der Truppenausbildung.

Zusammenfassend nannte der serbische Militärattaché die bosnischen Manöver eine Art Generalprobe, die zeigen sollte, die k. u. k. Armee könne und werde bei einem serbischen Angriff auf Bosnien und die Herzegowina Erfolge erzielen. Dem Manöverplan liege ein Eindringen serbischer und montenegrinischer Truppen zugrunde. Der Attachébericht kulminiert in folgender Feststellung: „Diese Manöver stellen gerade keine Freundschaftsgeste unseres Nachbarn dar, doch es besteht kein *Grund zur Beunruhigung,* auch kein Grund zu vorbeugenden Maßnahmen, die Kosten verursachen und die Ausbildung unserer Truppen stören könnten." Angaben über Manöverort und -zeit fehlen nicht, auch sind freilich stark übertriebene Truppenstärken angegeben[17].

Dieser um Seriosität bemühte Bericht des Militärattachés ergänzte ein Schreiben des Missionschefs, des Gesandten Jovan Jovanović, an den Ministerpräsidenten Nikola Pašić vom 17. März 1914. Auch jener sprach keineswegs von einem Überfall, sondern von einer Mahnung an Serbien. Alle Kreise der Donaumonarchie seien nämlich der Meinung, Serbien richte begehrliche Blicke auf Bosnien. Die Manöver hätten einen *defensiven* und keinen offensiven Charakter. Die Streitkräfte seien bedeutend, man wolle der bosnischen Bevölkerung drohen und die Macht der Monarchie demonstrieren[18]. Von einer Vidovdan-Provokation schrieb weder der Militärattaché noch der Gesandte Jovanović, der später angeblich vor ihr gewarnt haben wollte.

Auch nicht der serbische Generalkonsul in Budapest, Milanković, der sich sonst als Panikmacher ersten Ranges erwies. Seine Sensationsmache scheint den Politikern in Belgrad besser ins Konzept gepaßt zu haben, denn seine Nachrichten wurden ausgewertet. Zuerst schrieb Milanković, die Kriegsverwaltung in Wien habe die Absicht, den Südslawen zu zeigen, daß die bosnische Grenze nicht ungeschützt sei. Dann wußte er, wie er schrieb, von „verläßlicher Seite", Österreich mobilisiere an der Grenze 250.000 Mann, nicht für den Manövereinsatz, sondern „für eine sehr wichtige Aktion gegen Serbien". Die Donaumonarchie wolle in der Eisenbahnfrage[19] diktieren und habe die Absicht, den Sandschak wieder zu besetzen. Wenn Serbien nicht in allem zustimme, werde Österreich den Krieg provozieren.

Generalkonsul Milanković nannte als Informationsquelle: die „Couloirs der Delegationen[20]". Daraus hätte man richtige Schlüsse ziehen können. Am Ende übermittelte er noch die Ratschläge eines Mannes, den er kurz „unsern Freund[21]" nannte. Es sind Warnungs- und Alarmrufe: „Sofort Petrograd und Paris informieren! Die Presse alarmieren! Die erforderlichen Maßnahmen ergreifen! Eventuell insgeheim mobilisieren[22]."

In Belgrad hielt man sich an den Budapester Generalkonsul. Seine Informationen gab man an die serbische Öffentlichkeit und an die auswärtigen Missionen weiter. Selbst glaubte man nicht daran, sonst hätte man nämlich „insgeheim mobilisiert". Daß kein Grund zur Beunruhigung vorlag, wie der Militärattaché am 25. Mai feststellte,

Auf die Anfrage, in welchen Monturen die Truppen zu den bosnischen Manövern im Juni 1914 ausrücken sollten, entschied Franz Ferdinand „in schlechten Friedensmonturen". Handschriftlicher Aktenvermerk des Erzherzogs. (KA, Wien, MKFF 15-2/5-7.)

konnte man in Belgrad nirgends lesen. Dagegen depeschierte am 27. Juni, am Vorabend des Attentats von Sarajevo, der französische Gesandte nach Paris: „Seit einigen Tagen sind militärische Maßregeln an der serbischen Grenze getroffen worden. In Bosnien und Dalmatien sind 100.000 Mann zusammengezogen, und längs der Save und Donau ist eine Kette von Truppen und Gendarmerie von Orsowa bis Raca gezogen. Die Brigade in Semlin ist mit Kavallerie und Artillerie versehen worden. Die Eisenbahn Semlin–Szabadka wird militärisch bewacht." Ministerpräsident Raymond Poincaré hielt noch 1927 diese Nachricht für zitierungswürdig[23]! Orsowa liegt ganz an der rumänischen Grenze und Raca im Westen an der Mündung der Drina in die Save, das sind 394 Kilometer. Um auf eine solche Entfernung eine Kette zu ziehen, sind nochmals 100.000 bis 150.000 Mann nötig. Das aber wäre die vom serbischen Generalkonsul in Budapest nach Belgrad gemeldete Zahl, die offenbar vom serbischen Außenministerium an Stelle des beruhigenden Berichtes des Wiener Militärattachés den auswärtigen Missionen weitergegeben wurde.

9. 16 Lastwagen, 171 Reiter

Es herrscht heute immer noch Unklarheit, welche Truppenteile für die bosnischen Manöver aufgeboten wurden. Im Fach- und Armeejargon sprach man von sogenannten „größeren Manövern". Kein sehr glücklicher Ausdruck für kleine Korpsmanöver, die sich in vieler Hinsicht von großen Armeemanövern unterschieden. 1913 hatte es solche in Böhmen gegeben, für 1914 waren die Armeemanöver – sie hießen Kaisermanöver, wenn Se. Majestät daran teilnahm – im September in der Plattenseegegend geplant.

Das k. u. k. Heer gliederte sich in 16 Korpsbereiche. Bei den bosnischen Manövern standen sich 2 Korps gegenüber, doch nicht einmal diese wurden zur Gänze aufgeboten. Die Reduktion erfolgte auf Einspruch des sonst so kriegslustigen Generalstabschefs Conrad von Hötzendorf, der auf die Teilnahme der „exzentrisch dislozierten Gebirgsbrigaden in Ragusa, Tuzla, Cattaro und Banjaluka" verzichtete, und zwar deshalb, „weil der Transport dieser zu den Korps gehörenden Einheiten mit der Bahn zu teuer gekommen wäre[1]".

Hier die amtliche Tabelle aus dem Wiener Kriegsarchiv mit dem Stand der Manövertruppen des 15. und 16. Korps[2] vom 26. Juni 1914, dem ersten Manövertag: Verpflegsstand 19.678 Mann; Gefechtsstand: 13.266 Feuergewehre der Fußtruppen; Maschinengewehre: 70; Reiter: 171; Geschütze: 80; Fahrräder: 51; Motorräder: 61; Personenautos: 11; Lastautos: 16; Marodenstand: 63.

Die Kroaten in Bosnien allerdings blufften mit ihren Angaben. Wollten sie ihren serbischen Brüdern zeigen, daß sie sich von ihnen nicht einschüchtern ließen? Ihr Blatt, der *Hrvatski Devnik*, brachte am 25. Juni zur Begrüßung des Erzherzogs folgenden Leitartikel: „Sei gegrüßt, unsere Hoffnung! Er kommt nach Bosnien als Befehlshaber und Generalinspektor der gesamten bewaffneten Macht, der erste amtliche Besuch... für unsere Feinde eine Mahnung: Niemals wird Bosnien und die Herzegowina aus dem Verband der Habsburgermonarchie scheiden... alle Macht und Kraft wird Bosnien verteidigen, bis zum letzten Atemzug. Der Thronfolger kommt nach Bosnien und stellt sich an die Spitze zweier Korps, einer Armee von 50.000 Mann, er zeigt damit, was es bei einer ‚blutigen Eventualität' zu tun gibt..."

Noch in unseren Tagen stellt der jugoslawische Schriftsteller Vladimir Dedijer, Mitglied der Akademie der Wissenschaften in Belgrad, die bosnischen Manöver als eine Bedrohung Serbiens dar. 2 Korps mit 171 Reitern, 11 Personen- und 16 Lastwagen und 51

Fahrrädern eine Bedrohung? In seinem Buch *Die Zeitbombe* nennt Dedijer keine exakten Zahlen, obwohl er sie im Wiener Kriegsarchiv hätte erheben können. Aber er erweckt den Eindruck, als ob neben den Manövertruppen eine angriffslustige Armee gelauert hätte, sie und die Manövertruppen zusammen beziffert er auf 70.000 Mann[3]. Eine willkürliche Schätzung, denn in den Garnisonen der Korpsbereiche blieben samt der 1912 errichteten Grenzjägertruppe höchstens 6000 bis 7000 Mann zurück, wie aus der Friedens-Ordre-de-Bataille zu entnehmen ist.

Conrad lehnte nicht nur die Teilnahme der „exzentrisch gelegenen Gebirgsbrigaden" des 15. und 16. Korps, sondern auch die von Potiorek geplante Heranziehung der Landwehren (k. k. und k. u. Landwehr oder Honved) ab[4], obwohl ihn der Landeschef am 15. Dezember 1913 geradezu anflehte, die „Macht der Dynastie und des Reiches in sinnfälliger Weise darzutun, den Reichsgedanken zu fördern und damit ein mächtiges, eindrucksvolles militärisches Machtaufgebot zu verbinden... Ein Abgehen von diesem Gesichtspunkt wäre aus begreiflichen Gründen", so schrieb Potiorek, „namentlich in Hinblick auf die Denkungsweise der Balkanvölker, auf welche immer nur ein imposantes Aufgebot wirkt und welche gewohnt sind, den geringen Umfang der Veranstaltung dahin auszulegen, daß derselben geringe Bedeutung zukomme, mehr als sehr inopportun[5]."

Potiorek bemühte sich vergebens. Conrad, der sonst seinen Offensivgeist gern dokumentierte, reduzierte in diesem Fall die vorgeschlagene Zeit auf die Hälfte und beantragte als zusätzliche Manöver-Dotation den Betrag von K 450.000,–[6], eine Summe, zu gering, um auch nur mit dem kleineren der „beiden serbischen Staaten", mit Montenegro, eine Stunde Krieg führen zu können. Was dachte der Generalinspektor der gesamten bewaffneten Macht, Franz Ferdinand, von den bosnischen Manövern? Seine „Willensmeinung" wurde durch eine Anmerkung des Chefs seiner Militärkanzlei, Oberst Dr. Bardolff, zum Ausdruck gebracht: „Die Manöver... sind nicht so sehr vom militärischen als vom politischen Standpunkt von Bedeutung und die Notwendigkeit großer Manöver im *Innern der Monarchie* (und nicht in Bosnien! d. A.) zweifellos." So lautete der „höchste" Befehl, die bosnischen Manöver in bezug auf Zeit und Truppenstärke zu reduzieren[7].

Lassen diese internen Vorgänge in den maßgebenden Kreisen nicht Schlüsse auf Österreichs Aggressionslust in den Monaten vor dem Attentat zu? Erst am 28. Juni trat die Wende ein! Zwischen der obenzitierten Korrespondenz Potioreks mit dem Generalstabschef und dem Attentat fand der berühmte „Kriegsrat von Konopischt" statt, bei dem zwischen Kaiser Wilhelm und Franz Ferdinand der Überfall auf Serbien besprochen worden sein soll.

War es vielleicht die Manöverdisposition, die Mißverständnisse heraufbeschwören konnte? Die Wiener *Reichspost*, die dem Erzherzog nahestand, schrieb am 25. Juni, ebenso wie der serbische Militärattaché am 27. Mai, den bosnischen Manövern liege die Annahme zugrunde, serbische und montenegrinische Truppen seien gemeinsam in die „Reichslande" eingefallen. In Wirklichkeit bezog sich die Manöverdisposition überhaupt nicht auf die Nachbarländer, sie sah die Abwehr eines von der Adria gegen Sarajevo über den Ivanpaß vorstoßenden Feindes vor[8]. Der über 1000 m hohe Gebirgssattel liegt in einer Entfernung von über 100 km Luftlinie von der serbischen Drinagrenze. Anspielungen auf Orte in Grenznähe oder jenseits der Grenze fehlten. So zurückhaltend war man sonst nicht einmal unter Bundesgenossen, bei den böhmischen Manövern 1913 zum Beispiel war die offiziell ausgesprochene Annahme: „Feind stößt aus dem deutschen Gebiet, aus dem Raume Regensburg und Deggendorf, nach Böhmen vor."

Die Bahnstation Ivan am Ausgangspunkt des Ivantunnels[9] war ein strategischer Punkt, der im Mittelpunkt serbischer Sabotagepläne stand. Schon 1912 machte der vom serbischen Nachrichtendienst bezahlte Spion, der Princip-Freund Vladimir Gačinović, der Einberufer der französischen Verschwörertagung im Jänner 1914, dem serbischen Kundschaftsoffizier Kosta Todorović den Vorschlag, durch Vertrauensleute das sogenannte Ivanhotel* zu pachten, um am Tage X dort eine Partisanenaktion durchzuführen[10].

Wie sah es nun im Jahre 1914 in Serbien aus? Wie stark war die Armee König Peters? Hätten wirklich, wie Apis-Dimitrijević behauptete, ein bis zwei Kavalleriedivisionen eindringen können, ohne auf Widerstand zu stoßen? Die gewaltige Vergrößerung des Landes 1912 und 1913 hatte der serbischen Armee einen Zuwachs von fünf aktiven Truppendivisionen gebracht, so daß sie zu den ersten unter den Balkanstaaten zählte. Die approximative Truppenstärke betrug ca. 250.000 Mann, mit drittem Aufgebot 350.000 Mann[11]. Im Februar 1914 erkundigte sich Zar Nikolaus von Rußland, sehr erstaunt, daß das kleine Königreich im Balkankrieg 400.000 Mann aufgeboten hatte, beim Ministerpräsidenten Pašić nach dem gegen-

---

* Restaurant mit Fremdenzimmer im Stationsgebäude.

wärtigen Truppenstand. Dieser glaubte, eine halbe Million gut gekleideter und bewaffneter Soldaten mobilisieren zu können[12]. Im Juli 1914 standen 90.000 Mann unter den Fahnen. Von Verschiebungen serbischer Truppen aus dem neueroberten Gebiet an der Nordgrenze hörte man trotz der unsäglichen Furcht des Nachrichtenchefs Apis-Dimitrijević nichts. Hätte Österreich-Ungarn nicht 1912 oder 1913 günstigere Gelegenheiten zu einem Überfall auf sein Nachbarland gehabt? Einem Zweifrontenkrieg gegen Norden und Süden wäre das serbische Heer nicht gewachsen gewesen[13].

Anders 1914! Von der „unsäglichen Furcht" findet sich auch im Depeschenwechsel zwischen Belgrad und St. Petersburg keine Spur. Die Serben verlangten von den Russen Waffen und verliehen dieser Forderung durch Hervorhebung „möglichst starker politischer Gründe" Nachdruck, zum Beispiel der „Wichtigkeit einer serbischen Front gegenüber Österreich im Falle eines europäischen Krieges". Nach Auffassung des serbischen Gesandten in St. Petersburg, Dr. Milan Spalajković, vom 25. (12.) März 1914 sei es sicher, daß Serbien gleich zu Beginn des Krieges einen aktiven Anteil nehmen werde, „und so die gefährlichen Diversionen herbeiführen würde, die man in militärischer und politischer Hinsicht für Österreich-Ungarn ersinnen könnte. Ein schneller und sicherer Erfolg der serbischen Waffen ... würde eine wahre Zerrüttung unter den österreichischen Truppen und im ganzen südlichen Bereich der Monarchie hervorrufen. Dies würde eine sehr verderbliche moralische Wirkung nicht nur auf die österreichischen, sondern auch auf die deutschen Truppen Rußland gegenüber haben." Zum russischen Außenminister Sasonow sagte der serbische Gesandte: „Serbien wird ... nichts gegen den Willen Rußlands tun und geduldig auf den Tag der Abrechnung warten ... wenn aber ein *unvorhergesehener Vorfall* den Anlaß zum allgemeinen Krieg geben sollte, so wird Serbien jeder Aufforderung nur soweit entsprechen können, als es gut bewaffnet ist. Der russische Generalstab muß unsere Front gegen Österreich als eine Verlängerung der russischen Front ansehen..." Über die Haltung des Serbentums bei einem europäischen Kriege meinte Sasonow, „jene Macht gibt es nicht, welche das serbische Volk davon abhalten würde, sich auf Österreich zu stürzen". Dieser Augenblick werde kommen, sagte er, jetzt müsse man abwarten, „que certains petits papiers disparaissant et que les personnes, qui les ont signés, meurent[14]".

Es gab auch in Österreich-Ungarn, wie überall, Persönlichkeiten, die zu Präventivmaßnahmen drängten. Zu ihnen gehörte Landeschef General Potiorek, der davon überzeugt war, es müsse zu einer

„gewaltsamen Lösung der Balkanprobleme" kommen. Deshalb forderte er neben militärischen und verwaltungstechnischen Maßnahmen die rechtzeitige Bekämpfung „feindlicher Ideen[15]". Nach dem Balkankrieg, meinte er, hätten die Träume von der Wiederkehr jener Zeiten, in denen die Serben über Bosnien und die Herzegowina herrschten, überhand genommen. Wie aber damit fertig werden? Am besten, so Potiorek, durch die „Wachrufung der Erinnerung an die einstigen autochthonen Könige Bosniens[16]". Außerdem durch Betonung der „Tatsache, daß das Erbe dieser Könige unstreitbar an unsere Herrscherdynastie übergegangen sei". Unentbehrlich und von bester Wirkung sei ein „häufiges Erscheinen von Angehörigen" des Herrscherhauses. Momentan (1913!) freilich könne er, Potiorek, die Verantwortung für einen ungestörten Verlauf derartiger Reisen schwer übernehmen[17]. Besser als kurze Besuche wären jedoch längere Aufenthalte auf eigenem Grund und Boden, in eigenen Schlössern. König Peter von Serbien wisse sehr gut, weshalb er in letzter Zeit knapp an der Grenze in Bad Koviljača[18] Aufenthalt nehme und dort stets weit mehr Pomp entwickle als in Belgrad. „Die dadurch genährte künstliche Sommerpilgerung aus Bosnien nach Koviljača und der freundliche Empfang, den unsere Serben dort fanden, war für uns gewiß nicht nützlich[19]." Zum Ausgleich schlug Potiorek den Ankauf eines „zu vorübergehenden Aufenthalt geeigneten kleinen Kaiserschlosses" bei Bobovac[20], der einstigen Wohnstätte der bosnischen Bane und Könige, vor.

Bei den Armeemanövern in Böhmen 1913 erfuhr Conrad von Hötzendorf, der Thronfolger habe die Absicht, an den Korpsmanövern in Bosnien teilzunehmen. Termin: Mai/Juni 1914[21]. „Wessen Initiative der Entschluß für die Reise des Thronfolgers entsprungen war, wer die Modalitäten festgesetzt hat, weiß ich nicht", stellte Conrad in seinen Erinnerungen ausweichend fest[22]. Termin: Frühjahr oder Sommer. Am 13. November 1913 bat Conrad den Landeschef im höchsten Auftrag um Übersendung eines Entwurfes für die Korpsmanöver im *Sommer* 1914[23]. Dieser kam dem Wunsch gleich vierfach nach. Als Begründung für die später angenommene Version „Tarčin nächst dem Ivansattel" gab Potiorek an, das Gelände sei, obwohl nicht Karst, ein schwieriges Gebirgsterrain, wie in den höheren Lagen der Semmering oder Südserbien. Es sei abwechslungsreich und trotz Bewaldung so gestaltet, daß man die Übungen der Truppen gut verfolgen könne. Den Vorteil der Variante Tarčin sah Potiorek nicht in der Möglichkeit, von diesem Terrain aus Serbien oder Montenegro überrumpeln zu können, sondern in den „*günstigen*

Kommunikations*bedingungen* zu dem höchsten *Hoflager in Ilidža* bei Sarajevo. Ferner in der durch die Eisenbahn ermöglichten Truppenversorgung. Der Nachteil wäre, daß der Hauptkampf unter Umständen in benachbarte Gebietsteile geraten könne, wodurch sich die Besichtigung der Truppen um einen Tag verzögere[24]."

Potiorek, besorgt, daß es zu einer Terminverschiebung kommen könnte, bat am 22. Februar dringend, „die Manövertage nicht auf eine spätere Zeit als den 26. und 27. zu verschieben, da sonst die Unterbringung Seiner kaiserlichen Hoheit in Ilidža mit großen Unannehmlichkeiten verbunden wäre, weil die *volle Eröffnung der Kursaison längstens am 1. Juli erfolgen muß*[25]". Die bosnischen Manöver und der Einzug am Vidovdan als unerhörte Provokation, „aus der man einen Kriegsgrund gegen Serbien konstruieren konnte", reduzieren sich also bei näherem Studium auf ein Routinemanöver und ein Fremdenverkehrserfordernis.

Den 28. Juni bestimmte die Militärkanzlei des Erzherzogs, und der Landeschef akzeptierte ihn[26]. Einwendungen dagegen hielt er für unnötig. Ist ihm das vorzuwerfen? Kaum. Sehr wohl aber die dilettantischen Sicherheitsvorkehrungen, die an keinem Tag des Kalenders ausreichend gewesen wären.

Die Wahl des Besuchstermins war Zufall und ohne Einfluß auf den Ablauf der Ereignisse, ebenso wie es ein Zufall war, daß am 28. Juni 1878 auf dem Berliner Kongreß „ausgerechnet am Vidovdan" Lord Salisbury den Antrag stellte, die Großmächte sollten Österreich-Ungarn auffordern, die türkischen Provinzen Bosnien und die Herzegowina zu „besetzen und zu verwalten[27]".

II. Generalstabskonzept

1. Der einzige serbische Moslim

Mit Beginn dieses Jahrhunderts gesellte sich in Bosnien zur religiösen Zerrissenheit die völkische. In ein und derselben Schule, manchmal in der gleichen Klasse, gab es panserbische und pankroatische Gruppen und Bünde, die sich haßten und bekämpften. Die Mehrzahl der Mohammedaner, national indifferent, standen abseits, sie lehnten es ab, Stellung zu nehmen und sich zu bekennen. Sie haben es bis heute noch nicht getan[1]. Um was es damals ging, schildert ein Mostarer Abiturient in einem 1911 geschriebenen Brief: „... hier leben 600.000 Moslims", schreibt er, „sollten nur die Hälfte oder ein Drittel sich zum Kroatentum bekennen, wäre das zu unserem Nachteil. Wir dürfen nicht zulassen, daß sich das mohammedanische Volk, ein Zweig des Serbentums, ohne sich national entfalten zu können, unter den Kroaten, schlimmer noch, unter den Germanen verliere! ... wir müssen mit allen Mitteln daran arbeiten, daß unsere Muselmanen weniger kroatisch denken... wenn ein Muselman Kroate wird, verlieren die Serben ein Glied ihres Volkes und unser Feind gewinnt einen Kämpfer... die Russen zählen die Kroaten nicht zu den Slawen, ... das kroatische Volk ist im Ausland (in England und Amerika) unbekannt. Den Kroaten fehlt der Charakter der Serben, sie verdanken ihre Existenz der Propaganda. Unser Ziel ist das großserbische Reich des Zaren Dušan[2], das sich von Istrien bis Dubrovnik, von Belgrad bis Agram erstreckt[3]."

Im selben Jahr, 1911, wurde ein neuer Geheimbund gegründet, dem auch der junge Ivo Andrić angehörte. Sein Ziel war die Zusammenarbeit der „feindlichen Brüder". Diese Serbo-Kroaten oder Jugoslawen wurden als charakterlos angesehen, von beiden

Seiten angegriffen und beschimpft, mit Vorliebe Chamäleons genannt. Sie selbst bezeichneten sich als „fortschrittlich". Princip, ein Bosnier serbischer Nationalität, bekannte sich zu ihnen. Doch auch bei den Fortschrittlichen[4] dominierten die serbischen Elemente, die direkt oder auf Umwegen, über zahllose Personen und Verbände von Belgrader Großserben, besonders bei Terrorakten, gesteuert waren, in der Theorie waren sie Jugoslawen, in der Praxis Handlanger der Großserben.

Alle gingen darauf aus, die Moslims für sich zu gewinnen: die Großserben, die Großkroaten und das Grüppchen der Fortschrittlichen. Die sogenannte Schützenkette, die am 28. Juni 1914 am Sarajevoer Kai postiert war und schußbereit auf den Thronerben der Monarchie wartete, war nach politischen Gesichtspunkten zusammengesetzt, sie bestand aus fünf Serbisch-Orthodoxen*, einem Moslim und einem katholischen Kroaten. Die revolutionäre Taktik verlangte die Teilnahme zum mindesten eines „Parademoslims" und eines „Paradekatholiken". Muhamed Mehmedbašić, der Mohammedaner, war 28 Jahre alt und mit einer Bombe ausgerüstet. Der andere, der Schüler der Handelsakademie Ivo Kranjčević, war dazu ausersehen, nach dem Attentat Waffen beiseite zu schaffen.

In der Gerichtsverhandlung gegen die Attentäter fragte der Vorsitzende einen der Angeklagten[5], weshalb er es begrüßt habe, daß sich unter ihnen ein Muselman befand. Die Antwort: „Die Sache sollte der Ausdruck des ganzen bosnischen Volkes und nicht speziell des serbischen sein." Princip zum gleichen Thema: „Gut, daß ein Muselman dabei ist[6]." Und der bosnische Landeschef General Potiorek meldete nach Wien: „Der Moslim war als erster aufgestellt, damit das größte Odium auf ihn falle[7]." Und als Oberst Apis-Dimitrijević im Jahre 1917 in Saloniki vor dem serbischen Offiziersgericht stand, sagte er über seinen Schützling Muhamed Mehmedbašić: „Ich fände in meinem Grab keine Ruhe, wenn ich es, aus welchem Grunde immer, zuließe, daß ein serbisches Militärgericht das Urteil eines österreichischen Gerichtes vollstrecke und der einzige serbische Moslim, der am Protest des serbischen Volkes und der bosnischen Jugend gegen die österreichische Tyrannei teilnahm, von einem serbischen Militärgericht bestraft würde[8]."

Nun, die Österreicher konnten den einzigen serbischen Moslim, den Senior der Attentäter, gar nicht verurteilen, denn er war ihnen

---

* Gavro Princip, Nedeljko Čabrinović, Trifko Grabež, Vaso Čubrilović und Cvetko Popović.

entwischt, nachdem er am 28. Juni den ihm zugewiesenen Platz vor der österreichisch-ungarischen Bank verlassen und sich als letzter hinter Princip eingereiht hatte. So kam ihm dieser zuvor. Mehmedbašić warf seine Bombe statt gegen das Auto des Erzherzogs in ein Gebüsch und machte sich aus dem Staub.

Muhamed Mehmedbašić stammte aus Stolac in der Herzegowina. Sein Vater war ein wohlhabender türkischer Hausbesitzer, der den Sohn in die Mostarer Scheriatsschule gab, damit er Hodza werde. Dieser lehnte jedoch das Koranstudium ab und wurde Tischler.

Ein bekannter serbischer Publizist[9], der sich eine Zeitlang im Auftrag des Belgrader Ministeriums des Äußeren mit der Erforschung der Hintergründe der Sarajevoer Mordtat befaßte, veröffentlichte 1926 eine Biographie des Tischlers aus Stolac. Sie gewährt Einblick in die sektiererische und verstiegene Geisteshaltung nationaler Revolutionäre. Nach diesem Forscher war Mehmedbašić ein „Fanatiker und Sonderling mit dem sanften und gutmütigen Gesichtsausdruck eines Propheten ... mit hervorragenden Christuseigenschaften ... ein friedlicher Enthusiast voll innerer Freude ... immer bereit zu sakralen Handlungen ... beherrscht von einer Art Rächerekstase".

Die Bezirksexpositur der Gendarmerie in Caprija (Herzegowina) beurteilte ihn nüchterner, sie meldet am 9. Juli 1914, Mehmedbašić sei „ein verbissener serbischer Radikaler, der der großserbischen Idee geradezu fanatisch ergeben sei. Er bekenne und befolge die muselmanische Religion und Sitten nicht, bagatellisiere und verachte sie[10]." Mehmedbašić' Vater, ein Freibauer, war gläubiger Moslim und starb 1891 auf einer Wallfahrt in Mekka.

Schon 1912 hatte Mehmedbašić in Belgrad engste Fühlung mit den dortigen Terroristen; er wurde Mitglied der Geheimorganisation „Schwarze Hand". Der bosnische „Untergrund-Konspirator und Literat", der serbische Agent Vladimir Gačinović, stiftete ihn an, Mordballaden, besser gesagt, Mordappelle in Gedichtform (so den „Tod eines Helden[11]") nach Bosnien zu schmuggeln. Für den 26. März sah das Aktionsprogramm der Verschwörer die Ermordung des Landeschefs Potiorek vor. Die an diesem Tag geplante Amtseinführung des Reis-il-Ullema, des höchsten mohammedanischen Geistlichen, sollte die Gelegenheit bieten, unbemerkt an den General heranzukommen. Durch die Tat des Sohnes aus der angesehenen Mohammedanerfamilie der Mehmedbašić sollte das gute Einvernehmen zwischen den Behörden und den von ihnen „verhätschelten Moslims" empfindlich gestört und der Welt gezeigt werden, daß auch auf diese kein Verlaß sei.

Die feierliche Inthronisation des ehrwürdigen Professors der Scheriatsrichter-Schule Hadži Mehmad Džemaluddin Čausević zum Reis-il-Ullema, die der Landeschef als k. u. k. Kommissär vollzog, war ein patriotisches Fest. Der Kaiser als Schutzherr aller Religionen hatte dem neuen Oberhaupt der Mohammedaner in Bosnien und der Herzegowina erlaubt, den ihm vom Kalifen verliehenen Titel eines Molla von Mekka und Medina anzunehmen. Die Spitzen der militärischen und zivilen Behörden, das Landtagspräsidium, Deputationen aus der Provinz, hohe geistliche Würdenträger anderer Konfessionen wurden aufgeboten. Ein Bataillon „Bosniaken" (b. h. Inf.-Reg. Nr. 1) stand Spalier. Die „Politische Chronik" erging sich in Patriotismus: „Als der neue Reis-il-Ullema das Hoch auf Seine Majestät ausbrachte, intonierte die Kapelle die Volkshymne... brausende Rufe erschollen... von der Gelben Bastion donnerten 15 Kanonenschläge... usw.[12]."

Die Hochstimmung durch tödliche Schüsse und durch einen grauenhaften Tumult zu stören, entsprach dem Sinn serbischer Revolutionäre. Außerdem sollte der Mordanschlag die Moslims einschüchtern, die noch 1912, während des Balkankrieges, es gerne gesehen hätten, daß Österreich-Ungarn der bedrängten Türkei zu Hilfe gekommen wäre. Für das Gros der Mohammedaner wäre die Vereinigung mit der Türkei (unter Wiederherstellung der bosnisch-feudalen Selbstverwaltung) die willkommenste Lösung der Frage gewesen. Doch dafür fehlte jede Voraussetzung. An den Kaiser und seine Beamten hatte man sich gewöhnt, man liebte sie nicht, aber man respektierte und achtete sie. Oder wie ein fatalistischer Imam im Namen seiner Glaubensgenossen sagte: „Das österreichische Regime ist eine Fügung Gottes, freuen wir uns, daß es keine Heimsuchung ist." Die Vereinigung mit Serbien wäre für sie eine Heimsuchung gewesen. Gerade damals kursierten in der Čaršija[13] arge Nachrichten über das Verhalten der Serben in den eroberten türkischen Gebieten, Greuelnachrichten, die die Berichte der Konsuln in den Schatten stellten: Die Serben hätten alle ihre Versprechen gebrochen, die Mohammedaner würden überall zurückgesetzt, verlören Hab und Gut, ihnen bliebe nur die Auswanderung.

Aus Prisren war am 27. Jänner 1914 folgender Konsularbericht eingelangt: „Als die Serben vor mehr als Jahresfrist hier einzogen, verkündeten sie den ‚befreiten' Bewohnern dieser Gegenden die volle Gleichberechtigung aller Nationalitäten und Religionen; Ruhe, Ordnung und Gerechtigkeit sollten von nun an in dem neueroberten Lande walten. Sie haben keines der Versprechen gehalten; die

Mohammedaner werden überall zurückgesetzt, von den 32 in Prisren bestehenden Moscheen wurden nur 2 für religiöse Funktionen freigegeben... Die Muezzins trauen sich nicht mehr, die Gläubigen vom Minarett zum Gebet aufzufordern, da ihre Rufe von serbischen Soldaten und Passanten mit Hohngelächter aufgenommen werden würden, es heißt, daß bald viele Minarette der Stadt demoliert werden sollen... Die Korruption der Beamtenschaft, welche sich nicht zum geringsten Teile aus gewesenen Komitadži rekrutiert und das Bakschischwesen läßt alles, was in dieser Beziehung bisher von den Türken geleistet wurde, weit hinter sich...[14]"

Am 26. März 1914 war Mehmedbašić tatsächlich aus der Herzegowina nach Sarajevo geeilt, bereit, den „Verbrüderungszauber" zu stören und den kaiserlichen General an der Seite des neuen Molla von Mekka und Medina über den Haufen zu schießen. Aber der Tischler aus Stolac mußte unverrichteter Dinge wieder abziehen, denn der Lehrer Danilo Ilić, einer der Kontaktmänner mit Belgrad, verhinderte im letzten Augenblick die „Hochzeit", wie im Kreis der Attentäter der Anschlag auf Potiorek genannt wurde. Grund für die Kontreordre war die Nachricht vom Thronfolgerbesuch, nach der ein ranghöheres Opfer, der Erbe des Habsburgerthrones, „ins Haus stand". Und Mehmedbašić hatte, wie er selbst sagte, schon Monate vorher an Beratungen über die Beseitigung des Erzherzogs teilgenommen.

2. Die verdächtigen Anarchisten

Zum mißlungenen Einsatz des Muhamed Mehmedbašić am 28. Juni meinte sein serbischer Biograph, man habe ihm den Vorzugsplatz in der Schützenkette eingeräumt „als Zeichen der Anerkennung für die Energie... dieses friedlichen Enthusiasten, der seine große Stunde wie eine sakrale Handlung erwartete... vor ihm fuhren die Automobile der Suite vorbei, das erste, das zweite und schicksalhafte dritte... vor ihm stand die Menge... Hinderte sie ihn an der Vollziehung der Tat? Vielleicht? Vielleicht aber war Muhamed zu sehr erregt und versäumte so die entscheidende Sekunde...[1]"

Mehmedbašić gelang als einzigem die Flucht. Das hatte spezielle Gründe: Erstens erfuhr die Staatsanwaltschaft erst am 2. Juli durch ein Geständnis des Princip von seiner Mittäterschaft[2], und Muselmanen standen im allgemeinen außer Verdacht. Als ehemaliger Scheriatsschüler fand Muhamed noch am Mordtag ein sicheres Versteck, und zwar in einer Zelle der Kurschumlija-Medresse, einer vorwiegend den theologischen Wissenschaften gewidmeten Lehranstalt. Dazu kam, daß der Stolacer Handwerker mit Land und Leuten vertraut war und die Schmugglerpfade im montenegrinischen Grenzgebiet kannte. Glaubensgenossen boten ihm Nachtquartier, darunter ein Schuldirektor und der Besitzer einer türkischen Kafana.

Zuerst meldete sich, am 9. Juli, der Gendamerieposten Divinsattel[3]. Er teilte mit, Mehmedbašić habe einen Kramladen aufgesucht und dort erzählt, er sei auf dem Weg nach der montenegrinischen Hauptstadt Cetinje, wo er beabsichtige, den König umzubringen[4]. Diese Drohung galt Nikola I. von Montenegro, Beherrscher der Schwarzen Berge und Souverän des „zweiten serbisches Staates[5]". Das mag auf den ersten Blick befremdend erscheinen, ist es aber nicht, wenn man bedenkt, daß sich König Nikola, weil er die Union mit Serbien verzögern wollte, und auch aus anderen Gründen, den Haß nationaler Fanatiker zugezogen hatte.

Nikola I., der kleine, schlaue Autokrat, der „insgeheim immer noch hoffte, einmal auf den Thron Serbiens zu gelangen[6]", stand den Plänen der Großserben im Wege. Zu seiner Diffamierung und zur Diffamierung Franz Ferdinands wurden raffinierte Texte von „Originalstaatsverträgen" in Umlauf gebracht. Es waren heimtückische Fälschungen, zur Täuschung der Balkanvölker. Diese „Conventions secrètes" zwischen Österreich-Ungarn und Rumänien, Bulgarien, Griechenland und Montenegro trugen vorgetäuschte Signaturen des Kaisers von Österreich und anderer Potentaten, von Ministern und Diplomaten. Als Clou und um den für alles verantwortlichen Bösewicht Franz Ferdinand als den Initiator einer gegen Serbien gerichteten aggressiven Politik hinzustellen, war in einer gefälschten Druckausgabe der Verträge „Vienne" als Ort der Herausgabe und „François Ferdinand" als „Editeur" genannt. Gewidmet war das Werk „Le comte d'Aerenthal, *heros* de l'annexion de la Bosnie et de L'Herzégovine[7]".

Nicht nur Balkanredaktionen, auch amerikanische Blätter ließen sich täuschen, sie verkündeten die Nachricht, daß König Nikola aus Wien jährlich 365.000 Kronen beziehe und Österreich-Ungarn ihm und der Dynastie Petrović-Njegoš Thron und Herrscherrechte garantiere. Dafür mußte er sich verpflichten, im Falle eines Krieges mit Serbien neutral zu bleiben und die österreichischen Interessen im Sandschak[8], in Altserbien und in Mazedonien anzuerkennen[9]. Solche Nachrichten stempelten König Nikola zum todeswürdigen Verräter an der nationalen Sache und Franz Ferdinand zu dem Mann, der die Politik des Verräters inaugurierte.

Auch im Lande der Schwarzen Berge bestand eine starke national-serbische Opposition gegen Nikola. Noch im Mai 1914 reisten unzufriedene Montenegriner nach St. Petersburg und forderten die Vereinigung mit Serbien. Russische Hilfeleistungen sollten nicht über den König gehen, verlangten sie, das sei der falsche Weg, er benütze sie, um national-serbische Bestrebungen zu bekämpfen. Als Ergebnis dieser Vorsprache werde man in Zukunft in St. Petersburg so handeln, wie man es in Belgrad wünsche, meldete Dr. Spalajković, Serbiens Gesandter am Zarenhof. Rußland werde, fügte er hinzu, Montenegro gegenüber die Politik Serbiens führen[10].

Mehmedbašić, seine bosnischen Freunde und die Belgrader Hintermänner hatten König Nikola abgeschrieben, auch er stand auf der Abschußliste. Ob Mehmedbašić aus eigenem handeln wollte oder ob er dazu einen Auftrag hatte, ist ungewiß. Von seiner Absicht hatte der Gendamerieposten Divinsattel, der sich trotz Bemühung des flüchtigen Mehmedbašić nicht mehr bemächtigen konnte, Wind bekommen. Konfidenten von jenseits der Grenze meldeten, der Flüchtling sei schon am 3. Juli in Montengro eingetroffen, tags darauf festgenommen und in das Gefängnis von Nikić eingeliefert worden[11].

Mit der österreichischen Forderung nach Auslieferung des Tischlers aus Stolac begann rühriges diplomatisches Treiben und ein reger Depeschenwechsel zwischen Cetinje und Wien[12], aber auch zwischen Cetinje und Belgrad.

Am 13. Juli beauftragte Graf Berchtold Herrn Eduard Otto, den österreichisch-ungarischen Gesandten am montenegrinischen Hof, sich „nachtrüglichst (sic!) dafür einzusetzen, daß Mehmedbašić sichergestellt und ... dem Auslieferungsbegehren stattgegeben werde". Nichts sei selbstverständlicher als das, versicherte Montenegros Außenminister Peter Plamenac, die Sicherstellung sei bereits erfolgt, und zwar am 13. Juli. (Die österreichische Gendamerie meldete sie bereits am 9.!) Das sei aber noch nicht alles, fuhr Plamenac fort, Mehmedbašić habe bereits „ein volles Geständnis über seine Teilnahme abgelegt". Sensationell, doch noch sensationeller das weitere: Das Geständnis des Tischlers beziehe sich auf ein „in Tours verabredetes Komplott[13]".

Wieso Tours? Ein Chiffre-Fehler? Oder gar eine beabsichtigte Irreführung? Keineswegs, es handelte sich, wie sich später herausstellte, tatsächlich um ein in Frankreich verabredetes Komplott zur Ermordnung des österreichischen Thronerben[14]. Doch bedauerlicherweise, so gestand Herr Plamenac dem österreichischen Gesandten, „leider sei es Mehmedbašić gelungen, gestern nachts aus dem Gefängnis zu entweichen". Worauf Herr Otto den montenegrinischen Außenminister darauf hinwies, daß diese Flucht „einen merkwürdigen Eindruck mache[15]". Plamenac war, wie könnte es anders sein, die Angelegenheit „sehr peinlich", und er versprach, „es werde alles geschehen, um den begangenen Fehler gutzumachen und eventuell die Schuldigen zu bestrafen[16]".

Wien war verstimmt, nicht ohne Grund, hütete sich aber, eine schärfere Tonart anzuschlagen, bestand doch noch ein Hoffnungsschimmer, das schwer zugängliche Bergländchen an der Südflanke des Reiches aus dem drohenden Konflikt herauszuhalten. Nach Cetinje ging an den k. u. k. Gesandten in einem Postskriptum die Weisung, „energisch darauf zu dringen, daß wegen Wiederverhaftung des in so auffallender Weise entwichenen Mehmedbašić die striktesten Maßnahmen getroffen werden[17]".

Die striktesten Maßnahmen? Die seien doch selbstverständlich, versicherte Plamenac: sofort sei ein hoher Beamter nach Nikić geeilt, um nach dem Rechten zu sehen, lässige Gendarmen habe man bereits verhaftet und Hausdurchsuchungen, sogar bei Abgeordneten, vorgenommen. Darüber herrsche in Montenegro große Aufregung[18], die königliche Regierung bemühe sich trotzdem nach Kräften. Sogar Gesandter Otto, ein Kenner der Balkanmentalität, zeigte sich von diesem Eifer beeindruckt. Die Flucht des Attentäters habe, so beruhigte er in Wien, auf die „montenegrinische Regierung konsternierend gewirkt". Bei Herrn Plamenac „waren alle äußeren Anzeichen großer Erregung wahrzunehmen, der Zwischenfall sei ihm, der Gesamtregierung und dem König sehr peinlich[19]".

Minister Plamenac verstand sein Geschäft. Seine dem k. u. k. Gesandten vorgespielte Erregung war eine eindrucksvolle Leistung. Schon Tage zuvor hatte er mit dem serbischen Gesandten am Hofe König Nikolas, M. Gavrilović, alles abgesprochen und das, obwohl Ministerpräsident Pašić erklärt hatte, Serbien sei für Taten österreichisch-ungarischer Untertanen[20] weder zuständig noch verantwortlich oder wie es dann auch später, 1919, hieß: „Serbien könne durch ein von einem österr.-ung. Staatsbürger auf dem Gebiete der Doppelmonarchie verübtes Verbrechen in nichts kompromitiert werden[21]." Der serbische Gesandte Gavrilović scheint sich dessen noch nicht so ganz sicher gewesen zu sein, denn er informierte seinen Chef, den Ministerpräsidenten Pašić, genau über das Schicksal des fremden Untertanen Mehmedbašić: er sei tatsächlich nach Nikić gekommen und habe dort – in der Meinung, außer Gefahr zu sein – von der Verschwörung in Tours[22] und seiner Rolle dabei erzählt. Jetzt sei Plamenac und die montenegrinische Regierung in größter Verlegenheit, man befürchte, „daß Österreich durch seine Spione von dem Häftling in Nikić und seinen Aussagen etwas erfährt[23]".

Und wäre das so arg gewesen? Doch nur, wenn die serbische Regierung und die serbische Armee durch ihn belastet hätten werden können. Das aber nahm schon damals der serbische Gesandte in Cetinje als selbstverständlich an! Nicht nur der mißtrauische Ballhausplatz! Zum Schluß beruhigte Gesandter Gavrilović seinen Ministerpräsidenten mit dem Hinweis, Außenminister Plamenac habe ihn im tiefsten Vertrauen wissen lassen, er habe seinen Kollegen, den Innenminister, gebeten, „dem Häftling die Möglichkeit zur Flucht aus dem Gefängnis zu geben[24]".

Noch andere Briefstellen werfen ein bezeichnendes Licht auf das Treiben hinter den Kulissen, zuerst erwähnte der Gesandte einen gewissen Golubić, ebenfalls einen Moslim aus Stolac, der „den Mehmedbašić in die in Tours angezettelte Verschwörung hineingezogen habe". „Dieser Golubić", heißt es weiter, „ist unser Stipendiat in Paris[25]". Einige Tage später, am 15. Juli 1914, setzte sich Gavrilović wieder mit Belgrad in Verbindung, um die gelungene Flucht des Mehmedbašić anzuzeigen, „damit die notwendigen Anordnungen getroffen werden, wenn er über die Grenze komme[26]".

Hätten die notwendigen Anordnungen darin bestanden, den in Bosnien wegen „Verbrechens der Mitschuld am Meuchelmord gemäß § 9, 209, 210" Gesuchten zu verhaften und auszuliefern? Die notwendigen Anordnungen bestanden vielmehr darin, alle Vorkehrungen zu treffen, um den Verbrecher zu decken und ihn mit Hilfe serbischer Behörden untertauchen zu lassen, wie man es in Belgrad bereits mit anderen Mitschuldigen getan hatte. Der Abschlußbericht dieser Auslieferungskomödie, das Schreiben des Herrn Gavrilović vom 21. Juli[27], war an den Ministerpräsidenten Pašić „persönlich" gerichtet. Dieses Dokument beweist, daß sich nicht nur serbische, sondern auch montenegrinische Regierungsmitglieder des Verbrechens der Begünstigung und Vorschubleistung schuldig machten. König Nikolas Außenminister Peter Plamenac informierte den serbischen Gesandten eingehend darüber, wie er selbst „auf freundschaftlich geäußerte Wünsche des Ballhausplatzes" reagiert habe. Auf die Frage nach der Fluchtrichtung habe er, Plamenac, geantwortet, sie sei unbekannt. Und auf die vertrauliche Mitteilung von österreichischer Seite, der Untersuchungsrichter in Sarajevo möchte des Mehmedbašić habhaft werden, um alle nach Belgrad laufenden Fäden in die Hand zu bekommen, wo man gegebenenfalls Schritte unternehmen werde, wurde die Antwort erteilt; der Untersuchungsrichter *verfolge eine falsche Spur,* habe doch der Flüchtling mehrmals versichert, die Verschwörung sei in Tours in Frankreich angezettelt worden. Über diese Eröffnung, sagte Plamenac zum Schluß, sei Herr Otto, der österreichische Gesandte, „unangenehm berührt gewesen".

Herr Plamenac, montenegrinischer Außenminister, und Serbiens Ministerpräsident Pašić verstanden sich, sie arbeiteten zusammen, um zu vertuschen, zu bemänteln, Verbrecher zu decken, und das alles zur höheren Ehre der serbischen Nation. Zwei Jahre später, als es so aussah, das Spiel und der Krieg sei für sie verloren, im Mai 1917, urteilte der Montenegriner über den Serben in einem Schreiben[28] aus dem Londoner Exil: „Ob Pašić schwört oder leugnet, er lügt immer ... der Kriegsgrund war die Ermordung des Thronfolgers und diesen Kriegsgrund hat Herr Pašić selber geschaffen ... er hat unter der Hand die Ermordung des Erzherzogs vorbereitet und Österreich zum Krieg gezwungen ... er war „le chef occulte de la conjuration", also der geheimnisvolle Chef der Verschwörung.

Die Nachrichten des Gesandten Otto über Mehmedbašić aus Cetinje erregten am Ballhausplatz Ärger und Kopfschütteln. Ärger, weil der Flüchtling „bedauerlicherweise" der montenegrinischen Polizei entschlüpft war, und Kopfschütteln über den Hinweis auf Tours. Was hatte das Städtchen an der Loire mit den verhafteten Attentätern von Sarajevo zu tun? Gab es Verbindungen zwischen dem in einem abgelegenen Dorf an der dalmatinisch-bosnischen Grenze geborenen Princip und Tours?

Es war eine Irreführung, aber raffinierter, als es im ersten Moment aussah. Sie bestand nämlich nicht in einer falschen Ortsangabe, sondern darin, daß man die serbische Verschwörung, um alle Welt zu täuschen, vom Ausland ausgehen ließ und dabei behauptete, die Spur nach Belgrad, die der Untersuchungsrichter in Sarajevo verfolgte, sei falsch. Die Spur führte aber auf dem Umweg über Tours nach Belgrad.

Wie war die erste Reaktion des umfassend orientierten serbischen Ministerpräsidenten? Unmittelbar nach dem Attentat kündigte er in der Skupština* die Vorlage eines Gesetzes gegen die Anarchisten an, obwohl es in Serbien kaum Anarchisten gab, dafür in Frankreich und Italien. In einem Runderlaß an die serbischen Missionen erklärte er:

---

* Das serbische Parlament.

„Seit der letzten Ereignisse wird Serbien seine Aufmerksamkeit hinsichtlich anarchistischer Elemente verdoppeln ... Ich bitte Sie, in diesem Sinne vorzugehen und durch alle geeigneten Mittel sobald als möglich der antiserbischen Kampagne in der öffentlichen Meinung Europas ein Ende zu setzen[29]."

3. Agententreffen

Nach seiner „Flucht" aus dem montenegrinischen Gefängnis trat Mehmedbašić im November 1914 als Komitadži in die serbische Armee ein. Ein Jahr darauf, kurz bevor die mit Österreich-Ungarn und Deutschland verbündeten Bulgaren am 5. November 1915 in Niš eindrangen, besuchte Mehmedbašić im dortigen Reserve-Kreislazarett einen alten Freund, den ebenfalls aus Stolac in der Herzegowina stammenden Milan Kurilić, der als serbischer Komitadži verwundet worden war.

Im Bett neben Kurilić lag ein gefangener österreichischer Offizier slowenischer Nationalität: der k. u. k. Leutnant Cyrill Tavčar aus Laibach[1]. Dieser war im August 1914 in die Hand der Serben gefallen, hatte dort „bittere Tage" erlebt und wurde nun als Bettnachbar des Kurilić unfreiwilliger Zeuge einer Unterhaltung zwischen ihm und seinem Besucher Mehmedbašić. Nach seiner bald darauf erfolgten Genesung und Flucht entschloß sich Leutnant Tavčar, den Inhalt des mitgehörten Gespräches seiner vorgesetzten Dienststelle mitzuteilen, die ihn veranlaßte, vor dem Gericht des k. u. k. Armeekommandos in Mostar auszusagen[2]. Da Tavčars Erklärungen ungewöhnlich präzise sind und der von ihm genannte Muhamed nur der Tischler Mehmedbašić sein kann, und zwar in einer jeden Zweifel ausschließenden Weise, seien sie hier gekürzt wiedergegeben: „Ich wurde aus dem Okružna bolcina in Niš in das 1. Reserve-Spital überführt, ... eines Morgens kam ein Mann namens Muhamed .... ein hochgewachsener, starker Mann, ... zirka 25 Jahre alt ... Tischlergehilfe von Profession ... aus Stolac oder unmittelbarer Umgebung, ... als die beiden[3] sich trafen, begrüßten sie sich und küßten sich aufs herzlichste und ich entnahm der Begrüßung, daß sie sich schon lange kannten ... Muhamed erzählte dem Kurilić des langen und breiten, wie es ihm gelungen sei, nach dem Attentat aus Sarajevo zu entfliehen ... er erzählte, daß der Mord Seiner kaiserlichen und königlichen Hoheit des Erzherzogs Franz Ferdinand am 1. Jänner

1914 in *Belgrad,* wohin er berufen wurde, *beschlossen* worden sei ... und am 8. Jänner meldete sich Mehmedbašić beim Komitee[4] in Paris ... er erzählte weiter, es waren fünf Täter (Frevler) ausersehen ... er, Mehmedbašić, war in der Reihe der dritte ... Stellung bezog er in einer Sarajevoer Allee, ... mit Bombe und Revolver, als er die Explosion der Bombe (des Čabrinović) hörte, wußte er, daß die Sache begonnen hatte ... Später hörte er Schüsse fallen und sah das Volk zusammenströmen und vom Attentat erzählen ... da verließ er seinen Platz und flüchtete. Die Bombe warf er in den Garten der Landesregierung ... Muhamed erzählte weiter, daß der serbische Major Tankosić sie im Hantieren mit den Bomben unterrichtete und Schießen lernte (sic!) ... und zwar am Exerzierplatz in Belgrad ... die Bomben wurden bei Šabac über die Save nach Bosnien eingeschmuggelt." Leutnant Tavčar schloß seine Aussage: „... als sich Muhamed zu mir wandte, fragte ich ganz erstaunt: ‚Was, Sie haben auch daran teilgenommen?' Er antwortete: ‚E svabo, ne bi nam odisao.' Nach einigen Tagen kam Muhamed wieder und erzählte seinem Freund Kurilić noch unter anderem, daß er vom serbischen Kriegsministerium Geld bekommen habe."

Tavčar, der als Magistratsbeamter der krainischen Landeshauptstadt Laibach in exakter Protokollführung geschult war, gab bei seiner Einvernahme viele leicht nachprüfbare Fakten an, die damals weder der Öffentlichkeit noch den Behörden bekannt waren. Die Treffsicherheit[5] seiner Angaben läßt daher Schlüsse auf seine gegebene Bemerkung zu, Mehmedbašić sei am 1. Jänner 1914 nach Belgrad berufen worden, wo man das Attentat beschlossen habe, wobei die weitere Angabe des 8. Jänner auf den Tag genau als Beginn des Verschwörertreffens in Frankreich mit der serbischen Attentatsliteratur übereinstimmt. Dedijer schreibt: Das Treffen in Frankreich muß „zwischen dem 7. Jänner und 3. Februar 1914[6]" stattgefunden haben. Der Chronist der Mlada Bosna, Dr. Ljubibratić, schreibt: „... als Gačinović und Golubić im Jänner 1914 an M. Mehmedbašić schrieben, er soll nach Toulouse kommen, fuhr dieser sofort[7]."

Mehmedbašić traf in Frankreich andere „Köter des Apis", wie man in serbischen Kreisen[8] die Schergen und Helfershelfer des königlichen Generalstabsoberstleutnants Dragutin Dimitrijević nannte. Das waren alles „ausgesuchte Elemente ohne Widerwillen gegen den Kampf mit Bomben und Dolch[9]". An der Spitze des Auslandskomitees* stand der Agent Vladimir Gačinović, Mitglied der

---

* Bevollmächtigter Ausschuß.

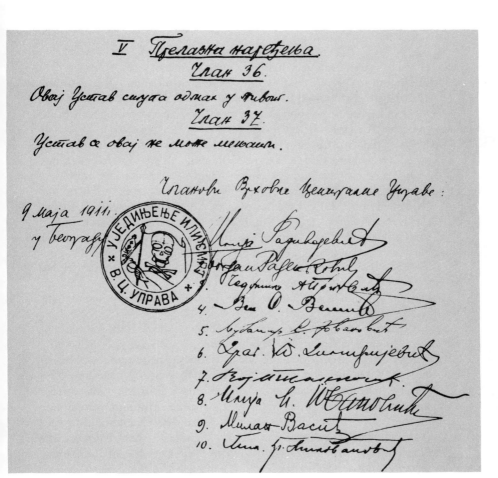

Die letzte Seite der Statuten der Geheimorganisation „Vereinigung oder Tod", genannt die „Schwarze Hand", mit den Unterschriften der neun Gründer, unter ihnen (Nr. 6) Oberst Dimitrijević-Apis, (Nr. 7) Major Voja Tankosić und (Nr. 9) Major Milan Vasić. Der Stempel zeigt neben dem Totenschädel Bombe und Giftflasche (9. Mai 1911). (SAR.-A.)

1911 gegründeten serbischen Geheimorganisation „Die Schwarze Hand", von den einen als „Chefideologe der Mlada Bosna", von den anderen als „wehmütiger Poet" angesehen.

Auch Vladimir Gačinović stammte von der montenegrinischen Grenze. In Mostar absolvierte er sechs Klassen Gymnasium, nach der Annexion floh er über Montenegro nach Serbien, wo er in Vranje eine Terrorausbildung mitmachte. Er nahm am Balkankrieg teil, und für die Zeit nachher vermerkt Dr. Ljubibratić: „Gačinović reiste viel, selbst heute noch sind nicht alle seine Reisen bekannt. Die Hauptaufenthalte waren Sarajevo, Belgrad, Wien, Agram ... im Sommer 1911 übernahm Gačinović die Revolutionsaktion im Lande ... im Sommer 1913 begab er sich nach Paris ... dann verblieb er in der Schweiz, und zwar in Lausanne ... von dort kamen Inspiration und Aktionsdirektiven für Auslandstreffen[10] ..."

Vom Mai 1912 liegt ein eindeutiges Zeugnis seiner Agententätigkeit vor. Es fiel den Österreichern in die Hände, als sie 1914 Loznica, den Standort eines serbischen Grenz- und Terroroffiziers, der sein vertrauliches Material zurückgelassen hatte, besetzten[11]. Gačinović' Konfidentenmeldung berichtete vom Aufbau einer schlagkräftigen Partisanenorganisation, von der Mitarbeiterwerbung durch orthodoxe Geistliche, von Leuten, die bereit waren, sich im Königreich Serbien zur Verübung von Terrortaten ausbilden zu lassen, um am Tage X Tunnels und Brücken zu sprengen, Wasserleitungen zu zerstören, Telegraphenleitungen abzuschneiden und Truppenkommandanten und deren Stellvertreter im geeigneten Moment um die Ecke zu bringen[12].

Vladimir Gačinović war eine zwiespältige und tragische Persönlichkeit. Talentiert, literarisch begabt, redegewandt, aktiv, Vorbild und Führer junger Freunde. Leute wie er wären prädestiniert gewesen, ihr engeres Vaterland, von dem sie das Gefühl hatten, es sei zurückgeblieben, auf eine andere Stufe zu heben, besser mit Europa zu integrieren, ohne dabei den k. u. k. Okkupanten allzu große Konzessionen machen zu müssen. Wie hatte sich Gačinović' Kamerad Borivoje Jevtić einmal geäußert? Er sagte, Wien lasse sich langsam alle Neuerungen abringen[13]. Das wäre die Basis kritischer Auseinandersetzung und der Selbstbehauptung gewesen, die Basis der Vernunft und nicht des Terrors, den übrigens das bosnische Volk in seiner überwiegenden Mehrheit ablehnte. Es ist einfach nicht wahr, nichts als nationalistische Übertreibung, daß es die österreichisch-ungarische Verwaltung darauf abgesehen hatte, diesen beiden Provinzen ihre Entwicklungsmöglichkeiten zu rauben und ihre Versklavung zu betreiben. Gerade eine Jugendbewegung wie die „Mlada Bosna" hätte die treibende Kraft einer stärkeren demokratischen Entwicklung sein können, sie aber geriet unter den verderblichen Einfluß der großserbischen Offiziersclique, die es verstanden hat, ihren jugendlichen Idealismus und Wagemut schamlos zu mißbrauchen.

Ein Russe nannte die Serben einmal „schlecht getaufte Türken"[14]. Er wollte damit zum Ausdruck bringen, daß es Serben gab, die von ihren Gegnern, den Osmanen, die Art zu denken und Politik zu betreiben übernommen hatten. Schon möglich. Gewiß ist aber, daß im serbischen Offizierskorps noch der Prätorianergeist der Janitscharen[15] lebendig war, der es als selbstverständlich erachtete, mitzuentscheiden, schwierige politische Probleme durch Mord zu lösen und besonders nach Türkenart die Erbfolge auf diese Weise zu regeln.

Unleugbar hatte an der Entwicklung in Bosnien auch der bürokratisch-militärische Stil der k. u. k. Verwaltung anteil. Das System verstand es, Wissen, Bildung und Disziplin zu vermitteln, war aber außerstande, den Enthusiasmus einer leicht entflammten und durch nationalistische Phrasen aufgehetzten Jugend an sich zu binden. Dazu kam der österreichisch-ungarische Gegensatz, der sich gerade in Bosnien und der Herzegowina besonders verderblich auswirkte.

Es hat den Anschein, als wäre Gačinović am Ende seines kurzen Lebens, vor seinem geheimnisvollen Tod in der Schweiz, die Diskrepanz zwischen Ideal und Wirklichkeit bewußt geworden. Ihm blieb es erspart mitzuerleben, was sich in Saloniki abspielte, und zu sehen, was aus den von ihm angeworbenen Freiheitskämpfern geworden war: abhängige Kreaturen, Offizierskötern, die im Dienst zweier sich bekämpfender reaktionärer Gruppen zu schäbigen Spitzeln und Bravi herabgesunken waren.

Gačinović und Mehmedbašić stammten nicht nur aus der gleichen Gegend, sie waren auch alte Freunde. Gemeinsam waren sie in Serbien zu Terroristen ausgebildet worden, gemeinsam hatten sie literarischen Sprengstoff nach Österreich geschmuggelt, so das direkt zu Attentaten auffordernde Gedicht *Tod eines Helden* und die großserbische Propagandaschrift *Kroatiens Kampf um die Freiheit*, die dazu bestimmt war, das kroatische Volk von Österreich abtrünnig zu machen.

Der Lehrer Danilo Ilić, den Gačinović schon früher nach Serbien zur Terrorausbildung geschickt hatte, kam nicht nach Frankreich, er war schon 1913 nach Lausanne gereist, um sich mit ihm zu beraten[16].

Als Treffpunkt für die französichen Zusammenkünfte werden zwei Hotels genannt, eines in Paris und eines in Toulouse[17].

In Toulouse „beschloß" man zuerst unter dem Vorsitz des serbischen Agenten und „Chefideologen" Gačinović ein Attentat auf den Landeschef Potiorek. „Mohamed Mehmedbašić sollte die Tat mit einem vergifteten Messer ausführen. Dann kam die Nachricht, Erzherzog Franz Ferdinand werde Frankreich besuchen. Darin sahen die Verschwörer einen Wink des Schicksals. Sie wollten den Mord in Frankreich begehen und dann bei der Verhandlung vor einem französischen Gericht die Weltöffentlichkeit mit den Problemen der südslawischen Völker bekannt machen[18]." Es kam aber nicht zu dem

Besuch, und Mehmedbašić hatte sich nach Sarajevo aufgemacht, das vergiftete Messer aber in der Eisenbahn weggeworfen, als die Gefahr einer Polizeikontrolle bevorstand.

An dem Treffen in Frankreich nahm auch Mustafa Golubić teil. Das war ein Jusstudent, der früher in der Terrorgruppe Tankosić gedient hatte. Oberst Apis-Dimitrijević sagte von ihm: „Ich hielt ihn in Reserve, und zwar für unsere spätere Arbeit in Bosnien[19]." Weder Apis noch Tankosić, auch nicht Golubić, sollten Bosnien jemals wiedersehen.

4. Methoden des nationalen Terrors

Und der Held der Mlada Bosna? Der Mörder von Sarajevo? Nahm er an den Vorbesprechungen in Frankreich teil? Nein, Princip sollte später nach Lausanne kommen, „um die Vorbereitungen abzuschließen[1]". In diesem Sinne schrieb Vladimir Gačinović an Princip, der sich damals, Ende Jänner, bei seinen Eltern in Oblaj aufhielt. Dieses armselige Dorf im dinarischen Karst liegt 3 Kilometer östlich von Bosnisch-Grahovo[2], wo Vater Princip für die k. u. k. Militärpost arbeitete und als Frächter regelmäßig die steile Paßstraße nach Strmica in Dalmatien befuhr.

In Grahovo traf Gavrilo Princip seinen Vetter, den gleichaltrigen Vladeta, der ihn überredete, nach Belgrad zu gehen, um angeblich dort seine Studien abzuschließen. Dedijer meint sogar, Princip hätte damals noch ernstlich die Absicht gehabt, zu maturieren[3].

Die meisten Angaben über Princips Gymnasialzeit sind mit Vorbehalt aufzunehmen. Er selbst pflegte sich auf seiner Bombentransportreise von Belgrad nach Sarajevo im Mai den hilfreichen serbischen Offizieren mit den Worten vorzustellen: „Princip, Maturant[4]." Doch es ist zweifelhaft, ob er die 7. Klasse absolviert hatte, geschweige denn die 8. Dem Gefängnispsychiater erzählte er, er habe das Untergymnasium mit Vorzug absolviert[5]. Doch hatte er in Wirklichkeit zuerst die Handelsschule in Sarajevo besucht und diese verlassen, weil er den Handel und die Handelsleute verachtete. Der Sprung ins Gymnasium gelang ihm nicht. In der 5. Klasse fiel er durch. In Belgrad machte er dann als Externist die Prüfung für die 5. und 6. Klasse[6]. Bei seinem Freund und Mitattentäter Grabež lagen die Dinge klarer[7].

Vetter Vladeta in Grahovo gehörte der Sippe von Princips Mutter, den Bilbijas, an. Princips Mutter Nana hatte fünf Söhne und vier

Töchter geboren, sechs ihrer Kinder starben im Säuglingsalter. Laut Auskunft der Ortsbehörde fuhren Gavrilo und Vladeta, ohne sich um einen Reisepaß bemüht zu haben, am 6. Februar 1914 nach Belgrad, und zwar über Sarajevo. Princip gab in der Gerichtsverhandlung an, sie hätten den Weg über Fiume und Zagreb genommen[8]. Ausnahmsweise dürfte diese Angabe stimmen, denn die beiden illegalen Belgradfahrer verschafften sich in Zagreb gültige, aber auf andere Namen[9] lautende Pässe. Das spricht dafür, daß schon damals die Belgrader Geheimorganisation ihre Schritte lenkte. Sicher hat Dr. Ljubibratić recht, wenn er meint, schon in Grahovo sei das Attentat mit ihm besprochen worden, und zwar zwischen Princip und Vladeta Bilbija. Princip allerdings bestritt dies in der Verhandlung. Solange der Richter ihm nicht das Gegenteil bewies, deckte Princip seine Freunde und erst recht Angehörige der mütterlichen Sippschaft. Am 13. Februar traf Princip in der serbischen Hauptstadt ein und bezog zusammen mit Grabež, Vetter Bilbija und anderen Kumpanen eine Wohnung in der Carigradstraße 23. Sie verkehrten in Komitadžilokalen. Vetter Bilbija wurde Mitglied der Schwarzen Hand. Wann, steht nicht fest, bei Kriegsausbruch war er es jedenfalls. Später, Ende 1915, wurde er zu Spezialaufgaben herangezogen, das heißt, auch er erhielt seinen Auftrag zum Mord. Mitten im Krieg nahmen die serbischen Generalstabsoffiziere König Konstantin von Griechenland und seine Gattin Sophie aufs Korn[10]. Wie dieser Plan abgewickelt werden sollte, hat Vladeta Bilbija dem serbischen Sicherheitsdienst in Saloniki gestanden und zu Protokoll gegeben. Diese Aussage ist ein aufschlußreiches Dokument[11]. Er zeigt, wie „Tyrannen- und Rachemorde" aus strategischen und politischen Gründen in Szene gesetzt wurden, bietet Parallelen zum Fall Princip und entlarvt die gerissenen Methoden der Mordsektion des serbischen Generalstabs. Serbische Staatsbürger wurden von derartigen Missionen grundsätzlich ferngehalten, die heimat- und anhanglosen jungen Leute aus Bosnien hatte man besser in der Hand, um sie kümmerte sich niemand, sie waren in vieler Hinsicht abhängig, psychisch und physisch, hatten nichts zu verlieren und unterstanden der brutalen Freischärlerdisziplin oder der doppelten Gehorsamspflicht von Armee und Schwarzer Hand. Typisch war die Art, wie man sich an die jungen Leute heranmachte. Die Offiziere gingen mit herablassender Jovialität und vorsichtiger Zurückhaltung ans Werk, doch erst dann, wenn der Auserwählte „als Serbe" einem Mittelsmann gegenüber seine Zustimmung erklärt hatte. Ebenso typisch war die persönliche Verabschiedung durch den obersten Chef der Mordsektion, durch den zynisch-dämonischen Obersten Apis-Dimitrijević, der seinen Bravi glückliche Reise und Erfolg wünschte. Wozu, wurde dabei nicht ausgesprochen. Höchst interessant ist die Motivierung, die man Bilbija gab, als er in Korfu die Weisung für den Athener Königsmord bekam. Der Offizier sagte zu ihm: „Du bist ein guter Junge ... und zuverlässig, also höre: Wir müssen alles dransetzen, um ehestens wieder in unser Vaterland zurückkehren zu können![12] Dies erreichen wir nur, wenn König Konstantin und seine Gattin möglichst bald beseitigt werden. Dann kommt nämlich in Griechenland Venizelos[13], unser Freund, zur Macht. Er wird erreichen, daß uns sein Land und die griechische Armee zu Hilfe kommt." Das war kalte politische Berechnung, ein strategisch begründeter Meuchelmord, planmäßige Generalstabsarbeit und nach Auffassung der Auftraggeber eine durchaus erlaubte Kriegshandlung. Sollte es in Sarajevo anders gewesen sein? Ein Unterschied bestand allerdings: Apis' Mordbefehl war eine Kriegshandlung mitten im Frieden. Der Offizier, der Princips Vetter Bilbija köderte, hieß Ljubimir Vulović, es war jener Major, in dessen Grenzabschnitt Ende Mai 1914 die Attentäter von Sarajevo samt Waffen durch serbische Grenzorgane über die Drina nach Bosnien geschleust wurden[14].

Zwischen Major Vulović und Bilbija hatte ein gewisser Boško Arežina die Verbindung hergestellt, der auch aus der Gegend von Grahovo stammte. Dieser Arežina stellte dem Neuling, nachdem er ihm das „Angebot" des Vulović überbracht hatte, eine Bedenkzeit von 24 Stunden. Was passiert wäre, wenn Bilbija den ehrenvollen Auftrag abgelehnt hätte, ist nicht bekannt. Was mit ihm geschehen wäre, wenn er geplaudert oder sich widerspenstig gezeigt hätte? Man wäre mit ihm verfahren wie mit Arežina, der sich zu unüberlegten Äußerungen hinreißen ließ. Es sagte, die Offiziere „handelten mit Menschenfleisch", und die jungen Bosnier müßten zeitlebens als „Panduren" dienen. Er wurde schnell zum Schweigen gebracht, für immer. Wo man seine Leiche verscharrt hatte, blieb unbekannt[15].

Ratgeber bei der Aktion Konstantin war auch Milan Ciganović, jener Eisenbahnbeamte, der 1914 den Attentätern im Auftrag der Offiziere die Waffen geliefert hatte. Damals war er Freund und Helfershelfer des Major Tankosić[16], der gefallen und an dessen Stelle Major Vulović als Exekutivorgan des serbischen Generalstabes getreten war. Ciganović riet Bilbija von der Aktion Konstantin nicht ab, warnte aber, sich in „innere Angelegenheiten" zu mischen, was im Jargon dieser Leute so viel hieß, er solle seine Mordwaffen gegen wen immer richten, nicht aber gegen serbische Persönlichkeiten.

Als Reisebegleiter und aktiven Mitattentäter teilten die Offiziere Bilbija den Stolacer Tischler Mehmedbašić zu, dem es gelungen war, aus Sarajevo nach Montenegro zu flüchten. Die beiden Schergen wurden „amtlich umgetauft", mit falschen Papieren versehen, jeder erhielt 800 Drachmen, davon 200 in Gold. Dann wurde ihnen eingeschärft, ja nicht die Offiziere zu verraten. Falls ihnen nach dem Mord die Flucht nicht gelingen sollte, strikter Befehl: Selbstmord. Die Königsmörder in spe bekamen ein Schreiben in türkischer Sprache mit, das bei der Leiche des Mehmedbašić gefunden werden sollte. Darüber vermerkt das Protokoll: „Der Brief in der Tasche des Mehmedbašić hatte zu besagen, das verübte Attentat sei die Rache für die Ermordung des türkischen Prinzen und Thronfolgers Jussuf Izzedin. Offensichtlicher Zweck dieser Maßnahme war es, die Spur zu verwischen und jeden Verdacht von Serben und Serbien abzulenken." Bei diesem Mord sollte also nicht die „Mlada Bosna", sondern die „Mlada Turska" als die Schuldige dastehen.

Aus der Aussage von Princips Vetter, Vladeta Bilbija, war weiter zu entnehmen: „Am Tag der Abreise nach Athen kam Major Vulović in unser Quartier, küßte uns, wünschte gute Reise und meinte: ‚Zielt gut, es soll ein Princip- und kein Čabrinović-Schuß werden'" Womit er darauf anspielte, daß Princip und nicht Čabrinović der Mord gelungen war. Weiter sagte Bilbija: „Von Korfu nach Athen begleitete uns ein Major[17], der in die Sache eingeweiht war, er führte die Aufsicht."

Auch in Athen standen die beiden unter Beobachtung, und zwar durch serbische Offiziere und durch einen Konsulatsbeamten. Daß es dann doch nicht zu einem „Princip-Schuß" kam, erklärte Mehmedbašić mit folgenden Worten: „Wir nahmen im bekannten Hotel Apollo ein Zimmer, trafen jedoch keine Maßnahmen und unternahmen keine Schritte, um unseren Auftrag durchzuführen, denn Bilbija sagte mir, ihm habe bei der Abreise Milan Ciganović aufgetragen, erst nach Eintreffen einer brieflichen Weisung etwas zu unternehmen. Wir bekämen noch das Zeichen, daß es Zeit sei, sich an die Arbeit zu machen, auch dafür, daß andere Kameraden ihre Posten bezogen hätten[18]."

Immer und immer wieder Ciganović, zuerst bei dem Anschlag von Sarajevo und jetzt hier. Es ist bekannt, daß der „blonde Cigo" im Jahre 1917 beim Saloniki-Prozeß für den Ministerpräsidenten Pašić Spitzeldienste leistete[19]. Auch im Jahre 1916 dürfte er in seinem Auftrag gehandelt haben. Wer hätte es sonst wagen können, Weisungen zu erteilen, die dem Auftrag widersprachen? Immer wieder tauchen Hinweise auf Pašić auf, die zweideutige und geheimnisvolle Gestalt im Hintergrund.

Ciganović jedenfalls gab kein Zeichen, und nach 40 Tagen Aufenthalt zogen die beiden wieder ab, angeblich, weil zwei Leute, die man zu ihrer Aufsicht nach Athen geschickt hatte, zuviel plauderten und die Gefahr des Verrates gegeben war.

Mustafa Golubić, einer von jenen, die an den Besprechungen in Frankreich teilgenommen hatten, sagte aus, Oberst Dragutin Dimitrijević habe auf Korfu auch die Ermordung des rumänischen Königs vorbereitet, und zwar für den Fall, daß dieser „nicht mit den Verbündeten gehe". Zuerst wurde Golubić mit dieser Aufgabe betraut, dann zwei andere „Freiwillige", Oberst Apis ließ ihnen 500 Rubel auszahlen und schickte sie auf die Reise[20].

III. Pašić: „Von nun an wird es anders sein als bisher!"

1. Der 3. Oktober 1913 und die „pressante Demarche"

> „Aus verschiedenen Anzeichen habe ich die Impression erhalten, daß man in Berlin geneigt zu sein scheint, die Tragweite der serbischen Frage zu unterschätzen und unsere Absichten Serbien gegenüber mißverständlich zu interpretieren."
>
> Berchtold, am 1. August 1913

Welche Bedeutung kam in der Periode vor dem Attentat den Beziehungen zwischen Österreich-Ungarn und Serbien zu? Man tat sie als „feindnachbarlich" ab, und das waren sie ja auch seit Jahren[1]. Am 3. Oktober 1913 schien sich eine Änderung anzubahnen, doch war nur eine Besserung auf Stunden, ein diplomatisches Zwischenspiel, am Abend war alles wieder vorbei. Der serbische Ministerpräsident Pašić, auf der Heimreise von Marienbad, sprach am Ballhausplatz vor, und Graf Berchtold lauschte seinen freundlichen Beteuerungen mit „vorsichtiger Skepsis". Zwar rühmte der k. u. k. Minister des Äußern dem russischen Gesandten Hartwig[2] gegenüber den staatsmännischen Sinn und die gemäßigten Ansichten seines Besuchers, doch in sein Tagebuch notierte er, Pašić, „klein von Gestalt,... fanatisch im Blick, dabei bescheiden im Auftreten, bestrebt, durch Liebenswürdigkeit die uns trennenden abgrundtiefen Differenzen vergessen, wie auch das Verschlagene seines Wesens übersehen zu machen[3]". Pašić versicherte, sein Wunsch sei es, die beiderseitigen Beziehungen „in Zukunft möglichst freundschaftlich zu gestalten[4]". Serbien strebe wirtschaftliche Erleichterungen an, so den ungehinderten Transit seines Exports über österreichisches Gebiet... durch den Verzicht auf den Sandschak[5] habe Belgrad jeden

Argwohn verloren. Das heikle Thema Albanien wurde nur am Rande erwähnt, Pašić versicherte, dort keinerlei Eroberungen zu planen[6], politisch wolle sich Serbien in Zukunft völlig korrekt verhalten, auch in bezug auf die Südslawen der Monarchie. Belgrad werde sich nicht darum kümmern, welche Regierungsmethoden man hier auch immer gegen sie anwende. Die „akademische Unterredung[7]" gipfelte in der sensationellen Ankündigung: „Sie können den Kroaten und Serben mehr oder weniger Freiheiten geben, uns wird das nicht berühren, und auch unsere Beziehungen zur Monarchie werden dadurch nicht tangiert werden[8]."

Also völliges Desinteresse an den österreichischen und ungarischen Südslawen? Das war es, was Wien und Budapest anstrebten, was Berchtold als das Hauptziel[9] seiner Politik bezeichnet hatte! Wollte Pašić sich also die Rolle des eisernen Kanzlers anmaßen, der en passant erklärt hatte, an den Deutschen Österreichs uninteressiert zu sein, und sie sogar ermahnte, ihrem angestammten Kaiser brav zu dienen? Jedenfalls nahm Graf Berchtold den „Bismarck Serbiens" nicht beim Wort. Dachte er vielleicht daran, daß ihm der Thronfolger am 1. Februar 1913 anvertraut hatte, seiner Meinung nach müsse die südslawische Frage vom innenpolitischen Standpunkt gesehen werden? „Und was die Irredenta bei uns im Lande anbelangt, die von den Kriegsstürmern immer ins Treffen geführt", meinte Franz Ferdinand, „so wird dieselbe sofort aufhören, wenn man unseren Südslawen eine angenehme und gute Existenz schafft und nicht solche, jedem Recht hohnsprechende Verfügungen à la Cuvaj[10] trifft und diese braven kaisertreuen Leute zur Verzweiflung ex offo treibt! Ich kenne diese zwei Länder, die jetzt in erster Linie in Betracht kommen, nämlich Kroatien und Dalmatien ganz genau und stehe gut, daß ich in 48 Stunden dort Ruhe, Ordnung und Anhänglichkeit zur Monarchie schaffen könnte!....[11]"

Das war der Standpunkt jenes Mannes, der in Kürze die Geschicke der Monarchie lenken sollte. War dies auch die Ansicht des Grafen Berchtold? Ignorierte er deshalb Pašić' Angebot? Dafür werden andere Gründe, naheliegendere, ausschlaggebend gewesen sein. Zum Beispiel die kritische Situation in Albanien, die im Gemeinsamen Ministerrat[12] vom 3. Oktober besprochen wurde, in dem der Minister des Äußern ausführte: „Wir haben in freundschaftlicher Form die serbische Regierung auf die ernsten Folgen aufmerksam gemacht, die ein Ignorieren der Londoner Beschlüsse[13] (der Großmächte) nach sich ziehen müßte. Wenn auch die Belgrader Machthaber es in dieser Richtung an Versicherungen nicht fehlen lassen, ... so muß immerhin mit der Möglichkeit einer serbischen Besetzung strategisch wichtiger Punkte jenseits der von den Mächten fixierten Grenzlinie gerechnet werden. Wir werden uns, im Falle dieses Ereignis eintreten sollte, vor die Alternative gestellt sehen: entweder die Schaffung eines fait accompli, welches die erste und wohl auch letzte Etappe der Absorbierung Albaniens durch Serbien bilden würde, stillschweigend zu dulden oder ein Ultimatum betreffs Evakuierung des autonomen Albaniens durch die serbischen Truppen an die Belgrader Adresse zu richten."

Während des Ministerrats machte Generalstabschef Conrad den oft zitierten Vorschlag, „klare Verhältnisse zu schaffen... Er stellte sich das so vor, daß sich entweder Serbien uns loyal (und) komplett angliedere in einem Verhältnis wie etwa Bayern zum Deutschen Reich, oder daß man zur offenen Feindschaft übergehe, wozu jetzt der günstigste Moment sei..." Die Minister gingen auf den Vorschlag des Generals nicht ein, man entschloß sich zu einer Demarche, zu der Franz Ferdinand in einem Brief aus Konopischt an Berchtold Stellung nahm: „Natürlich kann ich schwer ein Urteil abgeben, da ich nicht weiß, woher diese Schauermärchen betreffs Vormarsch der Serben nach Durazzo stammen, ob es wirklich ganz authentische, offizielle Meldungen sind oder Hetznachrichten aus der Kriegshexerküche des wiedererstandenen Conrads oder des ebenfalls kriegslüsternen, ,vielbewunderten' Tiszas. Mich lassen diese Schauermärchen sehr kühl, da die Provenienz gewöhnlich diesen eben genannten beiden Quellen entstammt, die die Monarchie durchaus à tout prix in einen Krieg hetzen wollen, oder der sogenannten serbischen Kriegspartei, einer Rotte versoffener, zügelloser Kerle mit Mitgliedern der Mörderdynastie an der Spitze, ... ich bin überzeugt, daß die lieben Serben auf diplomatischem Wege wieder hinauszubringen sind. Ich bin entschieden gegen ein bewaffnetes Einschreiten unsererseits, so lange es nur halbwegs möglich ist... Wenn ich daher in alter Freundschaft Ihnen einen Rath zu erteilen mir erlauben würde, so würde ich noch sehr zuwarten, bevor ich die äußersten Consequenzen ziehen würde, würde die einlaufenden Meldungen noch sehr auf ihre Provenienz prüfen, würde diplomatische Hebel in Bewegung setzen, würde mich sehr an Deutschland anlehnen und dort lebhafte Unterstützung zu erlangen trachten und würde die Geister Conrads und Tiszas, wenn dieselben am Ballhausplatz wieder umgehen und spuckten (sic!) vollkommen bannen und ausschalten... möcht ich zum Schlusse resümieren, daß ich jetzt absolut nicht Kriegerisches unternehmen würde, da ich absolut nicht glaube, daß die Notwendigkeit vorliegt, und dieses Drängen nur von Elementen ausgeht, die bewußt oder unbewußt zum Schaden der Monarchie arbeiten[14]."

Das offizielle Kommuniqué des gemeinsamen Ministerrates vom 3. Oktober 1913 hielt sich zurück. Es war ausschließlich dem Hauptgegenstand der Beratungen, dem „gemeinsamen Voranschlag" gewidmet. Von der Diskussion über geplante Schritte gegen Serbien stand natürlich kein Wort darin. Trotzdem sickerten, wie gewöhnlich, Einzelheiten durch; auch über die kühne Sprache des Fachreferenten und Generalstabschefs Conrad war man informiert, sonst hätte nicht der Münchner *Simplicissimus* einige Tage später die Karikatur „Der Diplomatenschreck" bringen können. Sie wirft ein bezeichnendes Licht auf die öffentliche Meinung, die vielfach in der Zurückhaltung nur Schwäche und Unfähigkeit, dagegen in dem Draufgänger Conrad ein Genie sah, das sich in die „leitenden Wiener Kreise eingeschlichen" hatte[15].

Das offizielle Wiener Diner für Herrn Pašić fand in der Pause des Ministerrates statt, in dem man das Ultimatum an Serbien erwog. Der Gast saß zwischen dem ungarischen Ministerpräsidenten Graf Tisza und dem gemeinsamen Finanzminister Bilinski, der bemerkte: „Der alte Mann mit dem langen weißen Patriarchenbart sei voller Elan gewesen und der Schwung seiner Rede hätte Eindruck gemacht[16]."

Zu einer Klärung der Beziehungen war es am 3. Oktober 1913 nicht gekommen, schon gar nicht zu irgendwelchen Abmachungen. Noch am selben Tag traf der serbische Gast Wiener Journalisten. Ihnen gegenüber äußerte er seine volle Genugtuung über die geführten Gespräche: Er sei der festen Überzeugung, „daß alle politischen Fragen, in welchen man verschiedener Meinung war, vollständig gelöst seien ... nunmehr werde es keine Schwierigkeiten geben, die uns entzweien könnten[17]."

Nein, so rosig sah wieder der k. u. k. Außenminister die Lage nicht, von einer Übereinstimmung in allen Belangen konnte keine Rede sein. Aus Angst, sich nicht deutlich genug ausgedrückt zu haben, beschloß Berchtold, „um Unklarheiten vorzubeugen", seinen Besucher nochmals zu „contaktieren". Zu diesem Zweck machte sich der Graf nach dem Ministerrat, der um 22 Uhr beendet war, auf, um Pašić in der Stadt „zu suchen", zuerst im Burgtheater, dann im Hotel Meissl und Schadn. Dort mußte er freilich feststellen, daß der Gast bereits zu Bett gegangen war[18]. Darauf ließ er ihm noch vor seiner Abreise frühmorgens einen Brief zustecken, in dem er den serbischen Ministerpräsidenten darauf aufmerksam machte, daß Österreich-Ungarn die Grenzen des autonomen Albanien als „unantastbar betrachte". Es könne nicht dulden, daß diese aus angeblich defensiven Gründen überschritten werden[19]. Pašić öffnete den Brief erst in Budapest, konnte ihn aber, da er Kurrent geschrieben war, nicht lesen. Den Inhalt nahm er erst zur Kenntnis, nachdem man den Brief in Belgrad „entziffert" hatte[20]. Inzwischen rückten die serbischen Truppen schon in Albanien vor.

Die einzige Reaktion auf die gemütliche Plauderei am Ballhausplatz war ein enthusiastischer Bericht des Herrn von Stork, des österreichisch-ungarischen Geschäftsträgers in Belgrad: „Wenn wir ein Schutz- und Trutzbündnis mit Serbien vereinbart haben würden, hätte mir kein lieberer Empfang bereitet werden können", schrieb er am 5. Oktober[21]. Doch schon am 6. häuften sich Meldungen vom Vordringen serbischer Truppen über die albanische Grenze. Als erster verlor der ungarische Ministerpräsident, Graf Tisza, die Geduld. Empört wandte er sich an Freund Berchtold: „Die Ereignisse ... stellen uns vor die Frage, ob wir eine lebensfähige Macht bleiben oder uns einer lächerlichen Dekadenz willenlos preisgeben wollen ... Es ist die letzte Gelegenheit, wo wir die Partie zu unseren Gunsten entscheiden können, vermissen (so) wir sie, so werden wir von klein und groß ausgelacht und zum besten gehalten. Ich beschwöre Dich, nicht zu zaudern oder ich müßte zu meinem großen Bedauern erklären, daß ich mich mit einer solchen Politik nicht identifizieren könnte[22]." Eine unmißverständliche Aufforderung zur Aktion, die auch gleich vorbereitet und mit den Maßgebenden besprochen wurde. Die Reaktion war nicht einheitlich: Generalstabschef Conrad war für Krieg, Berchtold fürs „Anrempeln", Tisza für energische Aktion, der Kaiser damit einverstanden. Nur Franz Ferdinand war pessimistisch und voll Mißtrauen[23]. Man entschloß sich zu einer Demarche, Geschäftsträger Stork wurde beauftragt, mündlich zu warnen. Dieser, noch ganz unter dem Eindruck des 3. Oktober, erfüllte den Auftrag, sich dabei, nach eigenen Worten, „allergrößter Geduld und der delikatesten Sprache" befleißigend, „um die zarten Triebe unseres angeblich besseren Verhältnisses zu Serbien zu hegen und zu schonen[24]". Nur zwei Tage später folgte der zarten Demarche eine zweite, die sogenannte „pressante Demarche[25]", in Wirklichkeit ein handfestes Ultimatum, das mit der Drohung schloß, falls die serbischen Truppen nicht innerhalb von acht Tagen das gesamte albanische Gebiet geräumt hätten, sehe sich die k. u. k. Regierung „in die Notwendigkeit versetzt, eigene Mittel anzuwenden, um die Durchführung ihrer Forderung zu verwirklichen[26]".

Die serbische Regierung fügte sich, allerdings „zähneknirschend", versprach termingerecht zu räumen, und Premier Pašić beklagte sich „bitter", wobei er sarkastisch bemerkte, jetzt könne er „wieder von vorne anfangen[27]".

Dem französischen Gesandten machte der hochgestimmte Ritter von Stork klar, wenn Österreich wieder seine Armee bereitstellen müßte – das sei nun das dritte Mal[28] –, werde Serbien für die Kosten aufzukommen haben. Als der französische Diplomat einwandte, acht Tage seien doch reichlich kurz, antwortete Herr von Stork, wie er selbst hervorhob, in „ziemlich cassantem Ton", die Serben hätten vier Tage für den Vormarsch gebraucht, da genügten wohl acht für den Rückmarsch, „im übrigen seien wir keine Geldverleiher, die mit sich handeln ließen"; er spielte damit auf die französischen Balkananleihen an. Nicht ohne Naivität bemerkte Stork in seinem Bericht nach Wien: „Mein Kollege schien über den Tenor meiner Sprache sehr bestürzt[29]."

Über den gefährlichsten Gegner der Monarchie, den russischen Gesandten Hartwig, wußte der k. u. k. Geschäftsträger in Belgrad nur zu sagen: für ihn „habe die Angelegenheit eine lächerliche Tournure" genommen, er habe eine „ausgesprochene Blamage" erlitten ... und Serbien könne froh sein, mit einem blauen Auge weggekommen (zu sein) und nicht seine Existenz aufs Spiel gesetzt zu haben[30].

Stork sah recht optimistisch in die Zukunft. Befriedigt stellte er fest, daß ihm der Generalsekretär im serbischen Außenamt nach Überreichung der pressanten Demarche versichert habe, nun werden „unsere guten Beziehungen tatsächlich beginnen[31]." Als er am gleichen Tage vom deutschen Gesandten hörte, Kaiser Franz Joseph habe sich für den energischen Schritt entschieden, faßte er seine Begeisterung in folgende Worte: „Als seine k. u. k. Apostolische Majestät unser allergnädigster Herr selbst eingreifen und mit jugendlicher Energie eine schwere Entscheidung fällen mußte, überkam mich einerseits eine solche Rührung, andererseits eine solche Erregung über das serbischerseits mit uns und dem Allerhöchsten Herrn getriebene Spiel, daß mir – ich nehme keinen Anstand es einzugestehen – das Wasser in die Augen stieg[32]."

Ob dieser zartbesaitete und sich seines „cassanten Tones" brüstende Herr in der „Belgrader Schlangengrube" der richtige Mann am richtigen Platz war, bleibe dahingestellt. Vielleicht hätte sich dieser ambitionierte Diplomat anderswo ausgezeichnet bewährt, für Belgrad war er bestimmt zu labil. Er vertrat die Monarchie in äußerst kritischen Situationen: Bei der „pressanten" Demarche 1913 war sein Chef Stephan Ugron auf Urlaub, und in den Tagen nach dem Attentat von Sarajevo war dessen Nachfolger, Freiherr von Giesl, zur Kur in Frankreich.

In der Öffentlichkeit gab sich Pašić, der leidenschaftliche Ausbrüche gerne anderen überließ, sehr gemessen. Er verkündete im Belgrader Parlament, seine „Regierung habe selbst dem österreichisch-ungarischen Ultimatum entsprochen, aber gleichzeitig die Großmächte ersucht, Garantien für die Ruhe an der albanischen Grenze zu schaffen . . . wir müssen", fuhr er fort, „nur tief bedauern, daß die günstige Disposition für eine Besserung der nachbarlichen Beziehungen wieder durch Zwischenfälle beeinträchtigt werde[33]." Eine erstaunlich ruhige Erklärung, wenn man sie mit seiner herausfordernden Mairede vergleicht.

Auch als Gesandter Ugron in Belgrad eintraf, sprach Pašić von seinem Wunsch nach Besserung der Beziehungen. Ugron erwiderte, er bringe seinen guten Intentionen keinen Zweifel entgegen, fände aber zu seinem Bedauern weder in seiner Politik noch in der öffentlichen Meinung greifbare Beweise für eine zunehmende Sympathie . . . Jetzt sei es Zeit, die Worte in Taten umzusetzen. Pašić antwortete lachend: „Es wird von nun an anders sein, als es früher war[34]."

2. Sechs Monate Entspannung

Die „pressante Demarche" vom Oktober 1913 war das letzte Rencontre vor der großen Auseinandersetzung. Graf Berchtold, der „Minister aus Zwang[1]", und Nikola Pašić, den seine Anhänger trotz oder wegen seiner abenteuerlichen Laufbahn „batlija", den Glücklichen[2], nannten, sahen sich kein zweites Mal. Gewiß bedauerlich, doch es ist sehr fraglich, ob Pašić ein „batlija" geblieben wäre, wenn er eine Einigung mit Wien gewagt hätte. Bei dem damals in Serbien herrschenden nationalen Hochgefühl, dem tiefen Haß gegen Österreich und der Entschlossenheit seiner Feinde, der Offiziersverschwörer, wäre er zum Verräter gestempelt worden und hätte wahrscheinlich das Schicksal des österreichischen Erzherzogs geteilt.

Auf das Oktober-Ultimatum folgte ein halbes Jahr sichtlicher Beruhigung. Die Verantwortlichen diesseits und jenseits der Donau und Save vermieden es, aufs neue die Glut anzufachen. In den von den

Parlamenten Österreichs und Ungarns beschickten Delegationen, die am 17. November 1913 in Wien zusammentraten, prophezeite Österreich-Ungarns Außenminister, die Anbahnung guter wirtschaftlicher Beziehungen zu Serbien werde ein freundnachbarliches Verhältnis begründen[3]. Eine Höflichkeitsphrase? Vielleicht, jedenfalls kein Nadelstich, kein Seitenhieb, keine Drohung. Der Wiener *Neuen Freien Presse* war Berchtold viel zu zurückhaltend, sie reagierte bösartig, so bösartig, daß der Graf zurücktreten wollte. Der Kaiser bestimmte ihn, zu bleiben. In der Wiener *Zeit* nannte Heinrich Kanner[4] Berchtold den „Kleinösterreicher" und „Rückwärtskonzentrierer". Und weil Berchtold es früher nicht für richtig gehalten hatte, den Sandschak wieder zu besetzen, war er für *Die Zeit* ein „Minderer des Reiches".

In diesen Tagen traf Dr. Josef M. Baernreither, österreichischer Politiker und Mitglied der Kommission für auswärtige Angelegenheiten der Delegationen, mit König Ferdinand von Bulgarien zusammen. Der König billigte vollkommen, daß Österreich sich um bessere Beziehungen zu Serbien bemühte, er wußte „von unserer Absicht via Rumänien das Verhältnis mit Serbien zu bessern[5]". Einem Vertrauensmann Franz Ferdinands, Graf Ottokar Czernin, der als Gesandter nach Bukarest gehen sollte, war diese heikle Vermittlerrolle zugedacht[6]. Czernins Mission galt in erster Linie Rumänien, „das mit uns eine geheime Militär-Convention[7] geschlossen hatte, aber immer mehr und mehr ins russische Fahrwasser zu geraten drohte. In der ersten Instruktion, die der Gesandte mitbekam, hieß es nur, unser Gegensatz zu Serbien werde sich ‚weder mildern noch ausgleichen', obwohl man uns in Bukarest ‚Mäßigung, Wohlwollen und wirtschaftliches Entgegenkommen' empfehle. Durch solche Pallativmittel ließe sich aber unser Verhältnis mit Serbien nicht sanieren. Zwischen uns und Serbien stehe das große südslavische Problem, das eine definitive Lösung erfordere. Angesichts der Zähigkeit, Konsequenz und Zuversicht, mit der Serbien auf die Realisierung der großserbischen Idee hinarbeite, könne die Lösung nur ‚eine gewaltsame sein'. Entweder blieben von der heutigen staatlichen Gestalt Serbiens nur geringe Spuren zurück oder Österreich-Ungarn werde in seinen Grundfesten erschüttert[8]."

Das war keine Kampfansage, auch kein Programm, lediglich die traurige Bilanz, die sich aus der beinahe ausweglosen Konstellation ergab, in die Österreich-Ungarn vor und durch den Bukarester Frieden[9] geraten war.

Die Ausweglosigkeit war durch das Unvermögen der k. u. k. *und* der serbischen Regierung bedingt, jene inneren Veränderungen durchzuführen, die eine Voraussetzung für eine echte Besserung der Beziehungen gewesen wäre. Dies galt, wie gesagt, für die Führung beider Staaten.

Im Königreich Serbien stand die Regierung der Radikalen Partei unter dem Druck einer siegesberauschten Prätorianergarde und chauvinistischer Organisationen, die sie selbst großgezogen hatte und die es ihr nie gestattet hätten, mit Österreich-Ungarn einen Dauerausgleich zu suchen.

Die k. u. k. Regierung wieder hätte zuerst ihre eigenen, mit Recht verärgerten Südslawen durch Reformen wiedergewinnen müssen, was immerhin noch, wenn auch nicht innerhalb von 48 Stunden, möglich gewesen wäre. Jeder Versuch dazu wäre aber am Widerstand der Ungarn und am Starrsinn des alten Kaisers gescheitert.

Außenpolitische Aktionen mußten, was das Verhältnis zu Serbien betraf, Verlegenheitslösungen darstellen. Einerseits war man vom „unüberbrückbaren Gegensatz" überzeugt, anderseits entrierte man einen „Brückenschlag". Als diplomatischer Brückenbauer bot sich der rumänische König[10] an. Daß dies auf diese Weise und nicht direkt geschah, ausgerechnet über einen König, der weder mit seinem Volke noch mit seiner Regierung konform ging und durch seine Stellung zu den Mittelmächten selbst in eine prekäre Lage geraten war, zeigt, auf welch brüchiger Basis man stand.

Bei den Bukarester Unterhaltungen zwischen dem Gesandten Czernin und König Carol erklärte sich der König bereit, in Belgrad sofort energisch zu intervenieren, wenn Grund zu Klagen bestünde. Österreich müsse dafür Serbien handelspolitisch entgegenkommen. Wien stimmte zu, doch vorher müsse Serbien sein provokatorisches Auftreten – Einfälle in Albanien und die Unterstützung der großserbischen Propaganda – einstellen[11].

Das ausweglose Spiel, damals wie heute. Mißtrauen gegen Mißtrauen. Gelegentlich zeigte sich ein Hoffnungsschimmer, so am Jahresende, als es hieß, die Belgrader Presse habe sich gemäßigt und sogar der wüste *Piemont* befleißige sich, trotz seiner „unüberbrückbaren Feindschaft", eines höflichen Tones[12].

Auch der k. u. k. Botschafter in St. Petersburg glaubte Entspannungstendenzen beobachtet zu haben, und ausgerechnet am Balkan registrierte er den „Eintritt einer friedlicheren Phase". Russischerseits bestünde, meldete er nach Wien, der Wille zur Besserung der Beziehungen, auch zu freundschaftlichen Besprechungen über Balkanfragen. „Wir müssen", so fand der k. u. k. Botschafter, „diese

Periode ‚verminderter Balkanfriktionen' dazu benützen, um eine zeitweilige Entspannung zu erzielen. Für uns komme jetzt die Zeit, sich militärisch zu kräftigen, innerlich zu konsolidieren und finanziell zu erstarken[13]."

Dazu sollte es nicht kommen. Mitte Februar erfuhr man, wieder über den königlichen Vermittler, Pašić wünschte mit der Donaumonarchie „auf gutem Fuß" zu stehen. Leider erschwere die Orientbahnfrage eine Annäherung. Graf Czernin antwortete dem König, Österreich-Ungarn hätte Grund zur Klage, mehr als die Serben[14]. Mitte März 1914 sanken wieder einmal die Chancen, Czernin meinte, der großserbische Gedanke sei so sehr Wirklichkeit geworden, daß sich wenig erhoffen ließe[15]... Der Einfluß der Offiziersvereinigung „Schwarze Hand" nahm von Woche zu Woche zu. Die „Schwarzhänder" waren es auch, die den Vorstoß nach Albanien betrieben hatten, immer wieder aufs neue betrieben und bald eine schwere Staatskrise auslösen sollten. Czernin, der Vermittler mit halbem Herzen, sprach wieder einmal vom „Aufräumen", schränkte aber ein, man brauche deshalb nicht „heut oder morgen einen Krieg vom Zaune zu brechen[16]". Auch Ungarns Ministerpräsident, Graf Tisza, äußerte sich zur Situation: „Am Balkan müssen wir Frieden wahren und eine uns genehme Entwicklung vorbereiten[17]..."

Anfang Mai, bei den Delegationssitzungen in Budapest, zeigte Graf Berchtold guten Willen. Zur Eröffnung kam der Thronfolger, der Kaiser war noch immer kränklich. Die Thronrede wurde mit Spannung erwartet. Würde sich der Erzherzog von seiner barschen Seite zeigen? Würde er sich wie Wilhelm II. „gottähnliche" Allüren zulegen?

Doch der Thronfolger trumpfte in keiner Weise auf, zurückhaltend stellte er nur fest, seit der letzten Delegationssitzung in Wien habe sich die Lage weiter entspannt. Österreich-Ungarns Außenminister sprach dagegen Serbien direkt an. Er sagte, das Königreich habe sich „während der Balkankrise neuerdings überzeugen können, daß wir seiner Entwicklung weitgehendes Entgegenkommen bezeigen. Wenn sich das Verständnis dafür noch nicht durchringen konnte, so soll uns dies nicht von der Richtung abbringen, unter selbstverständlicher Wahrung unserer eigenen Interessen, tunlichst freundschaftliche Beziehungen zum benachbarten Königreich zu pflegen[18]." Kein Versuch einer Einschüchterung. Oder war vielleicht der Hinweis des Grafen Berchtold auf Saloniki eine Bedrohung? Er sagte am 8. Mai 1914: „Im Hafen von Saloniki streben wir die Meistbegünstigung und eine Freihandelszone an." Was davon zu halten war, erkennt man am besten aus der Reaktion des slowenischen Reichsratsabgeordneten Ivan Šusteršić, der dem Minister vorwarf, sein Ministerium verfolge die wirtschaftlichen Hafenpläne für Saloniki viel zu lax.

Wie reagierte man in Belgrad? Das Echo war zynisch, ganz so, als hätte der Außenminister der großen Nachbarmonarchie sich einen Jux gemacht. Mit einer Ausnahme: Der Chef einer neugegründeten konservativen Partei[19] begrüßte die „dargebotene Freundeshand". Der Mann, ein Universitätsprofessor, galt bei seinen Belgrader Landsleuten freilich als „nicht ganz normal[20]". Die *Samouprava* höhnte über solche Freundschaftsregungen für Serbien, und die *Politika* kritisierte den Inhalt des Exposés in abfälliger Weise, Österreich war, sei und bleibe für alle Ewigkeit der geschworene Feind Serbiens[21]. Es gebe eine Einigkeit zwischen Wien, Budapest und Belgrad, doch nur in der übereinstimmenden Auffassung von der Unüberbrückbarkeit der Gegensätze.

Aus Wien meldete sich dazu Herr Jovanović, der serbische Gesandte. Er, der sich sonst nicht scheute, bösartiges Geschwätz wiederzugeben, befleißigte sich diesmal vorbildlicher Objektivität. Er meinte, die offiziöse Presse deute das Exposé des Grafen Berchtold als ein sicheres Anzeichen dafür, daß in Europa eine Phase fühlbarer Beruhigung eingetreten sei, im allgemeinen bezeichnet man das Exposé als wahrheitsgemäßen Ausdruck der österreichisch-ungarischen Politik, die von „friedliebenden Elementen gemacht werde". Die Delegierten der Mehrheitsparteien, so fuhr Jovanović fort, beurteilen die Rede günstig, die Opposition dagegen hob ihre Farblosigkeit, Leere und Unaufrichtigkeit hervor. So bestünden nach dem Exposé die besten Beziehungen zu allen Staaten, auch zu Rußland. Es sei jedoch notorisch, daß gerade die Beziehungen zu Rußland zu wünschen übrig ließen. Daher meinte die Opposition mit Recht, die Rede des Präsidenten Silva Tarouca sei der Lage besser gerecht geworden.

Belgrads Gesandter Jovanović schloß seinen Bericht: „In diplomatischen Kreisen wurde das Exposé des Grafen beifällig aufgenommen. *Den friedlichen Ton hält man für aufrichtig.* Wenn man bedenkt, daß Österreich-Ungarn seine Artillerie noch nicht erneuert und seine Schiffe noch nicht gebaut hat, so läßt sich mit einiger Sicherheit daraus schließen, *daß Österreich-Ungarn wirklich für den Frieden ist*[22]."

Mit welchen Äußerungen hatte nun Graf Silva Tarouca, der Präsident, an Offenheit den Außenminister übertroffen? Er sagte: „Eine aggressive Politik liege Österreich ferne, wir wünschen sie alle nicht, aber wir glauben in Ansehung unserer Kraft, die sich auf ein starkes, schlagkräftiges Heer zu stützen vermag, verlangen zu dürfen, daß jene an unseren Grenzen sich wiederholenden Erscheinungen, die uns nicht zur Ruhe kommen lassen, abgestellt werden und daß der von übelwollenden Nachbarn, ob offiziell oder inoffiziell, darauf kommt es nicht an, in unseren Grenzländern betriebenen feindlichen Propaganda mit aller Entschiedenheit entgegengetreten werde, damit die Völker Österreichs sich ungestört der Segnungen des Friedens erfreuen dürfen[23]."

Auch das war keine Brandrede, es waren eher besorgte Worte, die Aufmerksamkeit verdienten, sie bezogen sich deutlich auf die letzten Ereignisse in Galizien. Mit den „übelwollenden Nachbarn" waren nicht die Serben gemeint. Diese Nachbarn saßen vielmehr hinter den russischen Grenzpfählen, und wenn sich die Belgrader betroffen fühlten, so war das ihre Sache.

Auch während im Mai die Delegationen tagten, wurde in Bukarest der Gedankenaustausch über eine Annäherung an Serbien mit dem königlichen Vermittler fortgesetzt. Man schlug allen Ernstes vor, Serbien – sowie Rumänien – eine Garantie seiner Grenzen, also des gegenwärtigen Besitzstandes, anzubieten, doch Graf Czernin wandte ein, es sei schwer vorstellbar, daß man mit diesem Anerbieten die Freundschaft Serbiens gewänne, dieses werde, allem Entgegenkommen zum Trotz, seine Ansprüche auf Bosnien und Nordalbanien nicht aufgeben.

Der Junibesuch des Zaren in Rumänien und, kurz vorher, ungarnfeindliche Demonstrationen in Bukarest unterbrachen natürlich die unverbindlichen Gespräche. Graf Czernin traf seinen königlichen Partner seltener, und die Stimmung in Bukarest, Österreich-Ungarn gegenüber, sank von Tag zu Tag. „Hier hat sich die feste Meinung eingebürgert", stellte Czernin resigniert fest, „daß die Monarchie ein dem Untergang und der Auflösung verfallener Körper sei, daß sie bei der Aufteilung der Türkei nichts geerbt habe als ihr Schicksal, mit anderen Worten, daß die Habsburgische Monarchie zur Auktion gelangen wird[24]." Und beim Besuch des Zaren, in den Tagen von Constanza, sei in den Augen der Öffentlichkeit die seit Jahren erwartete Schwenkung Rumäniens vollzogen worden, meinte der Gesandte.

Das Treffen von Constanza fand eine Woche vor dem Attentat von Sarajevo statt, und schon damals bemerkte der russische Außenminister Sasonow: „... ich fürchte, Wien werde friedensstörend gegen Serbien vorgehen[25]..." Schwer zu sagen, was Sasonow zu dieser

Äußerung bewog. Die einseitigen Berichte des serbischen Gesandten Spalajković? Oder die Informationen des russischen Militärattachés in Belgrad, Artamanow, der ein guter Freund des Obersten Apis-Dimitrijević war?

3. „An uns ist es, Österreich nicht herauszufordern!"

Die Veränderungen auf dem Balkan stellten die Verantwortlichen der Vielvölkermonarchie, des kompliziertesten der europäischen Staatsgebilde, vor neue Probleme. Dem 84jährigen Monarchen und dem kleinen Kreis seiner Berater fiel es schwer, sich auf neue Situationen umzustellen. Die Krone, deren Autorität unbestritten war, erfüllte nach wie vor die Funktion der Klammer zwischen auseinanderstrebenden Teilen des Reiches, und man fürchtete, nicht mit Unrecht, die Stunde des Ablebens Seiner Majestät. Das war die eine Seite, die andere aber war, daß sich Kaiser Franz Joseph in Fragen der Außenpolitik immer noch die letzte Entscheidung vorbehielt, und dies in einer national aufgewühlten Welt, die der alte Herr mit bestem Willen nicht mehr verstehen konnte.

Die Verschlechterung der außenpolitischen Lage erheischte Gegenmaßnahmen. Beamte des Außenministeriums erarbeiteten ein Konzept, und namhafte Autoren nannten den schriftlichen Niederschlag ihrer Analyse, die Denkschrift, ein „Programm auf lange Sicht[1]".

Neun Zehntel oder noch mehr dieser Programm- oder Denkschrift beschäftigten sich mit Rumänien und der Frage, ob und wie sein Abschwenken auf die Seite Rußlands zu verhindern sei. Serbien wurde erwähnt, doch ganz nebenbei, eben nur gesagt, man sei bereit, Rumäniens freundschaftliches Verhältnis zu Serbien zu respektieren und diesem auf politischem und wirtschaftlichem Gebiet entgegenzukommen.

Militärische Erwägungen fehlten, außer man will dem Wort „Stützpunkt", das sich auf Bulgarien bezog, eine militärische Bedeutung beimessen. Berchtold sagte darüber: „Das ... Memorandum sollte angesichts des Abschwenkens Rumäniens vom Dreibund die Schaffung eines anderen Stützpunktes am Balkan durch Eingehen eines vertragsmäßigen Verhältnisses mit Bulgarien der Erwägung des Berliner Kabinetts anheimstellen[2]." Man wollte also die Deutschen dafür gewinnen, die Bulgaren in den Dreibund aufzunehmen.

Ein diplomatischer Wunschtraum, dessen Verwirklichung in der damaligen Konstellation seine Zeit gebraucht hätte. Der serbische Schriftsteller Lončarević sah allerdings, völlig zu Unrecht, nur hochaktuelle militärische Aspekte: „Während sich der Ballhausplatz mit der Abfassung dieses Memoires beschäftigte, waren die militärischen Faktoren der Monarchie an der Arbeit, die strategischen Vorbereitungen für die energische Aktion gegen Serbien sicherzustellen[3]." Nach dem russischen Außenminister Sasonow war die Denkschrift ein vor der Ermordung des Erzherzogs aufgestellter Plan zur Vernichtung Serbiens. Er schrieb: „Serbien vernichten, ohne Rücksicht auf Rußland! Mit dieser kurzen Formel wurde eine ungeheure politische Aufgabe gestellt[4]."

Das stimmt nun nicht. Von der Denkschrift liegen drei Fassungen vor, die es auseinanderzuhalten gilt. Die ersten zwei Fassungen stammen aus der Zeit *vor* dem Attentat, die *dritte* erfuhr nach dem 28. Juni eine Ergänzung. Fassung Nummer eins, die „Mai-Fassung", enthält nicht die geringste Aggression gegen Serbien, im Gegenteil, sie nimmt Bezug auf die Vorbesprechungen des Grafen Czernin mit König Carol: „Mit Rücksicht auf das freundschaftliche Verhältnis Rumäniens zu Serbien könne es... König Carol, beziehungsweise... seiner Regierung überlassen bleiben, sich für eine Annäherung Serbiens an die Monarchie zu verwenden, wobei unsererseits im Rahmen einer solchen von uns selbst eingenommenen Konstellation Serbien gegenüber Entgegenkommen bewiesen würde[5]."

In der Fassung Nummer zwei, an der hohe Ministerialbeamte, zum Beispiel der den Serben nicht eben gewogene Graf Forgách, mitarbeiteten, blieb der auf Serbien bezugnehmende Passus unverändert, aggressionslos, sein Tenor stimmt mit der ersten Ausarbeitung überein: Annäherung an Serbien, und zwar Rumänien zuliebe.

Daß nach dem Attentat der serbenfreundliche Passus gestrichen wurde, kann niemand wunder nehmen. Er wurde durch Formulierungen ersetzt, die der herrschenden Stimmung der Empörung und des Abscheus Ausdruck gaben.[6]

Der neuen Sachlage angepaßt, wurde die Denkschrift durch Graf Hoyos nach Berlin überbracht. In dem Handschreiben Franz Josephs an Wilhelm II. hieß es: „Es wäre mir auch sehr erwünscht gewesen, die politische Lage mit Dir zu besprechen; da dies nicht möglich gewesen ist, erlaube ich mir, Dir die anruhende... Denkschrift zu senden, die noch vor der furchtbaren Katastrophe in Sarajevo verfaßt wurde und jetzt nach diesem Ereigniß besonders beachtenswert erscheint[7]."

Jedermann kann sich im Wiener Haus-, Hof- und Staatsarchiv von der Entstehungsgeschichte der Denkschrift überzeugen, und man muß Berchtold recht geben, wenn er behauptet, der vor dem 28. Juni verfaßte Text zeige „keine Spur von Vernichtungswillen[8]".

Über den Wert der Bukarester Königsgespräche kann man geteilter Meinung sein. Es waren mit Unbehagen und Skepsis vorgenommene Annäherungsversuche, doch beweisen eben die Akten, daß die Untat von Sarajevo in einer Periode der Annäherung und nicht der geplanten Aggression geschah. Vielleicht aber war es damals für jede Annäherung wirklich schon zu spät.

Hätte in den Wochen und Monaten vor dem Attentat nur die geringste Überfallsabsicht seitens Österreich-Ungarns bestanden, so hätte sie in dem zuständigen Gremium, im gemeinsamen Ministerrat, in seiner letzten Sitzung am 24. Mai, ihren Niederschlag finden müssen. Die ganze Sitzung war Serbien gewidmet, jedoch nicht seiner Vernichtung, sondern den mit ihm bevorstehenden Verhandlungen über die Orientbahnen. Die besprochenen Differenzen bezogen sich auf verschiedene Auffassungen der Ungarn und der Österreicher.

Berchtold berichtete, Serbien strebe die Verstaatlichung der Orientbahn an, sei aber zu Zugeständnissen an Österreich bereit[9], der österreichische Ministerpräsident führte aus, schon das Prestige verlange einen guten Abschluß mit Serbien. Tisza, Ungarns Ministerpräsident, sprach ebenfalls von Zugeständnissen. Serbien wünsche vor allem einen billigen Exportweg für sein Vieh, das sei ungarischerseits zu berücksichtigen. Trotz unterschiedlicher Handelsinteressen der Österreicher und der Ungarn einigte man sich auf Verhandlungsvorschläge für die serbische Regierung[10].

Natürlich ist nicht gesagt, daß es auf dieser Basis zu einem Abschluß gekommen wäre, aber ein Näherkommen stand im Bereich der Möglichkeit. Die österreichisch-ungarische Verhandlungskommission traf jedenfalls am 25. Juni in Belgrad ein und wurde vom Ministerpräsidenten Pašić freundlichst willkommen geheißen.

Das Attentat und seine Vorbereitung war die eigentliche große Aggression, und zwar eine Aggression mit politischen Zielen. Es war eine Herausforderung, vor der ein serbischer Soldat, Oberst Lešjanin, in richtiger Erkenntnis der Situation, seine Regierung und den serbischen Generalstab zu warnen für notwendig hielt. Am 8. April schrieb der serbische Militärattaché aus Wien: „Österreich, das durch die Ereignisse am Balkan viel verlor und erduldete, ist außerordentlich nervös und reizbar geworden. Es fühlt sich erniedrigt, da sein Ansehen im In- und Ausland gelitten hat. Seine Vertreter fühlen sich

Die Monarchie wäre daher geneigt, Rumänien als Gegenleistung ihrerseits die Garantie des rumänischen Besitzstandes gegenüber Bulgarien anzubieten. Sollte Rumänien ferner mit Rücksicht auf seine freundschaftlichen Verhältnisse zu Serbien darauf Gewicht legen, so könnte die Monarchie in Bukarest auch die Versicherung abgeben, daß sie eine von Rumänien in Belgrad unternommene Aktion, welche auf eine Aenderung der Haltung Serbiens gegenüber der Monarchie abzielen würde, ihrerseits durch Entgegenkommen auf politischen und wirtschaftlichen Gebiete Serbien gegenüber zu fördern bereit sei.

1. Fassung vor dem 28. Juni; der Entwurf mit den Original-Streichungen befindet sich im Haus-, Hof- und Staatsarchiv, Wien.

Die auf Serbien bezugnehmenden Stellen der berühmten und oft zitierten Frühjahrsdenkschrift des k. u. k. Ministeriums des Äußern: 1. Fassung siehe linke Seite

> Die vorliegende Denkschrift war eben fertiggestellt, als die furchtbaren Ereignisse von Sarajevo eintraten.
> Die ganze Tragweite der ruchlosen Mordtat läßt sich heute kaum überblicken. Jedenfalls ist aber, wenn es dessen noch bedurft hat, hiedurch der unzweifelhafte Beweis für die Unüberbrückbarkeit des Gegensatzes zwischen der Monarchie und Serbien sowie für die Gefährlichkeit und Intensität der vor nichts zurückschreckenden großserbischen Bestrebungen erbracht worden.
> Österreich-Ungarn hat es an gutem Willen und Entgegenkommen nicht fehlen lassen, um ein erträgliches Verhältnis zu Serbien herbeizuführen. Es hat sich aber neuerlich gezeigt, daß diese Bemühungen ganz vergeblich waren und daß die Monarchie auch in Zukunft mit der hartnäckigen, unversöhnlichen und aggressiven Feindschaft Serbiens zu rechnen haben wird.
> Um so gebieterischer tritt an die Monarchie die Notwendigkeit heran, mit entschlossener Hand die Fäden zu zerreißen, die ihre Gegner zu einem Netz über ihrem Haupt verdichten wollen.

2. Das nach dem Mord von Sarajevo der Denkschrift angefügte Schlußwort. So wurde das Dokument am 5. Juli durch den k. u. k. Botschafter in Berlin dem Deutschen Kaiser überreicht. –

blamiert und dem allgemeinen Gelächter ausgesetzt. Es ist kein Wunder, daß die leitenden Herren ungeduldig sind und die notwendige Kaltblütigkeit vermissen lassen. Bei einer derartigen Stimmung leidet das Gleichgewicht, der gesunde Menschenverstand schwindet, und es besteht die Möglichkeit, daß Österreich-Ungarn Handlungen begeht, die es unter normalen Umständen niemals begehen würde. An uns ist es jetzt, Österreich nicht herauszufordern, jetzt heißt es vorsichtig zu sein, besonders bei unserer nationalen Arbeit jenseits der Drina und Save. Ich glaube", meinte Lešjanin, „wenn wir keinen Anlaß geben, sind wir vor einem Angriff der Monarchie sicher, und das bis zu dem Tag, an dem die Stunde der endgültigen Abrechnung schlagen wird[11]."

Lešjanins Darstellung ist eine Vereinfachung, die dem überaus differenzierten Sachverhalt nur teilweise gerecht wird. Sicher ist, daß eine Dauerkrise bestand und eine gewaltige chronische Malaise in der Führungsschicht verursachte. Lešjanin beschwört die Belgrader Herren, neue Provokationen zu vermeiden, sie könnten das kunst- und mühevoll aufgebaute Gleichgewicht zerstören und einen Rückschlag herbeiführen. Eindringlichst gibt er zu bedenken, wie gefährlich es sein könnte, durch Herausforderungen der Kriegspartei die Entscheidung über Krieg und Frieden zuzuspielen, jener kleinen, aber einflußreichen Gruppe, von der der Völkerrechtler Stephan Verosta mehr als 50 Jahre später meinte, sie habe sich in die Alternative zwischen Großmachtstellung und Untergang hineinsuggeriert[12].

Wie lange schon diese Gefahr gegeben war, beweist ein Ausruf des englischen Botschafters in Wien, der sich im Jänner 1913 Sorgen machte, daß „Serbien eines Tages alle Staaten Europas gegeneinander aufhetzen und so einen allgemeinen Krieg verursachen werde". „Ich kann Ihnen gar nicht sagen", schreibt er, „wie gereizt die Menschen hier (in Wien) über die ewigen Sorgen sind, die dieses kleine Land, von Rußland ermutigt, Österreich bereitet. Es wäre ein Glück, wenn es gelänge, einen Krieg zu vermeiden[13] . . ."

Zu den Folgen des 28. Juni gehörte, abgesehen von der weltweiten Entrüstung in der Öffentlichkeit, eine Verschiebung der politischen Gewichte in den gemeinsamen Führungsgremien der Monarchie. Die Kriegsgegner gerieten in die Minderheit, plötzlich hatten all jene recht, die schon immer gesagt hatten, so könne es einfach nicht weitergehen. Nur der alte Kaiser hätte den Ablauf der Ereignisse ändern können, doch auch er glaubte nur mehr an „die radikale Lösung im Wege militärischen Eingreifens". Und dem Thronfolger, der die Freundschaft mit Rußland und ein korrektes Verhältnis mit

Serbien anstrebte, der der Ansicht war, daß der Vielvölkerstaat die furchtbare Kraftprobe eines Krieges nicht werde aushalten können[14], war der Mund für immer geschlossen und jeder Einfluß genommen.

Welche Gedanken sich Oberst Apis-Dimitrijević, serbischer Generalstabsoberst und Führer der „Schwarzen Hand", machte, als er den Krisenbericht des serbischen Militärattachés in Händen hielt, wissen wir nicht. Nach allem aber, was dann geschah, kam er zu dem Entschluß: Nun erst recht! Wann würde eine so günstige Gelegenheit wiederkehren? Hatte der Donaustaat nicht schon oft seine Regenerationsfähigkeit bewiesen? Apis mußte damit rechnen, daß Wien bei dem zu erwartenden Thronwechsel sein Verhältnis zu den Slawen eher verbessern als verschlechtern werde. Wie es im Mai 1914 damit stand, bezeugen zwei Ausländer, der deutsche und der italienische Botschafter, die entrüstet feststellten, die österreichische Regierung könne sich nicht aufraffen, „den Slawen, wo immer es sei, den Herrn zu zeigen ... die Slawen könnten in der Monarchie alles tun, was sie wollen, sie begegnen jederzeit der Duldung seitens der Behörden[15]".

Der 84jährige Monarch sagte zu seinem Generalstabschef: „Wenn die Monarchie zugrunde gehen soll, soll sie wenigstens anständig zugrunde gehen[16]." Conrad selbst dachte nicht anders, noch am 28. Juni stellte er resignierend fest: „Es wird ein aussichtsloser Kampf werden, dennoch muß er geführt werden, da eine alte Monarchie und eine so glorreiche Armee nicht ruhmlos untergehen kann[17]."

So begann man den Krieg, einen „aussichtslosen" Krieg gegen eine Welt von Feinden. Was lag diesem Entschluß zugrunde? Heroismus? Mangel an realem Sinn oder Zynismus? Heute fehlt dafür das rechte Verständnis. Es sieht ganz so aus, als hätte man in Wien und Budapest, um das Gesicht nicht zu verlieren, den Kopf verloren. Auf einmal konnten die Machthaber Österreich-Ungarns über ein Instrument verfügen, das sie bisher nicht beherrscht hatten: über das Machtpotential der öffentlichen Meinung[18]. Das war eine der vielen unerwarteten Auswirkungen der Untat von Sarajevo und nicht, wie serbisch-bosnische Revolutionäre erhofften, die spontane Erhebung „rebellischer" Provinzen. Die Krone, hohe Militärs, Aristokraten und Politiker, sogar Wirtschaftskreise, Oppositionelle verschiedenster Lager und der Mann auf der Straße fanden sich in dem Gedanken, so könne es unter keinen Umständen weitergehen. Der bis dahin ob seiner Unentschlossenheit allenthalben verhöhnte Graf Berchtold traf sich mit der Straße in der Überzeugung, daß mit dem „ewigen Unruhestifter" Schluß gemacht werden müsse, ein für allemal, trotz des Risikos einer weltweiten Auseinandersetzung. Ein verzweifeltes, echt patriotisches Gefühl bei den einen, ein von „oben" genährter Patriotismus bei den andern, bemächtigte sich der Massen. Für jede Staatsführung ein verlockender Anlaß, unter allgemeinem Beifall höchste Aktivität zu entwickeln. In dieser Aufbruchstimmung sich nur mit diplomatischen Erfolgen zu begnügen, erschien lächerlich, widersinnig und hätte nur die „flaue Stimmung[19]" zurückgebracht, die man überwunden glaubte. Garantien für die Zukunft, das war es, was man haben wollte. Zu diesem Zweck mußte man „kurzen Prozeß" machen. Er wurde zum populären Schlachtruf, zur fixen Idee, könnte man sagen, gegen die ein paar Warner und „böse Defaitisten" nicht aufkamen. Doch für den „kurzen Prozeß", für die Überrumpelung Serbiens, die in den Jahren 1912 und 1913 in Erwägung gezogen wurde und für die man damals vorbereitet war, fehlten im Juni 1914 nahezu alle Voraussetzungen, erst recht für den von den serbischen Offiziellen an die Wand gemalten „Marsch auf Saloniki". Als das Machtpotential der öffentlichen Meinung zur Verfügung stand, war das militärische Machtpotential nicht bereit. Zwei Daten geben darüber Aufschluß: Bereits am 4. Juli lag das freimütige Geständnis eines Attentäters[20] vor, daß die serbische Armee ihre Hand im Spiele gehabt hatte, und am 26. Juli erfuhren die Deutschen zu ihrem Entsetzen, daß der österreichisch-ungarische Vormarsch gegen Serbien erst am 12. August beginnen könne[21].

Noch andere Folgen des Attentats waren von politischer Bedeutung und verdienen Hervorhebung, so die abschreckende Wirkung auf einen Teil der Südslawen. Ihr Entsetzen war ehrlich, und sie waren über das, was man in ihrem Namen dem künftigen Kroaten-Zaren Franz Ferdinand angetan hatte, zutiefst betroffen. Sie distanzierten sich von der Politik des Königsmordes und der Dynastieausrottung. Nirgends in der Welt fand die Tat von Sarajevo so scharfe Verurteilung wie in Agram, nirgends drohte man mit solcher Vehemenz. Nirgends wurde die Überzeugung, es könne mit Belgrad keinen Frieden geben, so kraß zum Ausdruck gebracht wie dort[22]. Es gab noch Südslawen, die, trotz der großen Enttäuschung der letzten Jahre über die kaiserliche Politik, in den alten Traditionen verharrten. Dann solche, die eine westliche Lösung jeder östlichen vorzogen, und andere, die ihre Hoffnung auf die antiungarische Einstellung des Thronfolgers gesetzt hatten. Von jenen slawischen Politikern, die beim Kriegsausbruch Österreich-Ungarn verließen, hat man viel gehört, weniger von den treibenden Kräften südslawischer Nationalität, die ihre ganze Kraft zur Erhaltung und Vergrößerung des übernationalen Staates eingesetzt hatten. Noch niemand hat den südslawischen „Bürgerkrieg" – oder soll man sagen „Nationalitätenkrieg"? – untersucht, der schon im Ersten Weltkrieg, heftiger noch im Zweiten Weltkrieg, neben dem großen Geschehen erbittert ausgetragen wurde.

Im Jahre 1916 verriet der in den Kasematten von Theresienstadt vegetierende Mörder von Sarajevo einem Gefängnisarzt, er habe nicht gedacht, daß „wegen so einer Sache" ein Weltkrieg ausbrechen werde[23]. Vielleicht war Princip dieser Ansicht. Doch seine Hintermänner wußten, was auf dem Spiel stand. Auch sie scheuten das Risiko eines weltweiten Krieges nicht. Wobei alle, die so dachten und handelten, alle, hüben und drüben, von den Kräften, die sie entfesselten, keine richtige Vorstellung hatten.

4. „Die Kriegsfurie an die Kette gelegt"

In Anwesenheit angelobter Gerichtszeugen, Sarajevoer Bürger und mehrerer Justizbeamter fand noch am Nachmittag des 28. Juni 1914 im Oprkanjgäßchen hinter dem neuen Rathaus eine Hausdurchsuchung statt. Auf Nummer 3, bei der Witwe Ilić, hatten Gavrilo Princip und Danilo Ilić bis zu ihrer Festnahme gehaust. Im Ofen fand die Gerichtskommission verbrannte Aufzeichnungen, die in den Wohnräumen vorgefundenen Gegenstände wurde registriert[1]. 63 einzeln angeführte Schriftstücke und Druckwerke waren der Vernichtung entgangen, darunter Werke russischer Autoren: Alexander Puschkin, Maxim Gorki, Leonid Andrejew. Dann der *Bergkranz*, das Epos des Petrović-Njegoš von Montenegro, ein Werk, das Princip angeblich auswendig herzusagen wußte. Bei den aktuellen Broschüren fand sich eine mit dem Titel *Über die Nationalisierung der Muselmanen*, eine andere über *Das unterirdische Rußland*, eine dritte *Wie werden wir Österreich besiegen?* Auch Titel wie *Dislokation und Einteilung des k. u. k. Heeres*, 1908, und *Die Lüge des Parlamentarismus* standen in der Bibliothek der Attentäter. Den Hauptbestandteil bildeten Berge von Zeitungen und Zeitschriften, oft mehrere Jahrgänge (z. B. *Gajret* und *Obzor*), und, kuriorserweise, fünf Jahrgänge der Münchner humoristischen Familienzeitschrift *Die Meggendorfer Blätter*. Wiener Publikationen gab es nicht, mit einer Ausnahme: einige Nummern der Tageszeitung *Die Zeit*.

Das hatte seine Bedeutung. *Die Zeit* war von Dr. Heinrich Kanner nach dem Muster des Prager *ČAS* gegründet. Sie stand „mit einem

Sarkasmus ohnegleichen²" in Opposition zum Ballhausplatz, kritisierte schonungslos den außenpolitischen Kurs des Grafen Berchtold, der nach Kanners Meinung „Fehler und Fehler häufte³" und in dessen Politik sich „Unverstand mit Niedertracht verbunden" hatte⁴. Kanner betonte die „Notwendigkeit guter Beziehungen zu Rußland und damit auch zu Serbien⁵". Ob die Redaktion seines Blattes tatsächlich, wie es hieß, über die kroatisch-serbische Koalition in Agram mit der serbischen Regierung in Verbindung stand, ist nicht erwiesen, jedenfalls pflegte das „literarische Gelichter⁶" des Außenministeriums *Die Zeit* das „Wiener Serbenblatt" zu nennen. Richtig ist, daß es auch in Serbien und in den Kreisen der Mlada Bosna beachtet wurde.

Zu den Kardinalfehlern des „aristokratischen Dilettanten Berchtold" rechnete Kanner zum Beispiel, daß Österreich-Ungarn 1912 beim Balkankrieg seine Sympathien nicht den jungen Balkanländern, sondern der Türkei zugewandt hatte⁷, daß es Berchtold *unterließ*, „am Anfang des Balkankrieges den Sandschak von Novibazar wiederzubesetzen und sich durch Abmachungen mit den Balkanstaaten, die damals mit Österreich-Ungarn nicht auch noch anbinden konnten, einen *Anteil* an der Beute im Falle eines Sieges als Preis seiner Neutralität zu sichern⁸". Als Wahnsinn bezeichnete er die Gründung des Staates Albanien, dessen Terrain zwischen den Nationalstaaten Serbien und Griechenland hätte aufgeteilt werden sollen⁹. Abscheulich fand Kanner den „Straßenkehrerton des Ballhausplatzes den Balkanstaaten gegenüber". Kanner war es, der den bösen, aber bedeutungsvollen Satz prägte: „Zu Tode bedrängt, wurden die Serben Todfeinde der Monarchie¹⁰." 1919, im Jahr nach dem Ende des alten Reiches, schrieb Kanner eine vielbeachtete, faszinierende Schmähschrift unter dem bezeichnenden Titel *Kaiserliche Katastrophenpolitik*. Es ist die schonungsloseste Abrechnung mit der österreichisch-ungarischen Außenpolitik, die man sich denken kann. Sie enthält bittere Wahrheiten, Übertreibungen, auch bewußte Fälschungen oder, anders ausgedrückt, sträfliche Vereinfachungen. Das gilt für Kanners Beiträge in der *Zeit*, in der Hauptsache aber für die *Katastrophenpolitik*. Sein bestechendes Talent zur Vereinfachung wird am Beispiel Franz Ferdinand deutlich. Bewußt hält er die Vorstellung aufrecht, und das wider besseres Wissen, der Thronfolger sei das Haupt einer militärischen Clique gewesen, die mit allen Mitteln zum Kriege drängte¹¹.

Man hat über die stark ausgeprägte, aber düstere Persönlichkeit dieses österreichischen Thronerben, die sich nie um Volkstümlichkeit bemühte, viel diskutiert und geschrieben. Er war mit Feinden gesegnet, es gab sie in allen Lagern. Man nannte den Erzherzog einen geborenen Autokraten, hob seine despotischen Züge hervor und befürchtete, daß er nie demokratisch regieren könne. Und seine angebliche Kriegslüsternheit[12]? Der Erzherzog war kein Pazifist, er war Militarist, aber ein Militarist, der aus Gründen der Vernunft gegen den Krieg war. Das ist kein Widerspruch, jedenfalls nicht weniger widerspruchsvoll als die Tatsache, daß er als grundsätzlicher Gegner des Allgemeinen Wahlrechtes erwog, in Ungarn das Volk zu befragen. Ferner, daß dieser Reaktionär, und das war er in gewisser Hinsicht, zum Unterschied von vielen freisinnigen, liberalen und nationalen Politikern und Presseleuten „die Gefahren richtig sah, die diesem Staate drohten." Das stellte nicht einer seiner Anhänger, sondern einer seiner Kritiker, Rudolf Sieghart, fest[13].

Bei Heinrich Kanner war und blieb Franz Ferdinand ein Kriegshetzer, obwohl er von maßgebenden Persönlichkeiten eines besseren belehrt wurde. Am 22. Dezember 1916 interviewte er den früheren Finanzminister L. Bilinski, einen Mann, dessen Beziehungen zum Thronfolger stark getrübt gewesen waren. Trotzdem versicherte Bilinski Kanner, der Erzherzog habe sich gegen den Krieg ausgesprochen, was aber durchaus nicht im Widerspruch zu der von ihm gewünschten Ausstattung der bewaffneten Macht gestanden sei[14]. Über ein anderes Gespräch im Jahre 1916 machte sich Kanner Aufzeichnungen. Er notierte, Bilinski habe zu ihm gesagt: „ . . . der Kaiser wollte schon im Jahre vorher den Krieg . . . damals beim Streit um Skutari (1913) . . . da war alles schon parat . . . Der Thronfolger war immer entschieden gegen den Krieg . . . Bei der Eröffnung der Adria-Ausstellung am 3. Mai 1913 waren alle da und der Thronfolger auch . . . Ich benutzte die Gelegenheit und sagte zu ihm: ‚Kaiserliche Hoheit, wir haben sehr schwere Zeiten, ich fürchte große Verwicklungen.' Darauf gab der Thronfolger eine dezidierte Antwort: ‚Nein, nein, zu einem Krieg wird es nicht kommen, seien Sie versichert!'" Bilinski fügte hinzu, er habe des Thronfolgers Absichten gut gekannt und wiederholte, wenn der Thronfolger am Leben geblieben wäre, wäre es zu keinem Krieg gekommen[15].

Heinrich Kanner notierte auch eine Äußerung des Kriegsministers General Auffenberg über einen Vorfall im November 1912: Nachdem der Erzherzog den bulgarischen Ministerpräsidenten Danew empfangen hatte, sagte er in heiterer Stimmung: „Jetzt habe ich wieder einmal die Kriegsfurie an die Kette gelegt . . . die Mitglieder der Kriegspartei sind bei uns sehr wenige, man könnte sie an den Fingern einer Hand abzählen . . .[16]"

Immer wieder tauchten in in- und ausländischen Blättern kleine Skandalgeschichten auf, die den Erzherzog charakterisieren sollten, so aus St. Petersburg die Nachricht vom 13. März 1913 über einen Zusammenstoß zwischen ihm und der k. u. k. Generalität. Ungeachtet gewichtiger Einwände von berufenster Seite hätte er den Krieg gegen Rußland verlangt und im Kriegsrat wutschnaubend ein Aktenbündel auf den Tisch der Generäle geknallt, worauf der Kaiser ihn gezwungen hätte, sich in aller Form zu entschuldigen[17].

Diese Nachrichten, oft grotesk und voller unwahrscheinlicher Details, machten die Runde. Sie suggerierten immer aufs neue die Vorstellung, Franz Ferdinand würde nach seiner Thronbesteigung durch seine Kriegslüsternheit die Welt ins Unglück stürzen. Der gute alte Kaiser galt, sogar bei Österreichs Feinden, als der Mann des Friedens, sein ungestümer Nachfolger als der Mann des Krieges. Heute wissen wir aus vielen Quellen, daß Franz Joseph eher zum Losschlagen neigte, ja, daß er es war, der nach dem Attentat keinen anderen Ausweg als den Krieg sah.

Aber gegen Franz Ferdinand richteten sich alle Vorwürfe, die der Diplomaten, Politiker und der Attentäter. So entnahm der Mitattentäter Grabež „serbischen Zeitungen, der Thronfolger werde als ‚militärischer Faktor immer stärker', und erst bei den letzten Manövern in Böhmen habe er 300 Generalstabsoffiziere wegen Unfähigkeit pensionieren lassen[18]". Für die serbischen Diplomaten ist er der große Friedensstörer, auch noch nach seinem Tode, so meldet am 4. Juli 1914 der serbische Gesandte aus Paris: „Anläßlich dieser unglückseligen Geschehnisse war die Bestürzung im ersten Augenblick sehr stark. Doch bald beruhigte man sich, man begann kühler zu urteilen und dachte daran, welche Gefahr der umgekommene Erzherzog für den europäischen Frieden darstellte ... je mehr wir uns von dem Ereignisse selbst entfernen, desto mehr überwiegt in den hiesigen Kreisen die Überzeugung, das Abtreten des Erzherzogs von der europäischen Bühne werde sich günstig auf den europäischen Frieden auswirken. In dieser Hinsicht ist die Haltung der englischen Presse, besonders der *Times*, für uns von großem Nutzen[19]." Aus Konstantinopel erfuhr Ministerpräsident Pašić am 9. Juli über ein Gespräch mit dem Gehilfen des türkischen Außenministers: „Auch er ist der Ansicht, daß die Art und Weise wie Franz Ferdinand umgekommen ist, zu bedauern sei, für den Frieden Europas sei es aber besser, daß der kriegerische Thronfolger verschwinden mußte[20]." Am selben Tag depeschierte Spalajković, der serbische Gesandte in St. Petersburg: „Es ist peinlich, Ihnen die Eindrücke schildern zu müssen, die der

Tod des österreichisch-ungarischen Thronfolgers in hiesigen Kreisen hervorrief. Das Gefühl der Befriedigung ist allgemein. Von verläßlicher Seite erfuhr ich, daß dies auch in Italien der Fall ist. Der russische Botschafter in Rom meinte: ‚Das Verbrechen ist fürchterlich, aber der Friede wird dadurch gewinnen[21].‘ " Aus Rom berichtete Serbiens Vertreter: „In allen italienischen Kreisen ist man über das Verschwinden des Erzherzogs sehr befriedigt, die Befriedigung wird keineswegs verhehlt ... [22]"

Und was dachte der Empfänger dieser diplomatischen Ergüsse, der serbische Ministerpräsident Nikola Pašić? Befriedigte auch ihn die Rettung des Friedens? Oder vielleicht, in besserer Erkenntnis der Zusammenhänge und der Situation, das Gegenteil? Nämlich, daß schwerlich ein Krieg ausgebrochen wäre, wenn Franz Ferdinand die Möglichkeit gehabt hätte, seine Pläne zu realisieren? Kannte Ministerpräsident Pašić die Vorstellungen des österreichisch-ungarischen Thronfolgers? Immerhin wußte er so viel darüber, daß er sich in den Kriegsjahren mit dem italienischen Staatsmann Carlo Graf Sforza[23] über sie ausführlich unterhalten konnte. Ja, er gestand ihm, er, Pašić, habe das erstemal um die Zukunft seines Landes gezittert, als er den Plan Franz Ferdinands erfaßt hatte. Nach Sforza ging es darum, Österreich-Ungarn in eine durch das Band der Dynastie verbundene Union freier Völker zu verwandeln. Sforza widmete der Erinnerung an sein Gespräch mit dem serbischen Ministerpräsidenten über Franz Ferdinand einen Artikel und betitelte ihn: „Der Mann, der Österreich hätte retten können[24]." Auf ein Fragezeichen verzichtete er.

Wovor „zitterte" also Pašić? Vor der österreichisch-ungarischen Aggression oder vor einer eventuellen Neugestaltung Österreichs nach dem Tode des alten Kaisers?

In seinem Sarajevo-Buch widmet Dedijer dem Thema: „Franz Ferdinand – ein Mann des Friedens oder des Krieges", ein ganzes Kapitel. Der Nachlaß des Erzherzogs, der ihm offenstand, hätte ihm die Möglichkeit geboten, der Frage auf den Grund zu gehen, doch er stützt sich nicht auf Dokumente dieser Art, er gibt dem deutschen Dichter Schiller den Vorzug und zitiert in diesem Zusammenhang Wilhelm Tell: „Das Kaiserhaus will wachsen ... dies kleine Volk ist uns ein Stein im Weg, so oder so ... es muß sich unterwerfen." Man hat den Eindruck, Dedijer scheut sich, seinen Landsleuten die Wahrheit einzugestehen, ihnen liebgewordene Vorstellungen zu rauben, so den schönen Gedanken, daß jugendlicher Heldenmut das schwerbedrohte Vaterland vor dem Untergang rettete. Doch das ist und bleibt eine Legende. Das tragische Opfer des 28. Juni war weder ein Sultan Murat, noch ein Geßler, schon gar kein Nero, die Forschung erweist Princips Tat nicht nur als Verbrechen, sondern als Irrtum, als einen der verhängnisvollsten Irrtümer der Geschichte[25].

Auf der Gedenktafel am Attentatsort wird der „Protest des Volkes" und die „ewige Sehnsucht nach Freiheit" zum Ausdruck gebracht. Das entspricht dem Empfinden jugoslawischer Patrioten, das es zu respektieren gilt, aber dem historischen Sachverhalt entspräche ein anderer Text: „An dieser Stelle erschoß Gavrilo Princip jenen Mann, der den Frieden mit Rußland und Serbien wollte und die Welt vor dem entsetzlichen Krieg hätte bewahren können." Mit Fug und Recht stellt der Vorstand des Instituts für Völkerrecht und internationale Beziehungen der Universität Wien, Prof. Verosta, fest: „Solange Franz Ferdinand lebte, schien der Friede gesichert[26]."

5. „Serben alle und überall"*

> „Serbien ist sich seiner hohen Mission bewußt, es erfüllt seine schicksalhafte Bestimmung... Der serbische nationale Mythos ist das unsterbliche Werk des serbischen Heldentums, der serbischen Klugheit und der serbischen Poesie. Unser Mythos gehört uns allein, er hat nichts mit dem Mythos des Altertums zu tun. Die Geschichte der serbischen Volksseele wurde nicht aufgezeichnet, sondern wird von den Guslaren besungen."
>
> Spalajković, 1945

Schon vor 1914 zeigten sich in der großserbischen Bewegung Entwicklungstendenzen, die später, in der Periode des Faschismus, dominieren sollten. Berechtigt uns das nicht, von nahezu rassistischen und faschistoiden Zügen des Großserbentums zu sprechen?

Die Überlegenheit der Serben beruhte auf „höheren rassischen Qualitäten", die ihnen „höhere Rechte" einräumten, schreibt Dedijer[1]. Bei Hitler war es das „ewige Wollen des Universums", das hoch- und minderwertige Rassen schuf und die „Unterordnung des Schlechteren und Schwächeren" verlangte[2].

Auch das serbische Volk sollte „regeneriert[3]" und zum Herrenvolk hochgezüchtet werden. Wenn Hitler sagte, „die Rasse liegt nicht in der Sprache, sondern im Blut", so dichteten Princips Freunde nach dem Attentat: „Das Leben einer Rasse besteht im Blut. Blut ist der

* Srbi sve i svuda!

Gott der Nation[4]!" Als Neues Reich erhoffte man das „Reich Dušans", grüßte schon 1910 und früher mit Heil (zdravo), unterzeichnete Briefe mit „serbischem Gruß", trug als Krawattennadeln Totenköpfe, begeisterte sich für die „Legion der Toten", rief statt des Gottes Thor den slawischen Donnergott Perun an, und wenn man zum christlichen Herrgott betete, so war das ein rassischer Gott, nämlich der „serbische Gott" mit seinem eingeborenen Sohn, dem „serbischen Christus", der zu den „serbischen Ostern" auferstand und in den „serbischen Himmel" fuhr.

„Unter den Panserben (die Führer der großserbischen Bewegung waren durchwegs Panserben, auch die Attentatsanstifter, d. A.) entstand der Gedanke, die Serben sollten über alle anderen Südslawen herrschen, die zu dieser Zeit unter türkischer und habsburgischer Herrschaft lebten." Soweit Dedijer[5]. Er vergaß hinzuzufügen, daß damit nicht nur die Kroaten, Mazedonier und Montenegriner, sondern auch ein paar Hunderttausend oder Millionen Albanier, Bulgaren, Griechen und Türken gemeint waren. Hitler drückte sich folgendermaßen aus: „Das deutsche Reich soll als Staat alle Deutschen umschließen mit der Aufgabe, aus diesem Volke die wertvollsten Bestandteile ... langsam und sicher zur beherrschenden Stellung emporzuführen[6]." Die rassischen Urelemente der Serben waren allerdings vielfach Nichtserben, deren Vorfahren durch den Beitritt zur serbisch-orthodoxen Kirche veredelt, das heißt zu Nationalserben geworden waren. Prof. Grgjić, national-serbischer Abgeordneter im bosnischen Landtag, erklärte: „Auch die stärkste Institution bei uns – die Orthodoxie – konnte erst Wurzeln fassen, nachdem sie einen serbischen Charakter annahm[7]."

Mehrvölkerstaaten hielten die einen wie die andern für erbärmliche „Mißgeburten", willkürliche und unmoralische Gebilde ohne Daseinsberechtigung. Die Gewalt und nicht das Recht ist das Fundament des Staates, was offen ausgesprochen wurde. Der serbische Historiker Stanoje Stanojević sagte: „Unser Recht ist die nationale Kraft, und das Recht unserer Bajonette wird wichtiger sein als das Recht, das man mit der Waage wägen kann[8]." Das galt auch für den innenpolitischen Kampf. Über den großserbischen Führer Apis-Dimitrijević und seine Scharen urteilte ein serbisches Gericht: „Sie töteten Bürger, ja selbst Kinder ohne Untersuchung und Gerichtsurteil, sie begingen Räubereien, Plünderungen, Erpressungen, griffen staatliche Beamte bei der Ausübung ihrer Tätigkeit an und bereiteten die Einführung einer oligarchischen Militärherrschaft vor, die durch 10 bis 15 Offiziere repräsentiert werden sollte und dem

Mittelalter Ehre gemacht hätte[9]." Wenn auch der Hauptpunkt der damaligen Anklage, die Ermordung des Kronprinz-Regenten Alexander, erfunden war, den sonst vorgebrachten Greueltaten widersprach kein Mensch.

Das Ziel dieser Kreise war eine völkische Militärdiktatur, bei der selbstverständlicherweise Offiziere den Vorrang gehabt hätten[10]. Als im Dezember 1913 ein serbischer Bezirkshauptmann den Toast auf den russischen Zaren ausbringen wollte, entzog ihm ein Regimentskommandant das Wort, weil dieser im Krieg höchstens den Rang eines Unteroffiziers bekleiden würde[11]. Auch hier das Heer als die letzte und höchste Schule der Nation.

Die großserbische Bewegung stützte sich auf paramilitärische Formationen, auf Freischärlerbanden, die sogenannten Komitadži. Das waren zu absolutem Gehorsam verpflichtete Freiwillige, die zu kämpfen und im Auftrag auch zu morden hatten. Eine Abkehr galt als Verrat und wurde mit dem Tode bestraft. In Belgrad befahl Major Tankosić, der „Betreuer" der Sarajevoer Attentäter, herzegowinischen Freiwilligen von der 14 m hohen Eisenbahnbrücke zu springen, nur weil er sehen wollte, ob sie bereit waren, alle Befehle auszuführen[12].

Das Königreich Serbien war, dem Namen nach, eine konstitutionelle Monarchie. Darauf tat man sich im Westen, vor allem in Frankreich und Amerika, viel zugute. Doch serbische Demokraten à la Pašić schielten nach dem autokratischen Zarenreich, dessen Weisungen sie entgegennahmen. Die politisierenden Offiziere wieder strebten nach der Diktatur, ihr Führer Apis entfesselte im Lande die schwierigste und längste Krise, sie trieben die Garnisonen zum Aufruhr und drängten dem Monarchen ihre Freunde als Minister auf.

Wie dachten junge bosnische Revolutionäre über die Fragen der Demokratie? Darüber gibt das Programm des bedeutendsten bosnischen Jugendklubs Aufschluß: „Wir verurteilen den gegenwärtigen demokratischen Kampf der slawischen Stämme und verlangen die Verlegung des Schwerpunktes außerhalb des Parlaments durch Kräftigung des nationalen Bewußtseins, der nationalen Kraft und des nationalen Willens ... mittels Arbeit, Leiden, Opfer[13]." Wie appellierten die Faschisten an die heroischen Gefühle der Jugend? Mit der Parole: Kämpfe, arbeite, sterbe! Oder dem Sokolruf: Schweige, dulde, arbeite! In der Verhandlung sagte der Bombenwerfer Čabrinović: „Es ist mir auch der Gedanke gekommen, in den Landtag zu gehen und von der Galerie aus eine Bombe unter die Abgeordneten zu werfen, denn ich bin überzeugt, daß sie Halunken und Feiglinge sind, da sie gar nichts arbeiten, und das, was sie machen, nichts wert ist[14]."

Die Ähnlichkeit serbischer Sokolverbände[15] mit der SA springt in die Augen. Ihre Gaue, auch die in Österreich-Ungarn, waren Belgrad unterstellt. Gauleiter (voda ćupe) und Gauleitung, das sind Ausdrücke, wie wir sie schon 1910 in amtlichen Schriftstücken finden[16]. Die Sokoln waren militärisch und nicht demokratisch organisiert und gegliedert, sie turnten, marschierten und exerzierten. Letzteres nach dem Exerzierreglement der serbischen Armee, und es kam oft vor, daß sie sich dazu von der verhaßten Okkupantenarmee die Gewehre ausliehen. Dies wurde stets dann bewilligt, wenn das zuständige Korpskommando der Ansicht war, daß die ansuchenden Verbände weder „nationale noch politische Merkmale" an sich trugen[17]. Franz Ferdinand, der Thronfolger, machte sich wieder einmal unbeliebt und bewies seinen „Slawenhaß" als er der Beistellung „ärarischen Materials für Veranstaltungen nationalpolitischen Charakters" beim Allsokolkongreß 1912 in Prag nicht zustimmte[18].

Hier Redephrasen eines von Gau zu Gau wandernden Sokol-Vorturners: „Heil, ihr Kämpfer! ... der auf sieben Kreuze gehängte Leib des serbischen Volkes liegt in der finsteren Tiefe des Grabes ... es wird der Engel der Nation, der serbische Sokol, im blutigen Kleid herabsteigen und den Stein, riesig wie eine Wolke, vom Grabe der Nation wegwälzen, und es wird erglänzen der Ruhm der Nation am lichten Tage der goldenen Freiheit ... der serbische Falke wird sein Kleid mit eigenem Blute färben[19]."

Im Königreich Serbien herrschte nach den siegreichen Balkankriegen 1912 und 1913, hervorgerufen durch wirtschaftliche Erschöpfung, Unzufriedenheit und Arbeitslosigkeit, mit einem Wort die typische Nachkriegsstimmung, wie sie auch Italien nach dem Ersten Weltkrieg erlebte. Für die Komitadži und ihre Führer waren die Kriege viel zu schnell zu Ende gegangen. „Fragt man, was aus diesen Komitadži jetzt, nach beendetem Krieg und erobertem Mazedonien, geworden ist, so ist die Antwort: Ein Teil ist vom Staat bei den verschiedenen Betrieben (Eisenbahn, Post, Monopol, Zoll, Polizeiverwaltung) untergebracht, wo sie kleine Sinekuren innehaben; ein anderer strolcht arbeitsscheu und wahrscheinlich von der Narodna odbrana unterstützt, umher, auf eine Gelegenheit lauernd, wieder seine wilden Instinkte zu betätigen." So heißt es in einem Gesandtschaftsbericht[20].

Die großserbische Bewegung war nicht frei von antisemitischen Tendenzen. Ihrer Meinung nach war die Wiener und Budapester

Presse deshalb serbenfeindlich, weil sie eine „Judenpresse" war. Der Historiker Dr. Friedjung wurde in serbischen Blättern „der ordinäre hebräische Journalist" und „Freund des Juden Aehrenthal" genannt. Nach dem Attentat schrieb die Belgrader *Politika:* „Noch war keine halbe Stunde nach der Verhaftung der beiden Attentäter vergangen, die erschrockenen Beamten hatten erst mit den Verhören begonnen, und schon hatte die jüdische Presse die ganze Welt mit ihren Nachrichten über Bomben und Dinare aus Serbien überschwemmt[21]." Pašić' Neffe, Geschäftsträger in Berlin, berichtete seinem Onkel: „Wiener und Pester Blättern gelang es mit Hilfe hiesiger Zeitungen, in welchen Wiener Ciriti* als Schriftleiter sitzen, beim Publikum die Überzeugung zu erwecken, das Attentat sei in Serbien vorbereitet worden[22]." Der serbische Generalkonsul in Budapest trat „Anwürfen entgegen, denen Serbien in der Pester Judenpresse ausgesetzt" war... „denn die Börsenjuden und Zeitungsschreiber führen gegen Serbien einen gehässigen Feldzug[23] ..." Mit der österreichisch-ungarischen Verwaltung war auch nach Sarajevo eine Anzahl Juden gekommen, die in Konkurrenz zu den einheimischen Juden standen. Auch als Beamte spielten sie eine Rolle, besonders bei der Justiz und der Polizei[24]. Die Ziele der großserbischen Bewegung fordern einen Vergleich mit den Zielen der großösterreichischen Idee, der Franz Ferdinand nahestand, heraus. Bei den Großserben war der nationale Anspruch total, die Großösterreicher dachten nicht national, sie wollten bei Völkern und Volkssplittern, die jahrhundertelang friedlich neben- und durcheinander lebten, ein übervölkisches System einführen, das auch Minderheiten Recht und Freiheit bringen sollte. Großösterreichische Kreise planten, die Suprematie der Ungarn, aber auch der Deutschen, zu brechen. Die großserbische Bewegung war aggressiv, vor allem in dem Sinn, daß sie nichtserbische Völker für ihr Volkstum reklamierte und, ohne sie zu befragen, dem Diktat Belgrads unterwerfen wollte, sie war scheinparlamentarisch. So hütete sie sich, in den südslawischen Gebieten der Monarchie freie Wahlen zu fordern, sie scheute das Risiko, denn die Südslawen Österreichs fühlten sich, obwohl sie Wien in den letzten Jahrzehnten sträflich vernachlässigt hatte, doch mit dem Westen und durch das Habsburgerreich mit ihm verbunden. Der Bericht eines russischen Diplomaten, der nach dem Attentat auf die Bitte des serbischen Gesandten Spalajković die „vor dem Aufstand stehenden Länder" Bosnien und die Herzegowina bereiste[25], spricht Bände:

---

* Verächtlicher Ausdruck für Juden.

„Von den Bosniaken wünschen die Kroaten in die Familie der Völker Österreichs aufgenommen zu werden ... Die orthodoxen Serben jedoch waren selbstverständlich immer gegen den Anschluß ... Die Mohammedaner passen sich wie überall an jedes Regime an, verehren theoretisch den Padischah und werden praktisch treue Untertanen des faktischen Herrschers ... 18 Monate nach der Annexion wurde eine Volksvertretung (der Sabor in Sarajevo) eingerichtet, die auf Grund des allgemeinen, direkten, gleichen und geheimen Wahlrechts gewählt wird[26] ... Durch diesen liberalen Akt bemühte sich das Wiener Kabinett, die Tatsache der Annexion als solche Europa gegenüber plausibel zu machen ... Es ist überflüssig zu erwähnen, daß die serbisch-orthodoxe Gemeinde volle Autonomie genießt ... Durch eine derartige Politik gedenkt man die Serben mit der Annexion zu versöhnen ... Doch wächst mit jedem Jahr die bosnisch-serbische Intelligenz, das nationale Selbstbewußtsein ebenfalls, und jetzt, nach den Siegen über die Türken und Bulgaren[27], ist dieses Gefühl so angewachsen, daß keine Konzession der Regierung mehr ... sie zwingen könnte, der großserbischen Idee zu entsagen ... Wenn es sich vielleicht unter fremder Fuchtel nicht schlecht lebt, so ziehen die serbischen Patrioten es doch vor, selbst schlechter zu leben, aber dafür unter eigener Regierung ... Eine besondere Unterdrückung seitens der Österreicher hat weder während der Okkupation noch nach der Annexion stattgefunden. Im Gegenteil, von dem Augenblick der Annexion an hat man sie ... sogar wohlwollend behandelt. Man hat sich mehr auf sie als auf die Mohammedaner verlassen ... die Kroaten genießen seit jeher ein großes Vertrauen bei der österreichischen Regierung ... ein Anarchist wie Princip hat seinen Stammesgenossen einen schlechten Dienst erwiesen ... Am Tage nach der von ihm ausgeführten Freveltat fanden in Sarajevo, Mostar, Travnik und in den anderen Städten antiserbische Kundgebungen statt, die von Kroaten und Muselmanen veranstaltet wurden ... Die Ursache aller dieser wüsten Unruhen muß man nicht sosehr in jener Erregung suchen, welche durch den terroristischen Akt hervorgerufen wurde, sondern vielmehr in der seit langem bestehenden Feindschaft, die sowohl die Kroaten wie die Mohammedaner gegen die Serben hegen ... Der Haß der Kroaten gegen die Serben in Bosnien ist nie erloschen, und er hat jetzt, angesichts der Tatsache, daß die Verbrecher Serben waren, alle Grenzen überschritten ... Ein Pogrom hat stattgefunden, auch Unruhen haben stattgefunden, aber nicht in dem Maße, wie darüber berichtet wurde. Tote sind überhaupt nicht zu beklagen[28] ... das durch das Pogrom gestörte Leben der Stadt ist wieder in seinen normalen Gang gekommen. In ihrem besten Teil hat die Stadt europäisches Aussehen. Das Straßenpflaster ist durchaus gut. Im Lande haben die Österreicher sehr gute Chausseen und 1260 Kilometer Schmalspurbahnen gebaut. In den letzten Jahren haben Bosnien und die Herzegowina große Fortschritte gemacht... Allmählich beginnt dieses Land, welches früher von österreichischen Deutschen verwaltet wurde, selbständiger zu werden, und seine Verwaltung geht in die Hände der Slawen über, natürlich solcher, die der Habsburgerdynastie treu ergeben sind...[29]"

Woher bezog dieser russische Beobachter seine Informationen? Nach dem Polizeibericht hat er in Sarajevo, außer einem kurzen Besuch beim deutschen Konsul, den ganzen Tag beim russischen und italienischen Konsul zugebracht[30]. Kroaten und Muselmanen, die der russische Diplomat Serben nannte, haben ihn bestimmt nicht beeinflußt. Nach dieser Lagebeurteilung erhält eine unverbindliche Schätzung Gewicht, die ein Kenner der bosnischen Verhältnisse angestellt hat. Er stellte die Frage: Wieviel Prozent der Bevölkerung hätten 1914 bei einer Volksabstimmung für den Verbleib bei Österreich-Ungarn gestimmt, wie viele für den Anschluß an Serbien? Nach der Volkszählung des Jahres 1910 hatten Bosnien und die Herzegowina 1,900.000 Einwohner. Von den 824.000 Serben hätten schätzungsweise 90 Prozent für Serbien gestimmt; von den 612.000 Moslims 80 und von den 424.000 Kroaten 90 Prozent für die Monarchie. Das ergäbe eine glatte Mehrheit für Österreich-Ungarn. Eine Spekulation? Gewiß, aber mit realen Unterlagen, keine Milchmädchenrechnung. Beweis für die wahre Stimmung im Lande sind nicht nur die oft zitierten Waffentaten bosnischer und kroatischer Regimenter in den ersten Kriegsjahren, auch die Skepsis serbischer Diplomaten. Man müsse, so schwer es sei, die Muselmanen gewinnen, meinte der Generalkonsul in Budapest, „sonst könnte die österreichische Regierung aus ihr ergebenen Serben und Muselmanen, ihren Anhängern, und mit Hilfe der Katholiken, auf die sie immer rechnen können, eine Majorität bilden, die es ihr ermöglichen würde, das jetzige Regime unter einem verfassungsmäßigen Deckmantel weiterzuführen[31]". Die Deckmantel-Verfassung hätte sich womöglich im Laufe der Jahre zu einer immer größeren Selbstverwaltung ausbauen lassen. Dem allerdings konnte man von großserbischer Seite nur mit Terror und individuellen Aktionen begegnen.

Auch Oberst Apis-Dimitrijević war ein Verächter parlamentarischen Geschwätzes. Das war ein Mann der Tat. Und des Verbrechens! Eine Natur, zum Befehlen geboren, eine echte Führernatur, die es verstand, ihre Umgebung einzuschüchtern oder zu begeistern. Sogar der westlich orientierte, österreichfreundliche und nüchterne Dr. Bogičević[32] geriet ins Schwärmen, wenn er diesem Führer ins Auge blicken durfte: „... immer mehr bricht sich die Erkenntnis Bahn, daß Oberst Dimitrijević eine der markantesten Persönlichkeiten der neueren Geschichte Serbiens ist, und daß ihm das Hauptverdienst an den Erfolgen der nationalen Bewegung und der nationalen Einigung gebührt. Es steht außer Zweifel, daß seine ganze Tätigkeit nur von reinem Patriotismus diktiert, daß er stets auf das Wohl seines Vaterlandes bedacht war, seine Methoden stehen jedoch im Widerspruch mit den Grundbegriffen europäischer Kultur und Zivilisation[33]." Ist das nicht faschistisches Denken in Reinkultur? Die Methoden dieses „edlen und vornehmen Menschen" waren Mord und Totschlag. Die von ihm gegründete Organisation der Schwarzen Hand, der „Crna ruka", war eine verbrecherische Organisation, die einen Staat im Staate bildete, vor den brutalsten Mitteln nicht zurückschreckte und innen- und außenpolitische Aktionen von unberechenbarer Tragweite startete.

Die Zahl ihrer Mitglieder steht nicht fest. Im sogenannten Vesnić-Verzeichnis, das dem Gericht in Saloniki vorlag, werden an die 500 Mitglieder aufgezählt. Eine andere Schätzung nennt die Zahl 2000. Jedenfalls stellte die Schwarze Hand einen Machtfaktor dar, der der serbischen Regierung oft ihren Willen aufzwang und die Existenz einer serbischen Demokratie in Frage stellte.

6. Der serbische „Vizekönig" und sein Schwiegersohn

Die Zahl der Serben, die mit der Schwarzen Hand sympathisierten, war nicht gering, nicht nur im Heer, auch im diplomatischen Korps. Einen von ihnen, Dr. Miroslav Spalajković, charakterisierte die Belgrader *Politika* folgendermaßen: Als Diplomat feinster Prägung, überzeugter Sprecher und flammender Patriot, verstand er es, seinem Vaterland in St. Petersburg eine Position zu verschaffen, welche die historische Hilfe Rußlands für Serbien im Jahre 1914 sicherstellte[1].

Typisch war Spalajkovićs Reaktion auf die Schreckensnachricht von Sarajevo, die von der russischen Öffentlichkeit durchwegs „mit Entrüstung aufgenommen wurde[2]". Der serbische Gesandte trat sofort in Aktion, wirkte unangebrachten Sympathiegefühlen entgegen und informierte die russische Presse dahingehend, das Attentat sei durch äußerste Gereiztheit zu erklären, welche in Bosnien gegen den Ermordeten geherrscht habe. Dort bestünde sogar eine Organisation, deren Tätigkeit sich gegen den unpopulären Erzherzog richtete, der noch dazu als Initiator der Annexion gegolten habe. Alle, Kroaten und Serben, seien sich einig, Franz Ferdinand sei der Urheber jener Unterdrückungsmaßnahmen gewesen, unter denen das bosnische Volk gelitten habe. Das Attentat sei eben die natürliche Reaktion auf die im Lande herrschende Tyrannei. Und jetzt, so behauptete Spalajković weiter, jetzt „erdichte" man in Wien phantastische Organisationen, revolutionäre serbische Geheimbünde, zum Beispiel eine „Schwarze Hand[3]". Als in St. Petersburg der serbische Gesandte die Organisation „Vereinigung oder Tod" erwähnte, tippte in Wien noch kein Mensch auf sie.

Die k. u. k. Botschaft in St. Petersburg mußte sich damit begnügen, einfach festzustellen, daß es wirklich an der Zeit wäre, dieser „von Lügen strotzenden Beredsamkeit auf geeignetem Weg ein Ende zu machen[4]". Aber wie? Die Möglichkeiten, auf die russische Öffentlichkeit einzuwirken, waren gering. Herr Sasonow verharmloste das unqualifizierbare Verhalten des Vertreters einer „eng liierten Macht". Er nannte Spalajković einen „labilen" Herrn, der zur Zeit durch die „Unannehmlichkeiten erregt sei, denen seine Verwandten in Sarajevo ausgesetzt waren[5]". Unter Unannehmlichkeiten verstand Sasonow die nach dem Attentat stattgefundenen Kroaten- und Moslimdemonstrationen. Der Außenminister des Zaren warf Herrn Spalajković „Mangel an Takt und Erziehung" vor. Natürlich nicht ihm persönlich, sondern andern gegenüber.

Serbischen Blättern zufolge, die zum Teil auch in St. Petersburg gelesen wurden, war in Sarajevo nach dem Attentat die Hölle los. Die „Volksäußerungen", die ein Todesopfer gekostet hatten – ein Kroate war von einem Serben erschossen worden – wurden zur „Blut- und Bartholomäusnacht". Die österreichisch-ungarischen Behörden veranstalteten „Christenmassaker". Die Belgrader *Stampa:* „Das blutrünstige Österreich trinkt sich am serbischen Blut satt ... an einem Tage gab es in Bosnien ungefähr 10.000 Verwundete und Tote[6]." Der russische Generalkonsul in Budapest bezeichnete den „Sarajevoer Pogrom" vom 29. Juni als erste Folge des Attentats, und zwar hätten die bosnischen Moslims und Kroaten das Verbrechen dazu benützt, um sich an den Serben zu rächen und ihre Stellung „durch Bekundung ihrer Loyalität zu festigen[7]". Und Landeschef General Potiorek begründete die bedauerlichen Exzesse mit der Empörung der katholischen und muselmanischen Bevölkerung. Serbische Geschäfte wären durch sich „jäh zusammenrottende Gruppen von Kroaten und Muselmanen devastiert worden: die Lokale serbischer Vereine, die serbische Schule und der serbische Klub. Die Wut des Volkes hätte sich aber in der Hauptsache gegen die Wohnungen des Virilisten Gligorije Jeftanović, gegen sein Kaffeehaus und seine Stallungen gerichtet[8]".

Dieser Bankier Jeftanović, dem die Sarajevoer Kroaten und Moslims so niederträchtig zusetzten, war der Schwiegervater des Gesandten Dr. Miroslav Spalajković in der russischen Hauptstadt. Der serbische Diplomat hatte seine Braut aus dem „weinenden Bosnien" geholt, wo seiner Meinung nach „der edelste Teil der serbischen Rasse hauste, jener Teil, dessen Blut am reinsten von fremden Beimischungen geblieben war[9]".

Im Oktober 1904 hatte Jeftanović eine bosnische Delegation zur Krönungsfeier des serbischen Königs Peter I. geführt, wobei er mit Pašić verhandelte. Als der damalige österreichische Gesandte sich erkundigte, worüber man gesprochen habe, sagte der serbische Ministerpräsident, die Bosniaken seien als Freunde gekommen, ihm persönlich sei das nicht recht, aber eine großserbische Aktion dürfe man dahinter nicht vermuten, was könne eine solche schon in den von Österreich-Ungarn „so trefflich verwalteten Provinzen ausrichten[10]".

Jeftanović unterzeichnete das sogenannte „Nationalprogramm", in dem die Errichtung eines selbständigen bosnisch-herzegowinischen Staates als Teil des türkischen Reiches verlangt wurde. Die 71 Artikel des Programms sind in Zusammenarbeit mit dem Generalsekretär des serbischen Außenministeriums, Dr. Spalajković, entstanden, der zur gleichen Zeit wie der serbische Generalstabsmajor Milan Vasić, der einen Mordplan gegen Franz Ferdinand aushestckte, die bosnische Hauptstadt besuchte. Zwei Wochen später trat in Sarajevo ein serbisches Rumpfparlament zusammen, dem Jeftanović angehörte. Das Nationalprogramm war großserbisch, so forderte der Artikel 28, daß überall, im privaten und dienstlichen Verkehr, ausschließlich die serbische Sprache und cyrillische Lettern verwendet werden sollten[11].

Im kritischen Monat des Jahres 1909 reiste eine bosnische Delegation nach London und von dort nach St. Petersburg, um im Namen der serbischen Bevölkerung Bosniens gegen die Annexion zu protestieren. Jeftanović erwirkte eine finanzielle Unterstützung von Belgrad für die Protestreise, die Delegation wurde in den beiden Städten gut aufgenommen, jedoch weder in London noch in St. Petersburg von den Außenministern empfangen[12].

Ein Jahr vorher hatte Jeftanović bei den Kroaten in Bosnien die „größte Erbitterung" erregt. Der deutsche Botschafter erfuhr darüber aus Sarajevo: „Jeftanović, einer der gefährlichsten großserbischen Agitatoren, der seinerzeit ... des Landes verwiesen war, unter Herrn von Burian (damaliger Reichsfinanzminister) zurückgerufen und zum Präsidenten der orthodoxen Kirchengemeinde in Sarajevo ernannt wurde, hat sich in dieser Eigenschaft geweigert, an dem Festbankett zu Ehren des neuernannten Metropoliten (Eugen Letica[13]) teilzunehmen, weil er mit dem katholischen Erzbischof Stadler und den Vertretern der Regierung nicht an einem Tisch sitzen wollte[14]."

Erzherzog Franz Ferdinand trug auf seiner Reise eine Notiz bei sich, die sich auf den gewaltigen Einfluß des serbischen Kapitals in Bosnien bezog, das Bankier Jeftanović lenkte und kontrollierte[15]. Landeschef Potiorek war es um die politische Zusammenarbeit mit dem „Patron" Jeftanović zu tun, der sich in der parlamentarischen Ära zurückgehalten hatte, „aalglatt" geworden und bestrebt war, „nie eine prononcierte Stellung" einzunehmen[16]. 1912 bemerkte der General, er habe den Serbenführer zum Kaiser-Geburtstags-Diner geladen, denn Jeftanović gehöre zu den Personen, die er stets einlade, „vielleicht wird sich eine Süßigkeit finden, die ihm mundet[17]".

Eine neue Möglichkeit, dem „Patron" eine Süßigkeit anzubieten, ergab sich beim Besuch des Erzherzogs. Potiorek, der nicht im Rufe stand, ein Serbenfreund zu sein, setzte den Serbenführer, der offen zugab, seine Politik mit Belgrad abzustimmen, auf die Einladungsliste für das große Festdiner. Die zur Information des hohen Gastes vorbereitete Notiz lautete: Jeftanović, Vizepräsident des obersten Verwaltungs- und Schulrates, spricht deutsch, hat großen Einfluß auf seine Konnationalen, sein Schwiegersohn ist der serbische Gesandte in St. Petersburg[18].

Aus der Militärkanzlei des Erzherzogs erfolgte zu Potioreks Erstaunen und Ärger die Anfrage, ob man diesen Jeftanović nicht von der Einladungsliste streichen könne. Das sei ausgeschlossen, antwortet der Landeschef, wenn man den Serbenführer nicht einlade, könne man die Vertreter anderer Gruppen auch nicht zu Gast bitten. Die Folge war, daß auf höchsten Befehl auch alle anderen Parteiführer, jene der Kroaten, Moslims und Juden übergangen und nicht eingeladen wurden[19].

Nach dem Attentat wurde behauptet, zwischen dem Mörder und dem Patron habe Kontakt bestanden. Princip aber sagte in der Verhandlung, er habe weder Jeftanović noch seinen Schwiegersohn Spalajković gekannt[20]. Das Gericht gab sich damit zufrieden, schließlich war es unwahrscheinlich, daß ein Mitglied der angesehensten Serbenfamilie unmittelbar mit dem Verbrechen etwas zu tun hatte. Oder? Wie sich nach Jahrzehnten herausstellte, war Dr. Dušan Jeftanović, der Sohn des Bankiers, doch in die Sache verwickelt. Als dieser mit seinem Vater im Frühjahr 1914 in Belgrad weilte, erfuhr er durch den dortigen Polizeidirektor Manojlo Lazarević, den serbischen Behörden sei zugetragen worden, daß einige Leute die Absicht hätten, nach Bosnien zu gehen und dort ein Attentat zu begehen. Da „Serbien erschöpft sei", forderte der Belgrader Polizeidirektor Dr. Jeftanović auf, nach seinem Eintreffen in Sarajevo den Landtagsabgeordneten der national-serbischen Partei Vasily Grgjić[21] aufzusuchen, in dessen Büro Princip in den Tagen vor dem Attentat arbeitete, und ihn zu bitten, die Tat zu verhindern[22]. Dr. Dušan Jeftanović hatte es nicht eilig, er traf den Abgeordneten erst nach dem Mord und hörte von ihm die Worte: „Wirf nach der Tat die Lanze in die Dornen!" Das sollte heißen, jetzt habe das Reden keinen Sinn mehr, es sei Zeit, die Spuren zu verwischen. Geben diese beglaubigten Angaben nicht zu denken? Vor allem fällt auf, daß der Belgrader Polizeidirektor es als die natürlichste Sache von der Welt betrachtete, daß der bosnische Abgeordnete Grgjić mit den Attentätern in Verbindung stand. Wie konnte er davon wissen, ohne selbst von den in Belgrad ausgearbeiteten Plänen Kenntnis zu haben? Lazarević sprach ausdrücklich davon, Serbien sei jetzt „zu erschöpft" und meinte damit, der Zeitpunkt sei schlecht gewählt. Also keine prinzipielle, sondern eine Absage aus taktischen Gründen. Dann: Jeftanović' Angabe, er wäre im Mai in Belgrad gewesen, ist ein Irrtum. Aus Akten geht hervor, Vater und Sohn Jeftanović passierten die Grenze am 17. April[23]. Die Unterredung mit dem Polizeichef muß früher angesetzt werden. Da die Attentäter bekanntlich am 28. Mai die serbische Hauptstadt verließen, war also in Belgrad schon vier bis sechs Wochen vorher „amtsbekannt", einige Leute trügen sich mit der Absicht, nach Bosnien zu gehen und dort den Thronerben des Nachbarreiches umzubringen, wovon ganz automatisch die zuständigen Persönlichkeiten informiert wurden. So der Innenminister, der Ministerpräsident und allenfalls auch der König. Allen diesen Herren war natürlich die eminente politische Bedeutung dieses Falles bewußt. Man würde diesen ungemein versierten Herren ein Armutszeugnis ausstellen, nähme man an, sie hätten sich mit einer oberflächlichen Information und der vagen Formulierung „einige Leute tragen die Absicht..." zufriedengegeben. Schließlich konnten es auch Anarchisten sein, denen jedes gekrönte Haupt im Wege war. Schon aus

Gründen des Selbstschutzes war die Feststellung der Identität dieser Leute die allererste und allerprimitivste Vorsichtsmaßnahme, falls die Gruppe nicht schon bekannt war, als Polizeichef Lazarević mit dem fremden Staatsbürger Dr. Dušan Jeftanović diese heikle Angelegenheit besprach.

Als Verschwörer kamen höchstens 20 bis 30 Leute in Frage, lauter Individuen, die in dürftigen Verhältnissen lebten, in drei bekannten Emigranten- und Komitadžilokalen verkehrten, auf welche die Polizei dauernd ein Auge gerichtet hatte. Über das, was sich dort abspielte, was dort geplant wurde, darüber mußte die Polizei aus vielen Gründen unterrichtet sein, und sie war es durch ihre Spitzel auch.

Möglich, daß man mit Absicht nicht weiterforschte, dann aber gab man der Mordaktion stillschweigend den Segen, nur bestrebt, das offizielle Serbien und die Dynastie aus der Sache herauszuhalten. Zugegeben, die jungen bosnischen Emigranten waren Handlanger einer Kraft, die sich zeitweise stärker als die serbische Regierung erwies: die Generalstäblerclique der „Schwarzen Hand", die sich durch die Polizei, die sogenannten Protić-Husaren*, nicht ins Handwerk pfuschen ließ. Gerade im Mai hatten sich die Gegensätze zugespitzt, sie wurden nur durch das Eingreifen des russischen Gesandten Hartwig notdürftig überbrückt, dessen Intervention das Kabinett Pašić davor bewahrte, von Apis-Dimitrijević, dem Chef der „Schwarzen Hand", gestürzt zu werden.

Nun ist seit dem Jahre 1924 das „Geständnis" des Kultus- und Unterrichtsministers Ljuba Jovanović bekannt, der in einem Artikel schrieb: „Ich erinnere mich nicht, ob es Ende Mai oder Anfang Juni war, als mir eines Tages Herr Pašić sagte – diese Dinge bearbeitete er meist nur mit Stojan Protić (dem Innenminister), aber so viel sagte er auch den anderen –, daß gewisse (neki) Leute Vorbereitungen trafen, um nach Sarajevo zu gehen und Franz Ferdinand, der dort eintreffen und am Veitstag feierlich empfangen werden sollte, umzubringen...[24]" Es ist schon schwer möglich, sich noch unbestimmter auszudrücken, als es hier der frühere Minister tat. Es erhebt sich nur noch die Frage: wer war im Kabinett Pašić nicht informiert? Drei Minister wußten sicher davon!

Daß nicht nur die Polizei, die Minister, sondern auch die Presse unter dem Druck der Schwarzen Hand standen, auch noch nach Beendigung der Regierungskrise, beweist die Meldung des Herrn

---

* Stojan Protić war Innenminister.

Lazarević über ein Ereignis vom 29. Juni 1914. Ungefähr 36 Stunden nach dem Attentat erschienen beim Eigentümer der Zeitung *Balkan*[25] drei gewesene Komitadži und drohten im Namen des Majors Tankosić, das Blatt dürfe auf keinen Fall irgend etwas über die Beziehungen des Attentäters Čabrinović zu hiesigen Persönlichkeiten bringen, kein Wort, das „irgendwen von den Serben kompromittieren könnte, sonst würde es dem Herausgeber schlecht ergehen". Lazarević meldete dem Innenminister, er habe Maßnahmen ergriffen, um die Namen der Komitadži zu erfahren[26].

Der *Balkan* kuschte, er hatte auch allen Grund dazu, plauderte er doch Einzelheiten aus, die andere Blätter nicht kannten, sogar solche, die Princip und Čabrinović zu dieser Zeit noch gar nicht gestanden hatten... mit einem Wort, er war der Wahrheit auf der Spur. Aber mit Tankosić und seinen Schlägern war nicht zu spaßen. Die Redaktion tat Buße und brachte am 4. Juli die Meldung, man habe den Bombenwerfer Čabrinović aus Belgrad ausweisen wollen, aber das österreichisch-ungarische Konsulat hätte für ihn die Bürgschaft übernommen und verlangt, er solle unbehelligt bleiben. Diesem Ansinnen sei entsprochen worden, obwohl ihn die Belgrader Polizei für verdächtig gehalten habe. Das war eine verdrehte Darstellung, die bald aufgeklärt wurde[27]. Keine Aufklärung fand aber bis heute das Verschwinden des Verzeichnisses der Habseligkeiten des Čabrinović, das die Belgrader Polizei noch am 1. Juli anfertigen ließ, nicht auf eigene Initiative, sondern auf Initiative des Wohnungsgebers in der Bosnischen Straße 16, bei dem Čabrinović vor seiner Abreise nach Sarajevo gehaust hatte und bei dem er einen versperrten Koffer und 25 Dinar Schulden hinterließ[28]. Höchstwahrscheinlich enthielt der Koffer wichtige Hinweise, auch die Korrespondenz des Attentäters[29].

Selbst wer der Auffassung ist, die serbischen Sicherheitsbehörden hätten in der Zeit von April bis Ende Juni Besseres zu tun gehabt, als sich um den habsburgischen Thronerben Sorgen zu machen, die Belgrader Regierung hätte von dem Treiben der Schwarzen Hand keine Ahnung gehabt und Herr Lazarević hätte mit vagen Andeutungen seiner Polizistenpflicht genüge getan, selbst der muß zugeben, daß die Nennung der Namen Tankosić und Čabrinović nach dem Attentat dem Ministerpräsidenten und Außenminister Pašić die Augen geöffnet haben müßte. Seine Reaktion war nicht die öffentliche Anordnung einer Untersuchung, sondern der Runderlaß vom 1. Juli 1914 an alle serbischen Gesandtschaften, in dem er erklärte: „Die österreichische Presse klagt immer mehr Serbien des Attentats von Sarajevo an. Der Zweck ist augenscheinlich: Man will den großen moralischen Kredit, den Serbien heute in Europa genießt, untergraben und die wahnsinnige Tat eines exaltierten jungen Fanatikers politisch gegen Serbien ausnützen...³⁰" Am dritten Tag nach dem Attentat, in der Gewißheit, daß serbische Offiziere und die Organisation „Vereinigung oder Tod" ihre Hand im Spiele hatte, begann Pašić, die Grundzüge jener Auffassung zu formulieren und in der Welt über seine Gesandtschaften zu verbreiten, die später zur allgemeinen Auffassung wurde und die Chamberlain 1926 mit folgenden Worten zum Ausdruck brachte: „Die Frage des Verhältnisses der serbischen Regierung zum Attentat hat gar keine Beziehung zur Frage der Verantwortlichkeit am Krieg...³¹"

In einem anderen Punkt traf aber Nikola Pašić in seinem obenerwähnten Runderlaß den Nagel auf den Kopf. Er beruhigte die serbischen Vertreter im Ausland, indem er ihnen zurief: „Serbien war immer auf der Hut." Damit hatte er recht, wenn er das Serbien unter seiner Führung meinte. In seiner Weisung vom 1. Juli wirkt dieser Ausruf beinahe so, als hätte er sagen wollen: Freunde, seid ruhig, wir haben aufgepaßt und vorgesorgt! Denn daß die Belgrader Polizei den Spuren nachging, bestätigt uns der russische Gesandte Hartwig, der am 6. Juli 1914 an seinen Minister depeschierte: „In Anbetracht der von der österreichischen Presse behaupteten Anwesenheit der Mörder von Sarajevo in Belgrad haben die hiesigen Behörden sofort Maßnahmen zur Nachprüfung der verbreiteten Nachrichten getroffen." Von Princip wurden Briefe an seine Eltern gefunden, aus denen seine Armut hervorging. Sonst nichts? Von seiner Verbindung mit Ciganović, dem Vertrauensmann des Generals Božo Janković, Präsident der Narodna Odbrana, keine Spur?

7. Diplomatendisput

Am 2. Juli bedankte sich Franz Joseph bei Wilhelm II. für die wohltuende Anteilnahme. Über das Attentat vermerkte der Kaiser: „Nach allen bisherigen Erhebungen hat es sich in Sarajevo nicht um die Bluttat eines Einzelnen, sondern um ein wohlorganisiertes Komplott gehandelt, dessen Fäden nach Belgrad reichen, und wenn es auch vermutlich unmöglich sein wird, die *Komplizität* der serbischen Regierung nachzuweisen, so kann man wohl nicht im Zweifel darüber sein, daß ihre auf die Vereinigung aller Südslaven unter serbischer Flagge gerichtete Politik solche Verbrechen fördert, und daß die

Andauer dieses Zustandes eine dauernde Gefahr für mein Haus und für meine Länder bildet[1]." Diese paar Zeilen erklären die Haltung der k. u. k. Regierung und auch die Maßnahmen, die getroffen wurden. In Belgrad wies man alle Verdächtigungen mit wütender Entrüstung zurück. Das seien eben die üblichen österreichischen Infamien, unter denen Serbien seit Jahren zu leiden hatte.

Worauf stützte sich nun in dem kaiserlichen Handschreiben die Behauptung, daß die Fäden des Verbrechens nach Belgrad reichen? Wurde Seine Majestät gewissenhaft informiert? Landeschef Potiorek kabelte täglich Untersuchungsergebnisse nach Wien. Markante Einzelheiten hob er hervor, ohne sie zu fälschen. Zusätzlich brachte er in Telegrammen an die Militärkanzlei des Kaisers, an das Kriegsministerium und an das Gemeinsame Finanzministerium seine persönliche Überzeugung zum Ausdruck, „daß nur eine energische Aktion auf dem Gebiete der äußeren Politik in Bosnien Ruhe und normale Verhältnisse schaffen könne". Alarmierend, der wirklichen Lage widersprechend, geradezu hysterisch, war seine Feststellung, ein weiteres Zögern würde die militärische Lage in Bosnien und der Herzegowina derart schwierig gestalten, daß er „die Verantwortung für die wichtigsten Interessen der Reichsverteidigung nicht zu tragen vermöchte[2]". Man hat den Eindruck, als wollte Potiorek sein Versagen[3] am 28. Juni durch eine betont forsche und scharfmacherische Haltung wettmachen.

Die Belgrader Auftraggeber hatten sich diesmal in ihren „Sendlingen" getäuscht. Princip und Čabrinović verübten nicht Selbstmord wie der letzte nach Sarajevo entsandte Todesbote Bogdan Žerajić, der sich, nachdem sein Anschlag auf Potioreks Vorgänger gescheitert war, an Ort und Stelle, auf der Kaiserbrücke in Sarajevo, selbst richtete[4]. Die „Vidovdan-Attentäter" wollten zwar ebenfalls dem Befehl zum Selbstmord nachkommen, nahmen Gift, aber es wirkte nicht[5]. So mußten sie unmittelbar nach der Tat dem Untersuchungsrichter Pfeffer Rede und Antwort stehen. Princip hielt sich in den ersten Verhören zurück, zum Unterschied von Čabrinović, der schon in seinem Freundeskreis ob seiner Redseligkeit berüchtigt war.

Die Mordtat geschah um 10 Uhr 50, um 11 Uhr 15 belehrte der Untersuchungsrichter im Ambulatorium der Polizei, wohin man den verprügelten Princip gebracht hatte, ihm stünde das Recht zu, sich einen Verteidiger zu nehmen. Dieser lehnte ab und sagte, vorläufig brauche er keinen. Nach Angaben über seine Schulzeit gestand Princip sofort, er sei vor einem Monat aus Belgrad gekommen, dort habe er von einem Komitadži, dessen Namen er vergessen habe, eine

Browning-Pistole erhalten. Nach Sarajevo sei er nur wegen des Attentates gekommen. Im Einverständnis sei er mit niemandem gewesen, auch habe er keiner Seele erzählt, was er plante[6].

Am Abend, um 19 Uhr, begann die zweite Einvernahme. Princip blieb dabei, nein, verabredet habe er sich mit niemandem. Er drückte sich gewählt aus und sagte: „Meine Aktion war individueller Natur." Auf Befragen erweiterte er seine erste Aussage, jener geheimnisvolle Belgrader Komitadži habe ihm auch eine Bombe geschenkt. Als er seine Schüsse abgab, trug er sie in seinem Gürtel. Auch im Umgang mit Bomben sei er von dem Komitadži unterwiesen worden[7].

Noch am gleichen Tag bezeichnete ein Sachverständiger Princips Bombe als Handgranate, ähnliche, die in Papiere des serbischen Armeearsenals eingewickelt waren[8], habe man früher gefunden[9]. Die dem Attentäter abgenommene Pistole war belgischer Herkunft, neuesten Systems. – Auch Čabrinović gestand noch am 28., seine Bombe in Belgrad erhalten zu haben, wo er als Typograph in der Staatsdruckerei arbeitete, „ein gewesener Komitadži, jetzt Schreiber in einem Belgrader Amt, gab sie mir. Sein Name ist Cigon (Zigeuner), den richtigen Namen weiß ich nicht, er dürfte Ciganović sein ... ich hörte, er habe ein ganzes Depot von Bomben ... beiläufig vor einem Monat kehrte ich aus Belgrad zurück, wo ich 7 bis 8 Monate gewesen bin, ... auch Gift, und zwar Zyankali, erhielt ich von diesem Ciganović, von dem *wir* die Bomben bekamen[10]." Wieso wir? Bisher leugnete Čabrinović jedes Einverständnis? Nun gab er auf Befragen zu, er kenne den Gavro Princip gut, schon seit 3 bis 4 Jahren. Sich besonders schlau dünkend, fügte er hinzu: „Wenn Princip heute etwas angestellt hat, weiß ich nichts davon." Doch Konsequenz war seine Stärke nicht, und noch am Abend unterschrieb er das Geständnis, er habe Princip und Genossen geholfen, das Attentat auszuführen, und am 1. Juli verriet er den Dritten im Bunde, den Trifko Grabež, Popensohn aus Pale. Auch wie die Waffenbeschaffung vor sich gegangen war: Am Abend vor ihrer Ausreise aus Belgrad, am 27. Mai, bekamen sie die Mordinstrumente vor ihrem Stammkaffee eingehändigt, sechs Bomben und vier 9-mm-Browning-Pistolen. Auf die Frage, weshalb jeder zwei Bomben an sich genommen habe, meinte der Typograph treuherzig, mehr könne man „insgeheim" nicht tragen. „Wir hätten zugegriffen, wenn dies möglich gewesen wäre."

Untersuchungsrichter: „Woher hatte Ciganović die Bomben?" Čabrinović: „Ich hörte, daß Cigo Komitadžiführer war und zirka 80 Bomben besitzt. Woher er sie hat, weiß ich nicht, er dürfte sie zur

Zeit der (Balkan-)Kriege von der Narodna odbrana erhalten haben[11]."

Nach dem Popensohn Grabež wurde gefahndet, der Lehrer Danilo Ilić, bei dem Princip gewohnt hatte, war inzwischen festgenommen worden, leugnete aber jeden Zusammenhang. Doch Čabrinović gab zu, auch er habe vom Attentat gewußt, nicht nur das, Ilić habe sogar Bomben verteilt? Wo und wann? In einer Zuckerbäckerei am Morgen des 28. Juni[12].

Der Stand der Untersuchung am 2. Juli, dem Tag des kaiserlichen Handschreibens: Mindestens vier Verschwörer, Hinweise auf eine viel größere Zahl, alle im Kontakt mit Belgrad, ein kleiner serbischer Beamter als Waffenlieferant, vier Pistolen neuesten Systems, sechs Bomben, eigentlich Handgranaten aus dem Armeearsenal Kragujevac, 80 Bomben in Reserve, Hauptort der Verschwörung Belgrad, die Narodna odbrana im Hintergrund, der Waffenschmuggel unter geheimnisvollen Umständen, Vergleichsfälle in den vergangenen Jahren. Ist die Feststellung im kaiserlichen Handschreiben, es handle sich um ein „wohlorganisiertes Komplott, dessen Fäden nach Belgrad reichen", eine Übertreibung? – Am 29. Juni stellte der österreichisch-ungarische Geschäftsträger in Belgrad, Legationsrat Ritter von Stork, fest, es falle ihm schwer, von seinem Dienstort aus das blutige Drama zu beurteilen. Es mangle ihm an der nötigen Fassung[13]. Tags darauf kursierte bei den auswärtigen Missionen das Gerücht, Herr von Stork habe, als er im serbischen Außenamt die Kondolenz-Visite erwiderte, tatsächlich die Contenance verloren. Der italienische Gesandte wußte Bescheid und brachte seinem englischen Kollegen darüber vertrauliche Einzelheiten zur Kenntnis, die dieser, reduziert auf das Wesentliche, nach London weitergab. Herr von Stork habe den Generalsekretär Gruić inoffiziell gefragt, ob die serbische Regierung angesichts der Tatsache, daß beide Verhafteten kürzlich in Belgrad gewesen wären, es nicht für ratsam halte, eine Untersuchung einzuleiten. Offenbar habe Herr Gruić dies als eine Andeutung einer Verantwortlichkeit der serbischen Regierung für das Verbrechen von Sarajevo aufgefaßt[14].

Ritter von Stork war so aufgebracht, daß noch in seinem Chiffre-Telegramm nach Wien eine gewisse Erregung nachklang. Auf Befragung habe ihm Herr Gruić ins Gesicht gesagt, die serbische Polizei sei mit dem Sarajevoer Attentat überhaupt nicht befaßt und dann hinzugefügt: „Wollen Sie diesbezüglich ein offizielles Ersuchen vorbringen?" Stork, der dies „süffisant" fand, glaubte, erwidern zu müssen: „Ich habe von meiner Regierung keine Order erhalten, aber ich zögere nicht, an Sie die Frage zu richten, daß ich der Meinung bin, es sei die selbstverständliche Pflicht der serbischen Polizei, diejenigen Schritte zu unternehmen, die hier in Frage kommen[15]."

Legationsrat Stork schloß den Bericht an seinen Minister: „Ich wiederholte ihm, ich hätte keinen einschlägigen Befehl erhalten, daß ich aber als Herr von Stork dem Herrn Gruić offen mein ungeschminktes und großes Erstaunen erklären mußte, wieso er auch nur daran denken könne, daß es zu einem solchen Vorgehen der königlichen Polizei erst einer offiziellen Demarche bedürfe. Ich brach hierauf die Unterredung ab und verließ den sonst so impertinenten, diesmal völlig konsternierten Herrn Gruić. Bei meinem Weggang erschöpfte sich derselbe in Versicherungen, daß er sofort mit dem Minister des Inneren sprechen werde[16]."

Dieser Disput ist die erste diplomatische Auseinandersetzung über die Sarajevoer Mordaffäre. Besondere diplomatische Raffinesse verrät sie nicht. Jedenfalls nicht, was Herrn von Stork betrifft. Vor allem erstaunt das eigenmächtige Vorpreschen in dieser heiklen Angelegenheit. Die Absicht, dem Belgrader Beamten im schneidigen Leutnantston Beine zu machen, war ein Versuch mit untauglichen Mitteln. Und dazu ein Versuch am untauglichen Objekt.

Die Serben waren durch sein Benehmen vor den Kopf gestoßen und gewarnt. Der Ballhausplatz reagierte auf Storks Vorgehen zweimal[17], zuerst mit einer lapidaren Weisung, in Wien fänden Besprechungen mit dem serbischen Gesandten Jovanović statt. Herr von Stork möge sich daher einer „diesbezüglichen" Aussprache mit der Belgrader Regierung enthalten. Nachträglich meinte Minister Berchtold, er begreife die patriotische Erregung, trotzdem läge es nicht in österreichischem Interesse, falsche Eindrücke zu erwecken, der Geschäftsträger möge seine Aufträge mit größter Ruhe und Sachlichkeit vorbringen. Politische Konsequenzen könnten erst nach Abschluß der Untersuchung gezogen werden. Noch wäre es verfehlt, Serbien oder serbische amtliche Stellen als mitangeklagt zu behandeln. Das liefere der Belgrader Regierung nur den gewünschten Vorwand, sich der peinlichen Mitwirkung an der Untersuchung zu entziehen.

Jovanović, der serbische Gesandte, versicherte am Ballhausplatz die Loyalität seiner Regierung und meinte, er seinerseits rechne damit, daß sie bereit sei, Mitschuldige dem Gericht zu übergeben[18]. Herr von Stork kam nochmals auf seinen „Schritt" zurück und stellte fest, seine dem Generalsekretär des serbischen Außenamtes „erteilte Lektion" könne nicht als Demarche aufgefaßt werden, sondern als das, was sie wirklich war, „als persönliche Zurechtweisung eines unverschämten Patrons".

War Herr Gruić vom Besuch des k. u. k. Geschäftsträgers wirklich überrascht oder spielte er den Naiven? Natürlich letzteres, ein Mann in seiner Position war über die Fäden, die nach Bosnien hinüberspielten, ebenso wie über die in Frage kommenden Persönlichkeiten besser unterrichtet als der Belgrader Neuling, Herr von Stork, besser sogar als der zuständige Mann in Sarajevo, Untersuchungsrichter Leon Pfeffer.

Die durch den Pressealarm und den mißglückten Courtoisiebesuch des Legationsrates aufgescheuchten Serben trafen in aller Stille ihre Vorkehrungen. Der russische Gesandte, der es doch wissen mußte, sagte ausdrücklich, wie bereits erwähnt, die Belgrader Behörden hätten sofort Maßnahmen zur Nachprüfung verbreiteter Meldungen getroffen[19]. Der deutsche Gesandte äußerte sich ähnlich. Tags zuvor, also am 1. Juli, nachdem Herr Gruić dem Innenminister Bericht erstattet hatte, seien in den früheren von den Attentätern bewohnten Quartieren Verhaftungen und Hausdurchsuchungen vorgenommen worden. Welcher Gesellschaft (!) und welchem nationalen Verein die Attentäter angehört hatten, werde ermittelt. Auch wie sie sich die Bomben beschafft hätten[20]. Der französische Ministerpräsident betrachtete es als Selbstverständlichkeit, daß die serbische Regierung bei einer gerichtlichen Untersuchung und einer Verfolgung eventueller Mitschuldiger das größte Entgegenkommen zeigen werde. Dieser Pflicht könne sich keine Regierung entziehen[21]. Noch selbstverständlicher für den serbischen Staat war es aber, sich selbst ein Bild von der Situation zu machen. Schon um sich zu decken.

Hatte man nicht seit 1903 eine gewisse Erfahrung darin, was es heißt, diffamiert zu sein und in den Augen der Welt als „Land der Königsmörder" dazustehen? Wie lange hatte es gebraucht, bis der serbische König von anderen Potentaten empfangen wurde, bis er „rehabilitiert" erschien? Ministerpräsident Pašić war auch nicht der Mann, der gerne die Sünden anderer auf sich nahm oder sich gerne überraschen ließ. Was hinter den Kulissen gespielt wurde, ob mit seinem Wissen, hinter seinem Rücken oder gegen seinen Willen – er ließ sich alles zutragen, samt intimster Details. Als Vollblutpolitiker und Verschwörer, der er eben war, wußte er, was es bedeutet, informiert zu sein. Außerdem kannte er seine Pappenheimer, die „Tankosiće", die serbischen Komitadžiführer und die Verschwöreroffiziere. Sie plagten und ängstigten ihn persönlich genug. Er wußte um ihre fragwürdigen Methoden, Eigenmächtigkeiten und ausschweifenden Pläne. Nicht ohne Grund ließ er sie ausgiebig bespitzeln. Die primitivste Vernunft gebot in dieser Stunde: Material zu sammeln, um jeden, auch den kleinsten Vorwurf einer serbischen Mitschuld oder Schuld am Morde von Sarajevo entrüstet zurückweisen zu können. Schon der Selbsterhaltungstrieb erforderte dies, das Ansehen der Dynastie und der serbische Nationalstolz. Zu jeder Minute mußte die Unschuld aller Serben schwarz auf weiß dargelegt werden können, nicht nur vor dem schwarz-gelben Drachen, sondern vor allen Potentaten, die samt und sonders Attentate zu fürchten hatten, vor dem englischen König wie vor dem Zaren. Doch wo ist der schriftliche Niederschlag dieser Tage, die Frucht begreiflicher Bemühungen, die serbische Unschuld nachzuweisen? Was erbrachten sie für Resultate?

IV. Die diplomatische Aktion gegen Serbien

1. *Der immer vornehme Leon Pfeffer*

Die Justizabteilung der bosnisch-herzegowinischen Landesregierung wies das Verfahren gegen Princip und Genossen weder dem Obergericht noch dem Bezirksgericht zu, sondern dem Kreisgericht Sarajevo. Zuerst, das heißt gleich nach dem Ausbruch des Krieges, wollte Feldzeugmeister und Landeschef Potiorek damit ein Militärgericht befassen, doch das Wiener Ministerium war dagegen, denn dazu fehlte jede gesetzliche Grundlage, auch sei die rückwirkende Anwendung von Ausnahmegesetzen eine Rechtsbeugung, die von der ganzen zivilisierten Welt, welche diesem Prozeß mit gespanntem Interesse entgegensähe, verurteilt werden würde[1].

An den bosnischen Gerichten amtierten Juristen aus allen Teilen des Vielvölkerstaates: Polen, Ukrainer, deutschsprachige Österreicher, Ungarn, Kroaten und Serben aus Kroatien, Dalmatien und der Vojvodina. Einheimischer Nachwuchs rückte nach, war aber noch relativ gering. Politische Einsicht gebot, die Führung und Urteilsfindung in diesem hochpolitischen Prozeß, Österreichern und Ungarn südslawischer Nationalität anzuvertrauen, allerdings mußte die richtige Wahl getroffen werden. Unter den bosnisch-herzegowinischen Richtern serbisch-orthodoxen Glaubens befanden sich einige, „die eine hochverräterische Stimmung bekundeten, teils einer solchen für fähig gehalten wurden[2]". An der Treue und Verläßlichkeit der Richter anderer Konfessionen sei nicht zu zweifeln, doch unter ihnen könnte es immerhin den einen oder anderen geben, der aus Furcht vor der Rache der Serben in dieser Sache dem Verhandlungssenat nicht angehören möchte[3]. Doch sei es nicht möglich, ein „befürchtetes Ungemach" zu berücksichtigen, als Ausgleich könnten jedoch nach erfolgter Urteilsfindung längere Urlaube in der Monarchie bewilligt werden. Soweit der Minister, der überzeugt war, es werde dem Kreisgerichtspräsidenten gelingen, beherzte Richter zu finden, die ohne Zaudern ans Werk gingen[4].

Aus solchen bestand der Senat der Oktoberverhandlung gegen Princip und Genossen: dem Oberlandesgerichtsrat Alois von Curinaldi, einem serbokroatisch sprechenden Dalmatiner, den Gerichtsräten Naumović und Mayer-Hofmann als Votanten und dem Gerichtsadjunkten Nikolaus Rasić, Anklagevertreter war Staatsanwalt Svara, ihm standen sechs Verteidiger gegenüber.

Beweismaterial für diesen Prozeß begann unmittelbar nach der Tat der bereits genannte Gerichtssekretär Leon Pfeffer, ein Kroate, zu sammeln. Er bekam als Untersuchungsrichter das „befürchtete Ungemach" in Form von Drohbriefen zu spüren, so daß er schließlich seine Familie anderswo in Sicherheit zu bringen genötigt war und nur noch in Begleitung eines Kriminalbeamten ausging.

Immer wieder, damals wie heute, im In- und Ausland, wurde hervorgehoben und auch beanstandet, daß die „Strafsache wegen Meuchelmordes zum Nachteil Seiner Hoheit des Thronfolgers und des Verbrechens des Hochverrates" auf „niedrigster Ebene vor einem Hintergrund diplomatischer Spannung" untersucht wurde[5]. Ein Vorwurf, den kritische Zeitgenossen in die Worte kleideten: „Über alles, Krieg oder Frieden, entscheidet der Untersuchungsrichter in Sarajevo[6]."

Damit sollte die eminente Bedeutung dieses Gerichtsfunktionärs ins rechte Licht gerückt werden, eines Mannes, dem sein Vorgesetzter, der Kreisgerichtsvorstand, erst im September 1913 bescheinigt hatte, er werde „hiergerichts mit sehr gutem Erfolg verwendet" und „eigne sich zum Bezirksrichter[7]". An einer früheren Dienststelle, dem Bezirksgericht in Bosnisch-Petrovac, war ihm derartiges Lob nicht zuteil geworden. Der dortige Bezirksleiter (Bezirkshauptmann) forderte seine Abberufung mit der Begründung, „Leon Pfeffer sei geistig abnormal, leide an Größenwahn ... mache dienstliche Fehler und begehe Unkorrektheiten". Das war 1909. 1914 stand Pfeffer im Mittelpunkt des Geschehens.

Gerichtssekretär Pfeffer selbst fühlte sich der gestellten Aufgabe gewachsen. Noch Jahre später übernahm er dafür die volle Verantwortung: „Ich war überzeugt, daß diese Untersuchung heute oder morgen zur Sprache kommen würde, ich habe", stellte er in einem Artikel[8] fest, „die Untersuchung mit reiflicher Überlegung vollständig selbständig und im höchsten Maße objektiv" geführt. Dann erläuterte er seine Inquisitionsmethode. Der Mangel an Zeugen habe ihn gezwungen, meinte er, sich ausschließlich auf die Geständnisse der Angeklagten zu stützen. Das sei der Grund gewesen, weshalb er sie niemals miteinander konfrontierte, ihnen auch niemals Vorhaltungen machte. Nur durch einzelne Geständnisse, die „von den Angeklagten selbst und ohne Zwang abgegeben wurden", habe er die Wahrheit ergründen können. Eine Überprüfung der Untersuchungsakten ergibt, daß sich Leon Pfeffer mit peinlicher Akkuratesse an dieses Rezept gehalten hat, ja, er *perfektionierte* im Laufe der Untersuchung seine Inquisitionsmethode: Er ließ gelegentlich Gegenüberstellungen zu, aber nur auf Wunsch der Angeklagten und gestattete es, daß sie sich von Zelle zu Zelle durch ein Klopfalphabet verständigen konnten.

Dem Präsidialchef der Landesregierung, dem ungarischen Baron Collas, war diese Methode zu modern, er versprach sich bessere Resultate durch energisches Durchgreifen. So kam es, daß Oberstaatsanwalt Holländer, Regierungskommissär Dr. Gerde und zwei ungarische Detektive gegen den schlappen Untersuchungsrichter Schritte unternahmen. Jedenfalls behauptete Pfeffer: „Die genannten Herrn verklagen mich in Wien." Allerdings ohne Erfolg. Dies habe nach Ansicht Pfeffers, das „schöne Geständnis" des Ilić bewirkt. vielleicht war es so, sicher aber entsprach Pfeffers Methode in jeder Hinsicht Wiens Vorstellungen. Doch davon später.

Die andere Seite, so sollte man annehmen, hätte Grund gehabt, diesem Untersuchungsrichter aus Kroatien Beifall zu zollen. Das war aber keineswegs der Fall, sie hatten nur Verachtung für ihn übrig. Der damals 17jährige Cvetko Popović nennt ihn heute noch einen Streber und Heimtücker, dem seine Karriere über alles ging[9]. Schuldirektor Stevan Žakula[10], der nach dem Krieg die Leiche des in Theresienstadt verstorbenen Princip heimholte, spottet über den „immer vornehmen Pfeffer" und konstatierte, die Verurteilten hätten gute und schlechte Wärter gehabt, auch gute und schlechte Gerichtsbeamte und Untersuchungsrichter, in die allerschlechteste Kategorie falle aber dieser Leon Pfeffer[11].

Nach serbischer Auffassung waren natürlich jene Richter gut, die mit ihnen gemeinsame Sache machten, das kam auch vor, schon 1912 schrieb ein Angeklagter in einem Hochverratsprozeß: „Zum Glück war der Richter ein Serbe (namens Vlah) und half mir."

Zwischen der Polizei und dem Gericht gab es Differenzen, nicht weiter verwunderlich bei dem krassen Unterschied in der Auffassung über die Art des Vorgehens. Die Polizei, überzeugt, bessere Erfolge zu erzielen, verhörte in der Nacht vom 28. auf den 29. Juni Princip und Čabrinović auf ihre Weise, dabei sollen die Wunden der beiden mit Lapis geätzt worden sein[12]. Tags darauf nahm der Präsident des Kreisgerichtes der Polizei die Möglichkeit, an die Beschuldigten heranzukommen und sich mit ihnen zu befassen, ausgenommen mit jenen, die gerade von Polizeiorganen festgenommen worden waren und bis zur Überstellung an das Gericht in ihrem Gewahrsam blieben. Zu ihnen gehörte der Popensohn Trifko Grabež, der später behauptete, ungarische Polizisten hätten ihn drangsaliert. Er war der einzige, der sich beschwerte. Der Autor stellte an Prof. Cvetko Popović die Frage, ob er gefoltert wurde und was er über Folterungen gehört habe. Popović antwortete in beachtenswerter Objektivität: „Ich wurde nicht gefoltert, Vaso Čubrilović, der heute noch lebt, auch nicht. Überhaupt wurde niemand, der bei der Gerichtsbehörde in Haft war, gefoltert. Bei der Polizei war das anders. Dort wurden die Angeklagten so behandelt wie bei jeder Polizeibehörde der Welt[13]."

2. Ein schönes Geständnis

‚Gegenstand‘, das heißt Tagesordnung des in der historischen Literatur oft erwähnten k. u. k. Ministerrates für Gemeinsame Angelegenheiten vom 7. Juli 1914 war laut Protokoll: „Bosnische Angelegenheiten und die diplomatische Aktion gegen Serbien[1]." Man entschied sich dafür, durch eine „Kraftäußerung gegen Serbien" festzustellen, ob die „großserbische Idee eine Zukunft habe oder nicht". Mit den Verhältnissen in Bosnien befaßte sich das gemeinsame österreichisch-ungarische Kabinett nur nebenbei, gar nicht mit den Untersuchungsergebnissen in Sarajevo.

Ging man einfach über sie hinweg? War es also doch so, wie der russische Außenminister Sasonow behauptete, als er sagte: „Die gerichtliche Untersuchung, die sofort nach dem Mord eröffnet wurde, ergab nicht den geringsten Hinweis in der Richtung, daß die serbische Regierung an der Ermordung des Erzherzogs beteiligt war. Mir persönlich schien der Versuch des Wiener Kabinetts, die Ermordung des Thronfolgers mit einer ausländischen Verschwörung zusammenzubringen, besonders absurd[2]."

Nun, die öffentliche Meinung in der Monarchie war anderer Ansicht. Nach dem abstoßenden Königsmord des Jahres 1903 und den Anschlägen des Žerajić, Jukić, Šefer und Dojčić[3] stand eine *indirekte* Mitschuld der serbischen Regierung außer allem Zweifel, und nun brachten die ersten Tage der Untersuchung in Sarajevo deutliche Hinweise auf eine Teilnahme serbischer staatlicher Funktionäre am Thronfolgermord. Natürlich dachte niemand, Herr Pašić hätte den minderjährigen Princip persönlich aufgefordert, nach Sarajevo zu fahren, dort ergäbe sich eine günstige Gelegenheit, den Erzherzog umzubringen, welcher der Verwirklichung der großserbischen Idee im Wege stünde. Auch Kronprinz Alexander raunte natürlich nicht dem langen Čabrinović ins Ohr, „wenn dieser Franz Ferdinand Zar der Kroaten wird, schwinden meine Chancen als König der Serben, Kroaten und Slowenen. Die Habsburger gehören, wie die Obrenović, ausgerottet." So naiv dachte niemand, kein Auftraggeber von Rang reicht einem Mörder die Hand, noch weniger begibt er sich in seine Hand.

Das Ergebnis der Verhöre *vor* dem 7. Juli, dem entscheidenden Ministerrat, konnte sich also sehen lassen. Obwohl die Untersuchung in einer eigenartigen Atmosphäre vor sich ging und keinerlei Druck angewendet wurde, zeichneten sich sehr bald scharfe Konturen ab, wurde der Hintergrund deutlich, so deutlich, wie es in analogen Fällen, zum Beispiel beim Kennedymord, heute noch nicht ist.

Gerichtssekretär Leon Pfeffer konnte in dem strafgerichtlichen Verfahren des Kreisgerichtes Sarajevo gegen Princip und Genossen schon am 4. Juli gute Ergebnisse verbuchen, zum Beispiel das „schöne Geständnis" der „Zentralgestalt der ganzen Aktion[4]", des Danilo Ilić, der ohne peinlich befragt worden zu sein, alle seine Freunde verpfiff, selbst die vom Staatsanwalt als „Kinder" angesprochenen Schüler, die er, der immerhin schon 24jährige Lehrer, Übersetzer und Publizist, selbst ausgeforscht und zur Tat überredet hatte. Dieser Jugendführer, dessen Reise- und Erlebnisberichte die Jungen der „Mlada Bosna" begeisterte, erscheint manchen als Branković[5] der Mlada Bosna, ärger noch als schäbiger Agent provocateur. Dedijer und andere jugoslavische Forscher meinen allerdings, Ilić hätte in Diskussionen immer schon das „bedingungslose Geständnis" befürwortet und den Standpunkt vertreten, „sie wären zum Märtyrertum berufen" und sie müßten daher für ihre Taten einstehen und sie öffentlich bekennen, das gehöre zur Erziehung einer neuen Generation[6]. Aber der Untersuchungsrichter Leon Pfeffer behauptet, er habe Ilić ein Geständnis nahegelegt, und zwar gegen die Zusicherung, sein Leben zu schonen[7]. Dedijer glaubt nicht daran, er meint, im Untersuchungsprotokoll stünde kein Wort davon. Doch auf S. 247 steht ganz deutlich: „Dem Beschuldigten wurde nahegelegt, daß es am besten sei, die Wahrheit zu sagen, denn wenn er auch eben so schuldig sei wie alle anderen, welche beim Attentat mitgewirkt haben, so würde ein volles Geständnis vielleicht von Nutzen sein ... .[8]"

Unmittelbar darauf, in der nächsten Zeile, sagte Ilić: „In Belgrad ist ein gewisser Major Vojin Tankosić. Derselbe war Führer der Komitadži ... Princip erzählte mir, daß er bei diesem Major war, der ihn *unterwiesen* habe, wie man das Attentat ausführen solle. So beispielsweise habe er ihm gesagt, derjenige, welcher das Attentat ausführen wird, dürfe nicht am Leben bleiben, damit er die andern nicht verraten könne, und deshalb hatten wir Zyankali bekommen. Mir hat Princip von verschiedenen Weisungen erzählt, worüber dieser selbst Auskunft geben wird. Auch Ciganović war dabei sehr beteiligt, denn er und Tankosić sind große Freunde[9]."

Der geständnisbereite Danilo war der Sohn des verstorbenen Schusters Ilija Ilić aus Sarajevo, 24 Jahre alt, serbisch-orthodoxen Glaubens, gewesener Lehrer, jetzt (1914) Journalist, unbescholten. Nachdem er einen Terroristenlehrgang, oder, wie die Jugoslawische Enzyklopädie schreibt, einen Četnikkurs absolviert hatte, stand er mit serbischen Bandenführern in Kontakt. Obwohl mittellos, reiste Ilić viel, was ihm bei seinen Freunden den Spitz- und Ehrennamen Hadschi eintrug. Nach Serbien kam er oft, wann und wie oft, ist unbekannt. 1913 diente er in der serbischen Armee als Krankenträger, später besuchte er in der Schweiz den Chefideologen der serbischen „Mlada Bosna", Vladimir Gačinović, der bereits, wie erwähnt, 1913 Agent des serbischen Generalstabes war. Im Frühjahr 1914 traf er sich in Mostar mit Muhamed Mehmedbašić, Tischler aus Stolac und ‚Parademoslim' der „Mlada Bosna". Thema ihrer Aussprachen: Attentate.

Mit Cigo, dem ‚Zigeuner' in Belgrad, war der revolutionäre Pilger Ilić schon lange in Verbindung. Eng war sein Kontakt mit dem ausgebildeten Theologen Djuro Šarac, der dann statt Diener des Herrn „persönlicher Leibwächter" des Majors Tankosić wurde[10]. Sarač traf Ilić zwei Wochen vor dem Attentat, einige Tage nachdem dieser im nordbosnischen Städtchen Tuzla den „Bioskop- und Grundbesitzer" Jovanović aufgesucht hatte, bei dem Princip und Grabež die über die Grenze geschmuggelten Waffen zurückgelassen hatten.

Der 36jährige Bioskopbesitzer war es, der dann das kleine Arsenal (sechs zu Attentatszwecken adaptierte Handgranaten und vier Pistolen) nach Doboj verfrachtete, wo sie Ilić übernahm und nach dem 187 Kilometer entfernten Sarajevo brachte.

Ilić, „Weltmann und Herrenmensch", fühlte sich dem schwerblütigen und oft gehemmten Princip überlegen, war er doch älter, gebildeter, er war Literat, dazu „Organisationsleiter". Von der beim Attentat aufgestellten Schützenkette am Sarajevoer Appelquai kannte er jeden[11], Princip nur den Čabrinović und Grabež. Wohl besprachen Ilić und Princip den Aufstellungsplan gemeinsam, doch die Waffenausgabe erfolgte in der Hauptsache durch den Organisationsleiter, und zwar am 27. in einem Park und am Morgen des 28. in einer Zuckerbäckerei. Gleichzeitig, während er alles zum Gelingen des Attentats vorsah, wäre er selbst, so behauptet Ilić steif und fest in der Untersuchung, gegen die Durchführung gewesen, und erstaunlicherweise bestätigen seine Freunde einhellig vor dem Richter sein widersinniges Verhalten.

Hier handelt es sich sicher um einen noch unaufgeklärten Sachverhalt. Was trieb nun der Organisationsleiter Ilić in der Stunde der Entscheidung? Er stand als unbewaffneter Beobachter in der Schützenkette, nicht als Kampfgenosse, sondern als Aufseher über eine Schar Jugendlicher, die alle, mit Ausnahme des Mehmedbašić, unter 20 Jahre alt und nach dem Gesetz minderjährig waren. Ein Offizier, der seine Soldaten ins Feuer schickt, selbst aber in Deckung bleibt. Nur das Gift, das für Grabež bestimmt war, hatte Ilić für sich behalten. Daß der Weltmann und Herrenmensch sich drückte, enttäuschte Princip, er hatte mit seiner Teilnahme so lange noch gerechnet, bis er sah, daß dieser „alle Waffen verteilte und nichts für sich behielt[12]". Festgenommen wurde Ilić, „nachdem Princip seine und damit auch dessen Adresse angegeben hatte". Und als dann die Polizisten in Danilos Taschen wie bei den anderen Zyankali fanden, war der Zusammenhang klar.

Zwei Tage lang blieb Ilić dabei, daß er diesen Princip, der bei seiner Mutter gewohnt hatte, kaum kenne. Am 4. Juli wurde er gesprächig, wie bereits erwähnt, ohne Druck und peinliche Befragung, nur auf die Ankündigung hin, es wäre für ihn von Nutzen, wenn er aus sich herausginge. Da erzählte er bereitwillig, wen er zur Mitwirkung geworben und wer ihm dabei Beistand geleistet hatte. Häufiger spielt sich die Sache so ab, daß die am Tatort festgenommenen Attentäter ihre Anstifter verpfeifen, hier ist es umgekehrt, hier verrät der Verführer die Verführten, darunter solche, von denen die Polizei nichts wußte und die sich noch auf freiem Fuß befanden. Unter ihnen war auch sein Freund Lazar Djukić, ein 18jähriger Schüler der Lehrerbildungsanstalt, der von Ilić als Vermittler eingeschaltet wurde. Durch Lazar kam Ilić zu dem 17jährigen Gymnasiasten Vaso

Čubrilović und dem 18jährigen Präparandisten Cvetko Popović. Danilo Ilić instruierte die beiden, versah sie mit dem Nötigen, den Mordwaffen, zeigte ihnen, wie man schießt, schraubte dem Grabež die Bombe auf – und lieferte sie sieben Tage später ans Messer. Auch Mehmedbašić wurde durch Ilić belastet und hätte daran glauben müssen, wenn ihm nicht die Flucht gelungen wäre. Über den Bioskopbesitzer aus Tuzla sagte Ilić ohne jede Notwendigkeit aus, dieser habe gewußt, wozu die Waffen dienen sollten[13]. Wie nicht anders zu erwarten, wurde sofort die Festnahme dieses wichtigen Komplizen angeordnet, der noch dazu ein entfernter Verwandter des „serbischen Vizekönigs von Bosnien", Jeftanović, und seines Schwiegersohns, des Petersburger Gesandten Spalajković, war.

Das offizielle Jugoslawien nahm Ilić, der 1915 von den „Okkupanten" hingerichtet wurde, in die Reihen seiner Heroen auf. Sein Leichnam liegt in der Sarajevoer Heldengruft. Und das Gäßchen hinter dem Bazar, wo er, seine Mutter und Princip wohnten, erhielt ihm zu Ehren den Namen Ilić-Ulica. Doch einer[14], der ihn näher kannte, stellte Ilić beinahe als Verräter dar, er beschrieb ihn als den Mann mit dem Fischgesicht, durch und durch zynisch, einen Mensch, der das gute Leben zu sehr liebte.

Bei einem Vergleich zwischen Ilić und seinen Genossen fand man sogar österreichischerseits, daß die anderen Verschwörer an ihren Standpunkt standfest festhielten, dagegen biete Ilić „ein klägliches Bild ... stereotyp antwortet er: ... ich weiß nicht[15]".

Als in der Verhandlung der Staatsanwalt den Danilo Ilić fragte, weshalb er, der doch das Attentat verhindern wollte, im letzten Augenblick die Waffen verteilte, statt sie zu verstecken, sagte er: „Einen energischen Schritt gegen das Attentat hätte ich nicht wagen dürfen ... ich wußte, daß die Bomben von Ciganović kamen ... Tankosić ist Komitadžiführer, ich hatte Angst, daß mein Vorgehen zu offener Feindschaft führe[16]." Zum Schluß meinte er, er habe gehofft, doch noch ab und zu nach Serbien gehen zu können. Der Staatsanwalt sagte ihm ins Gesicht: „Und dort hätte man Sie ermordet." Ilić schwieg darauf. Übrigens wurde sein Geständnis im Urteil nicht berücksichtigt, obwohl der Verteidiger dreimal auf den Verrat des Ilić hinwies, durch den 25 statt nur vier oder fünf Angeklagte vor den Richtern standen.

Angst vor Rache hatte auch Veljko Čubrilović. Als der Staatsanwalt zu ihm sagte, weshalb der serbische Staat oder ein Revolutionskomitee über ihn herfallen solle, weil er gestanden habe, sagte er nur: „Sie werden kommen[17]."

Und über Čabrinović meldete ein Telegramm: „Der Angeklagte erklärt freiwillig, daß er Furcht vor Tankosić gehabt hatte, wenn er das Attentat nicht ausgeführt hätte, denn niemand kann verbürgen, daß Tankosić nicht auch hierher kommen werde[18]."

Čabrinović erzählte den Richtern, er habe kurz vor dem Attentat ein Gedicht gelesen, in dem Major Tankosić besungen wurde, irgendwo in Altserbien sei er in das Haus eines türkischen Begs eingebrochen, der sie verraten habe, dort habe er alles niedergemacht! Der Vorsitzende sagte daraufhin: „Čabrinović, Sie brauchen sich nicht zu fürchten, Tankosić ist gefallen[19]." Auf diese Mitteilung hin wurde der Angeklagte ganz konsterniert[20]. Ein Beobachter im Gerichtssaal hielt diese Szene fest: „Čabrinović erbleicht und starrt mit offenem Mund den Staatsanwalt an, der ihm zulächelt. Auch Princip wurde blaß, ließ den Kopf hängen und zupfte nervös an seinem Bärtchen[21]."

Für die Verschwörer war die Nachricht vom Tankosić' Tod ein Schock. Ihr Führer war gefallen. Serben und Montenegriner standen nur 20 Kilometer vor Sarajevo. Die Angeklagten hofften begreiflicherweise auf Befreiung. Und auf Belohnung. Manche unter ihnen fürchteten grausame Rache.

Es gibt eine Version, nach der Apis-Dimitrijević in letzter Minute das seit Monaten vorbereitete Attentat abblasen wollte. Sie ist nur unzulänglich belegt und steht mit dem Verhalten des Ilić im Widerspruch. Angeblich sei Ilić zwei Wochen vor dem Attentat in der serbischen Grenzstadt Šabac gewesen und habe dort Tankosić' Leibwächter Djuro Sarač getroffen, der ihm die Konterorder überbrachte. Weshalb hat dann Ilić noch an vier Genossen die Mordwaffen ausgegeben? Nur weil in Princip eine „krankhafte Sehnsucht" nach dem Attentat erwacht war? Dann hätte er ihn ja allein agieren lassen können. Viel wahrscheinlicher ist, daß Ilić, wie andere Mitglieder der südslawischen Opposition, zur Überzeugung gekommen war, der individuelle Terror sei nicht der richtige Weg. Wenn man von dieser Voraussetzung ausgeht, ist Ilić' Verhalten kein Rätsel mehr, er fühlte sich an einen Befehl gebunden, den er für falsch hielt, und dann sah er nicht ein, weshalb er dafür die Verantwortung tragen sollte. Untersuchungsrichter Leon Pfeffer ist der Auffassung, daß Sarač tatsächlich zu Ilić gesandt wurde, die Gegenorder sei nur der Form halber erteilt worden, denn wenn man ernstlich gewollt hätte, so hätte man einen Weg gefunden[22]. Zum angeblichen Gegenbefehl der „Schwarzen Hand": Oberst Čedomir Popović, Mitglied des Zentralkomitees, intimer Freund des Apis, dem wir die erfundene Geschichte von dessen „unsäglicher Furcht" verdanken, behauptete außerdem, „Apis hätte dem *Drängen* der jungen Burschen aus Bosnien nachgegeben und zu Tankosić gesagt: ‚Laß sie gehen!' Doch als er nach einiger Zeit gründlicher über die Sache nachdachte, beschloß er, zu versuchen, die über die Grenze gelassenen Leute wieder zurückzubringen und das Attentat auf jede Weise zu verhüten. Dieser Versuch sei durch den Freiwilligen Djuro Šarac geschehen. Doch es war zu spät. Die Attentäter, sowohl die, die aus Serbien abgereist waren, als auch die, welche sich in Sarajevo befanden, wollten nichts davon hören[23]..." Oberst Popović schloß seinen Hinweis mit den Worten: „Nach dem Kriege erkundigte ich mich nach diesem Versuch des Šarac, aber ich konnte nichts Genaueres feststellen." Doch eigentlich geht es um Genaueres. Apis, Chef einer Terroristenbande, als Zeuge in eigener Sache, das genügt wohl nicht. Auch nicht Dr. Ljubibratić, der sich in seinem Buch[24] auf die Korrespondenz mit Gačinović beruft, die aber verlorenging. Die Revolutionäre, auch die südslawischen, begannen sich bereits gegen den individuellen Terror zu wenden, auch Gačinović stand unter dem Einfluß „moderner Theorien" russischer Genossen. Die jungen Bosnier, die bereits „gesamtsüdslawisch", das heißt jugoslawisch dachten, begannen sich allmählich vom faschistischen Gedankengut der Belgrader Großserben zu lösen. Bei dem Treffen der südslawischen Jugend in Wien anläßlich der Gründungsfeier der „Zora" wurde eine Resolution gegen politische Mordanschläge gefaßt, „während ein Spezialkomitee an einer diesbezüglichen Resolution arbeitete, kam aus Sarajevo die Nachricht von Princips Tat". So berichten mehrere Quellen. Das klingt höchst dramatisch, steht aber im Widerspruch zu den Berichten der österreichischen Polizei, welche die Besucher der Tagung beobachtete.

Djuro Šarac wurde am 8. Mai 1917 in Saloniki als Zeuge vernommen, dort sagte er aus, Major Tankosić habe Oberst Apis-Dimitrijević einmal ausrichten lassen, er werde ihm eine halbe Million Dinar schicken, sobald er nach Bosnien komme. Auf den Zwischenruf des Obersten Apis, dies sei eine Lüge, sagte Šarac: „Nein, das ist keine Lüge! Es tut mir in der Seele weh, wenn ich daran denke, was ihr aus mir gemacht habt und was ihr aus mir noch machen wolltet... ich habe von nichts Schlechtem gewußt, bevor ich in ihre Hände fiel. Mich ergreift ein Schauer, wenn ich daran denke, was ihr mit uns (den bosnischen Freiwilligen) gemacht habt[25]."

Šarac gehörte zu den jungen Bosniern, die während des Krieges in der friedlichen Schweiz starben, ihm war ein ähnliches Schicksal beschieden wie Vladimir Gačinović[26].

3. Die Kriegsschuld-Depesche

Zu jenen Persönlichkeiten, die für den Vielvölkerstaat Österreich-Ungarn eine systematische Friedenspolitik angemessen fanden, gehörte Markgraf Pallavicini, seit Jahren Botschafter in Konstantinopel. Diesem gewissenhaften und besonnenen Beobachter lag auch am 6. Juli 1914 jede Absicht fern, Öl ins Feuer zu gießen, als er Ansichten türkischer Minister, die oft erstaunlich gut mit den Zuständen in Belgrad vertraut waren, nach Wien weitergab. Alle türkischen Kabinettsmitglieder, mit denen Pallavicini in Berührung kam, waren davon überzeugt, daß die Fäden der Verschwörung in Belgrad zusammenliefen, der Großwesir machte die serbische Regierung für das tragische Ereignis verantwortlich und der Marineminister ging so weit, Herrn Pašić der Mitwisserschaft zu beschuldigen. Serbien, meinte der Großwesir, arbeite in Bosnien mit Komitadži gegen Österreich-Ungarn, so wie es seinerzeit in Mazedonien gegen die Türkei gearbeitet habe[1].

Kenner der Verhältnisse teilten diese Ansicht. Doch die Weltöffentlichkeit wartete geduldig auf Beweise, und die sollte „der zum Bezirksrichter geeignete" Gerichtssekretär Leon Pfeffer auf den Tisch legen, möglichst über Nacht, eine kaum lösbare Aufgabe. Immerhin war es ihm gelungen, und zwar in erstaunlich kurzer Zeit und lediglich auf Grund von Geständnissen, festzustellen, daß die Fäden der Verschwörung tatsächlich in Belgrad zusammenliefen, ja, noch schwerwiegender, daß die Sarajevoer Verbrecher jenseits der Drina Komplizen hatten: von serbischen Behörden abhängige Bosnier, Offiziere der königlich serbischen Armee, Grenzhauptleute und Zollorgane sowie Mitglieder und Führer nationaler, von der Regierung abhängiger Organisationen. Dazu kam, daß die Handgranaten dem serbischen Armeearsenal entnommen waren. Es zeichnete sich ein richtiger, gutfunktionierender Verschwörerapparat ab.

Welcher Untersuchungsrichter, wo auch immer, in den USA, in Rußland, Serbien oder sonstwo, hätte in einer derart prekären Situation darauf verzichtet, einen aufgeschlossenen Delinquenten wie den labilen Danilo Ilić etwas schärfer in die Zange zu nehmen? An ihm die Künste der Inquisition zu probieren, all ihre Finessen, peinliche Befragungen, erfundene Geständnisse von Komplizen, tolle Versprechungen anzuwenden?

Gerichtssekretär Pfeffer tat nichts dergleichen, er verzichtete auf Brutalität, auf Bluff und alle Mätzchen. Er hätte auch auf die Gehirnwäsche verzichtet, wenn sie im ‚rückständigen Völkerkerker'

Österreich-Ungarn bereits praktiziert worden wäre. Der Sarajevoer Inquisitor stellte ganz einfach die Befragung jenes Attentäters ein, der ihm eindeutig den Weg gewiesen und Erfolg gebracht hatte. Präzise gesagt, am 4. Juli hatte Ilić sein „schönes Geständnis" abgelegt, dann wurde er über eine Woche lang, bis zum 13. Juli, in Ruhe gelassen. Und auch bei diesem Verhör behandelte Pfeffer den „spiritus rector[2]" und technischen Organisator des Komplotts als belanglose Nebenfigur.

Liest man die Stelle, die sich in dieser Einvernahme des Ilić auf den serbischen Major Tankosić bezieht, ist man erstaunt über ihre Kürze und die Belanglosigkeit der gestellten Fragen[3]. Ilić gab darin wieder zu, daß Princip ihm erzählt habe, er hätte mit Tankosić Kontakt gehabt, was Princip neuerdings leugnete. Ilić' nächstes Verhör fand wieder zehn Tage später, das heißt nach der Überreichung des österreichisch-ungarischen Ultimatums an Serbien, statt[4]. Die anderen Angeklagten, es waren inzwischen über 20 geworden, hatten es weniger gut, sie wurden laufend verhört, mit bemerkenswerten Ergebnissen. Zu diesem Zeitpunkt schaltete sich eine höhere Instanz ein, der Ballplatz sandte einen Spezialisten, den Sektionsrat Dr. Friedrich von Wiesner[5], einen ehemaligen Richter und Staatsanwalt. Am 11. Juli stieg der Referent für Völker- und Staatsrecht des Außenministeriums in Sarajevo aus dem Zug, konferierte mit Landeschef Potiorek und einem guten Dutzend anderer Persönlichkeiten[6], auch mit Gerichtssekretär Pfeffer und verließ nach zwei gehetzten Tagen und zwei arbeitsreichen Nächten wieder die Stadt. Sein Auftrag war befristet, für den 14. war eine Besprechung der beiden Ministerpräsidenten Stürgkh und Tisza mit Außenminister Berchtold angesetzt[7]. Dieses „Drei-Grafen-Stelldichein", wie man es genannt hat, war eine Vorbesprechung für den Ministerrat vom 19. Juli. Der Wiener Ministerialbeamte fand den Gerichtssekretär nicht überfordert, befriedigt stellte er fest, die Untersuchung liege beim Kreisgericht in guten Händen, sie sei „gut geführt[8]". Wenn einer überfordert war, dann war es Wiesner, der unter Zeitdruck stand, aber keinen Grund sah, in das Verfahren einzugreifen. Wozu auch? Ihm war es klar, daß es *„unmöglich sein werde, die Komplizität der serbischen Regierung nachzuweisen"*. So hieß es doch im kaiserlichen Handschreiben vom 2. Juli. Unter diesen Umständen und bei der gebotenen Eile mußte der Nachweis der indirekten Schuld genügen. Wiesners Mission galt weder der Aufklärung des Komplotts noch der Entlarvung der Anstifter, sondern – wie Conrad von Hötzendorf richtig sagte – dem Sammeln von Informationen über die großserbische Propaganda[9], „... einer Propaganda, die eine Vereinigung aller Südslawen unter serbischer Flagge erstrebte und politische Verbrechen förderte. Weshalb man zu dieser hochpolitischen Aufgabe einen ehemaligen Richter wählte, der nie etwas mit südslawischer Politik zu tun hatte, der erst nach dem 2. Juli begann, sich in das ungeheure Material einzuarbeiten, gehört allerdings zu den Unbegreiflichkeiten."

Selbst wenn im Sarajevoer Untersuchungsverfahren sensationellere Ergebnisse erzielt worden wären, es hätte kaum etwas genützt, gab es doch nicht die geringsten Möglichkeiten, Aussagen und Geständnisse zu überprüfen. Die Spuren, und zwar alle, führten nach Belgrad, gewiß, dort saßen die Mitwisser, Komplizen, auch eventuelle Zeugen. Doch wie sie fassen? Sie genossen den Schutz einer einflußreichen politischen Mafia, und diese Mafia genoß den Schutz niedriger und hoher Behörden. Nur Narren konnten mit ihrer Mithilfe bei Erhebungen rechnen. Oder schlecht informierte Journalisten, Diplomaten und Minister verschiedener europäischer Kabinette. Serbische Beamte in Geheimnisse der Untersuchung einzuweihen, kam schon deshalb nicht in Frage, weil ihnen die nationale Moral oder die Klugheit (mitunter auch die Angst) gebot, Attentatskomplizen zu decken und zu verstecken, Hinweise zu verfälschen und Spuren zu verwischen[10].

Wer ist schon bereit, gegen eine nationale Untergrundbewegung den Zeugen zu machen? Und noch dazu zugunsten eines wirklich verhaßten Gegners? Angenommen, einer der Angeklagten hätte gestanden, der Mord sei im Einverständnis mit einem Vorgesetzten des Majors Tankosić und einem der einflußreichsten Generalstabsoffiziere geschehen – für das laufende Verfahren wäre dies bedeutungslos oder beinahe bedeutungslos gewesen. Jedes österreichische Gericht, gleich ob niederer oder höherer Instanz, mußte bei Benützung von Beweismaterial, das sich auf Serbien bezog, höchste Vorsicht walten lassen, bestand doch die eminente Gefahr, sich zu irren oder, was noch wahrscheinlicher wäre, irregeführt zu werden. Das stellte sich bald heraus und bewies in den allerersten Tagen ein Zwischenfall mit dem Bombenattentäter Čabrinović, der dem Kriminalreferenten Ivasiuk[11] gestand, der Eisenbahnangestellte Milan Ciganović („der blonde Cigo") habe vom Sekretär der Narodna odbrana den Auftrag erhalten, den Verschwörern die Mordwaffen auszufolgen. Das war eine Nachricht von höchster Brisanz, erstens war damit eine vom serbischen Außenministerium abhängige Organisation belastet, zweitens stammte der genannte Sekretär aus der im südslawischen Bereich bestens bekannten Patrizierfamilie Pribićević. Das

137

waren in Kroatien lebende Serben, vier der Söhne hatten von sich reden gemacht. Milan, einer der Brüder, war k. u. k. Oberleutnant und Regimentskamerad des Landeschefs Potiorek[12]. Nachdem er wegen hoher Schulden den Dienst quittierte, trat er ins serbische Heer ein, verfaßte jenes Handbuch über die österreichisch-ungarische Armee zum Gebrauch für die Mitglieder der „Narodna odbrana", von dem ein Exemplar in der Wohnung des Ilić gefunden wurde und arbeitete an den Statuten des „Slovenski Jug[13]", aus dem später unter seiner und des berüchtigten Majors Tankosić Mitwirkung die „Narodna odbrana" hervorgegangen war. Und jetzt behauptete Čabrinović bei der Polizei, der Sekretär dieses großserbischen Verbandes, eben der frühere k. u. k. Offizier, habe ihnen die Mordwaffen in die Hand gedrückt. Beim Untersuchungsrichter korrigierte Čabrinović seine Aussage, sagte, Kriminalreferent Ivasiuk habe sie falsch wiedergegeben, er habe nur gestanden, er und seine Freunde hätten die Absicht gehabt, sich an Pribičević zu wenden, dazu wäre es aber nicht gekommen. Als man im Wiener Ministerium davon erfuhr, forderte man die Verhörstenogramme an und gab die Weisung, in Zukunft seien nicht nur Geständnisse, sondern auch widerrufene Geständnisse vorzulegen[14].

Damit war ein Fall geklärt. Anders stand es mit den Dokumenten eines serbischen Ministerialbeamten, der seit Jahren für eine k. u. k. Kundschaftstelle arbeitete[15]. Nun, im Juli 1914 bewies er an Hand vertrauenerweckender Unterlagen, daß Princip und Čabrinović durch serbische Agenten der Mund für immer geschlossen werden sollte[16]. Noch als Häftlinge sollten sie umgebracht werden. Dann hätten sie niemanden belasten können. Das Gericht stützte sich nicht auf diese zugespielten Dokumente und tat gut daran. 1917 wurden sie durch eine Kommission als Fälschungen entlarvt, „Fälschungen, die vermutlich im Einverständnis mit serbischen Faktoren" zugespielt wurden, um durch Verwendung im Prozeß gegen die Attentäter die österreichisch-ungarischen Behörden bloßzustellen und die tatsächlich vorhandenen Beweismittel abzuwerten[17].

Im Ministerium wußte man das, Wiesner wußte es ebenfalls, und er hat auch sicher in Sarajevo diesen Standpunkt vertreten und zur besonderen Vorsicht bei Geständnissen gemahnt. Mit dem ungeduldig einer „Demonstration der Stärke" harrenden General Potiorek war er nicht einer Meinung. Für diesen war die direkte Schuld der serbischen Regierung schon lange erwiesen[18]. Das unselige Telegramm Wiesners vom 13. Juli ist der Standpunkt des peniblen Juristen dem ungestümen Soldaten Potiorek gegenüber, es ist der

Ratschlag, sich nicht irreführen zu lassen, sich gar nicht auf einen direkten Beweis einzulassen, sondern gleich den indirekten Beweis anzutreten. Außerdem darf man nicht vergessen, daß diese Dienstdepesche für den internen Gebrauch bestimmt war, sie stellte eine termingebundene Zwischeninformation dar, also keinen Abschlußbericht. Ferner schloß der Verfasser die Depesche mit dem Hinweis, sie bedürfe einer mündlichen Ergänzung.

Die vielbeachtete Depesche vom 13. Juli galt nach dem Krieg als Beweismittel, daß Österreich-Ungarn wider besseres Wissen und Gewissen die serbische Regierung für den Mord von Sarajevo verantwortlich machte und auch dafür, daß die Mittelmächte den Krieg vorsätzlich und unbegründet entfesselt hatten. Sie wurde zur Kriegsschuld-Depesche[19].

Wer die Wiesner-Depesche „unbefangen", das heißt ohne Kenntnis ihres Entstehens liest, versteht bis zu einem gewissen Grade die Serie der Mißverständnisse, die sie zur Folge hatte, ist doch in ihr schwarz auf weiß zu lesen, „Mitwisserschaft serbischer Regierung an Leitung[20] des Attentats oder deren Vorbereitung oder Bestellung der Waffen durch *nichts erwiesen oder auch nur zu vermuten*. Es bestehen vielmehr Anhaltspunkte, dies als *ausgeschlossen anzusehen*."

Dieser gekürzte Text wurde von serbischen Funktionären den siegreichen Westmächten in die Hände gespielt und belastete bei den Friedensverträgen das Konto der Mittelmächte. Die Kriegsschuldkommission machte sich nach 1919 – zwei Jahre nach der Hinrichtung des Hauptschuldigen Apis-Dimitrijević – die 1914 von Pašić geprägte Formel zu eigen, die da lautete: „Ein von Staatsbürgern der Monarchie auf ihrem Gebiet verübtes Verbrechen könne in nichts die serbische Regierung berühren."

Natürlich läßt sich die Auffassung vertreten, und viele taten es auch, die vorsichtig-umständliche Formulierung des Superbürokraten Wiesner bedeutete eine klare Rehabilitierung der serbischen Regierung. Doch bereits nach dem Stand der Untersuchung vom 13. Juli konnte davon keine Rede sein. Zwei Wochen nach dem tragischen Ereignis war kein Mensch, erst recht nicht ein vom Territorium der Monarchie aus agierender k. u. k. Beamter in der Lage, die direkte Schuld der serbischen Regierung nachzuweisen, aber noch weniger ihre Unschuld!

Als die Auseinandersetzungen über die Kriegsschuld ihren Höhepunkt erreichten, Ende der zwanziger und Anfang der dreißiger Jahre, geriet Wiesner ins Kreuzfeuer der Kritik, das heißt, die einen nannten ihn unwissend und unfähig, wieder andere „denkbar ungeschickt[21]" und die Dritten, die Verfechter der serbischen Unschuld, sahen in ihm einen Beamten mit Haltung, den aufrechten Mann, der es gewagt hatte, seiner vorgesetzten Behörde, den hohen Herren am Ballhausplatz, offen das zu sagen, was sie nicht hören wollten.

Das ist Geschwätz. Er tat genau das Gegenteil, nämlich die Herren in Wien in der Überzeugung stärken, daß alle Untersuchungsergebnisse, auch das Geständnis des Ilić, nur mit Vorbehalt als Gundlage eines Forderungsprogramms zu nehmen waren. Wiesner verzichtete sogar darauf, was eigentlich selbstverständlich gewesen wäre, die serbische Regierung für die Aktionen ihrer Offiziere, Grenzhauptleute und Zollbeamten verantwortlich zu machen. Das entsprach der Ansicht seines Ministeriums, vor allem des Grafen Forgách, der in den letzten Monaten zum ersten Berater des Außenministers geworden war und der seit seiner Belgrader Gesandtenzeit als Kenner der dortigen Verhältnisse und erfahrenster Spezialist für gewisse serbische Praktiken galt. Und zwar aus höchst leidvoller persönlicher Erfahrung, was ihm, von seiten übelwollender Journalisten, den Spitznamen „Das gebrannte Kind" eintrug.

4. Die Annexion und Serbiens Wohlverhalten

Wiesners „Kriegsschuld-Depesche", das Vorgehen des Ballhausplatzes, seine Taktik des indirekten Beweises, ist ohne Kenntnis der Annexionsfolgen kaum zu verstehen. Die Annexion, die am 5. Oktober 1908 erfolgte, war eine kaiserliche Willenserklärung mit dem Wortlaut: „Ich erstrecke die Rechte meiner Souveränität auf Bosnien und die Herzegowina und setze gleichzeitig die für mein Haus geltende Erbfolgeordnung auch für diese Länder in Wirksamkeit." Karl Renner nannte die Annexion den Tausch eines Rechtstitels[1].

Die Verkündung dieser kaiserlichen Willenserklärung rief eine schwere europäische Krise hervor. Österreich-Ungarn wurde erschüttert, und die Welt warf Minister Aehrenthal vor[2], eine Befragung jener Mächte unterlassen zu haben, die am Berliner Kongreß 1878 die Donaumonarchie beauftragt hatten, Bosnien und die Herzegowina „zu besetzen und zu verwalten", also die sogenannte Okkupation dieses türkischen Vilajets* durchzuführen. Die Monarchie wurde des Vertragsbruches und der Aggression beschuldigt,

---

* Bezeichnung türkischer Generalgouvernements.

obwohl sie, um ihre friedlichen Absichten zu beweisen, mit der Annexion den Rückzug ihrer Garnisonen aus dem Sandschak verband.

Auf die Nachricht von der Annexion war ganz Serbien außer Rand und Band geraten, nicht anders als ob Österreich-Ungarn mitten im Frieden serbisches Staatsgebiet überfallen hätte. Die Parole „Krieg gegen die Räuber" wurde zur Sache des ganzen Volkes. Außenminister Dr. Milovanović erklärte im Parlament: „Österreich müsse der Weg zum Ägäischen Meer versperrt werden." Stojan Protić, 1914 serbischer Innenminister, meinte: „Die Verzichtleistung auf den Sandschak sei ein Betrug, der nur politische Kinder irreführen könne." Man unterschob Österreich die aggressivsten Absichten, stellte jedoch gleichzeitig fest, „jetzt sei die Gelegenheit gekommen, mit dem mittelalterlichen, in Auflösung begriffenen Staat abzurechnen". Aehrenthal ließ Herrn Milovanović ausrichten, „er erwarte von der serbischen Regierung eine korrekte Haltung, sonst würde sich Serbien großen Gefahren aussetzen[3]". Die serbischen Forderungen nach einer Autonomie für Bosnien, nach Grenzkorrekturen und einem Landstreifen zur Adria wurden abgelehnt. In Belgrad gewöhnte man es sich an, für alles Üble, das vom nördlichen Nachbarn kam, den Generalinspektor der gesamten bewaffneten Macht Österreich-Ungarns, den Thronfolger Franz Ferdinand, verantwortlich zu machen. Zu Unrecht, wie wir wissen. Schon am Beginn der Annexionskrise schrieb er: „... vor allem keinen Krieg mit Serbien oder Montenegro und keine übereilten Schritte, Mobilisierungen und dergleichen. Das wäre im jetzigen Moment ganz falsch! Ich ... werde trachten, Conrad, respektive seine hetzende Umgebung, zu beruhigen[4]." Über die Annexionsabsichten hielt man Franz Ferdinand im unklaren, doch die Belgrader schlossen aus dem Text der kaiserlichen Erklärung, daß er dahinterstünde, hieß es doch in ihr ausdrücklich, daß auch in den annektierten Provinzen „die Erbfolge in Wirksamkeit gesetzt" werde.

Großserbische Phantasten rechneten damit, daß der Tod des greisen Monarchen in der Wiener Hofburg automatisch den von ihnen erhofften Auflösungsprozeß des „morschen Vielvölkerstaates" einleiten werde. Nur ein kleiner Anstoß würde genügen, und zu dem war man in Belgrad immer bereit. Nun aber erinnerte die Annexionserklärung daran, daß in Zukunft mit der Existenz eines Königs Franje von Bosnien gerechnet werden mußte. Das brachte unter Umständen bei den patriarchalischen Treuevorstellungen der Bosniaken, die zum Teil durch den übernationalen Islam nationalem Denken entfremdet waren, neue Schwierigkeiten. Die ritterlichen, aber eigensinnigen bosnischen „Holzköpfe" waren imstande, sich für einen bosnischen König, welcher Dynastie immer, totschlagen zu lassen.

Die negativen Reaktionen in England und vor allem in Rußland sind bekannt. Rußland fühlte sich gedemütigt, ärger, hieß es, als durch seine Niederlage im Russisch-Japanischen Krieg. Der Sturm der Entrüstung, der in der englischen Öffentlichkeit losgebrochen war, überstieg alle Erwartungen. Vertragsbruch hin, Vertragsbruch her, die Welt und vor allem die Kolonialmächte waren auch nicht zimperlich, wenn ihre Interessen auf dem Spiel standen. Letzten Endes entschied der Erfolg. Und der gab Wien recht.

Die Annexionskrise zog sich vom Oktober 1908 bis Ende März 1909 hin. Nachdem Serbien seine Reserven einberufen hatte, folgten Österreich-Ungarn und Rußland seinem Beispiel. An den Grenzen waren bereits Armeen aufmarschiert, doch in der letzten Minute anerkannte die Regierung des Zaren die Annexion, Rußland gab nach, nachdem der deutsche Botschafter in St. Petersburg erklärt hatte, man „werde den Ereignissen freien Lauf lassen". Serbien fühlte sich jedoch von Mütterchen Rußland in Stich gelassen, es sah sich kurz darauf genötigt, in Wien eine „Wohlverhaltens-Erklärung" abzugeben. Mit „brennender Scham" und „gepreßten Herzens", wie Belgrader Blätter schrieben, aber Serbien könne warten, bei nächster Gelegenheit werde es mit Waffen jene serbischen Provinzen erringen, die man ihm friedlich verweigere.

Serbiens „Wohlverhaltens-Erklärung" vom 31. März 1909 besagte, seine Rechte wären durch die Annexion nicht verletzt, es verpflichte sich, seine Politik zu ändern, die Haltung des Protestes und des Widerstandes (l'attitude de protestation et l'opposition) aufzugeben, in Hinkunft mit Österreich-Ungarn freundnachbarliche Beziehungen zu unterhalten, abzurüsten, die Freiwilligen und Banden (bandes) zu entlassen und die Bildung irregulärer Einheiten nicht zu dulden[5].

Fürs erste war der Friede gerettet, die kriegsbereiten Staaten entließen ihre Reserven, und Graf Forgách, k. u. k. Gesandter in Belgrad, meinte zuversichtlich: ... Bosnien und die Herzegowina sind ohne Blutvergießen in den habsburgischen Länderbesitz eingereiht, und die uns so gefährliche großserbische Bewegung ist zurückgeworfen und gedemütigt[6]. Graf Aehrenthal, Initiator der Annexion, und Kaiser Franz Joseph betrachteten mit der serbischen Wohlverhaltens-Erklärung die serbische Kontroverse für abgeschlossen[7]. – Ein Irrtum, denn im Juli 1914 mußte Österreich-Ungarn der Welt beweisen, daß sich Serbien doch nicht wohlverhalten habe.

a.m. Einsichtakt des k.u.k.Kriegsministeriums.-

Präs. Nr. 5650 vom 1912.

betreffend Geplantes Attentat gegen Seine kaiserliche Hoheit.-

Wichtig!

Wien, am 13. Juni 1912.

Hiezu melde ich Euer kaiserlicher Hoheit gehorsamst noch folgendes: Der in nebenstehender Meldung angeführte Konfident ist ein Neuling und macht jetzt sozusagen seine Probedienstzeit. Möglicherweise handelt es sich deshalb

Nr. ./. ME/252

Vorakt: Nr.

Der Akt wurde bereits eingesehen:

Der Akt wird noch eingesehen:
a.m.M.K.S.M.

expediert am: 14/6

Der Akt ist nach Beisetzung der

Unterschrift

an das k.u.k.KM. rück=
geleitet worden.

Inhalt:

Am 7.Juni l.J. langte folgendes Chif=
fretelegramm vom 7.Kps.Kmdo. beim KM. ein:

„Konfident aus Belgrad meldet unver=
bürgt:

Ein älterer Serbe soll unter einer
Maskierung in nächsten Tagen Attentat gegen
den Erzherzog Franz Ferdinand planen. Atten=
täter soll angeblich an den Präsidenten des
serbischen Vereins Zora in Wien gewiesen
worden sein."

Abschriften dieses Telegramms wurden
dem k.k.Ministerium des Innern und dem
k.u.k.Ministerium des Aeußern übermittelt.

./. 1

Die Provenienz der Nachrichten über ein angeblich auf Anstiften des Prinzen Georg von Serbien gegen Seine k.u.k.Hoheit Erzherzog Franz Ferdinand vorbereitetes Attentat.

Bezüglich der Provenienz der kürzlich wieder aufgetauchten Nachrichten über ein angeblich im Frühjahr 1909 auf Anstiften des Prinzen Georg von Serbien gegen Erzherzog Franz Ferdinand vorbereitetes Attentat, ist hieramts nur bekannt, daß die Korrespondenz Pappenheim Mitteilungen solchen Inhaltes den meisten Wiener Blättern schon vor 1½ Jahren zugehen ließ. Der Urheber dieser Gerüchte soll der ehemalige serbische Legationssekretär Dobra Arnautović gewesen sein.

Zu dieser Zeit erschien weiters im Ministerium des Aeußern ein gewisser Jeftović, welcher mündlich mitteilte, er sei aufgefordert worden, an dem vom Prinzen Georg geplanten Attentate mitzuwirken. Diesen

Individuum, welches sich anbot, den Attentatsplan aufzudecken, wurde auf seinen Antrag anheimgegeben, schriftliches Beweismaterial zu erbringen. Er versprach dies zu tun, hat sich aber, wie vorauszusehen war, nie wieder blicken lassen.

Die „Vossische Zeitung", deren Oesterreich-Ungarn feindliche Gesinnung bekannt ist, soll nunmehr diese Erzählungen auf Veranlassung jener serbischen Kreise, welchen die vorgenannten Individuen nahe stehen, wieder aufgewärmt haben.

Nachrichten über echte oder angebliche Attentatspläne kamen in großer Zahl nach Wien.
Rechts: Handschriftliche Bemerkung des Thronfolgers zu der Meldung über ein Attentat im Zusammenhang mit Prinz Georg von Serbien.
Vorige Seite: Akt des Kriegsministeriums.
Links und oben: Stellungnahme der Militärkanzlei des Erzherzogs. (MKFF Me/21/II und MKFF 1912 Me 252.)

V. Kein Verkehr mit Konfidenten!

1. Eine politische Monstrosität

Nach dem „schönen Geständnis" des Ilić am 4. Juli 1914 holte die Landesregierung in Sarajevo von der k. u. k. Gesandschaft in Belgrad Auskünfte über den durch ihn belasteten Major Tankosić ein. Einen Voja Tanković gebe es in der serbischen Armee nicht, lautete die telegraphische Antwort, wohl aber den berüchtigten Bandenführer Vojislav Tankosić, genannt Vojvoda Voja: Er diente im einem Infanterieregiment und avancierte in den Balkankriegen zweimal[1]. Als die Landesregierung um weitere Auskünfte bat, berief sich der Geschäftsträger Herr von Stork auf eine alte Weisung des Ministeriums, nach der es gerade der Gesandtschaft Belgrad „aus triftigen Gründen und instruktionsgemäß" verwehrt sei, „mit Konfidenten zu verkehren", und da auch das Konsulat neu besetzt sei, werde es schwerfallen, die Fragen der Landesregierung zu beantworten, außerdem könne die Gesandtschaft „keine gerichtsordnungsgemäße Sicherheit" übernehmen, womit wohl gemeint war, daß sie nicht bereit war, für die Richtigkeit ihrer Auskünfte die Verantwortung zu tragen[2].

Aus Serbiens Süden, dem Städtchen Niš, kam ein Hinweis auf Tankosić. Es handelte sich dabei um aufgeschnappte Bemerkungen serbischer Armeeoffiziere, die man dem dortigen Konsulat zugetragen hatte. Nach ihnen soll ein aus Ungarn stammender Ingenieur von einem Artillerieoffizier gehört haben: „Siehst du nun, was die serbische Schwarze Hand durchführen kann? Jetzt hast du einen Beweis dafür, wie sie arbeitet und was ihre Aufgabe ist. Aber das ist nur der Anfang, allerdings ein sehr glücklicher." Ein Kavallerieoffizier stellte befriedigt fest: „Serbien werde schon dafür sorgen, daß die

Habsburger weniger würden, auch diese Dynastie könne ausgerottet werden ..." Und aus „gutunterrichteter Quelle" meldete das Konsulat in Niš: „Jedermann ist überzeugt, daß das Attentat mit Wissen des amtlichen Serbien und im Einvernehmen mit Rußland ausgeführt wurde. Die Bomben hat Major Tanasić persönlich ausgegeben[3]."

Tanasić? Tanković? Tankosić? In den serbischen Casinos und auf der Straße sprach man von ihm, auch von der Schwarzen Hand. Und was man sprach, traf in vieler Hinsicht den Nagel auf den Kopf.

Doch das war irrelevant. Für ein Gericht waren das aufgeschnappte Bemerkungen unbekannter Personen im beinahe feindlichen Ausland, Leute, die sich hüten würden, für ihr Gerede einzustehen. Gerüchte vom Hörensagen, Geschwätz ohne Aussagewert und Beweiskraft.

Was gab es für das Wiener Außenministerium für „triftige Gründe", der Belgrader Gesandtschaft „konfidentionelle Erhebungen" zu verbieten? Das Verbot war nach dem sogenannten Friedjung-Prozeß erlassen worden, in dem serbisches Konfidentenmaterial unsachgemäße Verwendung fand.

Dieser Prozeß fand im Dezember 1909 statt. Da die serbische Propaganda den Erzherzog mit diesem Material in Verbindung brachte und seine Verwendung sogar den Mord rechtfertigen sollte, ja, als Attentatsmotiv aufschien, muß der Prozeßverlauf hier geschildert werden.

Es ging um die Ehre von 52 Klägern. Unter ihnen waren gewählte Abgeordnete des Agramer Landtages, Angehörige der kroatisch-serbischen Koalition[4], die Dr. Heinrich Friedjung, korrespondierendes Mitglied der kaiserlichen Akademie der Wissenschaften und Ehrendoktor der Heidelberger Universität, vor ein Wiener Geschworenengericht zitierten.

Als Grund zur Massenklage war angegeben, Dr. Friedjung habe die 52 Kläger in der Öffentlichkeit durch die Beschuldigung „unehrenhafter und unsittlicher Handlungen" verächtlich gemacht. So habe er ihnen, Untertanen des Kaisers von Österreich und des Königs von Ungarn, „unlautere und hochverräterische Beziehungen zur serbischen Regierung und ihren Agenten, auch zu Dr. Spalajković" vorgeworfen. Ferner beschuldigte er sie des Bezuges von Subventionen und politischer Machinationen zum Nachteil der Monarchie. Neben Dr. Friedjung wurde auch der verantwortliche Redakteur der christlichsozialen *Reichspost* geklagt, denn dieses Blatt hatte einzelne Namen genannt, darunter auch den Führer der kroatisch-serbischen Koalition, Franjo Supilo[5].

Friedjungs Artikel, erster Anlaß zur Massenklage, war am 25. März

1909 in der *Neuen Freien Presse*, Wien, erschienen. Er war eine politische Sensation ersten Ranges, und das Blatt hatte so unrecht nicht, wenn es schrieb, die Beschuldigung von Personen sei nur Nebensache, ein „Zubehör" zu einer großen Anklage, die gegen Serbien wegen Friedensbruches erhoben wurde, seit Jahren habe eine hinterlistige Politik die Monarchie bedroht, „Österreichs Annexionspolitik war die notwendige Abwehr gegen serbische Zettelungen, ... alle Dokumente, die Dr. Friedjung zu seiner Rechtfertigung vorlegen wird, seien zugleich laute Anklagen gegen die serbische Regierung, die uns das Feuer aufs Dach setzen wollte⁶".

Der Tag, an dem dieser Artikel erschien, war ein Tag politischer Hochspannung; nachdem Serbien nach der Annexion seine Reserven einberufen hatte, folgten Österreich-Ungarn und Rußland seinem Beispiel. An den Grenzen waren bereits Armeen konzentriert. Der Ausbruch des Krieges stand unmittelbar bevor. Friedjungs Artikel war die Kampfansage, Außenminister Aehrenthal hatte ihn gebilligt. Doch in letzter Minute trat ein, womit der Verfasser nicht gerechnet hatte: die Anerkennung der Annexion durch den Zaren und als Folge Serbiens Wohlverhaltens-Erklärung.

Neun Monate nachher fand der Prozeß gegen Dr. Friedjung statt. Freimütig stellte er sich seinen beleidigten Gegnern, von denen 23 die Reise aus den südslawischen Provinzen in die ferne Haupt- und Residenzstadt nicht gescheut hatten. Für weltweites Echo war gesorgt, die In- und Auslandspresse war vertreten, auch Reichsratsabgeordneter Masaryk harrte aufmerksam der Dinge, die da kommen sollten. Der Angeklagte, Dr. Friedjung, der sich als nichtschuldig bezeichnete, benahm sich als Kläger, als Retter des bedrohten Vaterlandes, zu Beginn seiner vierstündigen Philippika erklärte er, von dem inkriminierten Artikel nichts zurücknehmen zu wollen, kein Jota. Seine Absicht sei es gewesen, in einer knappen Darstellung das gute Recht Österreichs zu beweisen und der großserbischen Wühlarbeit entgegenzutreten, die mit Bestechungen begann, mit Bandeneinfällen und Bomben fortgesetzt werde und mit dem Einfall einer Armee gekrönt werden sollte. Indem er die Fäden der gegen die Monarchie gerichteten Verschwörung aufdecke, solle die unumgängliche Notwendigkeit der Annexion bewiesen werden. Ferner habe er mit seiner Anklage das staatsfeindliche Verhalten und die schimpfliche Geldannahme durch Mitglieder der kroatisch-serbischen Koalition anprangern wollen, ja jetzt, in diesem Prozeß, werde er ihre Namen nennen, ihre hochverräterischen und illegalen Beziehungen zur serbischen Regierung aufzeigen und durch Dokumente beweisen.

Diese Dokumente lagen aber nicht im Original, sondern nur in „gedruckten Abschriften" vor. Über ihre Herkunft sagte zum Beispiel Dr. Funder, der Chefredakteur der *Reichspost:* „Ich habe Akten an solchen Stellen gesehen, wo man nur mit ernsthaften Dokumenten zu arbeiten pflegt, ich kenne ihre Herkunft, ich weiß bei den meisten, wie sie beschafft wurden und wie sorgfältig ihre Echtheit nach dem Empfang geprüft wurde[7]." Über eine Kassenanweisung für einen Bestechungsbetrag äußerte sich Dr. Friedjung: „Das Original habe ich selbst gesehen ... es wurde von Belgrad nach Wien gebracht, dann wieder in die Geheimarchive des Slovenski Jug nach Belgrad zurückgebracht, woher es stammte. Ich bin als Mann der Wissenschaft der Überzeugung, daß dieses Dokument echt ist. Übrigens konstatiere ich", sagte Dr. Friedjung, „es stammt nämlich aus der Hand des Protokollführers des Slovenski Jug, eines gewissen Milan Stefanović." Wenn es nun gelang, und es mußte gelingen, dem Gericht die Handschrift dieses Stefanović vorzulegen, dann war, wie ein Anwalt sich ausdrückte, „ohne Rücksicht auf die äußere Beglaubigung die innere Wahrscheinlichkeit gegeben". Deshalb schrieb Dr. Friedjung noch am 5. Dezember 1909 an das Ministerium des Äußeren: „Vier Tage trennen uns nur mehr von dem Beginn des Prozesses ... der Beweis der Echtheit der Protokolle ist glatt geführt, wenn feststeht, daß sie von der Hand des Sekretärs des Slovenski Jug herrühren[8]."

Friedjung ging in den Gerichtssaal, ohne das Beweisstück in Händen zu haben; bevor er ihn betrat, flehte er nochmals den zuständigen Sektionschef am Ballhausplatz an: „Alles wäre gut, wenn ich wenigstens ein Brieflein mit der Unterschrift des Protokollführers Stefanović besäße ... Man hat Tausende an Stefanović ausgegeben ... aber seltsam, man kann von ihm nicht eine authentische Unterschrift erlangen!! Noch ist es Zeit, dieses Versäumnis nachzuholen, ... meine Gegner wären Stümper, wenn sie nicht mit Hohn auf diese Lücke hinwiesen[9]."

Der Ballhausplatz ließ Dr. Friedjung, den patriotischen Eiferer, der in aller Welt als Sprachrohr des Außenministers Graf Aehrenthal galt, im Stich. Das Verhalten seiner Beamten jedenfalls läßt solche Schlüsse zu. Ihre Korrespondenz mit dem Dokumentenlieferanten, dem österreichisch-ungarischen Gesandten in Belgrad, János Forgách, besonders dessen Stellungnahme zur Sache, gibt darüber Aufschluß.

Forgách hatte rechtzeitig gewarnt, er schrieb: Friedjungs Prozeß ist eine „politische Monströsität, die man verhindern müsse ... eine schlecht zugeknöpfelte Weste müsse ganz aufgeknöpft werden". Doch dazu war man am Ballhausplatz nicht willens, und nachdem Forgách das zur Kenntnis genommen hatte, reagierte er mit Galgenhumor, ihm bliebe angesichts des bevorstehenden Prozesses nur mehr „vergnügte Neugierde", der bevorstehende Skandal werde es ermöglichen, das von seiner Frau angelegte Album mit komischen Zeitungsausschnitten zu erweitern[10].

Außenminister Aehrenthal ließ Forgách wissen, ein Versuch, auf außergerichtlichem Weg den Streitfall aus der Welt zu schaffen, habe auf der Gegenseite nicht die „erhoffte Initiative hervorgerufen[11]". Ferner gab er dem Gesandten zu verstehen, die ungarische Regierung wäre kaum geneigt, sich für einen „Ausweg zugunsten Friedjungs zu interessieren". Das hieß, sie war für die Entlarvung und Unschädlichmachung der kroatisch-serbischen Koalition in Kroatien um jeden Preis. Auch der ungarische wie der österreichische Ministerpräsident sprachen sich für die Durchführung des Prozesses aus[12].

Damit war die Anregung des Belgrader Gesandten, die „Weste neu aufzuknöpfeln", das heißt Friedjung zu einem ehrenvollen Rückzug zu veranlassen, verworfen. Die Dinge nahmen ihren Lauf.

Forgách hatte seine ganze Berichterstattung vom Oktober 1907 bis zum September 1909 auf den durch den Konfidenten Stefanović gelieferten Unterlagen aufgebaut. Er war der festen Überzeugung und blieb es auch, der Inhalt der Mitteilungen sei authentisch. Konfidentionelles Material lasse sich als Grundlage für die diplomatische Berichterstattung verwenden, gehöre jedoch nicht in die „Sezierstube des Gerichtes[13]". Seine streng vertraulichen diplomatischen Relationen waren noch nach dem alten bewährten Muster in Riesenlettern auf Bütten (mit Goldschnitt!) geschrieben, mit allen vorgeschriebenen Floskeln versehen und mit schwarz-gelben Bändchen geheftet. Das waren Geheimakten, nicht für die Öffentlichkeit bestimmt, auch nicht die beigefügten Abschriften der vertraulich beschafften Slovenski-Jug-Protokolle. Als geheime, informative Stücke leisteten sie vorzügliche Dienste, meinte der Gesandte, es wäre nicht ihre Bestimmung gewesen, vor Gericht als Beweis zu dienen[14].

Nachdem im Wiener Schwurgerichtssaal Dr. Friedjung und Dr. Funder ihre großen Anklagereden gegen die kroatisch-serbische Koalition gehalten hatten und nach erregten Debatten über einzelne Kopien von Dokumenten und ihre Beweiskraft, platzte die Bombe. Ein Anwalt der 52 Kläger stellte die Frage: „Wissen die Herren sicher, daß es einen Stefanović gibt?" Die Antwort: „Man sei überzeugt, aber man werde sich informieren[15]." In seiner Bedrängnis wandte sich jetzt Dr. Friedjung als „österreichischer Staatsbürger" mit einer Eingabe an die k. u. k. Gesandtschaft in Belgrad, „ob etwas über die Existenz des Milan Stefanović, Sekretär des Slovenski Jug, bekannt sei und wo dieser Mann wohne[16]". Weisungsgemäß ging die Anfrage auf dem üblichen Amtsweg, Gesandtschaft – Konsulat – Belgrader Polizeipräfektur – Konsulat – Gesandtschaft, womit der groteske Fall eintrat, daß sich eine Gesandtschaft nach ihrem Konfidenten bei den Behörden jenes Landes erkundigte, dessen Geheimnisse sie durch ihn ausspähen ließ.

Da Friedjung nach vier Tagen noch keinen Bescheid hatte, brachte er in einem Brief an das Ministerium seine Verzweiflung zum Ausdruck: „... da ... ich keine Lust hege, mich täglich von den Advokaten meiner Gegner verhöhnen zu lassen, werde ich genötigt sein, mich auf die österreichisch-ungarischen Gesandtschaft zu berufen. Ich habe den Eindruck, daß Graf Forgách den M. Stefanović besser deckt als das Ministerium des Äußern mich. Die Rolle des Don Quixote ist die letzte, die ich spielen möchte[17]."

Die Rolle des Don Quixote war diesem Gelehrten und Patrioten nun einmal zugedacht, wenngleich die Antwort auf seinen „Drohbrief" promptestens erfolgte. Doch was besagte sie schon? Daß der Konfident Milan Stefanović heiße, daß seine Wohnung, die er nach Studentenart häufig wechsle, nie genau bekannt gewesen war. Zuletzt soll er in der Nähe des Gasthauses Slavia logiert haben. Seit sein Name im Prozeß genannt wurde, ward er überhaupt nicht mehr gesehen, auch nicht in einem jener Kaffee- und Wirtshäuser, wo er früher verkehrte[18].

2. Masaryk: „Österreich muß ein Reich werden!"

Mit der Einvernahme der serbischen Zeugen, die der Reichsratsabgeordnete Thomas G. Masaryk bei Belgrader Besuchen mobilisiert hatte, trat im „Friedjung-Prozeß" die entscheidende Wendung ein. Die Herren hatten sich freiwillig zur Verfügung gestellt. Die prominentesten unter ihnen waren überzeugte Großserben, die jetzt der kroatisch-serbischen Koalition vom Ausland her ihre Hilfe angedeihen ließen. Als erster trat Božidar Marković, Professor für Strafrecht an der Belgrader Universität, Präsident der Vereinigung „Slovenski Jug", Mitglied der „Narodna odbrana", vor die Zeugenbarre. In

Österreich galt er als politischer Agitator – während der Annexionskrise 1908 war er mit einer Broschüre hervorgetreten, in der er Bosnien und die Herzegowina als serbische Länder bezeichnete –, er gehörte zu jener Generation serbischer Wissenschaftler, die die Existenz eines kroatischen Volkes leugneten, für sie gab es katholische und mohammedanische Serben, jedoch keine Kroaten. In seiner Broschüre *Die serbische Auffassung zur bosnischen Frage* fehlt das Wort Kroaten überhaupt, dagegen nicht die Beschuldigung, die österreichisch-ungarische Verwaltung sei bestrebt gewesen, den okkupierten Provinzen ihren serbischen Charakter zu nehmen, sie hätte die Pflichten einer Mandatsmacht nicht erfüllt, die bosnischen Bauern seien Leibeigene geblieben, sogar das Schulwesen hätte in der Türkei besser funktioniert. Österreichs Absicht, gegen Saloniki vorzudringen, bestehe nach wie vor, auch nach der Annexion, und die Räumung des Sandschak hätte nichts zu bedeuten[1].

Im Gerichtssaal gab sich Professor Marković als reiner Wissenschaftler, fern aller Tagespolitik, er wußte nichts von den Bomben in seinem Vereinslokal, über die sich sogar Masaryk informiert zeigte, er kannte nicht die Kriegsartikel in dem Blatt, das jener Verein herausgab, dessen Präsident er war. Nicht mit Unrecht mußte er sich den Vorwurf der Hinterhältigkeit gefallen lassen. Er war es aber, der die von Dr. Friedjung mit Kunst und Phantasie aufgebaute Beweisführung zerriß. In einem der vorgelegten Dokumente, einem Sitzungsprotokoll des „Slovenski Jug[2]", wurde Professor Marković als Hauptredner und Antragsteller genannt. Nun sagte er im Gerichtssaal, das Dokument sei falsch, er sei an dem im Protokoll genannten Tag gar nicht in Belgrad, sondern in Berlin-Charlottenburg gewesen. Und diese Behauptung wurde durch ein Schreiben des preußischen Polizeipräsidenten bestätigt[3].

Der zweite, ebenso kräftige Schlag, kam vom höchsten Beamten im serbischen Außenministerium, dem Generalsekretär Dr. Miroslav Spalajković. Das war der Mann, der schon 1899 geschrieben hatte, der Vielvölkerstaat Österreich-Ungarn sei nicht lebensfähig und die Erwerbung Bosniens und der Herzegowina sei der einzige Daseinsgrund Serbiens. Das verriet er den Wiener Geschworenen nicht, ihnen sagte er, nun sei er gekommen, um den „guten Beziehungen zwischen Österreich-Ungarn und Serbien einen Dienst zu erweisen".

Über einen angeblich von ihm gefertigten Bericht an den Ministerpräsidenten Pašić befragt, bestritt er die Echtheit dieses Schriftstückes aus formalen und inhaltlichen Gründen. Beweis: Die auf das Dokument geschriebene Aktennummer von über 3000 könne schon deshalb nicht richtig sein, weil in dem angegebenen Monat nur die Zahlen 832-1040 Verwendung fanden[4]. Außerdem sei die Unterschrift nicht von ihm. Man könne seine Angaben durch die österreichisch-ungarische Gesandtschaft in Belgrad überprüfen lassen, das gebe keine Schwierigkeiten, denn man habe in Serbien die Administration nach österreichischem Muster eingerichtet.

Der Abgeordnete der tschechischen Realistenpartei, Thomas Garrigue Masaryk, als Zeuge einvernommen, betonte die weltweite Wirkung des Prozesses und das Alibi des Professors Marković, das die Entscheidung gebracht hätte. Wenn sich zwei Dokumente als falsch herausgestellt hätten, dann falle das ganze Gebäude zusammen, alles weitere sei dann überflüssig. Es müßten nur noch die Totenzettel für alle Personen ausgestellt werden, die diesen Prozeß politisch nicht überleben würden, oder, wie Masaryk sagte, „als Leichen hervorgehen werden"[5].

„Umgebracht" und vorübergehend politisch erledigt wurde in diesen Tagen der Führer der kroatisch-serbischen Koalition, Supilo. Und Dr. Friedjung? Der kam mit einem blauen Auge davon. Das Herrenhausmitglied Dr. Baernreither griff, einen blamablen Ausgang fürchtend – seiner Ansicht nach war das ganze Beweismaterial falsch –, rechtzeitig ein. Baernreither bemühte sich um einen Vergleich und hatte damit Erfolg: Die Prozeßparteien tauschten Ehrenerklärungen, Friedjungs guter Glaube wurde anerkannt, und er seinerseits erklärte, daß er die „Dokumente nicht mehr in Anspruch nehmen möchte", worauf der Freispruch erfolgte[6].

Als Ergänzung dazu die Meinung des bosnischen Kroaten Dr. Pilar zu dem „erstaunlichen und unbegreiflichen Ergebnis" dieser Prozesse, „in denen Österreich-Ungarn in einer gerechten Sache vor eigenen Gerichten nicht Recht behalten konnte. Anstatt eine Abwehr und Eindämmung der serbischen Wühlarbeit zu erzielen, erreichte man das Gegenteil davon ... Wir können die brennende Scham nicht schildern, die wir ... über diesen schmählichen Mißerfolg unseres Staatsgedankens empfanden, um so mehr, als wir schon damals wußten, wie gerechtfertigt der Standpunkt der Staatsmacht in beiden Strafsachen (Agramer und Friedjung-Prozeß) war, aber auch welche Momente zu den Mißerfolgen führten ... Man hatte von beiden Prozessen ... eine Klärung der Situation im Süden erwartet, ein Verscheuchen des serbischen Gespenstes ... der Feind ging aus dem Kampf siegreich und gestärkt hervor, und er hatte zwei gerichtliche Zeugnisse in der Hand, daß die gegen ihn erhobenen Beschuldigungen grundlos waren ... Unserer Auffassung nach war es mit dem

Ausgang der beiden Prozesse entschieden, daß es zu einem Krieg mit Serbien kommen müsse. Wir werden später sehen, welche verderbliche Wirkung dieser Mißerfolg im Süden zeitigte. Aber es scheint mir, daß man sich über die großen Nachteile, die daraus entstanden, gar nicht bewußt geworden ist[7]."

Dr. Baernreither und der Großteil der Bevölkerung staunten darüber, daß man es zum Friedjung-Prozeß kommen ließ. Die Presse hob hervor, daß Kroaten und Serben in ihrem Vertrauen zur österreichischen Justiz nicht getäuscht wurden. Erstaunlich war Dr. Friedjungs unbeirrbare Überzeugung von der Echtheit der Dokumente. An öffentlichen Warnungen hatte es nicht gefehlt. Im Mai hatten 60 Reichsratsabgeordnete einen Antrag Masaryks unterschrieben, in dem von dem künftigen Friedjung-Prozeß die Rede war. Masaryk forderte den Annexionsausschuß des Reichsrates auf, alle Beweise für die Existenz einer weitverzweigten und hochverräterischen Abfallbewegung im Süden des Reiches genau zu prüfen. Er wolle dem Friedjung-Prozeß nicht vorgreifen, sagte Masaryk am 14. Mai im Parlament, aber er mache die Herren Abgeordneten schon jetzt darauf aufmerksam, sie werden in diesem Verfahren die komischesten Sachen erfahren, zum Beispiel, wie verlogene Dokumente fabriziert werden, und zwar durch Beamte des Wiener Ministeriums des Äußern. Er sähe sich, sagte Masaryk, Dokumente aus diesem Ministerium zweimal an, bevor er dran glaube. Über Belgrader Dokumente, die Dr. Friedjung bereits angekündigt hatte, unterhielt sich Masaryk mit dem serbischen Außenminister, und „dieser habe dezidiert erklärt, derartige Dokumente gebe es nicht[8]".

Die Schlüsse aber, die Masaryk aus seinen Gesprächen mit Belgrader Politikern zog, erscheinen ebenso kühn wie Friedjungs Glaube an die Authentizität aller Dokumente. Allen Ernstes und wahrscheinlich auch guten Glaubens belehrte Masaryk das österreichische Parlament, in den südslawischen Provinzen der Monarchie gebe es keine serbische, respektive serbokroatische Irredenta, „den Serben in Belgrad fällt es gar nicht ein, in Österreich eine großserbische Propaganda zu treiben, schon einfach aus dem Grunde nicht, weil sie dafür kulturell und finanziell ungenügend ausgestattet sind[9]". Die in Belgrad betriebene Propaganda richte sich gegen den Sultan und gegen die Länder, die dem Sultan gehörten. Und dazu gehörte bis Anfang vorigen Jahres (1908) auch Bosnien. Masaryk nahm den serbischen Verzicht auf Bosnien ernst und beschuldigte Friedjung, die „Slovenski-Jug-Legende übernommen zu haben, wie sie im Agramer Prozeß entstanden sei".

Auch die serbischen Ausbrüche nach der Annexion gaben Masaryk nicht zu denken. Der tschechische Abgeordnete beendete seine Rede im österreichischen Parlament, als ob er es darauf abgesehen hätte, kaiserlicher Minister, womöglich unter der Regentschaft Franz Ferdinands, zu werden: „Mit einer Politik politischer Verbrechen, wie die Ungarn sie begehen, ist es unmöglich, die Slawen zu gewinnen und wenn Österreich hier Wandel schaffen will, wenn man mit der Annexion, wie fort behauptet wird, etwas Neues, Großes schaffen will, so ist vor allem nötig, daß die ungarische Krise – und ich spreche ja, wenn wir es genau betrachten, eigentlich nur von der ungarischen Krise – endlich einmal fundamental, und zwar in dem Sinne gelöst wird, wie es uns Österreichern, natürlich allen Österreichern, von Vorteil ist... Österreich muß ein Reich werden, nicht eine Politik der Magyaren, nicht eine Politik der Tschechen usf. darf getrieben werden, sondern, wenn das Reich als Ganzes etwas Organisches sein will, so müssen wir Reichspolitik machen, aber nicht magyarische Vergewaltigungspolitik! Österreich als das größte südslawische Land muß seiner Balkanpolitik eine andere Richtung geben, ... es muß trachten, die Südslawen für sich zu gewinnen ... Soll es ein solches Reich geben, so muß ich den Wunsch aussprechen, daß wir Tschechen und Deutschen uns endlich verständigen![10]"

Österreichischer Patriotismus? Tschechische Hoffnungen im Rahmen des Reiches? Es bleibt ein zwiespältiger Eindruck. Masaryk nannte sich Geschichtsphilosoph, und über die Wahrheit sagte er: „Kritisch sein ist Untersuchung der Erkenntnisse, Überprüfung, Kontrolle, Beglaubigung ... Wahrheit ist das Urteil, das im Prüfungsfeuer der Kritik standgehalten hat[11]." Masaryks Kampf gegen die gefälschte Königinhofer Handschrift im Polnaer Ritualmordprozeß in Ehren, da ließ er es an Kontrolle und Überprüfung nicht fehlen. Aber im Friedjung-Prozeß trat er wie ein Belgrader Staatsanwalt auf. Der Wahrheitsfanatiker wird zum Politiker. Masaryk vertrat die beiden Großserben Marković und Spalajković, und obwohl er ihre Schriften kennen mußte, leugnet er jede großserbische Bewegung. Über den Prozeß selbst vermerkte der tschechische Gelehrte: „... ich wollte mich genau an Ort und Stelle vergewissern. Darum reiste ich mehrmals nach Belgrad, ... wir fanden sogar die Löcher an der Tür, an die das Dokument zum Photographieren befestigt war. Ich nahm auch Vasić (über den noch die Rede sein wird, d. A.), der das Dokument angefertigt hatte, in Augenschein – kurzum, Friedjung verlor den Prozeß...[12]"

Kurzum, Professor Masaryk verrannte sich als Detektiv genauso, wie sich Professor Friedjung als Politiker verrannt hatte. Der Österreicher Masaryk stellte sich in Belgrad der großserbischen Clique in einem Ausmaß zur Verfügung, daß die serbische Regierung es für richtig hielt, sich von diesem Treiben zu distanzieren[13]. Da war von einer objektiven Prüfung keine Rede mehr; was er in Belgrad erfuhr, hielt er für wahr: „Ich kannte doch die Menschen in Serbien und Kroatien und wußte, was sie erstrebten und unternahmen[14]."

Doch die südslawische Jugend, deren großes Vorbild er lange Zeit war, nahm nur seine kritischen Worte für bare Münze. Seine humanistischen Ideen waren für sie nur eine Vorstufe, ihr Weg führte über das Prag Masaryks in das Belgrad des Apis... Schon vor der Annexion schrieb ein Jung-Bosnier: „... wir Studenten fühlten uns von Masaryks Vorlesungen über Philosophie und Soziologie angezogen, auch die Jugend Kroatiens, Dalmatiens und anderer südslawischer Länder besuchte seine Vorlesungen. Sie begeisterte sich für den Rationalismus Masaryks, für seine Kritik am Klerikalismus. Sie nahmen seine These an, nach der ein Mensch, wenn er für die Befreiung seiner Völker kämpft, keinen Hochverrat begeht[15]." Sein Motto „Evolution statt Revolution" lag ihnen weniger, dafür hörten sie seinen Rat, im politischen Kampf „realistische Taktiken" anzuwenden.

Im Schrifttum der „Mlada Bosna" wird ausdrücklich hervorgehoben, welchen Einfluß Masaryks Lehre auf die Attentäter von Sarajevo hatte, vornehmlich sein Realismus und sein Antiklerikalismus. Realistisches Verhalten bedeutete dem Heiduckenvolk der Südslawen etwas anderes als den Tschechen, das bestätigt Borivoje Jevtić mit den Worten: „Masaryks Realismus war für die nördlichen Länder gut, denn diese standen auf einer höheren Kulturstufe, aber er war in Bosnien nicht anwendbar, denn hier gab es keine entsprechende Kultur, sondern man brauchte hier, um geweckt zu werden, viel eher den Geruch von Blut[16]..."

Im Dezember 1908 entstanden die bosnischen Geheimbünde... „junge Bosnier kamen aus Wien, Prag und Zagreb nach Serbien, um dort", wie es hieß, „zu üben[17]". (Also bei den Freischaren eine Terrorausbildung mitzumachen, d. A.) So ging der Geheimbundführer Zečević nach Belgrad zu Major Pribičević, einem aktiven Offizier der serbischen Armee, der ihn und seine Freunde zunächst anstiftete, das Volk in Bosnien und der Herzegowina ideologisch vorzubereiten, den Kampf gegen Österreich-Ungarn aufzunehmen, gleichzeitig forderte er sie auf, über die Volksmeinung zu berichten und militärische Spionage zu betreiben[18].

Zwei Aussprüche charakterisieren die Entwicklung der bosnischen Jugendbewegung. 1908 hieß es: „Masaryk gewann unsere Herzen." 1917 drückte ein hervorragender Jung-Bosnier dem Führer der großserbischen Offiziersclique, Oberst Apis-Dimitrijević, seine Verzweiflung aus: „Es tut mir in der Seele weh, wenn ich sehe, was ihr aus uns gemacht habt ... ich habe von nichts Schlechtem gewußt, bevor ich in Ihre Hände fiel[19] ..."

Der tschechische Professor setzte das Ziel: die slawische Erneuerung. Die jungen Idealisten glaubten daran. In Belgrad hörten sie, das Ziel sei gut, nur Masaryks Methode sei unbrauchbar, zu westlich, zu human. Man erzog dort die jungen Bosnier nicht zu Kämpfern des Fortschritts und der südslawischen Kultur, sondern zu gefügigen Terroristen wie Mehmedbašić, oder zu Agenten wie Gačinović.

3. Der beste Konfident

Sicher ist Masaryk nicht für die Wandlung südslawischer Masarykenthusiasten verantwortlich. Seine autoritativen Erklärungen vor den Wiener Geschworenen und im Reichsrat, es bestünde keine großserbische Gefahr, waren allerdings Selbsttäuschung, wenn nicht gar Irreführung.

Die großserbische, auf die Zerstörung der Monarchie ausgerichtete Bewegung stand in ihren Anfängen, Dr. Friedjung sah ihr Wachsen. Er wollte davor warnen, allerdings auf der Grundlage dubioser Dokumente, von deren Echtheit jedoch nicht nur er, auch Außenminister Aehrenthal und der Gesandte Forgách überzeugt waren. Auf die Zweifler hörte niemand, auch nicht auf den Militärattaché Otto Gellinek, der, in Abwesenheit des Missionschefs Forgách, am 25. Juli 1909 ein durch den Konfidenten Stefanović beschafftes Protokoll des „Slovenski Jug" vorlegte und in seinem Bericht nach Wien recht deutlich wurde: „In diesem Protokoll handelt es sich um nichts Geringeres", schrieb Gellinek, „als den Beschluß, durch eine Bande Komitadži das Palais des Banus (in Agram) in die Luft zu sprengen, falls die Angeklagten im Hochverratsprozeß verurteilt werden sollten. Die Protokolle des ‚Slovenski Jug' flößen mir schon seit längerer Zeit Mißtrauen ein, und speziell den vorliegenden Akt halte ich für ein Falsifikat. Meine Vermutung hat folgende Ursachen: Die Gesandtschaft erhält die Protokolle durch die Vermittlung des Hauptmannes Swietochowski[1], den die serbischen Behörden, obwohl seine Tätigkeit bekannt ist, seit Monaten unbewacht schalten und walten lassen. Der Vertrauensmann (der Konfident Stefanović) hat trotz des Ausgangs des Spionageprozesses Müller[2] seine kompromittierenden Zusammenkünfte mit Swietochovski nicht aufgegeben. Der Inhalt der Protokolle weist eine auffallende Regelmäßigkeit des Stils und des Ausdruckes auf – ohne Rücksicht darauf, wessen Worte wiedergegeben werden. Der Konfident wird per Protokoll entlohnt. Ob er nun selbst der Verfasser dieser gewinnbringenden Elaborate ist, oder ob die (serbische) Regierung uns auf diese Weise impressionieren will, ist nicht zu sagen. Vielleicht auch, daß die Protokolle echt sind, und die Sitzungen tatsächlich von serbischen Maulhelden mit bewußten Lügen ausgeführt (!) werden. Den Inhalt des vorliegenden Protokolls möchte ich direkt als naiv bezeichnen, denn ich kann es nicht glauben, daß Leute wie Supilo und Konsorten sich in ein derart riskiertes Unternehmen einlassen würden ... ich habe mit dem Herrn Geschäftsträger (nicht mit dem Gesandten Forgách, d. A.) gesprochen, er ist gleichfalls von der Echtheit der Protokolle nicht überzeugt[3]."

Geschäftsträger war in diesen Tagen Legationssekretär Otto Franz. Auch er drückte in zwei Briefen an den Minister des Äußern, Graf Aehrenthal, seine Zweifel an dem genannten Protokoll aus: Vielleicht ist es „das Falsifikat eines gewinnsüchtigen Konfidenten oder eines spiritus rector, der die Agramer (Landes-)Regierung zu außerordentlichen, peinlichen Maßregeln verleiten will und dadurch auf die internationale Beurteilung des Agramer Prozesses einzuwirken wünscht[4]".

Auf die in „tiefster Ehrfurcht" vorgelegte Relation des Geschäftsträgers Franz reagierte niemand. Vielleicht deshalb, weil Berichte von Geschäftsträgern leicht unbeachtet zur Seite gelegt werden, da ihre ehrgeizigen Verfasser im Verdacht stehen, die Zentrale auf ihre Tüchtigkeit aufmerksam machen zu wollen. Oder hatte sich der Nationalitätenkonflikt bereits im k. u. k. Ministerium des kaiserlichen und königlichen Hauses und des Äußern eingenistet? Dort dominierten bekanntlich Herren aus Ungarn. Jedenfalls war es für den Böhmen O. Gellinek und den Wiener O. Franz nicht allzu ratsam, gegen ungarische Belange zu opponieren, und die Zerschlagung der kroatisch-serbischen Koalition gehörte nun einmal zu den großen Anliegen der ungarischen Politik, die auch Missionschef Forgách unbekümmert verfolgte.

Jedenfalls achtete man am Ballplatz der warnenden Stimme nicht. Auch vom kommenden Prozeß, der Klage gegen Dr. Friedjung, nahm kaum jemand Notiz, nicht einmal der Minister. Er stand auf dem Standpunkt, der Prozeß gehe ihn nichts an. Das klingt unglaubwürdig, doch dürfte es sich so verhalten haben, dafür spricht Minister a. D. Dr. Josef Maria Baernreither, der den Friedjung-Prozeß mitmachte und half, durch einen Vergleich den glimpflichen Abschluß herbeizuführen. Über Aehrenthal sagte Baernreither, er habe Friedjung „mißbraucht[5]". Jedenfalls mißachtete Graf Aehrenthal die öffentliche Meinung und deren „Macher". Der Historiker Friedjung betätigte sich auch journalistisch, mehr als es sonst in seinen Kreisen üblich war. Dabei war Friedjung weder wendig noch anpassungsfähig, er vertrat allzu aufrecht seinen Standpunkt, immer und jederzeit, auch gegenüber einem König. Das bereitete dem Ballplatz wenige Wochen vor dem Prozeß Arbeit und Mißvergnügen und brachte Friedjung in den Verdacht, im deutschen Auftrag die Beziehungen zwischen Großbritannien und Österreich-Ungarn stören zu wollen. Anlaß war der englische Königsbesuch im August 1908 in Ischl[6].

Auch dem Grafen Aehrenthal gegenüber glaubte Dr. Friedjung seinen Standpunkt wahren zu müssen, als dieser öffentlich erklärt hatte, die Belgrader Dokumente hätten auf seine Politik keinen Einfluß gehabt, auch nicht auf den Entschluß zur Annexion Bosniens und der Herzegowina.

In einer schriftlichen Darstellung erinnerte der Gelehrte den Grafen, daß er ihm anvertraut hätte, illegale Verbindungen zwischen kroatischen und serbischen Politikern hätten „zur Klärung der Stellung Bosniens" beigetragen. Die erwähnten Dokumente hätten das „Gerüst" des Artikels vom 25. März 1909 geliefert, der Minister persönlich habe ihn vor der Drucklegung gelesen, die Gedankengänge gebilligt, die Veröffentlichung veranlaßt und er habe auch die Vorlage vor Gericht genehmigt. Allerdings sehe er sich nicht genötigt, schloß Dr. Friedjung seine Ausführungen, „im gegenwärtigen Zeitpunkt" in die öffentliche Diskussion einzugreifen. Wohlgemerkt: im gegenwärtigen Zeitpunkt[7]. Das peinliche Schreiben wurde mit folgendem Amtsvermerk versehen: „Seiner Exzellenz Herrn Minister vorgelegt, der nichts zu verfügen befand."

Graf Aehrenthal war nun in eine Zwickmühle geraten. Hier der „mißbrauchte" Dr. Friedjung, der ihm deutliche, allzu deutliche Briefe schrieb, dort ein ebenso gereizter Gegner, der Reichsratsabgeordnete Professor Masaryk, auf den die Tschechen hörten, der ausgezogen war, der Wahrheit und Gerechtigkeit zu dienen und zu diesem Zweck ungeniert enge Beziehungen mit Belgrader Politikern angeknüpft hatte.

Belgrad reagierte diesmal anders als nach der Annexion. Die Zeitungen höhnten und tobten, die Regierung dagegen hielt sich zurück, blieb vornehm; der Außenminister drückte sogar seine Freude über den friedlichen, niemanden verletzenden Ausgang des Prozesses aus, er werde bald vergessen sein, meinte er, vielleicht diene er sogar dazu, die gegenseitigen Beziehungen zu erleichtern[8]. Diesen Eindruck empfand Forgách beim Neujahrsball des serbischen Hofes. Befriedigt meldete er, Pašić, der Ministerpräsident, und Dr. Milovanović, der Außenminister, sowie Generalsekretät Dr. Spalajković, alle drei, hätten ihm spontan ihre angebliche große Freude über sein Verbleiben in Belgrad ausgedrückt[9]. Pašić machte eine Bemerkung über die Zügellosigkeit der Belgrader Presse, die auch die serbische Regierung nicht bändigen könne. Das waren Worte der Beruhigung über den unverschämten Artikel in der *Politika*, mit dessen Chefredakteur Ribikar Professor Masaryk die Verbindung aufgenommen hatte. Die Zeitung hatte Friedjung einen „alten Hebräer" genannt. Nun verlangte sie „aus Gründen des internationalen Anstandes" die Abberufung des Grafen Forgách, setzte aber hinzu, „eigentlich sei man froh, daß ein so dummer, ungeschickter, naiver und blinder Mensch die Monarchie in Serbien vertrete[10]".

Im k. u. k. Außenministerium war man jetzt entschlossen, sich über die Dokumente ein „abschließendes Urteil" zu bilden, festzustellen, ob sie als „echt oder wenigstens auf einer genügend ernsten Grundlage beruhend, betrachtet werden können". Deshalb wurde Graf Forgách aufgefordert, die Gründe zu nennen, welche ihn veranlaßt hatten, „für die Authentizität der Dokumente einzutreten". Ferner verlangte nun Graf Aehrenthal „pro formo interno" detaillierte amtliche Informationen, wie die Gesandtschaft mit dem „als Mittelsperson genannten Stefanović in Berührung gekommen sei" und die Ansicht des Gesandten über dessen Verschwinden sowie darüber, weshalb Stefanović auf den „ihm gemachten Antrag, aus Serbien zu flüchten" nicht einging[11].

Graf János Forgách antwortete, daß der inzwischen verstorbene Major Wilhelm Cvitas[12], Dragoman der Gesandtschaft, Stefanović 1907 als Konfident gewonnen und ihn nach anfänglichen Zweifeln als den besten Konfidenten bezeichnet hatte, der überhaupt beschaffbar wäre. Sein Material wurde zwei Jahre hindurch vom hohen Ministerium, dem gemeinsamen Finanzministerium und vom Evidenzbureau des Generalstabes „sehr günstig eingeschätzt und als interessant und informativ wertvoll betrachtet". Forgách meinte, daß sich die Authentizität des Materials auch heute noch manchmal in auffallender

Weise bewähre. Möglicherweise habe Stefanović, der als Sekretär selbst die Originale schrieb, oft aber daran gehindert war, sie aus dem Archiv wegzutragen, für die Gesandtschaft ein zweites „Original" angefertigt, um schnell zu Geld zu kommen, und die Unterschriften hinzugesetzt. Graf Forgách klagte, daß ein so „bedeutender und gewiegter Historiker wie Dr. Friedjung nicht begriffen habe, daß Konfidentenmaterial, sei es nun falsch oder echt, am Gerichtstisch nichts zu suchen hätte. Mit ihm lasse sich nie ein vollgültiger Wahrheitsbeweis liefern, besonders nicht in diesem Falle. Auf der einen Seite war ein verabredetes, leichtes, von einem ganzen offiziellen Apparat unterstütztes Leugnen zu erwarten. Die österreichischen offiziellen Stellen mußten aus politischen Gründen schweigen, obwohl sie allein authentische, beweiskräftige Erklärungen hätten abgeben können. Sie mußten sich ablehnend verhalten, weil sie nicht das Odium auf sich nehmen konnten, mit Konfidenten zu arbeiten und Konfidentenmaterial zu publizieren[13]."

Stefanović dürfte aus Angst, in eine Falle gelockt zu werden, nicht geflüchtet sein, meinte Forgách, dann stellte er fest: „Er, Stefanović, weilt gegenwärtig *unbehelligt* in Belgrad ... nie vernahm man, daß einer von den vielen Milan Stefanović (86 angemeldete!) vorgeladen worden wäre[14]." Sechs Wochen später meldete er sich, nicht in der Gesandtschaft, sondern drüben über der Save und der Grenze, auf österreichisch-ungarischem Gebiet, in Semlin. Dem dortigen Polizeikommissär erklärte er, er wolle nach Wien fahren, denn seine Absicht sei es, „die Richtigkeit seiner Dokumente zu beweisen[15]". Aehrenthals Weisung: Stefanović an Weiterreise nach Wien hindern, eventuell über die Grenze schaffen lassen[16]. Mit seiner Rückkehr nach Belgrad habe das Kapitel Stefanović seinen Abschluß gefunden, so glaubte man in Wien. Dem war aber nicht so.

4. Vasić und Masaryk

Im Sommer 1910 hatten sich die Gemüter wieder beruhigt. Der serbische Außenminister Dr. Milovanović versicherte in Marienbad dem Grafen Aehrenthal, „sein König hege den sehnlichsten Wunsch, durch sein persönliches Erscheinen vor dem Herrscher der Nachbarmonarchie in solenner Weise zu bekunden, daß die normalen politischen Beziehungen wiederhergestellt und ein reges wirtschaftliches Verhältnis der beiden Staaten durch den Abschluß eines Handelsvertrages angebahnt werden könne[1]". Eine Annäherung der Dynastien hätte tatsächlich zu einer friedlicheren Entwicklung führen können. Im Frühjahr hatte der Erbprinz von Montenegro, Danilo, zum k. u. k. Vertreter in Cetinje gesagt: „Schreiben Sie dem Thronfolger (Franz Ferdinand), daß ich ihm schwöre, er sei die erste und einzige Persönlichkeit, welche ich in dieser Sache (Erhebung Montenegros zum Königreich) um Rat bitte, für mich existiert weder der Kaiser von Rußland, noch der König von Italien, noch ein anderer Souverän... Wenn uns Gott das Leben schenkt[2], so wird der Erzherzog einmal Kaiser und König und ich sein Nachbar; sagen Sie auch dem Erzherzog, daß ich nicht nur diesmal, sondern während meines ganzen Lebens, in allen politischen Aktionen, seine Ansicht erbitten, und dann erst handeln werde[3]."

János Forgách hielt damals „ersprießliche Beziehungen" zu Serbien für durchaus möglich, instruktionsgemäß arbeitete er an ihrer Verbesserung. Sogar mit Generalsekretär Spalajković kam es zu einem „vertraulichen, freundschaftlichen Gespräch" über „verdächtige Individuen", welche die schon der Vergangenheit angehörenden Prozesse in Cetinje, Agram und Wien benützen könnten, um Erpressungen zu verüben[4]. So verhindere man von der serbischen Regierung unterstützte „Enthüllungen" ehemaliger Konfidenten, meinte Forgách[5]. Über Stefanović selbst schrieb er, er habe dessen häufige Bitten um Schweigegeld nicht beachtet, denn Veröffentlichungen seinerseits wären jetzt „vollkommen gleichgültig[6]".

Damit spielte der Graf auf die „Enthüllungen" an, die schon sechs Wochen vor seiner Aussprache mit Spalajković ein Journalist unter dem Titel *Hinter den Kulissen der österreichischen Diplomatie* zum Preise von Dinar 1,50 angekündigt hatte. Die Sensation war ein Kapitel über die „geheime Wühlarbeit der österreichischen Gesandtschaft in Belgrad". Als Verfasser empfahl sich ein gewisser Vladimir Sergian Vasić[7].

Doch die Broschüre erschien nicht. Zum Schaden des Gesandten Forgách, und zum Schaden der österreichischen Diplomatie, wie sich später herausstellte. Nicht die serbische Regierung hatte sich des Manuskripts bemächtigt, es war in die Hände eines gefährlicheren Gegners gefallen, der dem Verfasser das Manuskript seiner Broschüre und der serbischen Regierung den Kampf abnehmen sollte. Durch ihn erhielt sie die richtige Resonanz, durch ihn wurde ihr Inhalt von allen Zeitungen wiedergegeben, die auf das Geschreibsel eines kleinen unbekannten Schmierers sonst gar nicht geachtet hätten. Einen besseren Anwalt hätte Vasić nicht finden können. Die Belgrader erfuhren die Sensation, auf der Straße, durch Extraausgaben. Da stand zu lesen, der berühmte Professor Masaryk habe in den österreichischen Delegationen gesagt: „... wie ist es möglich, daß wir in Belgrad einen Gesandten haben, der dort sitzt und nicht weiß, was in Belgrad vor sich geht?" Und im Zusammenhang mit dem Friedjung-Prozeß, den Forgách schon vergessen wähnte: „Man wird vielleicht sagen, ja, das Ministerium des Äußern habe sich düpieren lassen, auch Graf Forgách wurde düpiert, das bewirkte den Irrtum des Grafen Aehrenthal; Irren ist menschlich, jeder kann betrogen werden... Doch, meine Herren, die Sache ist nicht so einfach... Graf Forgách und das Ministerium haben sich nicht hineinlegen lassen. Die Fälschungen entstammen der k. u. k. Gesandtschaft in Belgrad...", wörtlich: „entstammen der k. u. k. Gesandtschaft". Herr von Swietochowski, Sekretärinterpret der Gesandtschaft, hat die Aufgabe gehabt, zusammen mit Vasić die Dokumente herzustellen, das heißt, Vasić mußte die ihm vorgelegten Aktenstücke, die von Kroatismen wimmelten, „serbisieren". Auch der Gesandte Forgách hat von der Fälscherarbeit gewußt, er hat mit Vasić verkehrt und ihm eine Karriere in Wien versprochen. Masaryk sagte dann noch: „Als ich von diesen Dingen erfuhr, bin ich unlängst nach Belgrad gegangen, um die Sachen... noch persönlich zu überprüfen. Ich habe mir selbstverständlich die möglichste Mühe gegeben, und das, was ich vorbringe, ist *absolut sicher*[8]."

Auf die Extraausgabe mit Masaryks Erklärungen folgte eine zweite der Belgrader *Politika* mit dem Riesentitel: „Die Fälschung ist erwiesen!" Dies durch einen Tatzeugen, einen 24jährigen Mann mittlerer Statur, mit blondem Schnurrbart, der, nachdem er das Extrablatt mit Masaryks Rede gelesen hatte, zum Belgrader Polizeidirektor vordrang, sich auf die Brust klopfte und zu ihm sagte: „Ich, Milan Vasić, bin jene Persönlichkeit, auf die sich Professor Masaryk berief, ich bin der Mann, der dem Grafen Forgách und den Beamten der österreichisch-ungarischen Gesandtschaft beim Fälschen der Friedjung-Dokumente half."

Vasić, der „Fälschergehilfe", wurde festgenommen, und die *Politika* forderte, man solle ihm Gelegenheit geben, vor Gericht auszusagen. Darüber, wie die Fälschungen in der Gesandtschaft fabriziert wurden, die dazu dienen sollten und auch dazu dienten, die Serben in Kroatien zu verfolgen, zu verhaften und zu martern, ferner Serbiens Dynastie und Regierung gefährlicher Umtriebe zu beschuldigen. Graf Forgách, der sein Gesandtschaftspalais in eine ordinäre Fälscherwerkstätte verwandelte, solle aus Belgrad verschwinden, aber schleunigst.

Regierung und Öffentlichkeit werden ihm Beine machen. Außerdem ist es höchst fraglich, ob Belgrads diplomatisches Korps einen Doyen haben kann, der sich derartige Machinationen zuschulden kommen ließ[9].

Forgách ergänzte diese Beschimpfung, die er dem Ministerium in Wien nicht vorenthielt, durch die Feststellung: „Ich vermute allerdings, daß das sich jetzt Vasić nennende Individuum mit dem ehemaligen Sekretär Stefanović identisch ist." Der Gesandte hob das sensationelle Aufsehen, das die Nachricht erregte, hervor, auch den Jubel aller feindlich gesinnten Elemente. „Das Ganze dürfte", so Forgách, „eine von Masaryk und gewissen Kreisen inszenierte Theaterkomödie sein[10]." Zu den gewissen Kreisen zählten seinen Informationen nach Prof. Marković und als Drahtzieher im Hintergrund: Generalsekretär Spalajković.

Komödie, allerdings, doch keine Theaterkomödie! Der serbische Außenminister beruhigte Forgách mit dem Hinweis, man hätte die Affäre ruhen lassen sollen, nun aber sei Masaryk gekommen, um, wie er sich ausdrückte, „Österreichs Diplomaten zu enthüllen[11]". Ministerpräsident Pašić fand die ganze Geschichte lächerlich, er bekäme ständig solche Berichte, wie Vasić sie den Österreichern geliefert habe. Leider habe Vasić, dieser Kerl, jetzt ein „Relief" erhalten. Das sei allerdings nicht seine Schuld, sondern die des Herrn Masaryk, erst durch ihn habe sich Vasić zu einer „großen Unannehmlichkeit" entwickelt[12].

Die Serben hatten sich mit dieser großen Unannehmlichkeit schnell abgefunden. Seit 11 Monaten, also seit dem Friedjung-Prozeß, wußte die Belgrader Polizei von diesem geheimnisvollen Stefanović, der mit einer fremden Gesandtschaft in Kontakt stand und sie mit Staatsgeheimnissen, falschen und echten, belieferte. Man ließ ihn gewähren. Sogar auf serbischer Seite wird zugegeben, daß Stefanović-Vasić schon seit Wochen überwacht wurde, doch man wartete, bis er Selbstanzeige erstattete.

Im allgemeinen waren die Serben in der Abwehr des österreichisch-ungarischen Kundschaftsdienstes auf Draht. Wenn sie etwas ernst nahmen, so das. Es war gar nicht lange her, im April 1909, daß sie im Boden einer Schnurrbartbürste des Handelsagenten Müller Chiffrenachrichten fanden. Müller wurde zunächst zu 5, dann zu 16 Jahren verurteilt, er starb im Kerker, der mit ihm in Verbindung stehende k. u. k. Militärattaché mußte Belgrad verlassen.

Stefanović-Vasić genoß serbischerseits Spionagefreiheit. Fast ein Jahr lang hätte er Gelegenheit gehabt, sich über die Grenze abzusetzen, denn österreichischerseits bot man ihm eine Existenz, sogar die Möglichkeit zum Studium[13]. Von einer Reise nach Agram kehrte er nach Belgrad zurück. Vasić, der serbische Patriot, zog den gemütlichen heimatlichen Kerker der Sicherheit in der Fremde vor.

Der geheime Prozeß gegen den „Verräter" Stefanović-Vasić begann am 22. Dezember 1910, nachdem die „Affäre die europäische Diplomatie und Presse volle sechs Wochen in Atem gehalten hatte". Das heißt, der Wirbel begann mit Masaryks Ankunft und der der Hauptverteidiger im Agramer Prozeß. Die Bevölkerung bereitete diesen „willkommenen Gästen stürmische Ovationen, wo sie sich zeigten, brausten begeisterte Hochrufe auf, bei ihrem Eintritt in Gasthäuser erklang die slawische Hymne, im Belgrader Nationaltheater kam es, anläßlich einer Obićfeier zu einer großen Manifestation slawischer Solidarität[14]".

In dieser Atmosphäre tagte das Gericht gegen den angeklagten „Spion". Doch war er wirklich der Angeklagte? Nicht der verhaßte Graf János Forgách? Der Erpresser Vasić war eigentlich Kronzeuge. Und der eigentliche Ankläger war, wenn man es genau nimmt, der „interessierte Besucher" Prof. Masaryk. Er hatte schon Wochen vor der Selbstbezichtigung die Verbindung mit Vasić aufgenommen, ihn instruiert und ihm dabei, wie bereits erwähnt, die Broschüre *Hinter den Kulissen der österreichischen Diplomatie* abgenommen. Masaryk glaubte dem Vasić aufs Wort, nicht anders wie Forgách dem Stefanović geglaubt hatte. Unter dem Beifall der serbischen Öffentlichkeit schilderte der „Angeklagte" die Technik der angeblichen Aktenfälschungen: „Der Gesandtschaftsdragoman von Swietochowski verfertigte aus Elaboraten, welche in deutscher Sprache abgefaßt und in Maschinschrift ausgefertigt waren, Übersetzungen ... und zwar in einem fehlerhaften, mit Kroatismen vermengten Serbisch, ... Diese schlechten Übersetzungen übertrug ich in eine reine serbische Sprache. Bei den gefälschten Protokollen des ‚Slovenski Jug' unterzeichnete ich als ‚Sekretär Stefanović'. Die übrigen Unterschriften wurden nach ausgeschnittenen Originalunterschriften teils von Swietochowski, teils von mir hinzugefügt. Graf Forgách wohnte mehrmals der Arbeit bei und kontrollierte sie. Die in deutscher Sprache abgefaßten Urtexte entstammten dem ‚Geheimarchiv des Grafen Forgách'."

In der österreichisch-ungarischen Monarchie lebten zwei Millionen Serben. Das Evidenzbureau des k. u. k. Generalstabes verfügte über hochqualifizierte Mitarbeiter serbischer Nationalität. Auch bei den zivilen Dienststellen bestand kein Mangel an serbischsprachigem

Personal. Lächerlich zu glauben, irgendeine k. u. k. Behörde, noch dazu eine Gesandtschaft, hätte sich von der Gasse einen Außenseiter geholt und durch ihn die „Reservatstücke" serbisieren lassen. Dafür hatte man andere Leute, Vasić war nicht vereidigt, stand in keinem Beamtenverhältnis, war auch sonst in keiner Weise abhängig, wurde für Konfidentendienste entlohnt, kam mit Material, schrieb es nieder, brachte Dokumente (falsche und echte), die er zurückgeben mußte und die er selbst abschrieb oder die abgeschrieben oder photographiert wurden. Acht Minuten mit der Eisenbahn, jenseits der Savebrücke, war ungarisches Gebiet. Wäre das nicht ein günstigerer Platz zur Errichtung einer Fälscherwerkstätte gewesen?

Die Anklage warf Stefanović-Vasić vor, an der Anfertigung von Dokumenten mitgewirkt zu haben, und zwar von Dokumenten, die im Friedjung-Prozeß als Beweismittel dienten. Vasić' „Helfershelfer" (Forgách, Swietochowski, ein Kanzleirat Tiefenbach), vom Angeklagten namentlich angeführt, konnten „nicht zur Verantwortung gezogen werden". Vasić' Delikt: Hochverrat, und zwar, wie es hieß. „Hochverrat besonderer Art". Das Urteil: 5 Jahre Zuchthaus.

Nach serbischer Auffassung waren die Dokumente falsch, auch inhaltlich. Also hatte Vasić an der Fabrikation von Unwahrheiten teilgenommen oder, mit anderen Worten, Lügen verraten. Daß auch dies strafbar war, bewies ein Gutachten des serbischen Außenministeriums, in dem ausgeführt wurde, die Erstattung von Berichten an eine fremde Mission schädige, ohne Rücksicht, ob sie erlogen sind oder nicht, die Staatsinteressen[15]. „Vasić' Geständnis hatte die Kraft der vollen Wahrheit", hieß es in der Urteilsbegründung. Dies war der serbische Standpunkt und nimmt niemand wunder. Daß aber auch Masaryk die Aussagen einer bezahlten Kreatur für ernst nahm, ist erstaunlich. Vasić sprach „auch im Detail die Wahrheit" verkündete der Professor einer weltweiten Öffentlichkeit, die ihm auf Grund seiner Autorität glaubte. Und diese Wahrheit besagte: Der Dragoman Swietochowski habe unter Aufsicht des Grafen Forgách und mit Wissen des Außenministers Aehrenthal die Falsifikate hergestellt[16].

Masaryk rühmte sich in einem Vortrag, den er im Klub der tschechisch-fortschrittlichen Partei in Prag hielt, die Affäre gründlichst untersucht zu haben, und zwar vor der Verhandlung. Mit Hilfe seines „Freundes", des großserbischen Professors Božidar Marković, des Zeugen im Friedjung-Prozeß, fand Masaryk den Konfidenten Stefanović-Vasić, was den gefinkelten Spionageschnüfflern der Belgrader Polizei nicht gelungen war. Er, Vasić, hatte gerade wieder einmal einen Erpressungsversuch an der k. u. k. Gesandtschaft hinter sich. Masaryk über seine Untersuchung auf serbischem Boden: „Vor zwei Zeugen (wer diese waren, sagt er nicht!) verhörte ich Vasić durch anderthalb Stunden ... dieses Verhör genügte mir vollständig, ich sah, es sei richtig, was er sagt ... ich konfiszierte Vasić' Broschüre (das Manuskript seiner Enthüllungen) ... ich habe sie hier in Prag, ich wollte nicht, daß sie vorzeitig erscheine[17]."

Wörtlich: „Ich konfiszierte ...". In Gegenwart zweier Zeugen! Mit welcher Erlaubnis? Mit Erlaubnis der Belgrader Polizei? Höchst unwahrscheinlich, daß Masaryk ohne ihre Zustimmung Beweismittel außer Landes brachte, im Hochverratsprozeß Vasić lagen sie nicht vor.

Rückschauend meinte Masaryk: „Ich führte die Untersuchung mit peinlichster Logik[18]." Eine spätere Betrachtung seines Vorgehens erweckt allerdings den peinlichen Eindruck, daß der Führer der Realistenpartei in diesem Falle seinen kriminalistischen Scharfsinn überschätzte, daß hier ein aufrechter Vertreter edler Humanität, daß ein „Gerechter" tschechischer Nationalität in seiner politischen Kampagne gegen das „ungarnhörige" Wiener Außenministerium auf Abwege geraten war.

Kam Masaryk nicht zum Bewußtsein, in welchem Ausmaß in diesem Verfahren die Gegenseite gehandikapt war? Daß sie gar nicht zu Worte kam und auch gar nicht zu Worte kommen wollte? Sie konnte sich doch nicht in den Belgrader Prozeß einschalten. Alle Mächte trieben Spionage, alle hielten Konfidenten, aber sich dazu bekennen, das tat keine.

Im Falle Vasić irrte sich Masaryk gründlich. Und dieser Irrtum hatte Folgen, sogar weitreichende, weil der Prager Professor für die südslawische Jugend ein Idol und eine Autorität ersten Ranges war, weil er im Westen als der „Philosoph des Demokratismus" galt und man ihm das „wahre und tiefe Pathos sittlichen Bewußtseins[19]" zusprach.

In seinem Prager Vortrag nannte Masaryk die Gründe, weshalb er im Vasić-Prozeß eingegriffen habe, er sagte: die Ehre Österreichs verlange, daß hier Ordnung gemacht werde.

Der Serbe Dušan Lončarević war anderer Ansicht, er fand, gerade die Aufdeckung der Dokumentenfälschung habe die Frage der jugoslawischen Einheit in ganz Europa popularisiert. „Die europäische Öffentlichkeit wurde mit eingehenden Darstellungen der Geschichte und der wirtschaftlichen und politischen Lage geradezu überschwemmt. Zur Hebung des Nationalbewußtseins trugen die drei politischen Skandal-Prozesse am meisten bei ... sie vernichteten

den moralischen Kredit der habsburgischen Monarchie nahezu[20]..."
Sogar in der feierlichen Proklamation der tschechischen Unabhängigkeit verzichtete Masaryk nicht auf die Lüge von den gefälschten Dokumenten. Am 14. November 1915 verkündete er: „Heute herrscht nirgends ein Zweifel darüber, daß Österreich-Ungarn das Sarajevoer Attentat ganz unberechtigterweise gegen Serbien ausgenützt hat ... Wien und Budapest haben sich nicht gescheut, gegen die Südslawen falsche Dokumente zu benützen, welche von der eigenen Botschaft hergestellt wurden, und in dieser Politik der Falschheit schreiten Wien und Budapest auch in diesem Krieg fort[20a]."

In Masaryks Broschüre über den Vasić-Prozeß, die als Grundlage für Hunderte Zeitungsartikel in Serbien und im Westen diente, hieß es: „Und soweit es den Thronfolger anlangt, so waren leider die *Reichspost* und einige Herren aus diesem Kreise indiskret genug, ... *fast* direkt zu sagen: ‚Ja, der Thronfolger war derjenige, der die Dokumente gutgeheißen hat[21].'"

Im serbischen Volk festigte sich nun die Vorstellung immer mehr, der eroberungslustige Thronfolger habe nicht nur die Annexion betrieben, er habe sich mit Fälschern abgegeben, nur um Serbien überfallen zu können. 1914, nach dem Mord von Sarajevo, brachte die französische Zeitung *Temps* den Leserbrief eines serbischen Politikers: „... Alles, was gegen die Serben geschehen konnte, wurde von dem Erzherzog ausgedacht." Diesen Brief brachte dann die auch in Serbien bekannte Wiener *Zeit*[22], das Blatt des Herrn Heinrich Kanner, der in seinem vielgelesenen Buch *Kaiserliche Katastrophenpolitik* den „schamlosen Fälscherpraktiken des Ballhausplatzes" viel Platz einräumte[23].

Nach Masaryk und nach der serbischen Meinung sollten durch Falschinformationen der Kaiser, zögernde Kabinettsmitglieder und schwankende Politiker von der Notwendigkeit der Annexion überzeugt werden. Ferner sollten in der „diplomatischen Fälscherzentrale" Unterlagen hergestellt werden, die geeignet waren, die im Agramer Landtag dominierende kroatisch-serbische Koalition zu sprengen. Doch damit nicht genug, die Unterlagen sollten dazu dienen, das verhaßte ungarische Regime in Kroatien zu festigen und

DIE OPFER

Rechts: Die letzte Aufnahme des Erzherzogs Franz Ferdinand und seiner Gattin Sophie, Herzogin von Hohenberg, auf Schloß Chlumetz unmittelbar vor ihrer Abreise nach Sarajevo.

DIE VERSCHWÖRER
Oben: Gavrilo Princip *(rechts)*, Djuro Šarac *(Mitte)* und Trifko Grabež im Mai 1914 in den Parkanlagen des Belgrader Kalimegdan. Šarac war Leibwächter des Komitadžiführers Tankosić und dessen Verbindungsmann zu den Attentätern.
Rechte Seite: Generalstabsoberst Dragutin Dimitrijević, genannt „Apis". Leiter der Geheimorganisation „Vereinigung oder Tod", auch als „Schwarze Hand" bekannt. Apis war zeitweise der mächtigste Mann Serbiens, er war der Inszenator des Attentats von Sarajevo.

KOMITADŽI UND ATTENTÄTER

Oben: Serbische Komitadži mit ihrem Führer, Major Voja Tankosić (x). Komitadži waren Freischärler, ihr Name leitet sich von dem „Komitee" ab, das in den Balkankriegen die Führungsstelle der gegen die Türken kämpfenden Freischärler war. Major Tankosić lieferte den Sarajevo-Attentätern die Mordwaffen.

Rechte Seite: Major Milan Vasić *(oben links)* plante schon 1911 einen Anschlag auf den Thronfolger Österreich-Ungarns. Er gehörte der Zentralleitung der „Schwarzen Hand" an und war Sekretär des legalen Kulturvereines „Narodna Odbrana", deren Mitglieder – manchmal ohne ihr Wissen – für die „Schwarze Hand" oder den Serbischen Generalstab arbeiteten. Muhamed Mehmedbašić *(oben rechts)*, der einzige bosnische Mohammedaner, der am Attentat teilnahm. Es gelang ihm, nach Montenegro zu flüchten; 1916 wurde er mit einem Mordauftrag nach Athen entsandt. Major Voja Tankosić *(unten links)*, Führer aller Komitadži-Einheiten. Er fiel zu Kriegsbeginn im Kampf gegen österreichisch-ungarische Truppen. Milan Ciganović *(unten rechts)*, Verbindungsmann zu Tankosić, Spitzel des Regierungschefs Pašić.

IM MANÖVERGELÄNDE

Oben: Bei Tarčin in der Nähe des Ivan-Passes, an der Grenze zwischen Bosnien und der Herzegowina: Erzherzog Franz Ferdinand *(Mitte)*, Oberst Dr. Bardolff und *(rechts)* Armeeinspektor Feldzeugmeister Oskar Potiorek.
Unten: Das Thronfolgerpaar samt Begleitung im Auto vor Beginn der Fahrt durch Sarajevo.

VOR DEM RATHAUS VON SARAJEVO

Oben: Nach dem mißlungenen Bombenattentat: Die Honoratioren der Stadt verabschieden sich von dem Thronfolgerpaar; Graf Harrach auf dem linken Trittbrett des Autos, um den Erzherzog „mit seinem Leibe zu decken".
Unten: Das Auto des Thronfolgers auf der Fahrt zum Schillereck, unmittelbar vor dem Attentat Princips.

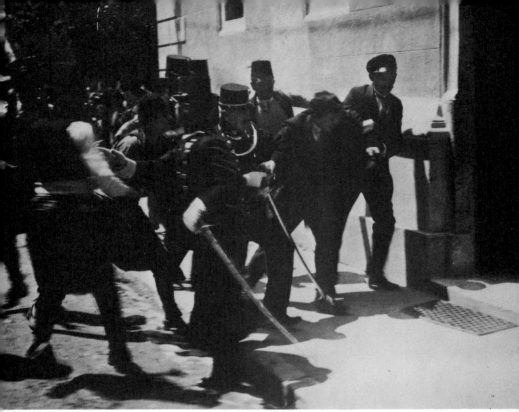

DAS ATTENTAT

Linke Seite, oben: Die Ermordung Franz Ferdinands und seiner Frau Sophie, wie sie sich ein zeitgenössischer Pressezeichner vorstellte. Die Situation ist richtig wiedergegeben, Einzelheiten, wie etwa Uniformen etc., sind falsch.

Linke Seite, unten: Der Appelquai nach dem Attentat. Hier hatte Čabrinović seine Bombe geworfen; am „Schillereck", links bei der Einmündung der Brücke (damals Lateiner-, heute Principbrücke), schoß eine halbe Stunde später Gavrilo Princip.

Oben: Princips Freund, der Student Ferdo Behr, wird festgenommen. (Das Bild wird häufig fälschlich als die Verhaftung Princips ausgegeben.)

Rechts: Grabež, Čabrinović, Ilić und Princip werden zur Gerichtsverhandlung geführt.

VOR DEM KREISGERICHT VON SARAJEVO

Oben: Am 12. Oktober begann die Verhandlung gegen Princip und 24 Mitangeklagte. In der ersten Reihe *(von links nach rechts):* Grabež, Čabrinović, Princip, Ilić und Veljko Čubrilović.

VOLKSZORN GEGEN DIE SERBEN

Linke Seite: Nach der Ermordung des Thronfolgerpaares kam es in Sarajevo – aber auch an anderen Orten – zu heftigen Ausschreitungen: In wildem Zorn zerstörten katholische und mohammedanische Bosnier die Geschäfte und Wohnungen orthodoxer Bosnier, die man für Serbenfreunde hielt. Das Bild oben zeigt den zertrümmerten Wagenpark des Bankiers Jeftanović, den man den „serbischen Vizekönig" nannte.

DIE HINGERICHTETEN

Princip und Čabrinović entgingen der Todesstrafe, weil sie noch nicht volljährig waren. Jedoch wurden drei andere Angeklagte zum Tode verurteilt und im Februar 1915 hingerichtet: Veljko Čubrilović *(links unten)*, Lehrer, Vertrauensmann der „Narodna Odbrana" in Priboj. Er half beim Transport der Pistolen und Bomben; Danilo Ilić *(links oben)*, der „Hadschi", Organisator des Attentats; Miško Jovanović *(rechts oben)*, in Sokoluniform, Vertrauensmann der „Narodna Odbrana", übergab die Waffen in Doboj an Ilić. Schickte als Sokolobmann nach dem Attentat ein Beileidstelegramm an den Kaiser.

DER KÖNIG UND DER KRONPRINZ

Oben: König Peter I. bei der Übergabe einer Regimentsfahne. Links hinter dem König sein Sohn Alexander, der am 24. Juni 1914 die Regentschaft übernahm.

Unten: Der k. u. k. Legationsrat von Storck, 1913 Geschäftsträger in Belgrad, gratuliert Kronprinz Alexander anläßlich des Sieges der Serben über die Bulgaren.

POLITIKER UND DIPLOMATEN

Linke Seite: Der russische Gesandte Hartwig *(Bild oben)* im Kreise der Offiziere der Garnison von Belgrad. Neben dem Gesandten Kronprinz Alexander *(rechts)* und links der russische Militärattaché, Oberst Artamanow. – Nikola Pašić *(links unten),* sechsmal Ministerpräsident Serbiens, zuletzt von 1912 bis 1920 und von 1921 bis 1926. Das Volk nannte ihn den „Glücklichen", weil ihm alles zu gelingen schien. Jedenfalls überspielte er die Diplomaten der Monarchie. – Der Außenminister Montenegros, Peter Plamenac *(rechts unten)* spielte 1914 mit Pašić zusammen, beschuldigte ihn jedoch 1917, durch das Attentat von Sarajevo den Weltkrieg verschuldet zu haben.
Jovan Jovanović *(oben links),* serbischer Gesandter in Wien, behauptete, vor dem Attentat gewarnt zu haben. – Graf J. Forgách *(oben rechts),* k. u. k. Gesandter in Belgrad 1911; 1914 der Experte des Ballhausplatzes für Serbien. – Dr. Miroslav Spalajković *(rechts),* serbischer Gesandter in St. Petersburg, fanatischer Feind Österreich-Ungarns.

SERBISCHE ANKLÄGER

Oben links: Dr. Ljuba Jovanović, 1914 Minister im Kabinett Pašić, beschuldigte ebenso wie der Jusstudent Mustafa Golubić *(oben rechts)* den Ministerpräsidenten Pašić und den Kronprinzen Alexander, über das Attentat von Sarajevo genau unterrichtet gewesen zu sein und 1917 die Hinrichtung des Obersten „Apis" durch gefälschte Anklagen bewirkt zu haben. – Dr. Miloš Bogičević *(links)*, 1914 serbischer Geschäftsträger in Berlin; veröffentlichte nach Kriegsende Aktensammlungen, die Pašić und Alexander ebenfalls schwer belasteten. Die Belgrader Presse nannte ihn den „Erzverräter".

sich in Hochverratsprozessen unbequemer Politiker zu entledigen. Es besteht kein Grund, die Geschehnisse in der Belgrader Gesandtschaft unter der Ägide des Grafen Forgách zu beschönigen. Daß sein Verhalten Kritik hervorrief, ist begreiflich. Sie wurde ihm auch zuteil. Während Masaryk die Legende von der Fälscherwerkstatt in die Welt setzte, machte der junge Reichsratsabgeordnete und sozialdemokratische Theoretiker Karl Renner Aehrenthals Außenpolitik schärfstens herunter, ohne dabei den Grafen Forgách zu schonen: „... daß ein Diplomat im zwanzigsten Jahrhundert auf einen so plumpen Schwindel hereinfallen kann ... man hat da unten Spitzel bezahlt ... aber man kann nur fragen: Dafür, für solche Ware, für solche Unsinnigkeiten ... Man hat die Annexion in einer Form durchgeführt ... als ein frivoles Spiel mit unserer Reputation in Europa[24] ..."

Das war der Standpunkt eines gemäßigten Sozialdemokraten, der nicht gegen die Annexion an sich, sondern gegen ihre Durchführung Sturm lief. Masaryks Fälscherlegende übernahm Renner nicht.

Graf Forgách war kein Fälscher, aber es mangelte ihm als ungarischem Chauvinisten an Objektivität, das kann nicht geleugnet werden. Der Führer der kroatisch-serbischen Koalition in Agram war für ihn das rote Tuch. Seiner Exzellenz, dem Minister in Wien, gestand er einmal offen seine Auffassung: „Die Bloßstellung Supilos paßt in meine eigene innenpolitische Überzeugung." Und als es um die Versorgung des Konfidenten Stefanović-Vasić ging, als man mit seiner Flucht nach Österreich rechnete, meinte der Gesandte zynisch: „Für die Kompromittierung der Koalition kann ihn Banus Rauch gut versorgen[25]." Das war der berüchtigte Banus Rauch, der „Inquisitor" Rauch, der durch seinen magyarophilen Kurs den Kroaten ihre Sympathien für die Dynastie austrieb.

Swietochowski, pensionierter Hauptmann und Dragoman in der Gesandtschaft in Belgrad, wurde durch eine am Ballplatz angestellte Untersuchung[26] vollkommen rehabilitiert. Für Masaryk allerdings blieb er der eigentliche Fälscher. Swietochowski wurde nach dem Krieg in die Tschechoslowakei verschlagen. Die Beschuldigung, die vor aller Welt zu Unrecht gegen ihn erhoben worden war, vergällte ihm sein weiteres Leben. Er versuchte vergeblich, von Staatspräsident Masaryk in irgendeiner Form eine Rehabilitierung zu erreichen[27].

Eine entscheidende Rolle bei der Untersuchung gegen Swietochowski spielte der Sachverständige Leonidas Čudić. Dieser Vizekonsul war ein selbstbewußter Südslawe, der seinen Namen nicht germanisieren ließ und Mitglied der serbisch-orthodoxen Kirche blieb. Nach dem Krieg wurde er vom serbischen Außenministerium übernommen und jugoslawischer Generalkonsul in Düsseldorf. Wenn das keine Garantie für die Unparteilichkeit der Untersuchung ist, was dann?[28]

Später kam Masaryk nochmals auf die gefälschten Dokumente zurück: in seinen 1927 erschienenen Erinnerungen[29]. Nun nannte er als Fälscher „magyarische Agenten". Ein Agent ist etwas anderes als ein Gesandter. Und im Falle Friedjung sprach er von einem (!) gefälschten Dokument. Und damit hat der tschechoslowakische Staatspräsident alles korrigiert, was er als österreichischer Reichsratsabgeordneter gesagt hatte. Gleichzeitig gibt er einen Hinweis, wer hinter Vasić stand. Wer also hat den direkten Nutzen aus der Diffamierung der Kroaten am Wiener Hof, bei der Regierung, beim Thronfolger Franz Ferdinand gezogen? Vor allem die radikale ungarische Unabhängigkeitspartei, die eng mit den radikalen Serben zusammenarbeitete. Beide beabsichtigten, die Südslawen der Monarchie in jeder nur möglichen Weise zu „verunsichern" und Mißtrauen zwischen dem künftigen Thronerben und dem kroatischen Volk zu säen.

Übrigens: Im Dezember 1909, als man noch nicht wußte, welche Wendung die Sache nehmen würde, schrieb das Leibblatt des Ministerpräsidenten Pašić, die *Politika*: „Die Kenner der Tätigkeit und der Bestrebungen des Slovenski Jug werden überrascht sein, wenn sie sehen werden, daß die Österreicher nichts wissen und daß die Spione (Ehre sei ihnen und Ruhm!) nur falsche und gefälschte Dokumente zugestellt haben[30]."

Was soviel heißt: Vasić sei Ehre und Ruhm! Dementsprechend wurde er auch nach seiner Verurteilung behandelt. Und wer sich heute in Belgrad nach ihm erkundigt, wird gefragt: Welchen Vasić meinen Sie? Den Milan, Major und Mitbegründer der Schwarzen Hand? Oder den Vasić-Stefanović, den bekannten Agent provocateur?

5. Abbruch persönlicher Beziehungen

Vor der Abberufung des Grafen Forgách im Sommer 1911 aus Belgrad war es zum Abbruch der Beziehungen gekommen, nicht etwa der diplomatischen zwischen der Monarchie und Serbien, sondern zum offiziellen Abbruch der Beziehungen zwischen Diplomaten. Das geschah, nachdem sich Thomas G. Masaryk neuerlich in die Niederungen politischer Journalistik begeben hatte, die er virtuos beherrschte, virtuoser jedenfalls als sein Kollege Friedjung. In seinem deutschen Sprachrohr, der Wiener *Zeit*, behauptete Masaryk, Gesandter Forgách, dessen Belgrader Position inzwischen erbärmlich (pitoyabel) geworden war, hätte aus Verzweiflung „zu sprechen begonnen". Er habe an verschiedenen Orten erzählt, nicht ihn selbst, sondern seinen Chef, den Minister Aehrenthal, treffe die volle Verantwortung für die ganze Misere. Er sei eben gezwungen gewesen zu gehorchen, doch hätte er ohnehin die Aufträge nur zu einem „Drittel" durchgeführt[1].

Damit war ein „Drittel" der Fälschungen gemeint. Wenn es auch nicht ausdrücklich gesagt war, so ergab sich das aus dem Text.

Forgách sah keinen Grund, sich zu rechtfertigen, er wies, soweit dies in einem solchen Fall möglich ist, nach, daß es sich um eine infame Intrige handle, die der russische Gesandte Hartwig und Dr. Spalajković eingefädelt hatten[2].

Doch damit nicht genug, Masaryk warf Forgách außerdem vor, er hätte in eigener Sache sogar den Dreibund* mobilisiert[3], als er den deutschen und italienischen Gesandten gebeten hatte, bei der serbischen Regierung wegen der Fälscher-Affäre zu intervenieren.

Als Quelle dieser Information nannte Masaryk eine serbische „Seite, von der ich annehmen mußte, daß sie genau informiert sei". Das war neuerlich ein Hinweis auf Spalajković. Zum Schluß und gewissermaßen als Krönung der ganzen Angelegenheit behauptete der Professor aus Prag, Minister Aehrenthal habe seinem Belgrader Gesandten in aller Eile und um ihm den Mund zu stopfen, die Würde eines Geheimen Rates verschafft[4].

Als Masaryk in den Delegationen Forgách aufs Korn nahm, berief er sich auf einen „serbischen Würdenträger, ebenso bekannt wie der Außenminister Dr. Milovanović". Daraufhin stellte der Graf den Generalsekretär Spalajković, die Folge war ein unerquicklicher Briefwechsel der beiden. Seinem Minister schrieb der erboste Gesandte: „Endlich ist dieser elende Intrigant und lügnerische Informant Masaryks gezwungen, selbst herauszutreten ... Ich hätte Spalajković mein Herz ausgeschüttet!! ... Meiner und der k. u. k. Gesandtschaft Umgang mit Spalajković ist ohnehin gleich Null, da er uns allen als ein halbverrückter Todfeind und russischer Spion bekannt ist[5]."

Graf Forgách wurde daraufhin die offizielle Genugtuung zuteil,

---

* Das Bündnis zwischen dem Deutschen Reich, Österreich-Ungarn und Italien, 1882–1914.

dem Belgrader Außenministerium mitteilen zu können, Graf Aehrenthal, sein Chef, billige seine Absicht, die persönlichen Beziehungen zum höchsten Beamten des serbischen Außenministeriums, Herrn Spalajković, abzubrechen. Außerdem schlug Forgách in Wien vor, erst dann für ihn einen Nachfolger zu ernennen und zu senden, wenn der „uns notorisch feindlich gesinnte Sektionschef" seinen Platz verlassen habe[6].

Die Nachricht von Masaryks letzter Attacke traf in Belgrad ein, als Forgách dem serbischen Ministerpräsidenten und dem Außenminister die Großkreuze des Leopoldordens überreichte. Pašić meinte bei diesem Anlaß, er hoffe, schon in nächster Zeit, wenn Kaiser Franz Joseph König Peter empfangen werde, seinen Dank persönlich abstatten zu können. Hoffentlich werde es noch in diesem Jahr 1911 zu dem Besuch kommen. Tatsächlich, man verhandelte ernst darüber, selbst Besuchstag und -ort wurden fixiert[7]. Doch die Reaktion der ungarischen Presse war mehr als enttäuschend, und König Peter schwankte, als er von ihr hörte, zwischen „höchster Erregung und tiefster Depression", mußte er sich doch sagen lassen, sein Besuch sei eine Schande für Budapest, für Wien sei er zu schlecht, er gehöre eben nicht in den „Salon", sondern in das „Vorzimmer Budapest". Auch den Belgradern gefielen des Königs Reisepläne nicht, Studenten drohten mit Demonstrationen, und Forgách gab der serbischen Regierung an der Verschlechterung der Beziehungen die Schuld[8]. Wer hatte in der Affäre Masaryk die maßlose Hetze geduldet? Wer hatte die skandalöse Führung des Vašić-Prozesses zugelassen? Wer trug dafür die Verantwortung, daß die ungeheuerlichsten Lügen Glauben fanden?

Der arme König Peter geriet in einen Zustand, „der jede vernünftige Konversation ausschloß[9]". Franz Joseph war es, der ihm aus der Verlegenheit half. Ein leichter Katarrh des Kaisers bildete den Vorwand zu einer Verschiebung des Besuches[10], von dem dann nie mehr gesprochen wurde.

Als Graf Forgách erfuhr, daß Spalajković nach Sofia versetzt werden sollte, bat er das Ministerium, zu überlegen, ob nicht dieser Hauptinitiator der Masaryk-Vašić-Komödie, in der die Ballplatz-Diplomatie vor aller Welt als Fälscherbande hingestellt worden war, nicht von allen österreichisch-ungarischen Diplomaten zu boykottieren sei... übrigens sei der stets überspannte Spalajković in mancher Beziehung nicht ganz zurechnungsfähig... sein Haß gegen die Monarchie habe sich seit der Annexion beinahe zu einer Geisteskrankheit entwickelt[11].

Inzwischen hatte Markgraf Pallavicini die Führung des Wiener Außenministeriums übernommen. Nach Sofia, dem neuen Dienstort Spalajković', erging die Weisung an den k. u. k. Vertreter, „er (Pallavicini) halte es aus Gründen politischer Zweckmäßigkeit nicht für angezeigt, den Konflikt von Belgrad auf ein neues Terrain zu verpflanzen". Spalajković, dem neuen serbischen Vertreter, gegenüber solle man sich kühl und reserviert verhalten, ohne aber die ihm gebührenden Rücksichten zu verletzen[12].

Innerhalb weniger Wochen hatte die Szene gewechselt. Spalajković arbeitete in Sofia mit Erfolg an der Verbesserung der bulgarisch-serbischen Beziehungen. Forgách wurde in das schöne, aber politisch bedeutungslose Dresden versetzt. Graf Aehrenthal war urlaubsreif, zwei Monate blieb er dem Hause fern. Es war keine Flucht vor Entscheidungen, wie manche behaupteten; der Minister war krank, sogar ernstlich krank, er litt an Leukämie, im Februar 1912 ereilte ihn der Tod. Einer, der viele Jahre mit ihm arbeitete, schrieb, schon 1910 und 1911 war Aehrenthal nicht mehr der alte, er zog sich auf seine Ressortfragen zurück, die ihm in dem ereignisreichen Jahr 1911 genug Sorgen und Mühen bereiteten[13].

Spalajković und Forgách, die beiden Antagonisten, waren getrennt. Sie blieben es nicht für alle Zeiten, leider. Anfang 1914 bezogen sie neue Positionen, Kampfstellungen auf höherer Ebene, die ihnen Gelegenheit boten, ihre nationalen Emotionen abzureagieren und ihrer persönlichen Feindschaft Rechnung zu tragen.

Der zutiefst gekränkte ungarische Magnat, nach dem Urteil eines italienischen Diplomaten „einer der besten Köpfe des Ballhausplatzes[14]", nach dem Urteil anderer ein „nicht ohne Schande[15]" aus Belgrad abberufener „Dieb und Fälscher[16]", rückte nach kurzer Verbannung in die Wiener Zentrale ein. Dem Serben gelang nach aufregenden Aktivitäten am Balkan (wobei er sich den Ruf eines übertüchtigen Hitzkopfes, aber auch eines „Undiplomaten" erwarb) der langersehnte Sprung an den Hof des Zaren, nach St. Petersburg.

Spalajković blieb zeitlebens ein unduldsamer Chauvinist, der keinen Anlaß vorübergehen ließ, das Unnatürliche, Unzeitgemäße und Unmoralische eines Vielvölkerstaates wie Österreich-Ungarn anzuprangern und seine Zerstörung zu fordern.

Forgách sah als Hüter der Rechte der Heiligen Stephanskrone, wie viele seiner Standesgenossen, in den ungarischen Serben ein eingewandertes Volk, dem man vor vielen Jahren Zuflucht gewährt und die Erlaubnis gegeben hatte, sich auf ungarischer Erde und in einem ungarischen Staate seßhaft zu machen. Daher stünden ihm auch keine besonderen Rechte zu, auch könne es als politische Körperschaft nicht anerkannt werden[17]. Und die Serben des serbischen Königreiches? Die fand er gefährlich, und vor ihnen mußte man sich schützen. In diesem Punkt waren sich Forgách und Conrad von Hötzendorf einig, so im Oktober 1913, als es wegen Albanien wieder einmal um Krieg und Frieden ging. Beide Herren waren der Meinung, ein gewaltsames Einschreiten wäre das beste. Doch Forgách hatte den „Glauben verloren, daß man dies durchsetzen könne. Kaiser und Thronfolger seien dagegen, und Graf Berchtold (nach Aehrenthal Außenminister) vermochte nicht, es zu forcieren[18]".

Damals wurde Graf Forgách zweiter Sektionschef, der sogenannte „politische Sektionschef", im k. u. k. Ministerium des Äußern. Dem ersten Sektionschef, damals Freiherr von Macchio, fiel die allgemeine Vertretung des Ministers zu, während die eigentliche politische Arbeit dem Grafen Forgách und seinem Stab vorbehalten blieb. Über seinen Einfluß sagte Macchio, Sasonow, der russische Außenminister, habe einmal Forgách den Initiator der Wiener Politik genannt, und das war die Wahrheit. „Jani" war der „unentbehrliche Mittelsmann" zu seinem Freund, dem ungarischen Ministerpräsidenten Tisza, ohne „den keine Außenpolitik gemacht werden durfte. Der energische und ehrgeizige Forgách drängte nach Schritten, die eine Wiederholung der schmählichen Erfahrungen während der beiden Balkankriege ausschalten sollte[19]."

Von Forgách zu verlangen, er solle die Schmach vergessen, die er in Belgrad durch Spalajković erleiden mußte, hieße natürliche menschliche Reaktionen außer acht zu lassen und verständliche Rachegefühle zu ignorieren. Unfaßbar, daß der neue Minister, Graf Berchtold, gerade ihn auf diesen exponierten Posten stellte, es ging bei seiner Berufung auch nicht ohne „schwere Gedanken" ab. Der Minister rechnete mit einem „Sturm in der Presse" und mit „slawischen Reminiszenzen wegen der Affäre Masaryk", dann in deutschen Blättern mit Opposition wegen der „Dokumentenblamage[20]". Doch dürften Forgáchs Beziehungen zum allmächtigen ungarischen Regierungschef den Ausschlag gegeben haben. Jedenfalls erfuhr die „ungarische Garnitur" des k. u. k. Ministeriums des Äußern durch den in die Zentrale „einrückenden" Grafen neuerlich eine Verstärkung.

Schon Mitte Oktober 1913 war der Spezialist für Serbien unterwegs nach Berlin, um in „eventuellen Unterredungen mit Kaiser Wilhelm und den deutschen Staatsmännern den von uns Serbien gegenüber eingenommenen Standpunkt zu vertreten". Die Mission hatte Erfolg, bald hörte man, die deutsche Regierung habe sich neuerdings „in Belgrad sehr eindringlich vernehmen lassen²¹". Forgách konnte mitteilen, der Reichskanzler „habe unsere Demarche (Ultimatum vom Oktober 1913) gerne in energischer Weise unterstützt und er hoffe, daß Serbien die Ratschläge des Dreibundes befolgen werde²²".

Forgách traf im Umgang mit den Deutschen den richtigen Ton. Sein Feind Spalajković hatte es in dieser Beziehung schwerer, er mußte erst lernen, sein Temperament im Verkehr mit russischen Freunden zu zügeln. Das trug ihm manchen Tadel des wortkargen Ministerpräsidenten Pašić ein, der ein vollendeter Taktiker war. „Den befreundeten Mächten darf man nicht drohen", mahnte er ihn einmal, und ein andermal: „Es ist unstatthaft, von Rußland und dem Dreibund* so heftig zu sprechen²³."

Als man den russischen Gesandten N. Schebeko²⁴ fragte, ob das Feingefühl des Spalajković für St. Petersburg genüge, erwiderte dieser: „Petersburg wird verstehen, ihn im Zaume zu halten ... es sei ein Glück, daß dieser exaltierte, aus dem Gleichgewicht gekommene Mensch nicht Außenminister geworden sei²⁵."

Doch konnte Spalajković nirgends so gut für seine Ziele wirken wie in St. Petersburg. Bestes Beispiel war seine Information der russischen Öffentlichkeit über das Attentat von Sarajevo. Er fand Glauben: erstens weil er Serbe war, zweitens weil seine Frau aus Sarajevo stammte. Was er in dem Interview (s. S. 112) sagte, sei kurz wiederholt: „Mir scheint, daß die Ermordung des Erzherzogs eine Folge jener äußersten Erbitterung ist, die gegen seine Person in Bosnien herrscht." Dort existiere eine Organisation, deren Tätigkeit ausgesprochen gegen den Erzherzog gerichtet sei, der als Anhänger der Annexion gelte. In Wiener diplomatischen Kreisen habe man eine revolutionäre Gesellschaft, die „Schwarze Hand", erfunden, um die öffentliche Meinung gegen Serbien aufzubringen. In Bosnien werden Serben und Kroaten verfolgt. Der Urheber des Verfolgungssystems war niemand anderer als eben Franz Ferdinand. Die Wiener Telegramme behaupten, daß die Verschwörung in Belgrad ausgeheckt wurde ... doch allen sind die tendenziösen und künstlich geschaffenen Prozesse im Gedächtnis ... .²⁶

Das war so ungefähr das Schamloseste, was über die Hintergründe der Tat von Sarajevo zu sagen war. Zur Erinnerung: der selbe Mann war Prof. Masaryks Gewährsmann und trat als Zeuge im Friedjung-

---

* Damit ist der sogenannte Dreiverband (Triple-Entente), das Bündnis zwischen Großbritannien, Frankreich und Rußland, gemeint.

Prozeß auf, in dem seine Aussage von entscheidender Bedeutung war.

In den kritischen Julitagen des Jahres 1914 prophezeite Spalajković den Petersburgern, die Untersuchung in Sarajevo werde alle Einzelheiten aufklären und beweisen, daß die Serben mit dieser schrecklichen Sache nichts zu tun hätten.

6. *Falsche Spuren*

In der zweiten Juliwoche 1914 meldete sich in der k. u. k. Botschaft zu London ein Mann, der vorgab, serbischer Konfident gewesen zu sein. Durch Zufall sei ihm ein schriftlicher Beweis in die Hände gefallen, ein hundertprozentiger Beweis, aus dem hervorgehe, wer das Attentat von Sarajevo angestiftet habe. Das wenig „vertrauenswürdige Individuum", dem Namen nach ein Holländer[1], zog ein angesengtes Stück Papier aus der Tasche, auf dem gerade noch der Aufdruck „... tion Royale de Serbie" und etliche Zeilen zu lesen waren, die in deutscher Übersetzung besagten: „... durch totale Beseitigung des F. F. den (Betrag) von 2000 Pfund Sterling zahlbar wie folgt: 1000 Pfund Sterling bei Ankunft in Belgrad von Handen des Herrn G. (und die rest)lichen 1000 Pfund Sterling bei Beendigung der Arbeit zahl(bar wie v)orstehend. Die Summe von 200 Pfund Sterling für Spesen und um Agenten zu bezahlen usw. vor der Abreise von hier ... Ihre Regelungen ..."* Man geht nicht fehl, wenn man F. F. als „Franz Ferdinand" und G. als „Gruić", noch 1913 serbischer Geschäftsträger in London, deutet[2].

Obwohl der Text auf einem offiziellen Briefbogen der serbischen Gesandtschaft stand, der Inhalt außerordentlich verfänglich war, wies der k. u. k. Botschafter dem Konfidenten die Tür, da ihm die Sache im „höchsten Maß apokryph" schien[3]. Damit war der Fall für die österreichisch-ungarische Vertretungsbehörde abgetan.

Ein paar Tage vorher hatte der erwähnte „Holländer" in der serbischen Gesandtschaft angeblich 1000 Pfund gefordert, welche ihm aber verweigert wurden, da er seine Verpflichtung nicht eingehalten hätte. Die Verpflichtung hatte darin bestanden, „nach Sarajevo zu fahren, um Princip und seine Spießgesellen zu erschießen", wenn sie

---

* Die eingeklammerten Worte sind eine sinngemäße Ergänzung der durch Brandeinwirkung unleserlich gewordenen Textstellen.

es unterlassen sollten, nach der Ermordung Franz Ferdinands Selbstmord zu begehen[4].

Um sich zu rächen, wandte sich der „Holländer" nun an die Zeitschrift *John Bull,* die am 11. Juli eine Abbildung des angesengten Briefstückes nebst einer Übersetzung des Chiffrebriefes und der Aufdeckung des Mordplanes, der in der französischen Freimaurerloge „Grand orient" ausgeheckt worden sein soll, brachte[5].

Es ist außerordentlich schwer, festzustellen, wer in der serbischen Regierung, im Präsidium der „Narodna odbrana" und in der Zentralleitung der „Schwarzen Hand" Freimaurer war. Dr. Friedrich Funder behauptet noch 1954, einzelne führende Mitglieder des Bundes wären Freimaurer gewesen[6].

Auch der Thronfolger selbst glaubte, „die Freimaurer hätten seinen Tod beschlossen", jedenfalls äußerte er sich in diesem Sinn dem Grafen Ottokar Czernin gegenüber, der allerdings vergaß, wo dieser Beschluß gefaßt worden sein soll[7].

Der Zufall wollte es, daß der Angeklagte Čabrinović im Oktober 1914 vor seinen Richtern Ähnliches aussagte: er sprach davon, schon vor zwei Jahren hätten die Freimaurer den Thronfolger „zum Tode verurteilt[8]". Čabrinović hatte es von Cigo, dem „blonden Zigeuner", erfahren, der es wieder von einem prominenten Freimaurer namens Kazimirović gehört haben wollte. Dieser Radovan Kazimirović, der in Kiew Theologie studiert hatte, war wieder ein intimer Freund des Majors Tankosić. Die Angeklagten sagten aus, sie hätten ihn nicht gekannt, aber auch, daß Ciganović mit der Ausgabe der Waffen wartete, bis Kazimirović aus dem Ausland zurückkam. Der „Freimaurer-Theologe" hatte Frankreich und Rußland bereist, am Tage, ehe Čiganović die Waffen ausgab, soll er, Kazimirović, aus Budapest zurückgekommen sein.

Untersuchungsrichter Pfeffer gab später in seinem Buch darüber Aufschluß, wieso man im Sarajevoer Gerichtssaal auf das Freimaurer-Thema zu sprechen kam: „Der der Verhandlung beiwohnende Pater Puntigam[9] versicherte mir während einer Pause, daß beim Attentat auch Freimaurer im Spiele seien, ich wies in meiner Antwort auf andere dunkle Kräfte, ich konnte sie aber nicht feststellen, weil die Geständnisse der Attentäter nicht über Tankosić hinausgingen[10]."

Der Verteidiger des Angeklagten Čabrinović, Dr. Premužić, Kroate und Bekannter des Paters, stellte ganz unvermittelt an seinen Klienten die Frage: „Bist du Freimaurer?" Čabrinović: „Weshalb fragen Sie danach? Ich kann darauf keine Antwort geben[11]." Als der Vorsitzende von dem Angeklagten wissen wollte, wann er gehört habe, daß Tankosić und Čiganović Freimaurer seien, vor oder nach dem Entschluß zum Attentat, antwortete Čabrinović: „Nachher." – Vorsitzender: „Spielte bei ihrem Entschluß zur Tat der Umstand eine Rolle, daß sie (Tankosić und Čiganović) Freimaurer sind? Und daß Sie es selbst sind?" – Čabrinović: „Das spielte auch eine Rolle[12]."

In dem amtlichen Prozeßbericht, der noch am selben Abend an das Ministerium nach Wien abging, wurde hervorgehoben, Čabrinović' Verteidiger versuche, „aus dem Beklagten einen Freimaurer zu machen[13]". Die Antwort kam prompt: „Überflüssiges, beispielsweise die Zitierung der Bemerkung des Verteidigers bezüglich Freimaurertum des Čabrinović, soll in Zukunft entfallen[14]." Das Mißtrauen des Grafen Forgách gegen Irreführungsversuche jeder Art bestimmte die Taktik des Ballhausplatzes im Oktober zur Zeit des Prozesses ebenso wie zur Zeit der Untersuchung, im Juli. Man betrachtete solche Aussagen der Angeklagten als Manöver, als Ablenkung von belasteten Personen und Vereinen, ebenso die tollen Enthüllungen des Londoner Konfidenten mit dem holländischen Namen. Auch der englische Publizist C. H. Norman, Verfasser eines Buches über die Entstehung des Krieges[15], stellt fest, angenommen das Londoner Dokument sei gefälscht (und das war es sicher!) so bestehe der Verdacht, daß von gewisser Seite der Versuch gemacht wurde, dieses Dokument der österreichischen Regierung in die Hände zu spielen. Wenn diese es verbreite, setzte sie sich dem Verdacht aus, sie bediene sich (wieder!) falscher Dokumente zum Nachteil Serbiens, damit wäre vor allem die Begründung des Ultimatums in Frage gestellt worden, stand doch die Doppelmonarchie im Ruf, sie habe im Friedjung-Prozeß ... falsche Dokumente benützt und es bei der Nachprüfung von Papieren und Nachrichten an der nötigen Sorgfalt fehlen lassen[16].

Oskar Tartaglia, Dalmatiner, Mitglied der „Schwarzen Hand", Angehöriger einer „Mlada Bosna"-Gruppe, schrieb in seinen Erinnerungen[17], die Freimaurer seien zum Attentat gekommen wie der Pontius ins Credo. Als das Stichwort Freimaurer gefallen war, hatten sich die Angeklagten wie Ertrinkende an den Strohhalm geklammert. Welche Gelegenheit, dem Prozeß eine andere Richtung zu geben! Sie kannten ja den Hintergrund und die Hintermänner, im Gegensatz zu den Behörden, die keine Ahnung hatten, und sie, die Angeklagten, kannten die Mentalität der Richter und waren gute Schauspieler. Man fragte sie, nebenbei, nach der Organisation der „Schwarzen Hand", von der man allem Anschein nach nichts Näheres wußte, weder den richtigen Namen („Vereinigung oder Tod") noch die Statuten, auch nicht ihre Mitglieder. Tatsächlich kam Oberst Dimitrijević-Apis im

Mai 1914 mit Princip in Verbindung, der bereits in ständigem Kontakt mit dem Komitadžiführer Tankosić stand. Apis war der Kopf, und Tankosić die Hand, aber weder Apis noch Tankosić, auch nicht Princip, waren zur Zeit des Attentats Mitglieder der „Narodna odbrana", weder Apis noch Princip waren Freimaurer[18], aber alle waren Mitglieder der „Schwarzen Hand". Dragutin Dimitrijević-Apis war ihr am 9. Mai 1911 beigetreten und bekam die Nummer 6. Tankosić folgte ihm damals und erhielt die Nummer 7, Milan Čiganović (Cigo) etwas später die Nummer 412, Vladimir Gacinović die Nummer 217.

Untersuchungsrichter Pfeffer wußte, wie er selbst angab, über serbische Geheimorganisationen „wenig". Auch der mit der Überprüfung beauftragte Sektionsrat Wiesner war kein Kenner der Verhältnisse, obwohl die zuständigen Ministerien, das Ministerium des Äußern und die beiden Innenministerien, das cis- und das transleithanische, laufend Informationen erhielten, so durch Diplomatenberichte und Konfidentenmeldungen. Am Ballhausplatz gab es sogar so etwas wie eine Spezialmappe mit Zeitungsausschnitten und der Aufschrift: „Geheimbund, die Schwarze Hand[19]." Wenn es auch sonst mit Presseinformationen schlecht bestellt war[20], über dieses Thema gab es sogar nicht wenige. Auch die Berichterstattung der Gesandtschaft war in dieser Hinsicht umfassend. Schon im November 1911 stand fest, daß Generalstabsoberst Dimitrijević-Apis in diesem Geheimbund die Hauptrolle spielte[21]. Über das Programm wird einmal gesagt, es sehe die Beseitigung all jener Persönlichkeiten im Lande vor, die der großserbischen Bewegung im Wege stehen – angefangen vom König[22]. Die Zahl der Mitglieder wird im November 1911 mit 2500 angegeben[23], auch daß es in der Skupština Anfragen über diesen geheimnisvollen Bund gab[24]. Anfang 1912 tauchte der Name „Einheit oder Tod" auf[25]. Diplomaten stellten fest, der König lasse sich bei seinen Entscheidungen durch Rücksichten auf die geheime Organisation beeinflussen, er sei, in lebhafter Erinnerung an die Ermordung seines Vorgängers, von banger Furcht erfüllt ... auch der Kronprinz stünde plötzlich wieder der Bewegung sympathisch gegenüber[26]. Nach ausländischen Pressemeldungen war Peter nur mehr ein Spielzeug der „Schwarzen Hand[27]", nach einem Belgrader Blatt beherrschte sie bereits ganz Serbien, das heißt „das Land, den Hof, das Parlament[28]". Im Februar 1912 hielt es das k. u. k. Kriegsministerium für notwendig, die Landesregierung in Sarajevo auf die Existenz dieses geheimen Bundes hinzuweisen[29].

Was das Belgrader Konsulat 1914 über Milan Čiganović, den

unmittelbaren Belgrader Kontaktmann der Attentätter, in Erfahrung bringen konnte, war nicht viel: provisorischer Eisenbahner, zirka 25 Jahre alt, blond, aus Bosnien gebürtig, Mitglied der „Narodna odbrana", am Tage des Attentats war er noch in Belgrad, verließ drei Tage später über Aufforderung des Polizeipräfekten (Polizeichef Lazarević, d. A.) die Stadt, begab sich nach Ribare, mit anscheinend ad hoc ausgestelltem Krankheitszeugnis und einmonatigem Urlaub[30].

Cigos Identität wurde durch die Polizei in Bosnien geklärt: Sohn eines Kanzleioffizials aus Petrovac. Ging 1908 (nachdem er bei der Steueramtsprüfung durchgefallen war) nach Serbien, wo er bei Tankosić eine Terrorausbildung erfuhr. Die Angeklagten Princip, Ćabrinović und Grabež erkannten ihn auf einer Photographie. Aus einer Postkarte ging seine Adresse hervor: Belgrad, Bahndirektion, Sektion II[31].

Zeitungen hatten darüber berichtet, welche Rolle Cigo beim Attentat gespielt hatte. Dies veranlaßte den Chef der Pressesektion des serbischen Außenministeriums, v. Stefanović-Vilovsky, im Auftrag seiner Regierung eine Erklärung abzugeben, wobei er noch hervorhob, sie könnte so betrachtet werden, als „habe sie der Ministerpräsident selbst abgegeben". Stefanović sagte: „Wir haben nach dem angeblichen Cigo Nachforschungen angestellt, waren aber nicht imstande, ihn aufzufinden[32]." Das stimmt überein mit der Feststellung der serbischen Regierung vom 25. Juli[33]: „Was aber den Milan Ciganović anbelangt, ... der bis zum 15. (28.) Juli (als Aspirant) bei der Eisenbahndirektion tätig war, so konnte dieser nicht ausgeforscht werden, weshalb ein Steckbrief gegen ihn erlassen wurde." Herr Pašić schien ihn ja bald gefunden zu haben, weil Ciganović nachgewiesenermaßen bald darauf als Spitzel des Ministerpräsidenten fungierte.

Wer nun annimmt, Herr Stefanović war vielleicht einer jener Herren, die vieles wußten, aber wenig über die „Schwarze Hand", würde sich täuschen! Der Chef der Pressesektion des serbischen Außenministeriums war ihr spezieller Kenner: Vor seiner Reaktivierung als Sektionschef hatte er eine Denkschrift[34] über die „Crna ruka" verfaßt, die im Juni 1912 am Ballplatz kursierte. In ihr meinte Stefanović, die serbische Regierung hüte sich, „diese wundeste Stelle im Staatsleben zu enthüllen", man sei bestrebt, die Angelegenheit zu vertuschen oder ihr den Stempel völliger Harmlosigkeit aufzudrücken. Die Sache sei jedoch weniger harmlos denn je, und es ist gerade das radikale Regierungssystem, das triftige Gründe habe, sich vor den Machenschaften der malkontenten Offiziere zu fürchten, namentlich in einem Lande, in dem man sich seit einiger Zeit an gewisse prätorianische Gelüste der Armee gewöhnt hat... der ehemalige Minister Genčić[35], der die Verschwörung (1903) gegen König Alexander seinerzeit angezettelt hat, dessen Schwiegervater, der reiche Advokat Aca Novaković, der ebenso reiche Großhändler Hadži Toma und viele andere, sind heute im Lager der neuen Offiziersvereinigung, die sich Schwarze Hand nennt, und wünschen nichts sehnlicher als einen radikalen Umschwung der Verhältnisse... Nachdem Stefanović auf Differenzen zwischen der Verschwörergruppe und dem Kronprinzen eingegangen war, fährt er fort: nunmehr suche die Verschwörergruppe ihre Tätigkeit so darzustellen, „als ob sie nur das Wohl und Wehe des Landes im Auge hätte, nach innen fördert sie die Niederringung des pseudodemokratischen Radikalismus, der sich auf Börsen und Bankgeschäfte verlegt hat und das Volk mit Steuern und sonstigen Lasten heimsucht; nach außen die Propagierung der großserbischen Idee, deren Realisierung Serbien zu seiner Existenzsicherung bedarf. Sie gründeten das Blatt *Piemont*, das den Zweck hat, die politischen Ideen der Schwarzen Hand zu verbreiten..." Der wohlinformierte Berichterstatter sagt dann weiter, es sei jetzt in Belgrad sogar Mode, mit den Mitgliedern der Schwarzen Hand auf gutem Fuß zu stehen. Ja, man trachte jetzt schon, ihre Gunst zu erringen, um dereinst beschützt und protegiert zu werden. Übrigens sei der „geistige Leiter der Vereinigung einer der hervorragendsten unter den jüngeren Verschwörern aus dem Jahr 1903, der Generalstabsmajor Dragutin Dimitrijević." Sein Mut und sein sympathisches, einnehmendes Wesen sichern ihm auf lange die Führerschaft in dieser „eigentümlichen Vereinigung". Von Pašić sagte Stefanović, ihm könne staatsmännisches Geschick nicht abgesprochen werden, aber er habe zu sehr dem Bank- und Versicherungsschwindel freie Hand gelassen und sich selbst in auffallender Weise bereichert. Die „Schwarze Hand" sei zu einem Faktor im öffentlichen Leben geworden... sie sei überall und hat Beziehungen zu hoch und niedrig, zu Soldaten und Zivilisten. Im Besitze aller Kommandos in der Hauptstadt, hätten sich die Offiziere dieser Vereinigung ein Ansehen erworben, das sie über den Kriegsminister, ja sogar über den König stelle... sie stellen eine Macht dar, die nicht zu unterschätzen ist. Jedenfalls haben Pašić und seine Getreuen von dieser Seite mehr zu fürchten als von der gesamten Opposition in der Skupština. Nun, 1914, war Stefanović Regierungssprecher geworden und verfolgte in Sachen Ciganović die von ihm aufgezeigte Regierungsmaxime: die wundeste Stelle im Staatsleben nicht vor dem Ausland zu enthüllen, womöglich ganz zu vertuschen oder ihr den Stempel völliger Harmlosigkeit aufzudrücken. Wörtlich sagte er über Ciganovic, die Schlüsselfigur im Sarajevoer Mordprozeß: „Wir haben nach dem angeblichen Cigo Ciganović Nachforschungen angestellt, waren aber nicht imstande, ihn aufzufinden."

Dazu kommt, daß der „blonde Cigo", wie aus den Akten des Saloniki-Prozesses hervorging[36], ein Konfident des Ministerpräsidenten Pašić war. Ungeklärt ist nur die Frage, ab wann? Es gab einen früheren Komitadži und Kameraden des Cigo, Mustafa Golubić[37], der behauptete, Ciganović wäre schon vor dem Krieg Agent provocateur der Regierung Pašić gewesen und daß er als Mitglied der Schwarzen Hand die Regierung über alles, was sich in der Geheimorganisation ereignete, genau informierte[38]. Von Tankosić habe er als Komitadži den Auftrag erhalten, die Attentäter im Pistolenschießen und Bombenwerfen einzuüben. Obwohl der serbischen Regierung alle Phasen des Komplottes bekannt sein mußten (und nicht nur durch Ciganović! d. A.) und sie über Anwesenheit und Aufenthalt ihres Agenten genau orientiert sein mußte, hat sie nichts getan, um seiner habhaft zu werden, sie hatte vielmehr der Eisenbahndirektion den Auftrag gegeben, seinen Namen aus allen Büchern auszumerzen, und sie schob ihn selbst ins Innere des Landes ab. Im März 1915 wurde ihm das rückständige Gehalt ausbezahlt. Auch während des Krieges und erst recht dann im Saloniki-Prozeß betätigte er sich als Pašić' Agent, dann erhielt er einen falschen Paß auf den Namen Danilović, man versah ihn reichlich mit Geld und schickte ihn nach Amerika, von wo er 1919 zurückkehrte. Nochmals wurde er von der Regierung für seine guten Dienste belohnt, sie schenkte ihm ein kleines Gut in der Nähe von Skoplje.

Wie sehr dieser Cigo Pašić' Mann gewesen sein muß, geht daraus hervor, daß ihm das über die anderen Anstifter des Attentats von Sarajevo und Mitglieder der „Schwarzen Hand" vollstreckte Todesurteil erspart blieb.

An Cigos Namen knüpft sich noch ein raffiniertes Täuschungsmanöver. Am 13. Juli meldete sich in der Belgrader Gesandtschaft ein ehemaliger kroatisch-slawonischer Gendarmerieleutnant[39], der sich in Serbien niedergelassen hatte. Seine Angaben machten den „Eindruck der Wahrheit", sie erwiesen sich aber als falsch. Er behauptete, durch seine Freunde in der Belgrader Eisenbahndirektion jenen Mann zu kennen, der den Attentätern die Waffen geliefert habe, er heiße nicht Ciganović sondern Vesenovać und stamme aus Slawonien. Depeschenauskünfte aus Wien, Vonković in Slawonien, Nachforschungen am Geburtsort des Ciganović und schließlich die Befragung der Attentäter verhinderten eine Irreführung und klärten den Fall.

Die k. u. k. Behörden hielten in den Juliwochen an dem einmal eingeschlagenen Kurs fest: keine amtlichen Verlautbarungen irgendwelcher Untersuchungsergebnisse, sich unter keinen Umständen auf eine falsche Spur lenken zu lassen, äußerste Zurückhaltung bei herangetragenen kriminalistischen Einzelheiten, auch wenn sie so sensationell waren, wie die im „Fall Alexander...": Prinzregent Alexander, zweitältester Sohn Peters I. aus dem Geschlecht der Karageorgjević, seit 1909 Kronprinz und seit dem 23. Juni 1914 Prinzregent. Seine Rolle ist nicht weniger zweideutig als die des Ministerpräsidenten Nikola Pašić.

Am 25. Juli begann der Angeklagte Čabrinović *„unvermutet"* (also ohne darüber befragt zu werden) und mit großer Begeisterung vor Pfeffer über den Prinzregenten Alexander zu sprechen, und plötzlich erklärte er, daß er persönlich mit ihm gesprochen habe und ihm (am 27. März a. St.) vorgestellt worden sei[40]. Čabrinović: „Mir wurde die Ehre zuteil, von ihm angesprochen zu werden, als er um 9 Uhr abends die (Belgrader) Staatsdruckerei besuchte" (in der Čabrinović als Setzer arbeitete). „Dačić (Direktor der Druckerei und Vorstandsmitglied der ‚Narodna odbrana') sagte: ‚Wir haben hier einen Bosniaken.' Darauf fragte mich der Thronfolger Alexander, woher ich bin und weshalb ich nach Serbien kam; ich antwortete, ich wäre schon früher gekommen, um hier (im Balkankrieg) zu kämpfen, aber ich bekam keinen Paß." Untersuchungsrichter Pfeffer: „Was sagte er darauf?" – Čabrinović: „Das will ich nicht sagen, es gibt viele Dinge, die ich weiß, die ich aber wegen meiner Gesinnung nicht sagen darf[41]." Darüber erfolgte dann in Gegenwart von drei Richtern eine Auseinandersetzung mit dem Angeklagten, der sich zum Schluß mit einer belanglosen Auskunft aus der Affäre zog.

Čabrinović' Zusammenkunft mit dem serbischen Thronfolger wurde in der Untersuchung kaum mehr berührt, später meldete sich ein Zeuge, der nähere Details zu wissen vorgab, und obwohl man auch wußte, daß Alexander und sein Vater König Peter junge revolutionäre Bosnier zu empfangen pflegten, *kam aus Wien die Weisung, diese Spur nicht mehr zu verfolgen,* da es nicht opportun sei, einen regierenden Fürsten in eine Mordaffäre hineinzuziehen. Leon Pfeffer schrieb 1941 in einer kroatischen Zeitung[42], man habe später, als während des Krieges Belgrad von den Österreichern besetzt war, die Untersuchung wieder aufgenommen, dabei verhörte man Angestellte der Belgrader Staatsdruckerei. Einige von ihnen hätten ausgesagt, während des Besuches des Thronfolgers habe sich Princip im Hause befunden, er wäre mit Čabrinović in ein separates Zimmer geführt worden, wo sie sich in Gesellschaft des Kronprinzen und des Druckereidirektors Dačić länger aufhielten[43].

In der Untersuchung tauchte einmal ein Hinweis auf, daß die Offiziere, mit denen die Angeklagten zu tun hatten, in Opposition zur Regierung stünden. Es sind immer nur vage Andeutungen. Vielleicht hätte ein brutalerer und besser informierter Untersuchungsrichter, ein moderner Gehirnwäscher, nicht nur aus Ilić, sondern auch aus Čabrinović mehr herausfoltern können.

Als der Schriftsetzer wieder einmal auf das Aviso zu sprechen kam – den Zeitungsausschnitt mit der Ankündigung vom Besuch des Thronfolgers in Sarajevo –, sagte er, er habe diese Nachricht in der Staatsdruckerei einem alten Kollegen[44] gezeigt. Dieser habe bedenklich mit dem Kopf gewackelt, als er das Aviso in Händen hielt. „Alle hatten diesen Alten gern", erzählte Čabrinović, „und als er meine ständige Lektüre, den *Piemont*, sah, sagte er, ich sollte andere Blätter lesen. Die Anhänger des *Piemont* seien Prätorianer, welche das Land noch ins Unglück stürzen werden." Beim Abschied wollte Čabrinović dem alten Novaković, so hieß der Setzer, die Hände küssen, dieser aber küßte weinend seinem jungen Kollegen die Wange und sagte, er wisse, wohin er gehe.

7. Nachtragsverhöre

Obwohl es nie mehr als Andeutungen und vage Hinweise gab, war der Geist der „Schwarzen Hand" in Sarajevo gegenwärtig. Gerichtssekretär Pfeffer ließ sich von einem Agenten bewachen, besonders, wenn er sich in öffentlichen Lokalen aufhielt (die Getränkerechnungen seines Leibwächters liegen im Archiv). Pfeffer brachte Frau und Tochter, nachdem er Drohungen erhalten hatte, an einen sicheren Ort. Auch einzelne Angeklagte waren nicht frei von Furcht, sie fürchteten die Stunde der Rache: Die Täter, weil sie nicht Selbstmord verübt hatten, was nicht ihre Schuld war, die Mithelfer, zum Beispiel Ilić oder der Lehrer Čubrilović, weil sie zuviel geplaudert hatten. Das betraf auch manchen bosnischen Funktionär der „Narodna odbrana", dem erst jetzt bewußt wurde, daß er als Werkzeug der gefährlichen serbischen Geheimorganisation gewirkt hatte[1].

Nach der Urteilsverkündung gegen die Attentäter am 28. Oktober

1914 gab es zwei Nachtragsverhöre, eines mit dem Lehrer Ilić, ein anderes mit Nedeljko Čabrinović. Sie wurden durch eine Anzeige veranlaßt, die Leon Pfeffer, angeblich mit Zustimmung des Justizchefs, weder protokollierte noch zu den Akten nahm. Aus Angst? Oder, wie Pfeffer schrieb, weil es „sinnlos" war, in dieser Richtung weitere Nachforschungen anzustellen? Oder einfach weil die ganze Anzeige „problematisch" schien? So oder so, jedenfalls behielt sie der Untersuchungsrichter „zur Erinnerung" bei sich[2].

Die Anzeige bezog sich „auf eine terroristische Organisation", die ihren Sitz in Belgrad hatte und „Expositionen" in der Monarchie[3]. Der Anzeiger verlangte, im Sinne des Gesetzes, daß sein Name nicht erwähnt werde. Das wurde ihm zugesichert. Später erfuhr man dann, daß es Dr. Premužić, der Verteidiger des Čabrinović, war, der sich mit seinem gesprächigen Klienten oft und lange unterhalten hatte und nun den Inhalt dieser Gespräche preisgab. So zum Beispiel sagte er:

„... daß Čabrinović dieser Organisation einen Eid leisten mußte, und zwar vor einem Jahr oder anderthalb Jahren ... er werde ein Attentat gegen den Thronfolger wie gegen die Regierungsmehrheit im bosnischen Landtag verüben ..."

Die Attentäter Princip, Čabrinović, Grabež, Ilić und Mehmedbašić waren Mitglieder der Terrororganisation „Vereinigung oder Tod". Ihre Namen standen allerdings nicht auf den Mitgliederlisten, da man bei Ausländern, um sie nicht zu kompromittieren, häufig von der Eintragung absah. – Seine Absicht, im bosnisch-herzegowinischen Landtag eine Bombe zu werfen, gestand Čabrinović in der Untersuchung[4] und in der Verhandlung[5]. Weiters erzählte Čabrinović seinem Verteidiger Dr. Premužić:

„... daß der Theologe Djuro Šarac aus Bosnisch-Krupa in Verbindung mit Ciganović und dem Theologen Kazimirović zwischen den Attentätern und den Anstiftern vermittelte ..."

Auch das war richtig. Šarac war der „persönliche Leibwächter des Tankosić". Seine Rolle und die des Kazimirović wurden aber im Gerichtsverfahren ganz nebensächlich behandelt, die Anzeige weist mit Recht auf ihre Wichtigkeit hin.

„... somit zwischen Tankosić und anderen Offizieren, welche das Attentat vorbereiteten ..."

Von anderen Offizieren, die das Attentat vorbereiteten (außer den Grenzoffizieren), war im Verfahren überhaupt nicht die Rede.

„... außer Čabrinović gab es mehrere Leute, welche der terroristischen Organisation einen Eid ablegten, unter ihnen auch Staatsbeamte in Bosnien..."

Daß Staatsbeamte in Bosnien der Organisation angehörten, ist durchaus möglich ...

„... Die Terror-Zentrale in Belgrad gewann außer Čabrinović noch Grabež und Princip, und die Sarajevoer Gesellschaft gab ihm Geld für die Reise nach Belgrad..."

Damit war deutlich ausgesprochen, von wo die Initiative ausging. Princips Reise *nach* Belgrad ging unter ganz geheimnisvollen Umständen vor sich, die Reise der Attentäter nach Sarajevo finanzierte Tankosić[6].

„... Mitglieder der Organisation waren (hieß es in der Anzeige) auch Danilo Ilić und der Advokaturs-Konzipist Dr. Orlić in Opatija (Abbazia), welche über die Organisation Auskunft geben könnten..."

Čabrinović traf vor seiner Reise nach Belgrad in Opatija tatsächlich Dr. Orlić und den Slowenen Endlicher. Orlić verschaffte sogar dem Schriftsetzer Čabrinović einen Paß für die Reise nach Serbien. Er sprach mit ihm über Attentate, auch über den Anschlag auf Franz Ferdinand. Noch vor seiner Abreise aus Belgrad nach Sarajevo schrieb Čabrinović seinem Freund Dr. Orlić[7].

„... gab Ilić den Attentätern in Sarajevo Geld, und deshalb wurde bei ihm so viel Geld versteckt gefunden."

Die Polizei fand in der Wohnung des Ilić eine größere Geldsumme (K 700,–). Er behauptete, es handle sich um Ersparnisse seiner Mutter, die in der Hauptsache vom Wäschewaschen lebte[8]. Man hat den Eindruck, daß dieser Sache von den Behörden zuwenig Beachtung geschenkt wurde.

„... Ilić reiste nach Bosnisch-Brod und Mostar..."

Im Verfahren besprochen, jedoch in seiner Bedeutung nicht erfaßt ...

„... angeblich deshalb (wegen Existenz der Organisation) flohen Dr. Stojanović aus Tuzla und Dušan Vasiljević, Advokat in Mostar, aus Bosnien..."

Beide Advokaten waren radikale serbische Politiker, die mit Belgrad und auch mit Dr. Spalajković in Verbindung standen. Sie führten 1909 eine bosnische Delegation nach London und St. Petersburg. Dr. Vasiljević hielt in der russischen Hauptstadt einen Vortrag, in dem er ein völlig verzerrtes Bild über die bosnischen Verhältnisse gab. So behauptete er, daß das Singen serbischer Volkslieder verboten sei, daß man die Cyrillika unterdrücke usw. Von ihrer Mitgliedschaft bei der „Schwarzen Hand" ist nichts bekannt.

„... *eine Liste aller Mitglieder dieser geheimen Organisation, die Chiffre und eine große Korrespondenz darüber, befinden sich im Koffer des Čabrinović, den er angeblich in Belgrad zurückgelassen hat...*"

Der Koffer des Čabrinović wurde von der Belgrader Polizei am 1. Juli 1914 (!) geöffnet und ein amtliches Protokoll über den Inhalt angefertigt[9]. Es ist aus dem Akt über die Beschlagnahme des Koffers verschwunden. Wo ist es hingelangt? In den von Dr. Premužić zur Anzeige gebrachten Angaben des Čabrinović heißt es weiter:

„... *die Attentäter konnten sich in ihren Zellen durch Klopfzeichen verständigen, was an den Mauern der Zellen noch festgestellt werden kann.*"

Leon Pfeffer bestätigt, daß sich die Angeklagten in dieser Art verständigen konnten, und zwar bereits nach der ersten Woche (!). Dedijer bringt sogar den russischen Code, nach dem sie „klopften[10]". Sie entnahmen den Schlüssel einem Buch über russische Untergrundbewegungen, das sie sich in Belgrad verschafft hatten.

Bis zur Urteilsverkündung hatte sich der Anwalt des Čabrinović gewissenhaft an seine Verschwiegenheitspflicht gehalten, jetzt bestand sie seiner Meinung nach nicht mehr. Im Gegenteil, jetzt fühlte sich Dr. Premužić als Anwalt und Patriot verpflichtet, seiner Untertanenpflicht Genüge zu tun und sein Wissen der Behörde preiszugeben.

Zuerst wurde „zur Sache", also zu den von Dr. Premužić wiedergegebenen Aussagen, der Lehrer Danilo Ilić befragt, kurz nachdem er sein Todesurteil vernommen hatte. Sein „schönes Geständnis", in dem er die serbische Armee kompromittierte, hatte ihm wenig genützt und sollte ihn nicht vor dem Strang retten. Auf die Frage, wer an dem revolutionären Geist und der Attentatslust der bosnischen Jugend Schuld trage, meinte er jetzt, einzig allein Lieder und Bücher und eigene Überlegungen. Wörtlich sagte Ilić (nach Pfeffer): „Wenn ich 15 Studenten zur Mitwirkung am Attentat gesucht hätte, ich hätte sie gefunden." Von einer Organisation wisse er nichts. So sprach der Mann, der sich als Cheforganisator betätigt hatte, Mordwaffen an Minderjährige verteilte und im Hintergrund blieb, der im Auftrag der Schwarzen Hand Reisen unternahm und ihr Mitglied war. In seinem Nachtragsverhör sagte er noch: „ . . . wenn eine Organisation bestanden hätte . . . so würde ich die Mitglieder beziehungsweise die Mitschuldigen angeben, denn das hätte mir vielleicht dazu verholfen, daß man mir das Leben schenkt." War das nicht, wie am 4. Juli, neuerdings ein Angebot zum Verrat[11]? Doch Pfeffer ging, sicher in Übereinstimmung mit der Oberstaatsanwaltschaft, nicht darauf ein.

Auch Čabrinović, der zu 20 Jahren Kerker verurteilt worden war, sagte jetzt wieder „nein, eine terroristische Organisation bestünde nicht". Als man ihm vorhielt, er habe früher darüber anders gesprochen, erwiderte er, das sei schon möglich, vielleicht habe er phantasiert. Oder wie er sich, nach Pfeffer, ausdrückte: „Vielleicht habe ich vor kurzem der betreffenden Person (Dr. Premužić) eine Mystifikation gesagt." Und dann leistete er sich eine Unverfrorenheit: „Einen Dr. Orlić kenne ich nicht, und in Susak bin ich nie gewesen[12]."

Auf welche Talente der Attentäter glaubte der „Mlada-Bosna"-Chronist Oskar Tartaglia besonders hinweisen zu müssen? Auf ihre schauspielerischen Fähigkeiten! Nun, Čabrinović stand seinen Freunden in dieser Hinsicht nicht nach. Die Aussage über Dr. Orlić war eine gelungene Täuschung. Aber Gerichtssekretär Pfeffer glaubte ihm. Wie fand er Dr. Premužić' ganze Anzeige? „Problematisch[13]." Also auch das Eingeständnis einer terroristischen Organisation mit dem Sitz in Belgrad. Nach dem, was wir heute wissen, hatte Rechtsanwalt Dr. Premužić vollkommen recht und Čabrinović hatte ihn nicht angelogen.

Wenn Pfeffer sagte: „Es hatte keinen Sinn, in dieser Richtung weitere Nachforschungen anzustellen", so war das zeitbedingt. Der Krieg dauerte bereits drei Monate, und von der nahen Front hörten die Sarajlis* den Donner der Geschütze. Dem Blutbad Einhalt zu gebieten, war nicht mehr möglich – gleichgültig ob Söldlinge der „Schwarzen Hand" auf Befehl serbischer Generalstabsoffiziere oder

---

* Bewohner der Stadt Sarajevo.

Anhänger des individuellen Terrors die ersten Schüsse abgegeben hatten. Zu alldem war es zu spät. Und selbst dann, wenn Ilić früher, das heißt noch in den ersten Julitagen, die Organisation verraten hätte, was hätte es genützt? Seine Aussagen wären von serbischer Seite geleugnet worden, und ohne serbischer Mithilfe waren sie nicht vor der Welt zu beweisen.

Die Geheimnisse der serbischen Terrororganisation, die zu ergründen der Staatsanwaltschaft Sarajevo jede Möglichkeit fehlte, blieben noch lange gewahrt. Erst im dritten Kriegsjahr, als ganz Serbien und Montenegro von Truppen der Zentralmächte besetzt waren, als der Zar gestürzt und die russische Revolutionsregierung ein Friedensansuchen stellte und der Chef der „Schwarzen Hand", Oberst Apis, im Auftrag der nach Korfu geflohenen serbischen Regierung verhaftet wurde, wagte es ein serbischer Major, den Schleier des Geheimnisses ein wenig zu lüften. Er veröffentlichte auf neutralem Boden, im schweizerischen Lausanne, unter dem Namen Dobrivoje R. Lazarević – nicht zu verwechseln mit dem Polizeichef Lazarević – eine „La main noire" betitelte, mehrsprachige Broschüre[14], die trotz aller Vereinfachung und einiger Fehler der Wahrheit ein Stück näher rückte. Das Motto seiner Einleitung: Schwarze Hand = Verbrecherhand. Sie übte über ganz Serbien eine Schreckensherrschaft aus, sie ernannte, versetzte, pensionierte und dekorierte Beamte und Offiziere ganz nach Gutdünken, „und so kam es zu dem Attentat von Sarajevo, dem wahnwitzigsten Verbrechen, das die Schwarze Hand begangen hatte ... Da es sich hier", führte der Autor aus, „um eine offenkundige Verletzung des Völkerrechts handelte, um einen Akt, der direkt in die Souveränitätsrechte Österreich-Ungarns eingriff, ist Serbien dafür verantwortlich, denn es ist erwiesen, daß das Verbrechen in Serbien vorbereitet wurde ... und dennoch hat der serbische Staat, das heißt seine Exekutivgewalt, nicht den geringsten Schritt getan, aus dem man hätte schließen können, daß er die Verbrecher festnehmen und den Gerichten ausliefern werde[15]." Der Verfasser wirft die Verschwöreroffiziere von 1903 und die von 1914 in einen Topf, für ihn war beide Male die „Schwarze Hand" am Werk. Das ist in dieser Form falsch, denn die Geheimorganisation wurde erst 1911 gegründet. Allerdings hat Lazarević auch wieder recht: die führenden Persönlichkeiten waren 1903 und 1914 dieselben. Anderseits machte der Verfasser den Ministerpräsidenten Pašić und den Regenten Alexander zu Mitgliedern der verbrecherischen Organisation, was beide bestimmt nicht waren, nicht einmal mehr Sympathisanten, sondern bitterste Feinde, die den Verschwöreroberst Apis-Dimitrijević vor ein Militärgericht stellten und auf Grund erpreßter Zeugenaussagen verurteilen und erschießen ließen. In diesem Prozeß legte Apis ein schriftliches Geständnis ab[16], das Attentat von Sarajevo organisiert zu haben, dabei nannte er auch den Namen des Mannes, den er mit diesem Auftrag betraut hatte: Rade Malobabić.

Dieses Geständnis hat seine eigene Geschichte, es wurde lange vertuscht und erfuhr erst 1953 im sogenannten Revisions- oder Rehabilitierungs-Prozeß seine objektive und gerichtsordnungsgemäße Würdigung. Nach 39 Jahren, nach einem Zweiten Weltkrieg, fürchterlichen inneren Kämpfen und einem radikalen Systemwechsel, sahen sich die Serben genötigt, der Wahrheit die Ehre zu geben und den Beweis auf den Tisch zu legen, jenen untrüglichen Schuldbeweis, den der verantwortliche Untersuchungsrichter von Sarajevo, Leon Pfeffer, schon nach wenigen Wochen, ohne Möglichkeit in Serbien Erhebungen zu pflegen, hätte erbringen sollen. Wahrlich eine Unmöglichkeit!

VI. Die Würfel fallen

1. Sasonow: „Serbien soll verzichten!"

Die Öffentlichkeit erwartete „ernste Schritte" der k. u. k. Regierung. Sie nahm an, daß ihnen die Verlautbarung von Untersuchungsergebnissen und Rechtsgutachten vorangehen werde. Dem war nicht so. Die Serben hätten, wie die Dinge standen, die Angelegenheit vom Tisch gefegt oder ein Gegengutachten aufgestellt, und damit wäre die Sache so gut wie erledigt gewesen. Und vor allem hätte man in Belgrad das vorgelegte Beweismaterial dazu benützt, um sich der Pflicht, die Übeltäter auszuforschen und zu verfolgen, noch wirkungsvoller zu entziehen. Das k. u. k. ancien régime stand durch seine propagandistische Ungeschicklichkeit noch immer im Ruf herabgeminderter Glaubwürdigkeit, was seine Gegner weidlich auszunützen verstanden. Der französische Präsident Poincaré brachte den österreichisch-ungarischen Botschafter in St. Petersburg in Verlegenheit, als er ihn auf den Fall Konsul Prochaska[1] ansprach und „mit großem oratorischen Aufwand" auseinandersetzte, es sei nur dann zulässig, eine Regierung für etwas verantwortlich zu machen, wenn konkrete „gegen dieselbe sprechende Beweise vorlägen, es sei denn, es handle sich um einen bloßen Vorwand..." Dann wies Poincaré darauf hin, daß „Serbien Freunde habe[2]..." Sir Edward Grey, der englische Staatssekretär, sagte, noch bevor er vom Inhalt der Note Kenntnis hatte, „er hoffe, daß die Beschwerden (griefs) gut fundiert seien[3]". Kurios klingen die Worte des russischen Außenministers, man müsse der serbischen Regierung Beweise vorlegen, „sonst riskiere König Peter, umgebracht zu werden[4]". Dieses Risiko bestand, allerdings für jene Serben, die bereit gewesen wären, von österreichischen Behörden vorgelegte Beweise zu bezeugen. Jedenfalls verzichtete die k. u. k. Regierung auf die Rechtshilfe serbischer Gerichte, sie lehnte serbische Richter und Erhebungsbeamte als befangen und voreingenommen ab. Sie machte die Regierung selbst verantwortlich, und zwar durch Berufung auf das serbische Wohlverhaltens-Versprechen vom 31. März 1909, in dem sich die Regierung verpflichtet hatte, sich „freundschaftlich" zu verhalten[5].

Die Note, welche die k. u. k. Regierung am 23. Juli 1914 Belgrad zukommen ließ und die der englische Staatssekretär des Äußeren als das „schrecklichste (formidable) Instrument" bezeichnete, das jemals ein Staat an einen anderen richtete[6], warf der serbischen Regierung vor, ihr Wohlverhaltens-Versprechen gebrochen zu haben, jahrelang habe sie das verbrecherische Treiben einer subversiven Bewegung geduldet, die durch Terrorakte, durch eine Reihe von Attentaten[7], durch Morde das Ziel anstrebte, Gebietsteile von der österreichisch-ungarischen Monarchie loszutrennen. Sie habe die zügellose Sprache der Presse geduldet, die Verherrlichung der Urheber von Attentaten, die Teilnahme von Offizieren und Beamten an subversiven Umtrieben, eine ungesunde Propaganda im öffentlichen Unterricht usw.

Das wird dann im einzelnen angeführt und, um in Zukunft dieses die Existenz des Staates gefährdende Treiben zu verhindern, mit zehn Forderungsartikeln[8] versehen, die *alle* „pure et simple" anzunehmen wären.

Die Erhebungen des Kreisgerichtes Sarajevo wurden in 22 Zeilen als Beilage der serbischen Regierung mitgeliefert. Namentlich genannt wurden Princip, Čabrinović, Grabež, Tankosić, ein „gewisser" Ciganović, ein Grenzhauptmann und ein Zollorgan. Das hatte man den 300 Seiten Untersuchungsprotokoll in Sarajevo entnommen[9].

Die zehn Artikel der Note wurden „in der Hexenküche am Ballhausplatz" formuliert, und zwar nach dem 19. Juli, an dem Graf Berchtold in Ischl von Kaiser Franz Joseph in Audienz empfangen worden war, der der Meinung Ausdruck gab, daß es „kein Zurück" mehr gebe, daß eine „schwächliche Haltung unsere Stellung Deutschland gegenüber diskreditieren könnte" und daß es im Grunde in Zukunft „auf eine *praktische Kontrolle* ankäme[10]". Die Aufgabe, solche Bedingungen zu formulieren, die eine Kontrolle zukünftigen Wohlverhaltens garantieren sollten, übernahm unter Aufsicht des „politischen Sektionschefs", des Grafen Forgách, der Gesandte

Das Ultimatum an Serbien: Handschriftliche Vorschläge des Grafen Forgách zu Artikel 6, die zu einer Verschärfung der Formulierung führten. (HHStA, Wien.)

Es kämen noch als Forderungen eventuell hinzu

1) Ausstoßung aus der Armee der compromittirten Offiziere Major Tankositel, Pribicevic(?)

2) Entlassung aus dem diplomatischen Dienste jener serb. Diplomaten in Petersburg & Berlin, welche ungeziemliche interviews veröffentlichten über Attentat & unsere inneren Zustände

3) Zuziehung unserer Staatsanwalt und Untersuchungsrichter zur Untersuchung des Complotts in Serbien

Freiherr von Musulin, ein Südslawe aus Agram, dessen „Gewandtheit im Konzept anerkannt war". Musulins Vater war einer jener k. u. k. Kroaten, die 1878 bei der Okkupation Bosniens ein hohes Kommando innehatten.

In der ersten Fassung der Note[11] (höchstwahrscheinlich von Musulin) hieß es: „Die k. u. k. Regierung ist überzeugt, daß die königlich serbische Regierung das an der Person Seiner k. u. k. Hoheit des Erzherzogs Thronfolger und seiner erlauchten Gemahlin verübte Verbrechen beklagt und verurteilt, wie die ganze Kulturwelt. Sie ist aber angesichts des Gesagten und angesichts der durch die Geständnisse der verhafteten Attentäter aufgedeckten Zusammenhänge außerstande, sich mit den platonischen Versicherungen zu begnügen, die die Erklärung der königlich serbischen Regierung enthält und muß darauf bestehen, daß die königliche Regierung ihrem guten Willen, mit der österreichisch-ungarischen Monarchie im Frieden zu leben und ihren völkerrechtlichen Pflichten zu entsprechen, durch geeignete Maßnahmen auf dem Gebiet der inneren Politik Ausdruck gebe." Dann folgen vier Artikel. Die Note schließt mit der Aufforderung zu „einer gefälligen Rückäußerung" über den Zeitpunkt, bis zu welchem die serbische Regierung in der Lage sein wird, die eben angeführten Maßnahmen durchzuführen. Von einer Frist ist noch keine Rede.

Forgách gestand der Regierung Pašić nicht den geringsten guten Willen zu, und aus dem Entwurf mit der Aufforderung zur gefälligen Rückäußerung wurde eine Frist von 48 Stunden. Dementsprechend ist auch sein Ton, außerdem fügt er weitere Bedingungen hinzu, drei von ihnen sind in einer handschriftlichen Notiz (S. 193) festgehalten, eine davon befaßt sich mit seinem Lieblingsfeind Spalajković.

In den Tagen, als die Note abgefaßt wurde, sorgte sich Forgách wegen der Zaghaftigkeit und Unentschlossenheit seines Chefs, des Grafen Berchtold[12]. Der endgültige Text wurde am 21. vom Ministerrat angenommen und dann dem Kaiser vorgelegt. Berchtold wies auf den scharfen Ton hin. Franz Joseph: „Ja, sehr scharf, besonders die Punkte fünf und sechs." (Der sechste Punkt ist ein Forgách-Artikel.) Berchtold: „Das war notwendig, weil Serbien seine Verpflichtungen nicht einhält und unentwegt auf unsere Zertrümmerung hinarbeitet[13] . . ." Man schritt zur Operation auf Leben und Tod, überzeugt, daß der Monarchie nur diese Chance zur Weiterexistenz bleibe.

Einer, der nach dem Attentat durch teils nervöse, teils forsche Alarmmeldungen die Kriegsstimmung noch anheizte, war der Landeschef von Bosnien, General Potiorek. Von der Note sagte er, sie sei bei den bosnischen Kroaten begeistert aufgenommen worden, sie werde als „imponierende Stellungnahme der Monarchie" bezeichnet. Die Muselmanen, pessimistischer, fürchteten, die Serben würden leere Versprechungen abgeben und die Wühlarbeit fortsetzen. Sie, die Muselmanen, erhofften nur von „einer Kriegsaktion gegen Serbien eine befriedigende Lösung". Die bosnischen Serben dagegen hielten die Note für ein „Preßmanöver" (!) der Regierung, sie wollten an energische Maßnahmen nicht glauben und seien überzeugt, daß Serbien die Note „rundweg ablehnen" werde[14]. Die allerersten Reaktionen aus Belgrad sind doch ein wenig differenzierter. Strandtmann, der russische Geschäftsträger, benachrichtigte St. Petersburg, daß Paću, der stellvertretende Ministerpräsident „soeben, um 6 Uhr abends (am 23. Juli) die österreichisch-ungarische Ultimativnote übernommen habe. Gesandter Giesl habe dabei bemerkt, falls die Note nicht ‚in toto binnen 48 Stunden' angenommen werde, sei er angewiesen, Belgrad zu verlassen." Das Telegramm endet: „Paću ... bittet um den Schutz Rußlands und erklärt, daß keine serbische Regierung auf die gestellten Forderungen eingehen kann[15]."

Den königlich serbischen Gesandtschaften teilt Paću mit, man könne jetzt schon sagen, die Forderungen seien derart, daß sie keine serbische Regierung zur Gänze annehmen könne[16]. Die Extraausgabe der *Politika* schrieb, daß keine Regierung es wagen könne, derartige Bedingungen zu akzeptieren, Rechtshilfe ohne politischen Beigeschmack werde man gewähren ... Krieg? Wer damit drohe, führe ihn nicht[17]. Das war eine Anspielung darauf, daß Österreich-Ungarn bereits zweimal unter ungeheuren Kosten mobilisiert hatte, ohne dann zuzuschlagen.

Noch in der Nacht auf den 24. suchte Regent Alexander den russischen Geschäftsträger auf. Er bat ihn, eine persönliche Botschaft, einen Hilferuf, an Nikolaus II., den Zaren aller Reußen, weiterzuleiten. Alexander beteuerte, Serbien sei bereit, eine Untersuchung einzuleiten, „falls der von den österreichisch-ungarischen Behörden geführte Prozeß die Mitschuld bestimmter serbischer Untertanen erweisen sollte". Welche Ironie, mußte ihm doch klar sein, daß zu diesem Zeitpunkt nur eine richtige Untersuchung – keine Scheinuntersuchung – der besser informierten serbischen Behörden die Hintergründe hätte erhellen können. Weiter meinte Alexander, die Forderungen der Note seien „unvereinbar mit der Würde eines unabhängigen Staates und unnötig demütigend". Staaten waren damals empfindlicher als heute, das ist richtig, und daß man dieses Ultimatum als unnötig demütigend empfinden mußte, dieser Ansicht waren auch objektive Beobachter. Unrichtig aber ist, was der Regent dem Zaren weiter berichtete, die Monarchie habe verlangt, k. u. k. Beamte sollten in Serbien die „Durchführung" der geforderten Maßnahmen überwachen. Die gesetzte Frist sei zu kurz, schrieb Alexander, und die österreichisch-ungarische Armee werde an der Grenze zusammengezogen. Diese Gefahr bestand allerdings, doch noch nicht zu diesem Zeitpunkt, auch konnte die Armee nicht nach 48 Stunden angreifen, wie der Regent glaubte. Sein Hilferuf machte auf den Zaren Eindruck, er schrieb darauf ein „sehr bescheidenes und würdiges Telegramm". Es schloß mit den Worten: „Wir können uns nicht verteidigen; deshalb bitten wir Eure Majestät, uns so schnell wie möglich Ihre Hilfe zu leihen. Eure Majestät haben uns so viele Beweise Ihres kostbaren Wohlwollens gegeben und wir hoffen bestimmt, daß dieser Appell ein Echo in Ihrem slawischen und großmütigen Herzen finden wird. Ich mache mich zum Dolmetscher der Gefühle des serbischen Volkes, das in diesen schweren Augenblicken Eure Majestät bittet, sich gnädigst für die Geschicke Serbiens einzusetzen. Alexander[18]."

Außenminister Sasonow, von dem es heißt, er habe bereits ausgerufen: „Das ist der europäische Krieg[19]", als er das „frische Telegramm" des Belgrader Vertreters in Händen hielt, erteilte dann Spalajković für den Fall, daß Serbien sich jetzt nicht verteidigen könne, Ratschläge. Dieser gab sie, ausdrücklich als solche bezeichnet, an Pašić weiter: „Sofort allen Staaten erklären, Serbien habe das Verbrechen von Sarajevo mit Abscheu verurteilt und war bereit, jeden seiner Untertanen vor Gericht zu stellen, von dem bewiesen wurde, daß er Teilnehmer ist; ... Serbien hat alle seine Verpflichtungen Österreich-Ungarn gegenüber loyal erfüllt[20] ..." Spalajković fügte hinzu, den russischen Außenminister habe das Ultimatum mit Abscheu erfüllt. Wörtlich hieß es dann: „Er sagte mir: Darin gibt es Forderungen, die ein Staat nicht annehmen kann, ohne Selbstmord zu verüben. Melden Sie, wir können mit Rußlands Hilfe zweifellos rechnen, er äußerte sich aber noch nicht, in welcher Form sich diese Unterstützung offenbaren wird, denn darüber hat der Zar zu entscheiden und ist Frankreich zu befragen; er hat in Wien und Berlin einen energischen Schritt unternommen[21] ..."

Am 24. Juli? Man hört an diesem Tag von der Erregung im russischen Außenministerium, aber nicht von irgendwelchen Schritten in Wien oder Berlin. Das Ultimatum lief ja erst tags darauf ab. Wohl gab es einen fünfstündigen Ministerrat und eine ziemlich heftige Diskussion zwischen dem k. u. k. Botschafter und Herrn

Sasonow. Dieser aber enthielt sich bewußt jeder Stellungnahme[22], weil er „Rußland nicht präjudizieren wollte". Wohl sagte er, Österreich wolle den Krieg, das Attentat sei nur ein „Vorwand" und dies sei „die Politik des Grafen Forgách". Auch in dieser Situation wurde der Friedjung-Prozeß hervorgezerrt und damit die Glaubwürdigkeit der österreichischen Beschuldigungen in Frage gestellt!

Der russische Geschäftsträger in Wien sprach am selben Tag am Ballhausplatz vor, versicherte, daß er den Standpunkt seiner Regierung nicht kenne und auch nicht wisse, wie sich Serbien zu einzelnen Forderungen stellen werde. Seine persönliche Impression gehe allerdings dahin, daß wir Unmögliches von der Regierung eines konstitutionellen Staates verlangten[23] ...

Dr. Miroslav Spalajković kann das Verdienst für sich in Anspruch nehmen, die Russen von der Notwendigkeit des Eingreifens überzeugt zu haben[24]. Uns ist er als der Mann bekannt, der schon 1899 schrieb, Österreich müsse vernichtet werden, weil es die Absicht habe, Serbien zu erobern und das Serbentum auszurotten[25]. Er war es, der in Begleitung des späteren Mitbegründers der „Schwarzen Hand", Major Milan Vasić, Sarajevo besuchte, der als Zeuge im Friedjung-Prozeß auftrat, der die haßerfüllten Artikel der *Politika* inspirierte, er beschuldigte den Sektionschef Dr. Hörmann von der Landesregierung in Sarajevo, die Ermordung des Fürsten von Montenegro vorbereitet zu haben, er war es, der Forgách zum Fälscher stempelte und die Komödie des Vasić-Prozesses inszenierte, er verlor auf österreichische Intervention seinen Posten als Generalsekretär des Belgrader Außenamtes, ihn nannte der britische Gesandte einen „professionellen Unruhestifter[26]" und Sasonow sagte, er sei ein exaltierter Mensch, der „aus dem Gleichgewicht geraten sei[27]".

Spalajković hielt später einen Vortrag über den 24. und 25. Juli 1914, den Höhepunkt seiner St. Petersburger Mission[28]. Nicht uninteressant, wie dieser Mann sein Einwirken auf den Außenminister des Zaren einschätzte, noch interessanter, welchen Standpunkt er in diesen historischen Stunden vertrat. An den dramatischen 24. Juli erinnerte er sich genau. Vor der Pariser Prominenz in der „Gesellschaft für Geschichte und Diplomatie" erinnert er sich seiner damaligen Gefühle und Worte und auch an die Worte der anderen. Sasonows Sympathie für die slawischen Völker und seine Bewunderung Serbiens wäre groß und echt gewesen. Seit den Balkankriegen habe er mit König Peter und dem Kronprinzen Alexander geradezu einen Kult getrieben. „Als ich", erzählte Spalajković, „am 24. um 4 Uhr nachmittag Sasonow das lange Telegramm übergab, erklärte ich ihm, Österreichs Ziel wäre gar nicht die Erniedrigung Serbiens, sondern seine Vernichtung. Nachdem wir die verschiedenen Punkte der Note durchgegangen waren, nahm mich Sasonow väterlich bei der Hand und sagte: ‚Certainement, c'est tout ce qu'il y a de plus grave!" Seine Augen waren feucht, sein Blick voller Mitleid. Dann sagte er, hier gibt es Klauseln, die ein souveräner Staat schwer akzeptieren kann, ohne Selbstmord zu begehen. Wir müssen aber den Krieg verhindern ... er zählte auf die Weisheit des Ministerpräsidenten Pašić, er sei der einzige, der Opfer auf sich nehmen könne ... Dann versicherte Sasonow, er werde in Wien auf eine Fristverlängerung drängen, in London eine Konferenz der Großmächte vorschlagen. Spalajković entgegnete, das werde nicht viel nützen. Man könne auf Berlin einwirken, aber nach diesem Ultimatum gebe es nur einen Weg für Rußland: mobilisieren und zwar in den Distrikten an der österreichisch-ungarischen Grenze. Doch auch das würde letzten Endes nicht den Krieg verhindern, denn Deutschland wolle ihn. Sasonow meinte dann, wenn die Monarchie angreife, solle Serbien sich nicht verteidigen, aber an alle Nationen ... appellieren ... die gesamte Menschheit als Zeugen für sein Martyrium anrufen ... einen Verzweiflungsschrei ausstoßen ... Serbien sei daran gewöhnt, heute noch zu existieren, morgen zu verschwinden und übermorgen wie ein Phönix aus der Asche aufzuerstehen ... es gebe nur ein Wunder, und dieses Wunder müßten die Serben vollbringen, indem sie auf alles verzichten und alles anerkennen (en acceptant tout). Darauf will Spalajković geantwortet haben, gewiß, Pašić kann alles, nur das nicht ... jeder Defätismus widerspreche der serbischen Seele, so etwas dürfe man nicht dem heldenhaftesten aller Völker zumuten (plus héroique parmi les peuples), alles, nur das nicht ... und dann kommt die Feststellung, das Ultimatum vom 23. Juli sei eine der „unmoralischsten Aktionen der Geschichte"[29].

Reduziert man den Inhalt dieses Gesprächs auf seinen realen Gehalt, so bleibt die Behauptung, Sasonow habe zuerst geraten, das Ultimatum zur Gänze anzunehmen, doch Spalajković habe ihm klargemacht, das komme überhaupt nicht in Frage. Von ihm wäre der Impuls zum Widerstand um jeden Preis ausgegangen, und schließlich hätte der zaristische Minister seine Argumentation übernommen. Das kann man glauben oder nicht. Doch wer Spalajković' weitere Berichterstattung verfolgt, die bisher noch nicht veröffentlichten Telegramme der entscheidenden Tage liest, muß zugestehen, daß hier eine Persönlichkeit am Werk war, die sich eine Rolle angemaßt hat, die ihr nicht zustand und die zur Verschärfung der Situation beitrug.

Spalajković war Großserbe und setzte alles daran, daß es zum Kriege kam, natürlich an der Seite eines mächtigen Bundesgenossen, außerdem war er einer jener Serben, von denen Seton-Watson sagte, sie hatten eine tolle Neigung, die Zukunft ihres Landes aufs Spiel zu setzen. Spalajković wollte den Krieg und setzte, wie man sehen wird, alles daran, daß es zum Krieg kommen mußte. Ihn und seinesgleichen, von Pašić bis Dimitrijević, meinte der Serbe Svetozar Pribičević, vor dem Krieg Abgeordneter der kroatisch-serbischen Koalition, nach dem Krieg jugoslawischer Unterrichtsminister im Kabinett Pašić, 1928 in der Skupština: „Serbien hat durch seine nationale Politik Österreich zum Kriege provoziert... Wenn unsere serbischen Brüder sich scheuen zu sagen, daß ihre Frage den Weltkrieg hervorgerufen hat, so mögen sie es. Ich meines Teiles fürchte mich nicht zu erklären: Unsere Frage, die südslawische Frage in Österreich-Ungarn, hat diesen großen Weltkrieg hervorgerufen[30]."

Das kommt der Wahrheit nahe! Doch ist es die ganze Wahrheit? War es nicht vielmehr der Versuch, die südslawische Frage nach dem Willen imperialistischer Großserben und gegen den Willen vieler Südslawen, vielleicht sogar ihrer Mehrheit, zu lösen, der den entscheidenden Anstoß gegeben hat?

2. Ultimatum: Artikel sechs

„Wie uns scheint, liegt der kluge und ehrenhafte Weg für Serbien klar vor Augen. Es sollte aus freien Stücken eine Untersuchung vornehmen und es sollte den Mächten einen vollständigen Bericht über das Verfahren unterbreiten."
(*Times*, 16. Juli 1914)

Vertraulicher Rat des außenpolitischen Redakteurs der *Times*, Wickham Steed, an die serbische Regierung, sie möge „baldmöglichst und vor dem österreichisch-ungarischen Schritt das Untersuchungsergebnis der serbischen Behörden den Großmächten mitteilen und veröffentlichen..." (Bericht des serbischen Gesandten Bošković am 16. Juli 1914, vertrl. Nr. 43, FG.)

Wenig anderen Schriftstücken der neuesten Geschichte wurde eine derartige Bedeutung zugeschrieben wie der österreichisch-ungarischen ‚Begehrnote' vom 23. Juli 1914. Sie wurde für alles, was nachher kam, verantwortlich gemacht. Der Schweizer Historiker von Salis sprach in diesem Zusammenhang „von der Leichtfertigkeit und

Oberflächlichkeit, vom Hochmut und dem politischen Unvermögen von Männern wie Berchtold, Stürgkh und ihren diplomatischen und militärischen Beratern[1]". Die extremste Verurteilung erfuhr die Note durch den Dichter George Bernard Shaw: „Das Ultimatum an Serbien war ein wahnwitziger Einfall, ein schlimmeres Verbrechen als der Mord, der es verursachte." Asquith, englischer Ministerpräsident, der die Note gewiß genauer studierte als der Dichter, dachte über sie anders: „Nach den heute früh eingelangten Meldungen hat Serbien in der Hauptsache kapituliert, doch ist es sehr zweifelhaft, ob Österreich gewillt ist, irgendeinen Vorbehalt anzunehmen. Das Seltsame an der Sache ist, daß bezüglich vieler, wenn nicht der meisten Punkte, Österreich im Recht, Serbien im Unrecht ist[2] ..." Und der Lloyd George nahestehende *Daily Chronicle* nannte die österreichische Note ernst, „aber kaum ernster, als die begründete Selbstverteidigung der Monarchie es erfordert ... Rußland täte am besten, Serbien zum Nachgeben zu raten, während es über Österreichs Verpflichtung wachte, das Land nicht zu annektieren." Auch der *Observer* und die *Daily News* entrüsteten sich über die Note nicht[3].

Selbst Masaryk erkannte das Recht an, für Sarajevo Genugtuung zu fordern. Damit seien alle Staaten einverstanden[4]. Er sagte aber nicht, welchen Weg die Monarchie mit Aussicht auf Erfolg hätte wählen können. Der russische Außenminister war Partei, daß er die Note in Grund und Boden verdammte, besonders in der Rückschau, als es um die Kriegsschuld ging, ist klar. Sie habe Europa mit einem Schlage an den Rand des Abgrundes gestellt und eine Lage geschaffen, aus der es schwer war, einen anderen Ausweg zu finden, als einen europäischen Krieg[5]. Das war Sasonows Meinung, Sergej J. Graf Witte, bis 1906 russischer Ministerpräsident, fand dagegen, man müsse Serbien der verdienten Züchtigung überlassen, diese „unruhigen, eitlen Balkanvölker" seien nichts anderes als „schlecht getaufte Türken[6]".

Die Note fand auch in Österreich scharfe Kritiker: Die *Arbeiterzeitung* war über ihre Härte entsetzt[7]. Einer, der diese Härte für berechtigt fand, war der Politiker Josef Redlich, der die Annexion im Reichsrat mit folgenden Worten verteidigt hatte: „Österreich sei naturgemäß die friedlichste Macht der Welt. Aber es ist eine Macht, und darum sollte niemand ernstlich daran denken, uns die Überzeugung unserer Ohnmacht beizubringen[8]." Und das war ja das Um und Auf der serbischen Politik. Auch Redlich erlag der Euphorie und vermerkte am 23. Juli in sein Tagebuch: „Graf Hoyos[9] teilte mir mit, heute sei die Note in Belgrad überreicht worden, sie sei von ihm und Forgách hauptsächlich verfaßt und läßt eine Annahme Serbiens eigentlich überhaupt nicht zu: sie ist ein 48stündiges Ultimatum, und dann beginnt der Krieg. Daß Rußland mit Serbien geht, ist so gut wie sicher[10] ..." Zeugnisse dieser Hochstimmung gab es genug. Es war die verzweifelte Begeisterung von Leuten, deren Geduld restlos erschöpft war und die sich nach einer erlösenden Tat sehnten, einer Tat, die den Serben klarmachen sollte: bis hierher und nicht weiter. Der k. u. k. Gesandte in Belgrad, Baron Giesl, sprach von der Notwendigkeit einer Operation auf Leben und Tod.

In Wirklichkeit war mit der Überreichung der Note noch keine Entscheidung gefallen. Die nächste, und nicht die letzte, sollte bei ihrer Ablehnung fallen. Das war dann der Abbruch der Beziehungen – jedoch noch nicht der Krieg![10a]

Von den neun Artikeln der Note hätten die Serben sieben, so hieß es allgemein, angenommen[11]. Österreichischerseits registrierte man Vorbehalte: „Halbe Zusagen, unbefriedigende Gegenvorschläge, Möglichkeiten späterer Ausflüchte, unzulängliche Reserven, Unaufrichtigkeiten und Hinterhältigkeiten[12]."

Unter den Artikeln, die allgemein vollständig abgelehnt wurden, sticht der Artikel sechs besonders hervor:

Der Artikel 6 (über die Untersuchung)

in der österr.-ung. Note vom 23. Juli 1914	*in der serbischen Antwort vom 25. Juli*
Die königl. serbische Regierung verpflichtet sich, eine Untersuchung gegen jene Teilnehmer des Komplottes vom 28. Juni einzuleiten, die sich auf serbischem Territorium befinden; von der k. u. k. Regierung hierzu delegierte Organe werden an den bezüglichen Erhebungen teilnehmen.	Die königliche Regierung hält es selbstverständlich für ihre Pflicht, gegen alle jene Personen eine Untersuchung einzuleiten, die an dem Komplotte vom 15./28. Juni beteiligt waren oder beteiligt gewesen sein sollen und die sich auf ihrem Gebiete befinden. Was die Mitwirkung von hierzu speziell delegierten Organen der k. u. k. Regierung an dieser Untersuchung anbelangt, so kann sie eine solche nicht annehmen, da dies eine Verletzung der Verfassung und des Strafprozeßgesetzes wäre. Doch könnte den österreichisch-ungarischen Organen in einzelnen Fällen Mitteilung von dem Ergebnis der Untersuchung gemacht werden.

Dazu der amtliche österr.-ung. Kommentar:

Unser Verlangen war ganz klar und nicht mißzuverstehen. Wir begehrten: 1. Einleitung einer gerichtlichen Untersuchung gegen die Teilnehmer am Komplotte. – 2. Die Mitwirkung von k. u. k. Organen an den hierauf bezüglichen *Erhebungen* („recherches" im Gegensatze zu „enquête judiciaire"). Es ist uns nicht beigefallen, k. u. k. Organe an dem serbischen Gerichtsverfahren teilnehmen zu lassen; sie sollten nur an den polizeilichen Vorerhebungen mitwirken, welche das Material für die Untersuchung herbeischaffen und sicherzustellen hatten. Wenn die serbische Regierung uns hier mißversteht, so tut sie dies bewußt, denn der Unterschied zwischen „enquête judiciaire" und den einfachen „recherches" muß ihr geläufig sein.

(Für die österr.-ung. Regierung aber stellte die unter Ziffer 6 erhobene Forderung das eigentliche und letzte Ziel ihrer Absichten dar: sich hierdurch in den Stand zu versetzen, eine Aufklärung darüber herbeizuführen, ob und inwieweit eine Mitwisserschaft oder Komplizität der serbischen Regierung betreffs des Sarajevoer Attentats vorhanden war. Die Durchführung gerade dieser Forderung galt in Wien als Bürgschaft für die in erster Linie bezweckten Garantien für die Zukunft für unerläßlich.) (Gooß, S. 283.)

Mit Recht oder mit Unrecht: Schärfste Kritik fand die abrupte Abreise des Gesandten Giesl nach flüchtiger Prüfung der Antwortnote. Er begnügte sich mit der Feststellung gewisser Vorbehalte, daß die Forderungen nicht „voll und ganz" angenommen waren, reagierte auftragsgemäß, und reiste ab. „Ich brauchte das Schriftstück nur zu überfliegen", sagte Giesl, „um zu erkennen, daß die Antwort in keiner Weise genügte[13]."

So entgegenkommend die serbische Antwort schien, im Grunde war sie ein taktisches Ausweichen, weniger höflich gesagt, ein gerissenes Täuschungsmanöver. Daß dieses Manöver gelang, sogar Beifall fand, zeigte die Reaktion Kaiser Wilhelms: „Eine brillante Leistung für die Frist von bloß 48 Stunden. Das ist mehr, als man erwarten konnte! Ein großer moralischer Erfolg für Wien, aber damit fällt jeder Kriegsgrund fort, und Giesl hätte ruhig in Belgrad bleiben sollen[14]." So und nicht anders dachten viele. Im Londoner Foreign Office nannte man die Antwort „reuig und versöhnlich[15]". Sie war alles, nur nicht das, sie war klug, geschickt, listig, eine machiavellistische Meisterleistung, wenn man will, aber von „reuig" keine Spur. Immer wieder appellierte der „schuldlose" serbische Ministerpräsident an die k. u. k. Regierung, endlich doch Beweise auf den Tisch zu legen, und fand damit Anklang und Verständnis bei den meisten europäischen Kabinetten. Doch das Groteske war, daß Pašić die Beweise, die er unentwegt verlangte, selbst in der Tasche hatte. Ja, sogar noch in der serbischen Antwort hieß es: „Die k. u. k. Regierung wird gebeten, zwecks Durchführung der Untersuchung sobald als möglich die bestehenden Verdachtsgründe und die bei der Untersuchung in Sarajevo angesammelten Schuldbeweise in der üblichen Form bekanntzugeben[16]."

Ist das Hohn? Wie serbische Kabinettsmitglieder die Situation sahen, plauderte der damalige Unterrichtsminister Ljuba Jovanović in einer schwachen Stunde aus: „Es werde Wien nicht gelingen", meinte er, „irgendwelche Verbindungen zwischen dem offiziellen Serbien und den Ereignissen an der Miljačka* festzuhalten. Deshalb hoffte Pašić, irgendwie durch die Krise hindurchzukommen und bemühte sich, möglichst alle Verbindungen zu erhalten, die wir uns bis dahin verschafft hatten, damit Serbien bei der Gewährung jener unglücklichen Sanktionen an Österreich-Ungarn möglichst billig davonkäme[17]."

So und nicht anders dachte man in Belgrader Regierungskreisen über den Mord, und als man erkannte, daß man diesmal nicht mehr so billig davonkommen würde, begann man, über verletzte Würde und die Beeinträchtigung der Souveränität zu klagen und bezeichnete das Attentat als Vorwand für den längst geplanten Überfall.

Bei den Beweisen, die Pašić „in der Tasche hatte", muß man unterscheiden: Erstens Beweise für die Mitwisserschaft der serbischen Regierung an den Vorbereitungen zum Mord. Zweitens die Ermittlungsergebnisse der serbischen Behörden zwischen dem 28. Juni und dem 25. Juli, dem Tag, an dem das Ultimatum beantwortet wurde.

Vor dem 28. Juni kannte die serbische Regierung bereits den Zusammenhang zwischen den Attentätern und den königlichen Offizieren, dem Obersten Apis-Dimitrijević, dem Major Tankosić und dem Kommandanten der Grenztruppen in Loznica, Major Ljuba Vulović[18]. Sie wußte, daß Apis die Waffen beschafft, Tankosić die Waffenausbildung übernommen und Untergebene des Vulović Waffen und Attentäter über die Grenze geschmuggelt hatten. Ein Sektionschef des Kriegsministeriums[19] war vor dem Mord beauftragt worden, an Ort und Stelle, an der Grenze, ein Ermittlungsverfahren durchzuführen. Die Akten dieses Verfahrens wurden nicht in die amtlichen Verzeichnisse eingetragen und vom Kriegsminister dem Ministerpräsidenten Pašić übergeben[20]. Alles Resultate, die erst 1953 bekannt wurden. Die Akten selbst wurden noch nicht veröffentlicht, erst wenn diese zum Vorschein kommen, könnte entschieden werden, ob das damals (vor dem 28. Juni 1914!) eingeleitete Ermittlungsverfahren der Verhinderung des Verbrechens oder der Vertuschung dienen sollte. Letzteres liegt auf der Hand, sonst hätte man ja dieses Material zur Entlastung der serbischen Regierung herangezogen.

Also schon *vor* dem Attentat gab es „bestehende Verdachtsgründe"

---

* Die Miljačka fließt durch Sarajevo.

gegen mehrere Personen, gegen serbische Untertanen und königliche Offiziere. Das aber focht die Belgrader Regierung nicht an, sie verschaffte den bösen Österreichern ihren langersehnten Vorwand zu einem Überfall und zum Marsch auf Saloniki.

Was geschah dann, als in Sarajevo die tödlichen Schüsse gefallen waren? Angeblich nichts. Man kondolierte, verbot beim Eintreffen der Nachricht Lustbarkeiten, worauf man sich etwas zugute tat, war bereit, österreichisch-ungarische Ansuchen zu prüfen, falls „Beweise vorlägen", sah aber keinen Grund, irgendwelche Recherchen durchzuführen. Warum auch? Der Ministerpräsident und Außenminister widmete sich der Innenpolitik. Was kümmerte ihn schon, daß irgendein k. u. k. Untertan, ein Narr, wie er sagte, auf dem Boden der Monarchie den Thronanwärter umgebracht hatte? Das war der Eindruck, den man in Belgrad zu erwecken versuchte, und man fand Glauben.

In Wirklichkeit wußte Pašić, der mißtrauische alte Fuchs, wie kein anderer, was auf dem Spiele stand. Er pflegte sich vor Überraschungen zu schützen. Nach dem ersten Ermittlungsverfahren kannte er die Zusammenhänge. Schon aus den primitivsten Gründen des Selbstschutzes mußte er sich genauestens informieren. Die Polizei des Innenministers Protić machte Hausdurchsuchungen in den Quartieren der Attentäter, Verhöre wurden abgehalten, man erfuhr von Tankosić' Erpressungsversuch beim *Balkan*, fand Čabrinović' Koffer, schickte Ciganović auf Urlaub ... usw., usw.

Wenn es der serbischen Regierung wirklich, wie sie behauptete, um ihre Würde gegangen wäre, dann hätte sie alle Artikel ablehnen können mit Ausnahme des Artikels 6. Ihn hätte sie mit einer Einladung beantworten müssen, gemeinsam den Fall zu untersuchen, das hätte wahrer Würde entsprochen, ihr allgemeine Achtung eingetragen und es Österreich unmöglich gemacht, scharf vorzugehen.

Aber gerade dem Artikel 6 widerstand die serbische Regierung am meisten, kein Wunder, sie mußte ihn ablehnen, denn eine objektive Untersuchung des wahren Sachverhaltes hätte ihren „moralischen Kredit" in aller Welt vernichtet, ihren Sturz herbeigeführt und Serbien isoliert.

Wie aber stand es mit der serbischen Souveränität, auf die sie sich stolz berief? Schlecht! Entweder stand die serbische Regierung unter dem Druck der „Schwarzen Hand", dann war ihre Souveränität beschränkt. Oder sie konnte frei handeln, dann zeigte die Ablehnung des Artikels 6 erst recht ihre Angst, durch eine Untersuchung sich selbst zu entlarven.

Wenn es in ihr Konzept paßte, ja, dann waren sich die Lenker des serbischen Staates der Verantwortung bewußt. Dies geht eindeutig aus Äußerungen hervor, die Oberst Petar Mišić, Vorsitzender des Militärgerichtes für Offiziere, des Ministerpräsidenten und Regenten engster Vertrauensmann, den Führern der „Schwarzen Hand" 1917 vorzuhalten für richtig fand. Zuerst die Frage: „Haben Sie in Betracht gezogen, welch ungeheurer Gefahr bei der Vorbereitung des revolutionären Kampfes außerhalb der Grenzen unser Vaterland ausgesetzt war?" Dann die Feststellung: „Ein Verbrechen ist ein Verbrechen, gleichgültig ob es im In- oder Ausland begangen wird..." Ferner: „Ein Staat ist für die Handlungsweise seiner in einer Organisation zusammengefaßten Bürger anderen (Staaten, d. A.) gegenüber verantwortlich!" Nur seiner Bürger? Nicht erst recht seiner Beamten und Generalstabsoffiziere[21]?

3. Der 25. Juli und Zar Nikolaus II.

Was geschah eigentlich in Belgrad in den 48 Stunden, die der serbischen Regierung zur Beantwortung der österreichisch-ungarischen „Begehrnote" zur Verfügung standen? Erfolgte eine Diskussion über die Annahme? Oder war man von allem Anfang an entschlossen, es zum Äußersten kommen zu lassen? Schon in der serbischen Zirkularnote vom 23. hieß es, eine bedingungslose Annahme käme nicht in Frage[1]. In diesem Sinne reagierte auch Spalajković, der sich in St. Petersburg um die Durchsetzung des serbischen Standpunktes bemühte. Sein Einfluß war gestiegen, das ist aus einem Informationsbericht, den Außenminister Sasonow Zar Nikolaus unterbreitete, herauszuspüren: „Die Forderungen der Note entsprächen", so hieß es darin, „weder inhaltlich noch der Form nach den Versäumnissen, an denen die serbische Regierung vielleicht Schuld haben könnte. Die durch die Untersuchung in Sarajevo zutage geförderten Fakten ließen es zu, Serbien um eine Untersuchung zu bitten, aber unannehmbare politische Forderungen seien nicht gerechtfertigt." Es sei zu hoffen, daß eine derartige unaufrichtige und herausfordernde Aktion in England keine Sympathie fände ... und daß die uneigennützige Politik Rußlands, deren einziges Ziel es sei, die Schaffung einer österreichischen Hegemonie am Balkan zu verhindern, durch England tatkräftig unterstützt werde ... es handle sich um die Erhaltung des Gleichgewichtes in Europa, dem ernste Gefahr drohe[2].

Mit dem englischen Standpunkt wurde Sasonow noch vor Ablauf des Ultimatums vertraut gemacht: Serbiens Pflicht sei es, Österreich „seinen Kummer und Bedauern" darüber auszusprechen, daß sich an der Ermordung Serben, wenn auch in untergeordneter, offizieller Stellung beteiligt hätten. Serbien müsse jedenfalls versprechen, vollste Genugtuung zu leisten, falls sich diese Anschuldigung als wahr herausstellen sollte. Die serbische Antwort müsse im übrigen so abgefaßt sein, daß sie den Anforderungen serbischer Interessen entspräche[3].

Ein erschreckender Grad von Uninformiertheit – nicht nur bei den Briten, sondern im gesamten Ausland – über das, was sich in Serbien abspielte, tritt hier zutage. Oder war es Gleichgültigkeit? Wer wußte schon davon, daß Serbiens Interessen, die den Engländern am Herzen lagen, in diesen Tagen von einer verbrecherischen Organisation mitbestimmt wurden, daß hier eine „konstitutionelle" Regierung unter doppeltem Druck stand, unter dem Druck des Ultimatums und dem einer vor nichts zurückschreckenden Offiziersclique? Edward Grey ließ an diesem Tag die Russen auch noch wissen, man solle die Forderungen nicht glatt ablehnen, sondern „vor Ablauf der Frist" so viel als möglich annehmen[4]. Durch den englischen Botschafter wurde Sasonow darauf aufmerksam gemacht, der österreichisch-ungarische Schritt sei kein „Ultimatum", sondern eine befristete „Demarche", bei einem Abbruch der Beziehungen begännen militärische Vorbereitungen, jedoch noch keine Operationen[5].

Am Mittag und Nachmittag des 25. Juli, ehe in St. Petersburg der serbische Antworttext bekannt war – natürlich auch nicht die Reaktion der Österreicher – ließ Spalajković ein Telegramm nach dem anderen los: Das erste enthielt einen Ratschlag Sasonows an die Serben: Wenn ihr euch nicht verteidigen könnt, zieht euch mit dem Heer in Richtung Griechenland zurück[6]. Nach der gleichen Depesche behauptete Spalajković, er habe zu Sasonow gesagt, das einzige Mittel, den Krieg zu verhindern, wenn der Konflikt nicht den Großmächten unterbreitet werde, sei, mit der allgemeinen Mobilisierung zu drohen ...

Eine halbe Stunde später depeschierte Spalajković neuerlich: „... die allgemeine Meinung ist, daß Serbien die Forderungen nicht annehmen kann. Der (russische) Ministerrat hat beschlossen, zu energischen Maßnahmen und sogar zur Mobilisierung zu schreiten. Es wird die Sanktion des Zaren erwartet. Jetzt wird ein amtliches

Kommuniqué veröffentlicht werden, mit dem Rußland Serbien in Schutz nimmt[7]..."

Am 25. Juli mittags zwischen ein und zwei Uhr: „Hier hat man alle Vorbereitungen zur Mobilisierung angeordnet, welche sogleich verkündet werden wird, falls der österr.-ung. Gesandte Belgrad verlassen würde[8]..."

Am gleichen Tag, kurz nach drei Uhr: „In Krassnoje Selo*, wo jetzt eine große Militärparade abgehalten wird, geben Offiziere und Soldaten die größte Kriegslust kund... im Kriegsrat unter Vorsitz des Zaren für Serbien günstige Entscheidungen"... den Regimentern im Kiewer Wehrkreis wurde befohlen, sogleich in ihre Garnisonen zurückzukehren[9]...

Am Abend, noch vor Bekanntwerden der Abreise des k. u. k. Gesandten aus Belgrad: „... vom Chef des Großen Generalstabes erfahren... der Kriegsrat habe größte Kriegslust gezeigt und den Beschluß gefaßt, zum Schutze Serbiens bis zum Äußersten zu gehen, insbesondere habe der Zar durch seine Entschlossenheit alle überrascht... mittags Mobilisierung des Wehrkreises Kiew und der übrigen... sämtliche ausgemusterten Kadetten in demonstrativer Weise zu Offizieren befördert. In allen Kreisen ohne Unterschied herrscht die größte Entschlossenheit und Begeisterung ob dieser Haltung des Zaren und der Regierung[10]."

Ministerpräsident Pašić berief sich in einem Schreiben an den Woiwoden General Putnik ausdrücklich auf die Informationen des Gesandten Spalajković. Rußland verschleppe die Verhandlungen, hob Pašić ausdrücklich hervor, „um für die Mobilisierung und Konzentrierung seines Heeres Zeit zu gewinnen. Wenn Rußland fertig sei, würde es Österreich-Ungarn den Krieg erklären[11]." Dagegen rät der serbische Vertreter in Paris zur Vorsicht und registrierte: „Ich fürchte, mein Petersburger Kollege hat die Stimmung der amtlichen Kreise, wie man aus einem Bericht ersieht, den das französische Außenministerium erhielt, unrichtig aufgefaßt[12]." Eine Warnung vor Spalajković' Übertreibungen? Aber waren nicht gerade diese Berichte im Sinne der Politik des serbischen Ministerpräsidenten?

Edward Crankshaw und andere Historiker behaupten, am Tage der Notenbeantwortung, dem 25. Juli, lag ein Entwurf für die bedingungslose Annahme vor[13]. Dazu hatten Italiener und Rumänen geraten. Erst im Laufe des Tages hätten die maßgebenden Männer ihre Ansicht geändert. Gibt es dafür Unterlagen?

---

* Schloß des Zaren in der Umgebung St. Petersburgs.

Angeblich habe ein Telegramm des Zaren einen „Stimmungsumschwung" bewirkt. Dem k. u. k. Gesandten in Belgrad verdanken wir eine Schilderung über die Situation am 25. Juli, einem „fürchterlich heißen Tag... mit bleierner Langsamkeit schlichen die Stunden dahin... Mehrere Journalisten aus den verschiedensten Ländern hatten sich meine Gesandtschaft als zweckmäßigen Beobachtungsposten auserkoren. Von ihnen erfuhr ich am Mittag, sie hätten mit Pašić gesprochen, und dieser habe die friedliche Lösung durch Annahme unserer Forderungen in sichere Aussicht gestellt. Der Ministerrat habe sich... in Permanenz erklärt. In den ersten Nachmittagsstunden trat aber eine gründliche Verschlechterung der Lage ein. Ich brachte in Erfahrung, daß eine viele Worte zählende Depesche des Zaren an König Peter eingelaufen sei; man wolle wissen, daß Serbien durch die Erklärung, Rußlands ganze Macht stünde hinter ihm, in seinem Widerstand gestärkt worden sei... Die Nachrichten jagten sich... Da ich meine Herren im Hause behalten mußte, konnte ich nur einen Teil dieser Informationen überprüfen lassen[14]..."

Sollte nicht die endgültige Entscheidung serbischer Regierungsmitglieder auch von anderen Faktoren abhängig gewesen sein? Etwa von der Furcht, bei Annahme der Bedingungen und einer objektiven Untersuchung vor aller Welt als Mitwisser dazustehen? Dann hätte das Schlagwort vom „kleinen, bedrohten Serbien" seine Zugkraft verloren, es wäre schwerer gewesen, mit dem Argument von der Verletzung serbischer Würde und Souveränität zu operieren. Dazu kamen die euphorischen Telegramme des serbischen Gesandten in St. Petersburg, die an eine russische Hilfe glauben ließen, bevor diese wirklich zugesagt war. So der Sasonow in den Mund gelegte Satz, das Ultimatum enthielte Bedingungen, die ein Staat nicht annehmen könne, ohne Selbstmord zu begehen.

Und der Zar? Ließ er Alexanders Hilferuf unbeantwortet? Nein, er gab Antwort, aber sie kam erst – wie das serbische Generalstabswerk[15] hervorhebt –, am 27. Juli, also lange nach Ablauf des Termines für die Übergabe der serbischen Antwort. Die Botschaft des russischen Zaren hatte folgenden Wortlaut: „Insolange noch die geringste Hoffnung besteht, ein Blutvergießen zu vermeiden, müssen alle unsere Bestrebungen diesem Ziele gelten. Falls wir aber trotz unserer aufrichtigen Wünsche dies nicht erreichen können, so mögen Eure Hoheit versichert sein, daß Rußland unter gar keinen Umständen dem Schicksal Serbiens gleichgültig gegenüberstehen wird." Kampfeslustig und aufmunternd klingt das gerade nicht. Die „Entschlossenheit des Zaren", von der Spalajković schon am 25. berichtet, kommt darin schon gar nicht zum Ausdruck.

Die Erinnerungen von Dr. Slavko Gruić, Generalsekretär im Belgrader Außenministerium, über den 24. und 25. Juli geben interessante Aufschlüsse. Er schreibt: „Gleich *zu Beginn der Beratungen war entschieden* worden, man könne unmöglich alle österreichischen Forderungen annehmen. Die erste Reaktion auf das Verlesen der Note im Kreise der Minister erfolgte durch den Unterrichtsminister Ljuba Jovanović. Er sagte, nachdem er mit großen Schritten den Saal der Länge nach durchmessen hatte: ‚Uns bleibt nichts anderes übrig, als unterzugehen[16].'" Eine ganz natürliche Reaktion eines Mannes, der schon im „Mai oder Anfang Juni" über Attentatspläne informiert war[17]. Gab es für ihn im Augenblick andere Alternativen? Annahme und Eingeständnis der Mitwisserschaft oder Krieg? Wie dieser Krieg ausgehen würde, davon konnte auch er damals keine Vorstellung haben.

Am 24. Juli, irgendwann abends, packte Dr. Gruić seine Habe, das Belgrader Artillerieregiment verließ die Stadt. Für die Beamten des Außenministeriums war die Abreise – nach der im Süden gelegenen Stadt Niš – für den Nachmittag des 25. vorgesehen. Um 11 Uhr vormittag erhielt Gruić den Text der Antwortnote, sie mußte noch ins Französische übersetzt werden, was bis 15 Uhr dauerte. Zu dieser Nachmittagsstunde war die allgemeine Mobilisierung angeordnet, für 16 Uhr die Abfahrt des ersten Beamtenzuges nach Niš, für 18 Uhr die Übergabe der Antwortnote. Bei der Evakuierung waren alle Schreibmaschinen mitgenommen worden mit Ausnahme jener, auf der die Antwortnote getippt werden sollte, die aber ging kaputt. Der Ausweg: handschriftliche Herstellung mit hektographischer Tinte und Gelatinemasse. Da noch während dieser Arbeit Änderungen vorzunehmen waren, behalf man sich mit Streichungen im Originaltext. Um 17 Uhr 45 hielt Pašić das fertige Exemplar in Händen, zwei Minuten vor 18 Uhr übergab er sie dem k. u. k. Gesandten, der um 18 Uhr 30 Belgrad verließ. Herr Gruić war ebenfalls auf dem Bahnhof, nicht aus Gründen der Courtoisie und um den österreichisch-ungarischen Missionschef zu verabschieden, sondern um sich nach dem Süden abzusetzen. An den Fenstern ihrer Waggons sahen sich die beiden Herren nochmals und nickten einander zu. Als letzten Eindruck vermerkte Herr Gruić[18]: Giesl trug einen Sportanzug, kurze Hosen und Strümpfe, auf seinem Kopf saß ein Tirolerhütchen, eine Kleidung, wie man sie 1914 in Belgrad selten sah[19]. Giesl lachte und war guter Laune. Guten Mutes und erleichtert wird er gewesen sein, weil in einer Situation, in der er keinen anderen Ausweg sah, die Entscheidung gefallen war. „Ich war weit davon entfernt, zu ahnen, daß die Welt am Vorabend des entsetzlichen Krieges stand", schrieb Baron Giesl in seinem Erinnerungsbuch, und über die letzte Viertelstunde in Belgrad vermerkte er: „In den Straßen hatte sich eine nach vielen Hunderten zählende Menge angesammelt; an Schmährufen gegen uns hat es nicht gefehlt, doch keine ernste Bedrohung erfolgte. Der Bahnhof war von Truppen abgesperrt, der Zug zur Abfahrt bereit. Alles vollzog sich in größter Eile. Auf dem Perron fand sich ein großer Teil des diplomatischen Korps ein; ich glaube, es fehlten die Russen, Franzosen und auch die Rumänen. Serbische Offiziere riefen dem Militärattaché, Oberstleutnant Gellinek, zu: ‚Au revoir à Budapest!' – Wir wurden gedrängt, einzusteigen. Ein langer mißtöniger Pfiff. Der Zug rollte aus der Halle."

Giesls Beurteilung der politischen Situation geht aus seinem letzten Belgrader Stimmungsbericht hervor: Die jüngsten Ereignisse, sogar das Attentat, hätten den Haß der Serben noch vertieft. Zum Hasse geselle sich die Verachtung. Der rasche Verfall der habsburgischen Staaten, der Abfall der von Südslawen bewohnten Provinzen, die Revolution in Bosnien stünden unmittelbar bevor. Das alles werde bei der Unzuverlässigkeit der slawischen Regimenter kaum mehr Mühe kosten. Österreich-Ungarn sei nicht einmal mehr würdig, daß man mit ihm Krieg führe[20]...

Erschreckend rasch war das eingetreten, was ein Wiener Publizist, Berthold Molden, schon am 6. Juli in einer Denkschrift an das Ministerium des Äußern prophezeite: „Vorläufig ist die serbische Regierung über die Mordtat noch tief bestürzt, bleiben die Folgen aus, die sie befürchtet, so wird sie anfangen, die Vorteile, die das Ereignis für sie haben kann, einzustreichen[21]."

4. Der Staatsgefangene

Noch am Tage der Abreise des k. u. k. Gesandten glaubte man in Belgrad, dem „diplomatischen Überfall" werde unmittelbar ein militärischer folgen. Der Regierungsapparat und die zentrale Verwaltung mußten in höchster Eile ins Innere des Landes, nach Niš, verlegt werden. Alles, was für die Weiterexistenz des Staates von Bedeutung war, wurde in kürzester Frist in Sicherheit gebracht: der König und der Regent[1], die Regierung und die hohen Ministerialbeamten, ein paar Schreiber, das Geheimarchiv, der Staatsschatz und die Munitionsvorräte der Festung. Für die Spitzen des Staates standen am Abend des 25. Juli zwei Sonderzüge unter Dampf (zu deren Benützung höchste Protektion vonnöten war), ein Hofzug und eine Minister- und Diplomatengarnitur. Die reichen Leute flohen mit Pferd und Wagen aus der Stadt, das Volk blieb zurück. Im zweiten Sonderzug war im Auftrag des Innenministers Stojan Protić ein Halbcoupé für Schriften und für eine Persönlichkeit reserviert, die unter keinen Umständen der k. u. k. Armee in die Hände fallen durfte. Die Schriften waren Geheimakten der serbischen Untersuchung über den Mord von Sarajevo[2], die geheimnisvolle Persönlichkeit war ein Häftling, seinem früheren Beruf nach ein Versicherungsagent, der Nationalität nach ein Serbe aus Kroatien, der durch den Polizeidirektor von Belgrad daran gehindert wurde, auftragsgemäß über die Save in die Monarchie zu gehen. Die folgende tolle Abenteuerstory kann bis in Einzelheiten durch serbische Gerichtsakten belegt werden, im wesentlichen durch Aussagen der Wachorgane, die den Staatsgefangenen begleiteten[3]. Sie gaben zu Protokoll, noch in Belgrad, als sie ihren Häftling durch den schmalen Waggongang schleusten, dem russischen Geschäftsträger Strandtmann, für den im selben Waggon ein Abteil reserviert worden war, begegnet zu sein. Als der Häftling den Diplomaten sah, drängte er sich an ihn heran und erinnerte daran, ihm einmal durch den Obersten Apis-Dimitrijević vorgestellt worden zu sein. Jetzt brauche er Hilfe, sagte der Häftling, Strandtmann möge den Obersten von seiner Festnahme verständigen. Der russische Geschäftsträger schwieg betreten und zog sich in sein Coupé zurück. In der Nacht, gegen 3 Uhr, als der Zug die Morawa entlang fuhr, gelang es dem Staatsgefangenen, barfuß durch ein Klosettfenster des fahrenden Ministerzuges zu springen. Als die Wachorgane dies bemerkten, kehrten sie mit einem Gegenzug an die Fluchtstelle zurück, wo sie mit Erfolg im Uferschilf Jagd auf ihn machten. Obwohl sie ihn fesselten, sprang er sie wiederholt an, beschimpfte dabei Herrn Pašić aufs unflätigste, und nur mit Mühe gelang es, den Mann nach Niš zu bringen. Sechzehn Monate hielt die serbische Polizei den oft Tobenden ohne Verhör und Prozeß in Ketten.

Dieser „geschickte, kühne und dreiste" Häftling war der 27jährige Rade Malobabić, „Hauptkonfident" des serbischen Generalstabes für das Gebiet der österreichisch-ungarischen Monarchie, den der Nachrichtenchef Oberst Apis-Dimitrijević noch vor dem Angriff der

k. u. k. Armee zur Erledigung wichtigster Spionageaufträge über die Grenze schicken wollte. „Seine Energie, Gewandtheit und seinen Mut kennend, hoffte ich, daß es ihm gelingen werde, seinen Apparat in Bewegung zu setzen[4]." Mit diesen Worten schilderte Oberst Apis die Situation. Seine Hoffnung schlug fehl. Innenminister Protić ließ diesen „Vertrauensmann der Narodna odbrana und des serbischen Generalstabes[5]" hinter dem Rücken des Nachrichtenchefs verhaften. Was waren das für gewichtige Gründe, die einen aktiven serbischen Minister veranlaßten, dem serbischen Heer einen derartigen Schlag zuzufügen? Und so wichtige Geheimkanäle zum feindlichen Gebiet zu verstopfen? Der letzte Chef der Nachrichtenabteilung des k. u. k. Armeekommandos führt es einzig und allein auf diese Maßnahme zurück, daß in den ersten Kriegsmonaten der serbische Kundschaftsdienst in „beschämender Weise" versagte[6].

Das alles nahm Innenminister Protić in einer Situation, in der es um Sein oder Nichtsein des Staates ging, in Kauf. Nur eines nicht, Malobabić in die Hände der Österreicher fallen lassen! Wenn dieser Mann geplaudert hätte, dann wäre das ganze Täuschungsmanöver aufgeflogen, der moralische Kredit der Regierung Pašić zum Teufel gegangen, und noch dazu in dem Augenblick, wo man ihn am dringendsten brauchte.

Rade Malobabić war 1909 eines der „unschuldigen Opfer" des Agramer Prozesses. Er war zu 5 Jahren verurteilt, doch gleich den anderen Verurteilten nach einem Jahr freigelassen worden. Ein Agramer Landtagsabgeordneter, Mitglied der serbisch-kroatischen Koalition, führte Malobabić als „besonders verläßlich" dem serbischen Abwehrchef zu.

Was hätte dieser Staatsgefangene aus dem serbischen Ministerzug den Österreichern verraten können? Zunächst das von ihm aufgebaute Agentennetz in Kroatien, Slawonien, Syrmien und Bosnien. Doch darum ging es dem Innenminister Protić nicht, noch Ärgeres hätte passieren können. Vielleicht das Geständnis, daß er, Malobabić, am 28. Juni in Sarajevo war und daß ihn hohe Offiziere des serbischen Generalstabes beauftragt hatten, dort das Attentat zu organisieren. Als Oberst Apis-Dimitrijević im Frühjahr 1917 in Saloniki wegen Anstiftung eines Mordversuches auf den Regenten Alexander angeklagt war – eines Verbrechens, das er nicht begangen hatte –, schrieb der Oberst an das Kriegsgericht für Offiziere: „Den Rade Malobabić warb ich als Chef der Nachrichtenabteilung des Großen Generalstabes an, damit er ein Nachrichtennetz in Österreich-Ungarn organisiere. Er akzeptierte dies. Ich arbeitete im Einvernehmen mit dem russischen Militärattaché Artamanow, der sich auch in meiner Anwesenheit mit Rade traf[7]. Nachdem Rade seine Tätigkeit aufgenommen hatte, habe ich im Glauben, daß Österreich gegen uns zum Kriege rüste, angenommen, durch das Verschwinden des Thronfolgers Franz Ferdinand werde die Kriegspartei ihre Stärke verlieren, die Kriegsgefahr von Serbien abgewendet werden. Daher beauftragte ich Rade Malobabić ... er führte meinen Auftrag aus und organisierte das Attentat. Der endgültige Entschluß fiel erst, nachdem mir Artamanow versicherte, daß uns Rußland nicht im Stich lassen werde, falls Österreich angreifen würde. Artamanow habe ich bei dieser Gelegenheit nichts von meinen Attentatsplänen gesagt... Die Hauptbeteiligten waren meine Agenten und erhielten kleine Honorare, die ich ihnen durch Malobabić zukommen ließ. Einige von diesen Quittungen befinden sich noch in russischen Händen, weil ich Geld von Artamanow für diese Tätigkeit erhielt, denn der Große Generalstab verfügte noch über keine Kredite für diese erweiterte Tätigkeit...[8]"

Dann enthält das schriftliche Geständnis von Apis-Dimitrijević einen Hinweis auf einen anderen Attentäter, auf den Mohammedaner Muhamed Mehmedbašić: „... er ist der einzige mohammedanische Serbe, der an diesem Attentat teilnahm und dem es gelang, nach Montenegro zu fliehen, später, während des Krieges, kam er zu mir, nach Užiće. Dann ging er mit meiner Mithilfe in der dem Gericht bekannten Angelegenheit nach Athen." (Mordanschlag auf das griechische Königspaar, d. A.)[9]

Apis' Geständnis trug einen Vermerk, aus dem hervorging, er verzichte darauf, diese Aussage zu seiner Verteidigung zu verwenden. Das erklärt den auf dem Dokument befindlichen Zusatz des Gerichtsvorsitzenden: „Demnach ist in dieser Rapportangelegenheit nichts zu unternehmen, sondern dieser zu historischen Zwecken zu verwenden[10]." Anders ausgedrückt: Laßt Gras darüber wachsen! Und das tat man gründlich, erst 42 Jahre später, 1953, im sogenannten Revisionsprozeß, wurde der authentische Text dieses Apis-Geständnisses wieder ausgegraben und der Öffentlichkeit zugänglich gemacht.

Die Motive, die damals die serbische Regierung im griechischen Exil bewogen, gegen die „Schwarze Hand" und ihren Chef vorzugehen, sind unklar und werden es wahrscheinlich bleiben. Die einen glauben, nackte Angst habe Alexander und Pašić veranlaßt, mit der ihnen feindlich gewordenen Geheimorganisation gründlich aufzuräumen. Andere sind der Ansicht – Serbien war damals vom Feind besetzt und das befreundete Zarenreich zusammengebrochen –, der

Oberst Dimitrijević-Apis schrieb am 28. März 1917 – vor seiner Hinrichtung in Saloniki – einen umfangreichen Bericht über seine Aktivitäten, der auch ein volles Geständnis seiner Rolle in der Vorbereitung des Attentates von Sarajevo enthielt. Die Abbildung zeigt ein Faksimile einer Seite des Geständnisses. (Kopie FG.)

Regent und sein Ministerpräsident wollten bei den Mittelmächten ganz einfach Voraussetzungen für einen erträglichen Frieden schaffen.

So hat man denn auch die Hinrichtungen der „Schwarzhänder" im Steinbruch bei Saloniki als Erfüllung des Ultimatums vom 23. Juli 1914 betrachtet. Und das war sie auch – in gewisser Hinsicht. Durch serbische Kugeln starben drei Hauptanstifter des Mordes von Sarajevo: Oberst Apis-Dimitrijević, Major Vulović und der Chefagent Rade Malobabić.

5. *„Erschöpfende Aufschlüsse"*

Das Vorgehen der Monarchie bedurfte einer überzeugenden Rechtfertigung vor der Weltöffentlichkeit. Da das Ministerium des Äußern aus guten Gründen auf die Preisgabe des Untersuchungsmaterials, auf direkte Beweise, verzichtet hatte, schienen indirekte Beweise, die Darlegung der serbischen Aggression und ihrer Gefährlichkeit für die Existenz des Staates um so notwendiger. Am 11. Juli hatte Wien mit Berlin besprochen, das Beweismaterial über die großserbische Wühlarbeit „einheitlich und nicht getrennt kurz *vor* dem Ultimatum schlagartig zu publizieren[1]". Den Auftrag, den gewaltigen Stoff zu meistern, das belastende Material von den Statthaltereien und Landesregierungen anzufordern und zu einem Mémoire zusammenzustellen, bekam Sektionsrat Wiesner. Er schied zunächst Stücke aus, die nicht stichhaltig waren. „Trotz aller Anstrengung konnte das Mémoire, auch Dossier genannt, erst am 24. Juli fertiggedruckt werden. Es war eine enorme Leistung, innerhalb von 14 Tagen die Sammlung, Übersetzung und Verarbeitung eines sehr differenzierten Materials durchzuführen[2]." Es fällt auf, daß das Grundlagenmaterial über ein zentrales Thema der k. u. k. Politik, obwohl reichlich vorhanden, in Rekordzeit erst erhoben und durchforscht werden mußte[3]. Aber es ist ein Indiz dafür, wie wenig man 1914 vor dem Attentat einen plötzlichen Überfall auf das „arme, kleine Serbien" in Erwägung zog, dafür war man weder militärisch noch propagandistisch gerüstet.

Wiesner nannte sein Elaborat „ein geschichtliches Dokument zum Beweis der Ehrenhaftigkeit der österreichisch-ungarischen Diplomatie, die es – vom Minister des Äußern Grafen Berchtold an über die Sektionschefs und den Referenten Baron Musulin bis zu mir – nicht geduldet hätten, daß in dieser Darstellung eine nicht voll vertretbare

Einzelheit enthalten gewesen wäre⁴". Niemand hätte die Ehrenhaftigkeit der k. u. k. Diplomatie in Zweifel gezogen, wenn nicht Masaryk den Grafen Forgách der Dokumentenfälschung und den Minister Aehrenthal der Anstiftung beschuldigt hätte. Nun trat sein Nachfolger, Graf Berchtold, an die Öffentlichkeit und befleißigte sich einer Penibilität, die dem Werk alle Wirkung nahm. Was in Wiesners unübersetztem Elaborat von 57 Druckseiten stand, war in jeder Hinsicht unangreifbar. Aber erfüllte es auch den Zweck, der ihm zugedacht war? Für die europäischen Kabinette war es zu langatmig und bei der Öffentlichkeit setzte es Kenntnisse der lokalen Situation voraus. In den Belangen der Öffentlichkeitsarbeit war das k. u. k. Verwaltungssystem altmodisch, ungeschult und unerfahren, hilflos wie gepanzerte Ritter gegen Feuerwaffen. Das Haus am Ballplatz verfügte über gute Stilisten, war stolz auf sie, pflegte Kontakte mit Leitartiklern, die gehobene Leser ansprachen, aber über demagogische Propagandisten, wie sie aus allen nationalen Bewegungen erwuchsen, verfügte es nicht. Daneben bestand eine allgemeine Scheu vor den „Tinterln", wie im Hause Presseleute genannt wurden, zusammen mit einer aristokratischen Verachtung der öffentlichen Meinung.

Die „erschöpfenden Aufschlüsse" des Dossiers kamen – und das war das Allerschlimmste – viel zu spät. Erst als die allgemeine Spannung zwischen den Großmächten ihren ersten Höhepunkt erreichte, zu einer Zeit, als die Generalstabschefs bei ihren Regierungen *die Notwendigkeit vorbeugender Maßnahmen* durchzusetzen begannen. Ein Völkerrechtler stellte fest: „Wären die fraglichen Tatsachen (die im Dossier standen, d. A.) allgemein bekannt gewesen, so hätten die Neutralen wahrscheinlich für das energische Vorgehen Österreichs gegen Serbien viel mehr Verständnis gehabt[5]." Das gilt nicht nur für die Neutralen. Graf Berchtold und sein Stab gingen von dem Gedanken aus, das Dossier erst dann an die Mächte zu liefern, wenn sich die serbische Antwort als unbefriedigend erweisen würde[6]. Daher wurde als Aussendedatum der 25. Juli fixiert. An diesem Tag erhielten die k. u. k. Missionen in den europäischen Hauptstädten (mit Ausnahme Belgrads natürlich!) das Dossier „im Anbuge" zugesandt. In einer diesbezüglichen Weisung hieß es: „Euer Exzellenz ... wollten dartun, es sei eine in der Geschichte singuläre Erscheinung, daß eine Großmacht die aufrührerischen Umtriebe eines angrenzenden kleinen Staates durch so lange Zeit mit so beispielloser Langmut erduldet hätte, wie Österreich-Ungarn jene Serbiens[7]."

Die Abreise des Gesandten aus Belgrad bedeute noch nicht den Krieg, wenn auch ängstliche Belgrader Gemüter, nachdem der Zug mit Baron Giesl die Savebrücke passiert hatte, bereits in Deckung gingen. Das war verfrüht, Kriegserklärung und Angriff sollten auf Wunsch des k. u. k. Generalstabschefs *nach 18 Tagen*, am 12. August erfolgen! Bis dorthin konnte noch allerhand passieren. So äußerte sich der französische Außenminister, Serbien werde doch vielleicht Mittel finden, um die Monarchie zufriedenzustellen, es könnte ja nachträglich die Note ohne Vorbehalt annehmen[8]. Doch daran dachte die Regierung Pašić kaum. Sie rechnete stündlich mit dem Angriff, auch ohne Kriegserklärung. Ihr militärischer Nachrichtendienst war durch das Ausfallen des Hauptagenten Malobabić gelähmt, die serbischen Gesandtschaften sandten widersprechende Nachrichten. Aus Paris kam am 26. die Fehlinformation, die österreichisch-ungarische Mobilisierung sei bald abgeschlossen, man werde Belgrad und den Sandschak besetzen und auf Kragujevac marschieren[9]. Aus Konstantinopel war zu vernehmen, der Erste Sekretär der deutschen Botschaft „prahle überall am Bosporus herum", das österreichische Ultimatum sei im Berliner Außenministerium aufgesetzt worden[10]. Am 28. Juli erfuhr die serbische Regierung in Niš aus der bulgarischen Hauptstadt, die k. u. k. Armee könne frühestens in acht Tagen angreifen, weil sie nicht gerüstet sei[11]. Eine richtige Nachricht, jedoch wertlos, da zu spät.

Wie erklärt sich der Widerspruch zwischen dem durch den Generalstabschef Conrad angekündigten Kriegsbeginn am 12. August[12] und der Kriegserklärung am 28. Juli? Die Generalstäbe in Wien und Berlin hatten ihre „Fahrpläne" schlecht abgestimmt. Das Dossier war gerade unterwegs, noch hatte es keines der angesprochenen Kabinette zur Kenntnis nehmen können, als die Deutschen die geruhsame Taktik der Österreicher, die sich immer noch ein „Hintertürl" offen ließen, kritisierten. Nun drängten sie die Säumigen zum Handeln, zur Kriegserklärung an Serbien, die daraufhin am 28. Juli erfolgte. Schon am 25. hatte man deutlich zu verstehen gegeben, man sehe in Berlin in jeder Verzögerung eine „große Gefahr betreffs Einmischung anderer Mächte". Es erfolgte der dringende Rat, „sofort vorzugehen und die Welt vor ein Fait accompli zu stellen[13]".

Wiesners Musterdossier blieb unbeachtet, eine Fleißaufgabe, die „nicht die aufklärende Rolle hatte, die ihr zugedacht war[14]". Der diplomatische Weg erwies sich als umständlich und schleppend, innerhalb von Stunden hatten das Dossier und die „erschöpfenden Aufschlüsse" seinen Aktualitätswert eingebüßt, und es brauchte drei bis fünf Tage bis es in die Hände der Maßgebenden kam. Krieg oder Frieden, Erfüllung der Bündnispflicht war jetzt die Frage und nicht, welche Berechtigung dem abgelaufenen Ultimatum zukam, höchstens weshalb die Österreicher mit der serbischen Antwort nicht zufrieden waren. In den ausführlichen Gesprächen des k. u. k. Botschafters in London mit Sir Edward Grey spielte das Dossier kaum eine Rolle. Die stündlich sich zuspitzende Situation stand im Vordergrund. Der Marchese di San Giuliano, damals italienischer Außenminister, „behielt sich die Lektüre dieses, wie er mit einem Seufzer bemerkte, so umfangreichen Elaborates vor[15]". Anders Sasonow in St. Petersburg; nach einem fünfstündigen Ministerrat sagte er am 24. Juli: „Was soll das Dossier, wo bereits das Ultimatum da ist? Rußland wird eine internationale Prüfung des Dossiers verlangen." Am 28. urgierte Sasonow das Mémoire, und als es am 29. noch immer nicht eingetroffen war, sagte er, „wenn der Krieg ausgebrochen ist, ist es zu spät, das Dossier zu prüfen[16]".

Das Dossier war ein Schlag ins Wasser, die „erschöpfende Aufklärung" unterblieb. Dieses Versäumnis rächte sich bitter. Der Eindruck der Willkürlichkeit, der unbegründeten Aggression, wurde verstärkt, die Legende vom unschuldigen Serbien gewann Boden. Das Haus am Ballplatz hatte eine Schlappe erlitten, bevor noch die k. u. k. Truppen in den Kampf geworfen wurden.

6. Der gegenwärtige Augenblick ist einzigartig

Spalajković, der Vertreter des „schwachen, schwer bedrohten" Volkes, wird sogar in den drei heißen Tagen zwischen dem Abbruch der Beziehungen (25. Juli) und der Kriegserklärung (28. Juli) durch die Entwicklung enthusiasmiert, jedenfalls reagiert er in seinen Telegrammen an Pašić wie ein Mann, der endlich, endlich am Ziel seiner Wünsche angelangt ist: „... die würdige Antwort Serbiens hat allgemeine Begeisterung und Glückwünsche an die serbische Regierung herbeigeführt. Rußland ist stolz als ganze Nation und entschlossen, alle Opfer für deren Schutz zu bringen ... Der Presse wurde aufgetragen, nichts über russische Truppenbewegungen zu veröffentlichen. Es sind alle militärischen Maßnahmen getroffen. In allen Schichten des russischen Volkes herrscht unbeschreibliche Begeisterung für den Zaren und seine Regierung, daß man in den Krieg eintritt. Niemals war auch nur ein anderes Ereignis populärer.

Besonders günstigen Eindruck rief die Abendnachricht aus London über den Auftrag an die englische Flotte, sich bereitzuhalten, hervor. gez. Spalajković[1]."

Von den militärischen Maßnahmen, die, nach Spalajković, „alle" schon am 26. getroffen waren, wußte der k. u. k. Militärattaché zur Stunde nur so viel, daß sich die Nachrichten „verdichteten", vier Militärbezirke hätten Mobilisierungsbefehle erhalten[2]. Der britische Botschafter war sogar der Ansicht, und das einen Tag später, wirkliche Mobilisierungsmaßnahmen könnten erst durch einen kaiserlichen Ukas* veranlaßt werden[3], der am 29. erlassen wurde. Sasonow bemühte sich angeblich noch um eine friedliche Lösung und wollte „... der gegenwärtigen Spannung ein Ende machen[4]". Er hatte Augenblicke, in denen er vor Entrüstung bebte, und solche, wo er sich vertraulich gab, ja, er ging am 27. noch so weit, dem k. u. k. Botschafter einzugestehen, er habe „gar kein Gefühl für die Balkanslawen. Diese seien für Rußland sogar eine schwere Last, und wir könnten uns kaum vorstellen, was man von ihnen schon zu leiden gehabt habe. Unser Ziel", sagte Sasonow, „sei ein vollkommen legitimes, aber ... die Note, die wir (Österreich-Ungarn) überreicht hätten, sei in der Form nicht glücklich[5]." Zu Spalajković wählte Sasonow sicher andere Worte, dieser meldete als „positiv", schon am 25. sei beschlossen worden, 1,700.000 Mann gegen Österreich-Ungarn zu mobilisieren und „sofort die energischeste Offensive zu unternehmen, sobald Österreich-Ungarn Serbien angriffe, der russische Zar sagte, ... er sei überzeugt, daß sich die Serben wie die Löwen schlagen würden, daß sie sich anfänglich zurückziehen, aber im Inneren einen solchen Widerstand leisten würden, daß das österreichisch-ungarische Heer noch geschlagen werden könnte[6] ..." Den gleichen Geist kriegerischer Entschlossenheit zeigte ein zweites Telegramm des serbischen Gesandten an Pašić, welches ein wenig später zur Post gegeben wurde: „Amtlich teile ich Ihnen mit, daß die russische Wehrmacht die Grenze in jenem Augenblicke überschreiten wird, wo Österreich-Ungarn Serbien angreift; und daß es dabei von entscheidender Bedeutung ist, daß Sie mir das sogleich mitteilen ... Hier erwartet man ungeduldig den Beginn des Krieges (!!) Der gegenwärtige Augenblick ist einzigartig, da Rußland entschlossen ist, bis zum Äußersten zu gehen und eine historische Tat zu vollbringen. Nach meiner Ansicht ergibt sich für uns eine glänzende Gelegenheit, die Ereignisse weise auszunützen und die völlige Vereinigung aller

---

* Erlaß des Zaren.

Serben zu bewerkstelligen. Daher ist zu wünschen, daß Österreich-Ungarn uns angreife. In diesem Falle vorwärts in Gottes Namen. Spalajković[7]."

Ministerpräsident Pašić entnahm der Begeisterung seines St. Petersburger Gesandten auch, wie bereits erwähnt, daß Rußland jetzt verhandelte und verschleppte – zum Zweck, Zeit für die Zusammenziehung der Truppen zu gewinnen. Pašić meinte, Rußland richte sich darauf ein, allein mit der Donaumonarchie Krieg zu führen. Der Zar habe dem serbischen Thronfolger geschrieben, daß Rußland unter keinen Umständen ihn im Stiche lassen werde[8], Deutschland sei schwankend geworden, suche nach einem friedlichen Ausweg. Doch vielleicht sei das nur eine Täuschung, um seinem Volk den Nachweis zu liefern, daß es sich erfolglos bemüht habe, den Frieden zu erhalten[9].

Über die deutsche Haltung teilte Spalajković allen Ernstes seinem Chef mit, sie sei noch unklar, doch glaube „der russische Zar, Wilhelm könne die Gelegenheit dazu benützen, um eine Teilung Österreich-Ungarns herbeizuführen[10]".

Ein Gedanke, der in den Köpfen serbischer Politiker und Diplomaten immer wieder auftauchte. Dabei schwebte ihnen offenbar Preußens Hilfsstellung bei der Einigung Italiens vor. 1866 hatte sich Bismarck mit Italien gegen das Kaisertum Österreich verbündet, den nationalen Kräften auf Kosten der Monarchie Raum gegeben. Warum sollte Wilhelm nicht ähnlich verfahren und sich mit Rußland verbünden? Ein Wunschtraum? Allerdings, aber einer, der serbischen Diplomaten nicht irreal erschien. Die Bemerkung des Dr. Spalajković, Wilhelm II. könnte diese Gelegenheit benützen, um eine Teilung herbeizuführen, war keineswegs die erste ihrer Art, sie erinnert an einen früheren Bericht über die Äußerung eines russischen Ministers zu dieser Frage. Nach Spalajković hatte der russische Kriegsminister Suchomlinow die Aufteilung mit Kaiser Wilhelm besprochen. Obwohl Sasonow die Angelegenheit dementierte, sei sie wahr, meinte Spalajković. Kaiser Wilhelm habe das Gespräch aus eigenem Antrieb begonnen, und zwar mit Suchomlinow anläßlich der Jahrhundertfeier der Völkerschlacht bei Leipzig: Österreich müsse zwischen Rußland, Deutschland, Böhmen, Ungarn und den jugoslawischen Staaten aufgeteilt werden. Auch Graf Witte und französische Staatsmänner (Etienne, Millerand und d'Estournelles-Constant) wären über die Leipziger Aussprache informiert worden. Spalajković hielt diese Idee deshalb für bedeutsam, weil sie von Kaiser Wilhelm ausgegangen war[11]. Des deutschen Kaisers angeblichen Plan erfuhr man durch

Spalajković in Belgrad schon in den Tagen, als der Besuch Franz Ferdinands in Sarajevo angekündigt wurde. Es ist durchaus möglich, daß diese Nachricht für den serbischen Generalstab den Anstoß bildete, jenen Mann zu entfernen, der einer Aufteilung Österreichs, die am besten nach Franz Josephs Tod hätte erfolgen können, im Wege stand. Von Deutschland aus operierten slawische und auch andere Revolutionäre gern gegen die Habsburgermonarchie. Im Herbst 1913 wurde von München aus ein Aufruf an die Völker Österreichs in schätzungsweise hunderttausend Exemplaren verbreitet. „Zerstört das unzeitgemäße Gebilde", hieß es darin, „erhebt euch zu Nationen, durch die ihr einzig und allein in die Menschheit eingegliedert werden könnt." Das Flugblatt in der Größe einer Zeitungsseite enthält die Feststellung: „Ihr wißt es alle, daß heute ein Schuß, der in irgendeinem Winkel Europas fallen würde, genügen könnte, um ganz Europa in Brand zu stecken..." und endet mit der Drohung „... ihr trüben Gesellen, die ihr den Thron umlauert, ihr erbärmlichen Geister, die ihr ein vermodertes Götzenbild behütet, wisset, daß Kugeln Menschen töten können..."

Die bayrische Polizei wurde gebeten, Nachforschungen nach dem Herausgeber des Flugblattes anzustellen, und der Thronfolger Franz Ferdinand meinte, er sei sehr gespannt, was dabei herauskäme[12].

Die Nachforschungen blieben ergebnislos.

7. Belgrad – offene Stadt

„Das plötzliche Bombardement Belgrads ... war ein vorbedachter Angriff, wofür Graf Berchtold die schmachvolle Verantwortung trägt ... Der wahre Beginn des Weltkriegs war das Bombardement von Belgrad, ein exorbitantes, stumpfsinniges Verbrechen, bei dem Rußland nicht indifferent bleiben konnte, ohne sich zu entehren. Der Anfangsakt des Weltkrieges war der erste österreichische Kanonenschuß gegen Belgrad."
(*L'Illustration*, 4. 8. 1934)

„Die russische Generalmobilmachung war die Antwort auf die Beschießung Belgrads..."
(Dr. Imanuel Geiss auf dem Internationalen Symposion 1964 in Wien.)

„Die Wiener Regierung ließ schon am 27. Juli, einige Tage v o r dem allgemeinen Krieg, Belgrad bombardieren."
F. Grenard, französischer Gesandter in Belgrad am 21. Juli 1926.
(SAP, S. 13)

Die Haager Vereinbarungen aus dem Jahr 1907[1] schrieben den beteiligten Staaten vor, die Absicht, „Feindseligkeiten zu beginnen, müßte dem Gegner unzweideutig durch eine Erklärung zum Ausdruck gebracht werden". Nach der Unterbrechung der Verbindung mit Belgrad hatte es damit seine Schwierigkeiten. Aus diesem Grunde wählte Graf Berchtold den Postweg, einen Post-Umweg, um die serbische Regierung wissen zu lassen, Österreich-Ungarn sehe sich veranlaßt, für den Schutz seiner Rechte selbst zu sorgen und zu diesem Zwecke an die Gewalt der Waffen zu appellieren. Die Kriegserklärung, an den königlich serbischen Außenminister adressiert, ging am 28. Juli in einer Stunde über Cernowitz und Bukarest nach Niš. Ein serbischer Ministerialbeamter schilderte ihr Eintreffen dort: „Ich speiste im Hotel Europa, das von Leuten aus Belgrad überfüllt war. Zwischen 12 und 1 Uhr trat ein Briefträger in den Saal, überreichte Herrn Pašić, der zwei Tische von mir saß, ein Telegramm. Nachdem der Ministerpräsident es gelesen hatte, erhob er sich und sagte: „Österreich hat uns den Krieg erklärt. Unsere Sache ist gerecht. Gott wird uns helfen[2]."

Der Text der Kriegserklärung ging über Dr. Spalajković – mit einem Kommentar versehen – an den russischen Außenminister: „Ich nehme mir die Freiheit", schrieb der serbische Gesandte, „den Wunsch auszusprechen, daß diese Handlung, welche den Frieden Europas bricht und das Gewissen aufreizt... von Rußland, dem Beschützer Serbiens, strenge bestraft wird[3]." Sasonow, der an diesem Tag die Ansicht ausgedrückt hatte, der „Schlüssel der Situation" liege in Berlin[4], ließ nun seinen Botschafter in London wissen, jetzt, „angesichts der ausgebrochenen Feindseligkeiten, sei es dringend notwendig, daß England eine Vermittlungsaktion unternehme, wobei Österreich seine militärische Aktion aufschieben müßte". Diese Vermittlung dürfe allerdings nicht als Vorwand dienen und Österreich die Möglichkeit geben, inzwischen Serbien „ganz zu zermalmen und eine dominierende Stellung am Balkan einzunehmen[5]".

Und nun kommt das „schönste Kapitel in der Geschichte der Diplomatie". So beschrieb die Belgrader *Politika*[6] Spalajković' Tätigkeit in diesen Tagen. Wie hatte er selbst gesagt? „Jetzt gilt es, das Ereignis weise zu nützen." Und das tat er denn auch. Nachdem er Sasonow über die Kriegserklärung informiert hatte, depeschierte er am nächsten Tage nach Niš: „In Wirklichkeit ist die russische Mobilisierung schon beendet." Das war eine Lüge. „Die russische Regierung ist in ihrer Haltung unnachgiebig... Wenn Österreich-Ungarn ernstlich Feindseligkeiten gegen Serbien beginnt, wird sie nicht nur sogleich die Mobilisierung *erklären,* sondern auch den Krieg[7]." Hat sich Sasonow dem serbischen Gesandten gegenüber so ausgedrückt? Sehr unwahrscheinlich, denn der Kriegszustand mit der Monarchie trat erst am 6. August (!) ein. Die Entschlossenheit Krieg zu führen, bestand allerdings schon früher.

Noch am 29. informierte Spalajković die Russen: Der Angriff sei bereits erfolgt, „Österreich-Ungarn hat Belgrad bombardiert!" Und um 12 Uhr nachts teilte er Pašić mit, er habe diese Nachricht den Russen weitergegeben und fügte hinzu: „Die russische Regierung hat gleich eine Beratung abgehalten, bei welcher festgestellt wurde, daß daraufhin jede Lösung des jetzigen Konfliktes auf dem Weg eines Kompromisses ausgeschlossen sei und daß der Entschluß zum Kriege gefaßt wurde, der erklärt wird, sobald die Mobilisierung und die Konzentration der ganzen Wehrmacht beendet ist, bis dahin wird man Verhandlungen mit Deutschland fortsetzen, um die eigenen Absichten zu verschleiern und Zeit zu gewinnen. Dieser Plan wird sogar noch sicherer ausgeführt werden, wenn Österreich-Ungarn sich damit begnügt, Belgrad und einige Grenzpunkte zu besetzen[8]." Dann stellte Spalajković fest: „Also die Würfel sind gefallen[9]."

Damit bringt er klar und eindeutig zum Ausdruck, die Entscheidung sei gefallen, und zwar durch das Bombardement von Belgrad. Diese Nachricht hatte es in sich und verfehlte ihre Wirkung nicht! Als der k. u. k. Botschafter noch im „vertraulichen Gedankenaustausch" (wörtlich zitiert) mit dem russischen Außenminister stand, erhielt der Minister durch das Telephon die Nachricht: „Wir hätten Belgrad beschossen." Sasonow war wie ausgewechselt und sagte, er sähe jetzt, wie Kaiser Nikolaus recht gehabt habe. „Sie wollen nur Zeit zu Verhandlungen gewinnen", rief Sasonow, „aber sie gehen vorwärts und beschießen eine ungeschützte Stadt. Was wollen sie eigentlich noch erobern, wenn sie die Hauptstadt im Besitze haben... was sollen wir noch konversieren, wenn sie so vorgehen!" Soweit der russische Außenminister. Der Botschafter verließ ihn „in äußerst aufgeregter Stimmung..." und meldete einen „brüsken Abbruch" des Gesprächs[10].

Wann Spalajković Sasonow informierte, läßt sich unschwer ermitteln: Unbedingt vor seiner Mitternachtsdepesche vom 29., also kann er nur das Bombardement vom 28. und 29. gemeint haben. Über das, was sich zu dieser Zeit in Belgrad abspielte, gibt es einen verläßlichen Zeugen, den serbischen Presseleiter Svetozar Ristić[11]. Nach ihm erfuhren am 28. mittags die Belgrader durch eine Extraausgabe, Österreich-Ungarn werde sich selbst „Genugtuung" verschaffen.

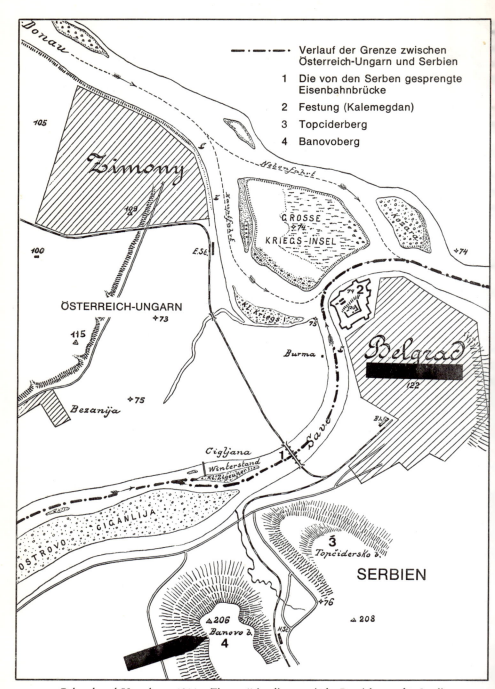

Belgrad und Umgebung 1914. „Zimuny" ist die ungarische Bezeichnung für Semlin, serbisch: Zemun. Beschossen wurde bei Kriegsausbruch nicht die Stadt, sondern nur die mit „3" und „4" bezeichneten Anhöhen. (KA, Wien.)

Gegen 16 Uhr erschien ein amtliches Dementi ... der Abend verlief ruhig ... sorglos ... Pašić hatte einem Journalisten aus Niš telephonisch erklärt, das Telegramm, das er mittags erhalten hatte, könne auch eine Mystifikation sein[12] ... es hätte keinen Sinn, die Bevölkerung zu beunruhigen ... wenn es tatsächlich zum Krieg käme, dann werde Belgrad einige Zeit verteidigt werden, nur zum Schein, dann aber übergeben werden. Ristić dazu: „Man hatte es unterlassen, den Belgradern auch nicht in der sanftesten Weise anzudeuten, wie die Verteidigung der Stadt verlaufen solle ..." Um 11 Uhr nachts fiel der erste Schuß[13], er kam aus Semlin ... gegen halb eins erhellte sich der Himmel, unter furchtbarem Getöse war die Eisenbahnbrücke, die Belgrad mit dem anderen Saveufer verbindet von der serbischen Brückenwache in die Luft gejagt worden ... daraufhin allgemeine Flucht ... auch der Behörden, der Polizei und Gendarmerie ..." Die Zusammenfassung des Pressereferenten lautete: „Belgrad blieb durch zwölf Stunden ohne Behörden, Geschützdonner und Flucht der Bevölkerung hielt die ganze Nacht (vom 28. auf den 29.) an, doch keine Granate war in die Stadt gefallen ... Der ganze Tag (also der 29.) verlief dann ruhig ... es gab keine weiteren Ereignisse ... Belgrad war schon ziemlich evakuiert ... aus Niš trafen keine Weisungen ein ... die serbische Hauptstadt blieb sich selbst überlassen durch einige Tage hindurch." So der Augen- und Ohrenzeuge Svetozar Ristić. Widersprechen ihm die k. u. k. Feldakten? Sie melden in dem darauf bezugnehmenden Bericht (Op. 28) eine „Gefechtsepisode": „Nach Brčko (an der Save gelegen, d. A.) disponierte vier Dampfer mit 25 Schleppern wurden nachts zum 29sten durch serbische Infanterie und MG-Feuer vor Belgrad zum Halten veranlaßt. Hiebei ein Dampfer am eigenen Ufer festgefahren. Eigene Infanterie, Kanonendivision und Donauflottille nahmen Feuer sofort auf. Nach zweitem Kanonenschuß erfolgte Sprengung der Brücke ... Rest der Nacht zeitweises Geplänkel. Bei Tagesanbruch eröffnen Kanonen Feuer gegen Brückenende und Banovob. (Banovo-Berg), Monitorgruppe gegen Radiostation und Topčiderskob. (Topzider Berg). Feuer mangels lohnender Ziele bald eingestellt."

Nikola Pašić dagegen telegraphierte am 30. Juli um 11 Uhr aus Niš an alle Welt, das heißt an alle serbischen Gesandtschaften: „Das begonnene Bombardement Belgrads wird ohne Unterbrechung fortgesetzt. Die Artillerie beschießt die Stadt mit schweren Belagerungskanonen in der Absicht, sie zu zerstören. Die Stadt ist nach Sektoren aufgeteilt. Die Opfer an Menschen sind groß, jene an Material unermeßlich. Die Leute waren nicht aus Belgrad weggegangen, nachdem die Stadt nicht zur Übergabe aufgefordert wurde, sondern man gleich zur Bombardierung schritt. Pašić[14]."

Wann soll das geschehen sein? Am frühen Morgen des 30. Juli? Auch darüber geben die Feldakten der k. u. k. Armee Aufschluß: Über die Situation in Belgrad liegt ein Resümee der k. u. k. Generalstabsabteilung der 7. Infanterietruppen-Division „bis zum 30. Juli, 4 Uhr nachmittags", vor: „In einem Fabriksgebäude zunächst der Savebrücke sammelten sich Kommitadschi, die unsere Feldwachen beschießen. Die Fabrik wurde von der eigenen Artillerie vom Marienhof her unter Feuer genommen. Um 11 Uhr war die rückgängige Bewegung von einigen Leuten – ca. 6 Mann – sichtbar[15]." Aus den Tagebuchaufzeichnungen der Belgrad gegenüberstehenden Truppe[16] vom 30. Juli: 6.40 Nachricht von der Erschießung eines Kapitäns und eines Steuermanns auf österreichisch-ungarischen Schiffen durch serbische Infanterie. 12.40: Auf dem Banovo-Berg[17] sind 18 feindliche Geschütze aufgefahren... eigene Artillerie beschießt sie mit scheinbarem Erfolg. Auch an diesem Tag war von einem Bombardement der Stadt keine Rede, aber der Einsatz von schwerer Artillerie (auch von 30,50-cm-Mörsern) war für den 1. August vorgesehen. In der Dispositionsordre[18] heißt es: „Laut Befehl muß bei der Beschießung von Belgrad die Stadt unbedingt geschont werden. Es dürfen daher von der schweren Artillerie nur die Festung, von der Donauflottille und der Kanonendivision jene Stadtteile beschossen werden, die der Feind besetzt hält." Doch nicht einmal dazu kam es, am 31. abends um 6.15 langte vom Armeeoberkommando ein neuer Befehl ein: „Beschießung von Belgrad überflüssig und völkerrechtswidrig, daher unbedingt zu unterlassen. Auch alte Festung nur dann, wenn nötig beschießen. Nur wenn Feind Feuer eröffnet, ist dieses bei unbedingter Schonung der Stadt niederzukämpfen[19]." Und die Soldaten der anderen Seite? Wie bezeichneten sie die militärische Operation? Barbarische Zerstörung einer Zivilstadt durch schweres Geschütz – oder sprachen sie auch nur von einer Gefechtsepisode? Weder – noch, der serbische Generalstab fand die kritischen Tage gar nicht der Erwähnung wert. In dem 6bändigen Werk *Der große Krieg Serbiens zur Befreiung und Vereinigung der Serben, Kroaten und Slovenen*, dem serbischen Generalstabswerk, fehlte jeder Hinweis auf den artilleristischen Überfall. Und als der Regent Alexander am 4. August seinen ersten Armeebefehl erließ, versäumte er es nicht, durch Aufzählung feindlicher Schandtaten den Kampfesmut seiner Krieger anzufeuern, das Bombardement erwähnte er nicht, weil es gar nicht stattgefunden hatte und seine Belgrader das wußten.

Die Legende vom Bombardement Belgrads ist schwer auszumerzen, sie wird immer wiederholt. „Die prompte Beschießung Belgrads schon am 29. Juli beweise", schreibt in unseren Tagen der deutsche Historiker Dr. Immanuel Geiss, „wie sehr berechtigt die serbischen Befürchtungen waren[20]." Gemeint sind die Befürchtungen vor einem Gewaltstreich der k. u. k. Armee. Daß sich diese für eine „eventuell stattfindende Beschießung Belgrads mit genauen Stadtplänen versehen" hatte, ist wohl kein Beweis dafür, wie Geiss anzunehmen scheint, die Stadt Belgrad sei tatsächlich beschossen worden. Österreich-Ungarn blieb der Makel, mit ungeheurer Brutalität vorgegangen zu sein. In Wirklichkeit triumphierte Pašić wegen des „Zauderns der Österreicher, die ihren ursprünglichen Plan, die Stadt zu besetzen, nicht zur Ausführung brachten". Dadurch hatten die Serben nach der Meinung des serbischen Ministerpräsidenten „wesentliche und notwendige Trümpfe in der Hand", und der serbische Generalstab faßte noch im Juli den Entschluß, Belgrad und die Flußlinie zu verteidigen[21].

Schon war die serbische Regierung vollkommen auf Kampf eingestellt. Acht Tage nach dem Ultimatum dachte kein Mensch mehr an dessen ursprünglichen Anlaß. Höchstens der „Zar aller Reußen" kam darauf zurück, in seinem Schreiben an den „Liebsten Willy" meinte er, die Ermordung Franz Ferdinands und seiner Gemahlin sei ein abscheuliches, von mehreren Serben begangenes Verbrechen gewesen. Aber wo sind die Beweise, daß die serbische Regierung daran beteiligt war? „Ach", schrieb der von Wilhelm vertraulich „Nicky" genannte russische Zar, „ach, wir wissen ... daß man häufig kein Vertrauen zur Untersuchung von Tribunalen haben kann, besonders, wenn politische Gründe mitspielen." Und dann erinnerte Nikolaus II. den deutschen Kaiser an den Friedjung-Prozeß und die Prochaska-Affäre[22]. Zu welchem Zweck? Wohl nur, um die österreichischen Anschuldigungen unglaubhaft zu machen, wie das immer wieder geschah. Eine groteske Umkehrung des Sachverhaltes. Der Zar, sicher guten Glaubens, stellte sich mit seiner ganzen Macht vor jene Regierung, die allein die gewünschte Verbrechensaufklärung hätte geben können.

Pašić und Spalajković hatten gute Arbeit geleistet. Mit Recht sprach die *Politika* vom „schönsten Kapitel der Diplomatie".

Kaiser Franz Josephs Befehl zur Gesamtmobilisierung stand zu dieser Zeit noch aus. Das erregte das Mißfallen des deutschen

Generalstabschefs Moltke[23]. Am Tag nach dem Zarenbrief gab der deutsche Kaiser kund, er sei bereit, in Erfüllung seiner Bündnispflichten sofort den Kampf gegen Rußland zu beginnen. In diesem schweren Kampf sei es von großer Wichtigkeit, daß Österreich seine Kampfkräfte gegen Rußland ansetze und sich nicht durch eine gleichzeitige Offensive gegen Serbien zersplittere ... „Serbien spielt in diesem Riesenkampfe, in den wir Schulter an Schulter eintreten, eine ganz nebensächliche Rolle[24] ..."

Am Samstag, dem 1. August, dem Tag des abgesagten Bombardements auf Belgrad, erklärte das Deutsche Reich Rußland den Krieg. Am darauffolgenden Montag, Dienstag, Mittwoch residierte der russische Botschafter noch immer in Wien. „Bisher erhielt ich keinerlei Erklärungen über den Abbruch der Beziehungen", stellte er erstaunt fest, „es bestätigt sich also die vor unserem Bruch mit Deutschland ausgesprochene Mutmaßung, daß Österreich nicht abgeneigt wäre, mit uns über einen möglichen Ausweg aus der durch das Ultimatum entstandenen gefährlichen Situation zu verhandeln. Nach Forgáchs Worten wurde die Lage kritisch von dem Moment an, wo der Ukas über unsere allgemeine Mobilmachung erschien. Aus all dem ist ersichtlich, daß man hier den Krieg mit uns nicht wollte; man fürchtet ihn sehr und ist ungehalten über die uns von Deutschland hingeworfene grobe Herausforderung, die einen allgemeinen Krieg unvermeidlich gemacht hat ... Schebeko[25]."

Den St. Petersburger Geheimchiffreuren gelang es, eine Botschaft des österreichisch-ungarischen Botschafters zu entziffern, in der sie lesen konnten, sie, die Russen, hätten nicht die Absicht, mit Österreich zu brechen ... Auch Herr Schebeko erhielt Befehl, „ruhig in Wien zu bleiben", solange ihm dies nicht österreichischerseits verwehrt werde[26].

Doch die Lawine war bereits losgetreten und ging zu Tal. Die Katastrophe nahm ihren Lauf. Jene beiden Diplomaten, die reichlichen Anteil daran hatten, daß es endlich soweit gekommen war, avancierten. Graf Forgách wurde noch im August, wegen „ausgezeichneter Tätigkeit", zum Botschafter ernannt. Nach Berchtolds Rücktritt suchte er noch den Grafen Tisza vergeblich zur Übernahme des k. u. k. Ministeriums des Äußern zu bewegen[27].

Dr. Miroslaw Spalajković vertrat auch die nach Korfu geflüchtete serbische Regierung, selbst als der Zar gestürzt worden war. Das revolutionäre Klima mißfiel dem großserbischen Chauvinisten aufs äußerste. Zwei Wochen, nachdem der Rat der Volkskommissare die „Rechte der Völker Rußlands und das nationale Selbstbestimmungsrecht im revolutionären Sinne" dekretiert hatte, brachte er sein Mißfallen über die neuen Zustände zum Ausdruck, er telegraphierte an Pašić: „Das Publikum, die Unordnung und die Unreinlichkeit im Auswärtigen Institut (Amt) erweckt einen widerwärtigen Eindruck; es ist voll bewaffneter, zerlumpter Gestalten, Warschauer Gaunern und Räubern, zerlumpten Weibern, meistens Jüdinnen. Nur Gesindel ... das richtige Bild der heutigen Anarchie in Rußland[28]."

Über Trotzki meldete Spalajković, er wäre vor dem Krieg zweimal in Serbien gewesen. Unter seinem Einfluß und dem Einfluß russischer Freunde soll sich Vladimir Gaćinović vom Nationalisten zum Sozialrevolutionär gemausert haben. Er machte aus der Mlada Bosna eine „russische Ideenkolonie". 1914 vertrugen sich bei den jungen aktiven Bosniern noch Gegensätze wie Chauvinismus und sozialrevolutionäres Denken. Es waren meistens fanatisierte arme Schlucker, für die die russische Literatur zum Evangelium wurde. Ihre Anstifter dagegen waren kalt berechnende großserbische Chauvinisten, Imperialisten, Faschisten, wie wir heute sagen würden, welche die Einsatzbereitschaft und die Abhängigkeit der Minderjährigen schamlos mißbrauchten.

Die Scheidung der Geister unter den jungen Bosniern erfolgte erst später, die einen wurden Nationalisten, die andern Sozialrevolutionäre. Freunde Princips kämpften im Zweiten Weltkrieg in den königstreuen Partisaneneinheiten, den Četnići des Generals Mihajlović, und in kommunistischen Verbänden. Beide, die einen wie die anderen, hatten ein Bataillon, das den Ehrennamen „Gavrilo Princip" führte. Ein illegales Blatt der Četnići[29] schilderte die Einnahme von Grahovo durch das kommunistische Bataillon dieses Namens. Zu der dort lebenden alten Mutter des Attentäters sagten sie drohend: „Glaubst du, weil du seine Mutter bist, darfst du den Četnići dienen? Gavrilo war Genosse und kein Faschist[30]." Die Szene, ob sie nun erfunden ist oder nicht, charakterisiert die Situation. Princip war weder das eine noch das andere. Er war ein von Großserben mißbrauchter junger Mann, der zum Werkzeug wurde, ohne sich dessen bewußt zu sein.

Spalajković, einer der Drahtzieher im Hintergrund, hatte Gelegenheit, sich im Laufe der Jahre aus einem Überchauvinisten zu einem echten Gesinnungsfaschisten zu entwickeln. 1899 sprach er dem Vielvölkerstaat jede Lebensberechtigung ab und verzehrte sich im Kampf gegen den „Völkerkerker" Österreich-Ungarn, in dessen Diensten der ungarische Chauvinist Forgách stand. Als in Rußland die Bolschewiki an die Macht kamen und sich bereit erklärten, einen

„ehrenvollen, demokratischen Frieden" mit ihren Feinden (Österreich-Ungarn und Deutschland) zu schließen, wurde der Vertreter einer Regierung ohne Land, der St. Petersburger Gesandte der serbischen Exilregierung in Korfu, ausfallend. Er verweigerte beim ersten Diplomatenempfang dem „Verräter" Lenin, der für Serbien nicht mehr weiterkämpfen wollte, die Hand. In der Erinnerung serbischer Emigranten lebt Spalajković als der Diplomat, der in seiner Wut Lenin ins Gesicht spukte. Dieser Chauvinist diente nach dem Krieg Alexander I., dem König der Serben, Kroaten und Slowenen. Er verfaßte die monarcho-faschistische Proklamation für die Königsdiktatur des Jahres 1929, in der der großserbische Gedanke triumphierte. Später, als jugoslawischer Gesandter in Paris, sagte er 1934 zum Vertreter der Republik Österreich: „Österreich könnte eines Tages wünschen, deutsch oder italienisch zu werden." Ein ähnlicher Vorgang habe sich in Albanien abgespielt, wo Jugoslawien durch Italien beinahe verdrängt worden sei. Nach dem Einwand, daß man Österreich denn doch nicht mit Albanien vergleichen könne, fuhr Spalajković fort: „Falls aber doch Österreich deutsch oder italienisch werden sollte, würde Jugoslawien nicht zögern, seine Ansprüche auf gewisse Teile Kärntens auf das energischeste wahrzunehmen[31]." Dazu kam es freilich nicht, denn der serbische Rassist Spalajković sympathisierte mit Hitlers Rassenlehre, diente der nach der Niederlage Jugoslawiens 1941 von den Deutschen eingesetzten serbischen Regierung Nedić als politischer Berater[32]. Richtete er früher seine Aktivität gegen den übernationalen Vielvölkerstaat Österreich-Ungarn, so wandte er sich später gegen übernationale Ideen im Kommunismus. 1945, auf der Flucht nach Paris, schrieb er in Kitzbühel unter dem Titel *Serbiens Mission* sein politisches Vermächtnis. Das Wort Großserbien vermied er, beileibe nicht großserbisches, ja sogar antijugoslawisches Gedankengut, der „serbische Raum" müsse wieder befreit werden! Von allen Balkanvölkern habe nur Serbien seine Aufgabe erfüllt, die überlegene Macht der Orthodoxie allein „verkörpere die serborassische Spiritualität[33]". Sobald ein Serbe die Traditionen von Kosovo (Obilić!) vergesse und seine Rechtgläubigkeit verliere, „gleiche er einem Kürbis ohne Wurzel und verfalle in nationaler Hinsicht. Dann könne aus ihm leicht alles Mögliche werden, zum Beispiel ein Bulgare, ein Kroate, ja sogar ein Türke und in neuester Zeit ein Kommunist[34]".

Spalajković starb 1951 in Paris. Daß man ihn, so wie andere aktive Politiker, seiner Gesinnung wegen zur Rechenschaft gezogen hätte, ist nicht bekannt.

8. Mörderische Hypothesen

In einem seiner letzten Berichte aus London, und zwar in einem Brief vom 6. August 1914[1], meinte der k. u. k. Botschafter, er sei über die „ungünstigen Enthüllungen" sprachlos, die ihm ein Mister Brooks, Mitarbeiter der *Times*, gemacht habe. „Ich konnte absolut nicht verstehen, was er meinte", schrieb der Botschafter: „Brooks wollte nicht recht mit der Sprache heraus; schließlich fragte ich ihn, ob er etwa auf die törichten und infamen Verleumdungen anspiele, die in Belgrader Zeitungen erschienen, daß die Ermordung in Wien inszeniert worden sei, um einen Vorwand zu haben, die edle serbische Nation zu vernichten." Brooks bestätigte das; diese Geschichte werde verbreitet „and they work it up for all its worth". Der Botschafter erwiderte: „This is not cricket", und sprach die Erwartung aus, daß kein englisches Blatt so tief gesunken sei, um solch niederträchtige Erfindungen aufzunehmen.

Er sollte sich täuschen. Ein journalistischer Anschlag übelster Sorte war im Gang, er setzte dem Habsburgerreich kaum weniger zu als das Attentat von Sarajevo. Sein Urheber saß bei Kriegsausbruch in London, er hieß Wickham Steed und hatte von 1902 bis 1913 die Londoner *Times* in der österreichischen Hauptstadt vertreten. Noch 1907 suchte der Ballhausplatz die „weitverbreiteten und ausgezeichneten Beziehungen" dieses einflußreichen Korrespondenten[2] für sich zu nützen. Aehrenthal, der Minister des Äußern, betraute ihn mit einer Botschaft an den italienischen Außenminister[3]. Die Sache ging schief, und in Mister Steed erwachte Mißtrauen und Haß. Er glaubte fest, übrigens zu Unrecht, das Opfer einer typischen Ballhausplatz-Intrige geworden zu sein. Steed, ein „begabter und phantasievoller Übertreiber", beschuldigte Aehrenthal, in deutschem Auftrag an einer Allianz (Quadruple-Entente) gegen England zu arbeiten, die Deutschland, Österreich-Ungarn, Rußland und Frankreich umfassen sollte. Ein etwas phantastisches Projekt, das Aehrenthals Absichten nicht entsprach und seine diplomatischen Möglichkeiten weit überstieg[4]. Steed entwickelte sich zum unentwegten Warner. Er warnte vor der deutschlandhörigen Politik des Ballhausplatzes wie vor dessen „amoralischen" Regierungsmaximen. Zum russischen Außenminister Iswolskij sagte er, Aehrenthal sei ein „unsicherer Kunde[5]". Als die ungarische Regierung zur Erbitterung der Kroaten Ungarisch als Amtssprache auf den kroatischen Bahnen vorschrieb, lautete der Kommentar des Londoner Starkorrespondenten: „Dahinter steht Wien." Und: „Die Magyaren spielen in ihrer chauvinistischen

Verblendung das österreichische Spiel⁶." Am 6. Juni 1908 hielt Steed den Ungarn in der *Times* vor, sie trieben durch ihre törichte Magyarisierung die andern Nationen ins Lager der großösterreichischen Partei. Wenn die Ungarn das erkennen würden, bestünde noch einige Hoffnung auf eine große Zukunft des *ungarisch*-österreichischen Reiches⁷. 1911 bekämpfte Steed mit Vehemenz den Plan einer französischen Anleihe für die Monarchie. An der Gründung des Balkanbundes, von der er früher als der Ballhausplatz wußte, nahm er als *politischer Funktionär* teil. Als dann der Balkankrieg ausbrach, warnte er die Weltöffentlichkeit vor Österreich-Ungarn, das nur darauf laure, die Situation auszunützen und den Serben in den Rücken zu fallen. Kurz darauf, als das serbische Heer die Adria erreichte, riet er zu Maßnahmen, die einen großen Kriegsbrand hätten entfachen können. Es gebe, wenn die k. u. k. Flotte in Albanien eingreifen würde, nur einen Ausweg: die Landung englischer Truppen auf dem Kontinent⁸.

Wickham Steed war Antisemit. Über die verjudete Wiener Presse verfaßte er einen vertraulichen Bericht zur Information des Foreign Office, der es an Gehässigkeit mit jeder Naziberichterstattung hätte aufnehmen können. So und nicht anders sah Steed die Dinge und beurteilte die Lage in Österreich-Ungarn. Selbst der britische Botschafter Sir Fairfax Cartwright war durch die Tätigkeit dieses *Times*-Korrespondenten irritiert, und das im höchsten Maße. Er und der englische Konsul in Budapest nannten Steed einen Zänker, und die *Neue Freie Presse* habe, so meinten sie, mit ihrer Feststellung recht. Steed mische sich in innerösterreichische Streitigkeiten und nehme Partei⁹. Die Beschwerden nützten nichts, Steed war der Stärkere. Die Vorstellungen des englischen Diplomaten berührten weder die Herausgeber der *Times* noch die Herren im Foreign Office. Ja, es kam so weit, daß König Eduard bei Steed anfragen ließ, ob er es für richtig halte, daß Botschafter Cartwright, der sich ausgezeichneter Beziehungen zum k. u. k. Außenminister rühmen konnte, seinen Posten in Wien beibehalte¹⁰.

Den Thronfolger Franz Ferdinand beurteilte Steed gänzlich falsch. Er sei es, der die Annexion Bosniens betreibe¹¹, nach britischer Auffassung ein krasser Rechtsbruch. Auch behauptete Steed völlig zu Unrecht und auch in diesem Fall schlecht informiert und verallgemeinernd, der Erzherzog sei ein Feind aller Südslawen. Nach Aehrenthals Tod (1912) prophezeite die *Times*, Franz Ferdinand werde die „österreichische Kriegspartei" veranlassen, auf dem Balkan eine „Vorwärts-Politik" einzuschlagen.

Im Jahre 1913 wurde Steed außenpolitischer Redakteur der *Times*. Als ihm die Nachricht vom Sarajevoer Attentat vorlag, gab er in maßgebenden Londoner Kreisen seinem Verdacht Ausdruck, hier werde „foul play" getrieben[12].

Wer trieb nun seiner Meinung nach ein falsches Spiel? Die Serben? An diese Möglichkeit dachte Steed überhaupt nicht. Foul play der Wiener Hofkreise und des Ballhausplatzes! Deshalb riet Steed seinen Kollegen von der *Times* zur höchsten Vorsicht. Auf keinen Fall Abscheu zeigen! Und ja nicht die Serben verdächtigen! Wien werde sicher Belgrad anklagen, ganz zu Unrecht und nur zu dem Zweck, sich einen Vorwand zu verschaffen, und zwar den langersehnten Vorwand, über das arme, kleine Serbien herfallen zu können. In Wirklichkeit, so vermutete Steed und gab auch seiner Vermutung deutlich Ausdruck, wollte die kaiserliche Familie, die schon 1903 bei der Ermordung des Königs Alexander und seiner Gattin Draga Mitschuld auf sich geladen habe[13], den eigenen Thronerben um die Ecke bringen lassen. Steed schreckte vor nichts zurück, er reagierte nicht anders als die Redakteure des *Mali Journal* in Belgrad.

Man vergegenwärtige sich Steeds Verhalten und die Konsequenzen, die es hatte. In den kritischesten Tagen und in den Stunden der höchsten Spannung lancierte er mit Geschick ungeheuerliche Verdächtigungen in englischen Regierungskreisen, im Foreign Office, unter Parlamentsabgeordneten und am Königshof. Seine Versionen machten die Runde. Sie fanden Glauben, allein schon deshalb, weil sie von einem wahrheitsliebenden[14] Mann kamen, der den Ruf besaß, der Fachmann für die Donaumonarchie und den Balkan zu sein.

Am 20. Juli meldete der serbische Gesandte aus London seiner Regierung, die englischen Redaktionen hätten vertrauliche Mitteilungen aus Wien, nach denen das „Attentat ein Werk der österreichischen Polizei und nicht der serbischen Propaganda sei". Ferner schrieb der Gesandte, der „Schriftleiter eines großen (Londoner) Blattes" habe ihm anvertraut, „sehr hohe (österr.-ung., d. A.) Persönlichkeiten seien in die Sache verwickelt". Von dreien habe der Redakteur sogar den Namen gewußt[15]. Gab es für Ministerpräsident Pašić bessere Nachrichten? Sollte er, wenn die Dinge so günstig standen, bei der unerwarteten Schützenhilfe von seriösester Seite, eingestehen, ein serbischer Generalstabsoffizier sei daran beteiligt gewesen und serbische Offiziere und Beamte hätten den Transport der Mordwaffen organisiert? Das war denn doch zu viel verlangt!

Um breitesten Schichten das Interesse des Wiener Hofes an der Beseitigung Franz Ferdinands überhaupt verständlich zu machen, entwickelte Steed in den ersten Kriegsjahren kühne Hypothesen. So war nach Steeds Information der Erzherzog geisteskrank[16]. In dieser für Reich und Dynastie höchst makabren Situation war eben der letzte Ausweg: Mord. Natürlich ein Mord, den man leicht dem unschuldigen Serbien anlasten konnte, um es mir nichts, dir nichts zu erledigen. Die zweite durch Steed aufgestellte und in aller Welt verbreitete Hypothese besagte, die Exekution des Thronfolgers wäre eine Vorbeugungsmaßnahme gegen einen von ihm zusammen mit Kaiser Wilhelm am 12. und 13. Juni, also zwei Wochen vor des Erzherzogs gewaltsamem Tod, geplanten Gewaltstreich gewesen. Der in Konopischt besprochene Plan habe vorgesehen: Königskronen für die Thronfolgersöhne Max und Ernst, nebenbei eine völlige Umgestaltung Europas, eingeleitet durch den Überfall auf Serbien[17].

Diese Exekutionsthese setzte eine Verbindung der österreichischen Polizei mit den Attentätern voraus. Die gab es allerdings. Vaso Čabrinović, der Vater des Bombenwerfers Nedeljko Čabrinović, stand durch mehrere Jahre im Dienste der Sarajevoer Polizei. Im Jahre 1891 wurde er, nach dem Besuch einer Belgrader Realschule, als Konfident in den Polizeidienst eingestellt. Um seine Arbeit, das Sammeln vertraulicher Nachrichten, zu erleichtern, erhielt er eine Wirtshauskonzession für Sarajevo. Eine Konfidentenmeldung von seiner Hand liegt im bosnischen Staatsarchiv. Sie bezieht sich auf im März 1908 geplante Mittelschülerdemonstrationen wegen der Aufführung der Operette „L'Attaché" (Die lustige Witwe), die als Beleidigung Montenegros und der serbischen Nation betrachtet wurde. Bald darauf brach der Kontakt ab, jedenfalls richtete Vater Vaso 1909 ein Gesuch an das zuständige Ministerium, in dem er um eine angemessene Entschädigung bat, denn er sei seinerzeit nicht entsprechend honoriert worden. Außerdem habe er die Mitgift seiner Frau als Spesen verbraucht, und jetzt habe er nichts als Schulden. Zudem hätten gemachte Versprechungen ihn veranlaßt, auf eine Gratisausbildung zum Kunstmaler in München zu verzichten. Der alte Čabrinović rühmte sich in dem Gesuch der Intrigen, die er mit mehr oder weniger Erfolg gegen Redakteure, den Patriarchen von Konstantinopel und den russischen Konsul eingefädelt hatte. Schließlich wies er darauf hin, er habe in seinem Gasthaus Tausende Fremde ausgehorcht und bei keinem Begräbnis und keiner Unterhaltung gefehlt. Vaso schloß sein Gesuch mit der Drohung, falls seine Forderung zurückgewiesen werde, bliebe ihm nichts anderes übrig, als sich an alle europäischen Höfe zu wenden, Staatsmänner und Journale zu informieren und – Frau und Kinder zu verlassen[18]. Die ablehnende

Stellungnahme der Landesregierung besagte, Čabrinović sei für seine Spitzeldienste ausreichend honoriert worden, die Mitgift seiner Frau wäre gering gewesen, 1897 habe man ihn nach Serbien geschickt, damit er dort Agenten akquiriere, doch später sei man gezwungen gewesen, und zwar weil die Verläßlichkeit seiner Rapporte abnahm, die Verbindung mit ihm abzubrechen[19]. Er habe sich bei seinen Recherchen immer mehr von Animositäten leiten lassen, ergab sich zeitweise dem Trunk und verlor allmählich das Vertrauen seiner Gäste. Die amtliche Stellungnahme aus dem Jahre 1909 schloß mit der endgültigen Feststellung: „Dieser Mann ist zur Ausführung jeder Unüberlegtheit fähig!"

Aber zur Durchführung eines vom Wiener Hof angestifteten Mordes? Das steht wohl außerhalb der Debatte. Außerdem ergab die Untersuchung und die Verhandlung im Oktober 1914, daß sich Vater und Sohn Čabrinović seit Jahren spinnefeind gegenüberstanden. Auch bemühte man sich von jugoslawischer Seite, Nedeljkos „revolutionäre Ehre" wiederherzustellen, die durch falsche Gerüchte, er sei, wie sein Vater Vaso, ebenfalls in österreichischen Diensten gestanden, erheblich gelitten hatte. Attentäter Čabrinović, der angebliche Scherge des Wiener Hofes, ruht heute im Ehrengrab der Mlada Bosna auf dem Friedhof zu Sarajevo[20].

Material über das Treffen von Konopischt will Steed durch einen polnischen Aristokraten erhalten haben, der es angeblich wieder über den Wiener Nuntius aus dem Vatikan bezog. Steeds Konopischt-Legende erwies sich als der große Schlager der antiösterreichischen Kriegspropaganda, obwohl Steed selbst nur von einer „interessanten Hypothese" sprach. Doch ist das nicht die beste Methode für eine allseits Vertrauen genießende Persönlichkeit, Kolportagegeschichten in Umlauf zu setzen? Und sich gleichzeitig jeder Verantwortung zu entziehen? Die Geschichte von Konopischt findet, ohne daß es Beweise für sie gibt, immer noch Glauben, immer noch geistert sie in verschiedenen Variationen in amerikanischen, britischen, französischen und deutschen Geschichtswerken.

Von der Richtigkeit seiner Einstellung überzeugt, setzte der Foreign Editor der Londoner *Times* seine rastlose Energie, seine nimmermüde Phantasie und den gewaltigen Einfluß des Weltblattes dafür ein, daß England sich am Kriege beteilige. Rothschilds Versuch, die *Times*-Redaktion und die Herausgeber des Blattes umzustimmen, bezeichnete Steed als „... a dirty German-Jewish financial attempt to bully us into advocating neutrality[21]".

Die intensive Mitarbeit Steeds an allen Plänen, die der Zerstörung des mitteleuropäischen Großstaates dienen sollten, hier zu schildern, würde zu weit führen. Er setzte seinen Kampf gegen das „Reich ohne Existenzberechtigung" in diversen Publikationen, nicht nur in der *Times*, bis zum Kriegsende fort. Mit Masaryk gründete er die Zeitschrift *New Europe*. Wo immer nur eine Möglichkeit war, gab Steed den Irredentisten aus den slawischen Ländern politische Hilfestellung, moralischen und finanziellen Halt. Durch seine weitreichenden Verbindungen und seinen Rat half er den Emigranten aus der Monarchie bei den Vorbereitungs- und Aufbauarbeiten zur Gründung der Nachfolgestaaten.

Wickham Steed galt als einer der hervorragendsten Journalisten Europas[22]. Einer seiner Vorgesetzten nannte ihn aber nicht zu Unrecht „einen Unruhestifter schlimmster Sorte[23]." Orlando, Italiens Ministerpräsident, erregte sich über den „Größenwahn[24]" des *Times*-Korrespondenten, und ein deutscher Chronist bezeichnete ihn als den „wertvollsten Agenten der britischen Diplomatie[25]". Die *History of Times* lobte dagegen seine „Wahrheitsliebe". Wie immer man auch zu ihm stehen mag, eines müssen ihm selbst seine Gegner zugestehen: er war von seiner Sache restlos überzeugt. Und ausgerechnet diesen Mann, dessen Buch über die Monarchie[26] in Österreich-Ungarn verboten worden war, versuchte der k. u. k. Botschafter in London noch im Juli 1914, also gewissermaßen fünf Minuten nach zwölf, für die Sache des Ballhausplatzes zu gewinnen[27]! Ein absurdes und aussichtsloses Unterfangen, ein typisches Beispiel für eine Intervention, die mehr schadet als nützt, und obendrein ein Beweis miserabler Menschenkenntnis und der Hilflosigkeit in pressepolitischen Belangen.

Steeds dominierender Einfluß spiegelte sich in einem Datum von welthistorischer Bedeutung, dem 28. Juni 1919. Das ist der Tag an dem der Vertrag von Versailles unterzeichnet wurde. Nicht, wie man annehmen könnte, am Jahrestag der Kriegserklärung an Serbien oder der Kriegserklärung Deutschlands an Rußland. Oder aus sonst einem der vielen Anlässe, zum Beispiel dem Jahrestag des Einmarschs in Belgien. Nein, am 5. Jahrestag der Ermordung Franz Ferdinands! Das war ganz im Sinne Wickham Steeds, der damals der amerikanischen Friedensdelegation als Berater für zentraleuropäische Fragen zugeteilt war. Der 28. Juni 1919 wurde zur Bekräftigung der Vorwandthese gewählt, er sollte alle Welt nochmals darauf aufmerksam machen, Wien und Budapest hätten mit und bei der Ermordung foul play getrieben, sie sei nur Österreich anzulasten. Nach dem bewährten Rezept: Nicht der Mörder, der Ermordete ist schuldig.

VII. Chronik
(1914–1958)

1914
Jänner: Dr. Miroslav Spalajković wird zum serbischen Gesandten in St. Petersburg ernannt. – Attentatsvorbesprechungen in Frankreich durch Mitglieder der Organisation *Vereinigung oder Tod:* Gačinović, Mehmedbašić, Golubić. – Sturz des serbischen Kriegsministers und Dimitrijević-Freundes Miloš Božanović. Zunehmende Spannung zwischen der *Schwarzen Hand* und der Regierung Pašić. – Thronfolger Alexander reist nach St. Petersburg (23. 1.)
Februar: Der serbische Ministerpräsident Pašić erklärt dem Zaren, es werde „vielleicht die Zeit kommen, wo man Bulgarien noch etwas abtreten könne, wenn es Serbien bei der Lösung der serbisch-kroatischen Frage behilflich sein wollte". Über den zukünftigen Krieg sagt Pašić: „... wie viele Gewehre wir haben werden, ebenso viele Soldaten werden wir bekommen, und zwar aus jenen Ländern." (Gemeint sind die Länder der Monarchie, d. A[1].) Princip reist mit seinem Vetter Vladeta Bilbija „paßlos" nach Belgrad, wo er am 13. 2. eintrifft.
März: Demonstrationen Sarajevoer Mittelschüler vor dem italienischen Konsulat wegen des Plans der Errichtung einer italienischen Universität in Triest. – Der *Srbobran*, Zagreb, bringt am 17. 3. eine Notiz über den geplanten Besuch des Erzherzogs Franz Ferdinand in Sarajevo. Ein Magistratsangestellter schickt dieses ‚Aviso' an Čabrinović in Belgrad. – Am 27. 3. besucht Kaiser Wilhelm den Thronfolger Franz Ferdinand auf Schloß Miramar. – Der russische Botschafter in Wien stellt fest, nunmehr (nach den Balkankriegen und dem Bukarester Frieden, d. A.) sei Österreich-Ungarn auf dem Balkan völlig isoliert[2].

April: Der k. u. k. Militärattaché meldet am 5. 4. aus Belgrad: „Das Verhalten Serbiens gegenüber Albanien und der albanischen Bevölkerung diesseits und jenseits der Grenze ist nach wie vor von der Absicht geleitet, das albanische Element auszurotten und das Entstehen eines albanischen Staates zu erschweren." *Die Vossische Zeitung,* Berlin, schreibt am 8. 4. unter dem Titel „Deutsche Balkanpolitik", Österreich-Ungarn habe gegenüber Serbien und Montenegro die Politik der „niederträchtigen Behandlung" geführt. Es sei falsche Sentimentalität, wenn man aus Rücksicht auf den Bundesgenossen nicht wage, die deutschen Handelsinteressen nachdrücklichst wahrzunehmen. Am 9. 4. besucht der serbische Kronprinz Alexander die Staatsdruckerei in Belgrad. Der Direktor der Anstalt, Dačić, stellt Čabrinović dem Kronprinzen vor. Über den Inhalt des Gesprächs existieren verschiedene Versionen. – 14. 4. bis 18. 4.: Graf Berchtold trifft in Abbazia den italienischen Minister des Äußeren, Marchese San Giuliano. – „Um Ostern" (19. 4.) schreibt Princip an Danilo Ilić, er werde Waffen erhalten.

Mai: Am 1. 5. trifft der Verschwörer Trifko Grabež in Belgrad ein. Anfang des Monats kommt es zu tiefgreifenden Differenzen zwischen dem serbischen Offizierskorps und den Oppositionsparteien auf der einen sowie der Regierung Pašić auf der anderen Seite. – Mitte Mai: Ilić trifft in Mostar den Mehmedbašić zu Attentatsbesprechungen. – Der k. u. k. Gesandte in Belgrad stellt fest, das Selbstbewußtsein der serbischen Offiziere sei durch die beiden glücklichen Balkankriege ins Unermeßliche gestiegen, nunmehr hätte keine Regierung mehr die Macht, dem Prätorianertum wirksam zu steuern. Die serbische Armee sei der Hort des großserbischen Chauvinismus[3]. Am 19. Mai meldet der russische Gesandte Hartwig Verhandlungen zwischen Serbien und Montenegro. Thema: Verschmelzung der Armeen, gemeinsame Orientierung der Außenpolitik u. s. w[4]. Vaso Čubrilović wirbt den 18jährigen Cvetko Popović zur Teilnahme am Attentat an. (20. 5.) – Am gleichen Tag Mordanschlag des Jakob Šefer im Agramer Theater auf den Banus Skerlecz. – Der serbische Eisenbahnbeamte Milan Ciganović führt den jungen Trifko Grabež zu Major Voja Tankosić. Dieser stellt an den jungen Verschwörer die Frage: „Bist du derjenige? Bist du entschlossen?" Antwort: „Ich bin es." (24. 5.)[5] – Tags darauf erhalten Grabež und Princip auf Befehl des Majors Schießunterricht. – 25. 5.: Schmieraktionen Sarajevoer Mittelschüler gegen deutsche und jüdische Geschäfte. Aufschriften: „Kuferaschen, packt die Koffer!" – Am 26. Mai vollziehen Österreich-Ungarn und Serbien den Austausch ertappter Spione. – Ciganović übergibt den

Verschwörern 4 Browningpistolen, 6 Bomben (Handgranaten) und eine „Tube" Cyankali. Zwei Tage später (28. 5.) verlassen die Verschwörer Belgrad und fahren mit dem Dampfer die Save aufwärts bis Šabac. Zur Enttäuschung der drei Attentäter war Major Tankosić nicht zum Schiff gekommen, er ließ aber seinen Sendboten durch seinen Handlanger Ciganović (schon damals oder bald darauf Spitzel des Ministerpräsidenten Pašić) „Glückliche Reise" wünschen[6]. Am Abend dieses Tages trafen Princip, Grabež und Čabrinović in dem Savestädtchen Šabac ein, wo sie der serbische Geheimdiensthauptmann Popović (Vertrauensmann* Nr. 1) in Empfang nimmt. Sie zeigen ihm ein Kärtchen mit den Initialen des Ciganović, der den drei Verschwörern die Route durch Serbien und Bosnien genau vorgeschrieben hatte, er sagt: „Der Reiseweg ist für euch bestimmt[7]." – Hauptmann Rade Popović gibt den bewaffneten Attentätern die „geeignetste Stelle" zum Überschreiten der Grenze an, und zwar 65 km südlich von Šabac beim Städtchen Loznica. Sie erhalten von ihm einen Zettel für den Vertrauensmann Nr. 2 in Loznica mit dem Text: „Sorge für diese Männer und bringe sie hinüber, an einer Stelle, die Du für die beste hältst[8]." Am 29. 5. reisen die Verschwörer unter falschen Namen – als Angehörige des serbischen Zollwachdienstes – mit der Eisenbahn nach Loznica und melden sich beim Grenzhauptmann Prvanović. Dieser telephoniert mit verschiedenen Zollstationen und befiehlt drei Zollwachtmeistern, sich am nächsten Morgen zu Besprechungen über die Lage an der Grenze bei ihm zu melden. Rade Popović und Prvanović unterstehen dem Abschnittskommandanten Ljubomir Vulović**. Die Verschwörer einigen sich am 30. 5. mit Prvanović, ihre Wege getrennt fortzusetzen. Čabrinović wird an den Vertrauensmann Nr. 3 verwiesen, der ihm behilflich ist, noch am 30. mit dem Paß des Grabež die bosnische Grenze bei Zwornik zu überschreiten. Čabrinović wird auf der bosnischen Seite von einem Agenten des serbischen Geheimdienstes übernommen und weitergeleitet. – 31. 5.: König Peter nimmt die Demission des Kabinetts Pašić an. Am gleichen Tag beauftragt Hauptmann Prvanović den serbischen Zollwachtmeister Grbić (Vertrauensmann Nr: 4), Princip und Grabež zu einer grenznahen Drinainsel und zur Hütte des Vertrauensmannes Nr. 5 zu bringen. Dort üben sich die Attentäter zum letzten Mal auf serbischem Boden im Pistolenschießen.

---

* Die hier genannten Vertrauensleute des serbischen Geheimdienstes gehorchten den Befehlen der Organisation *Vereinigung oder Tod!*
** Ljubomir Vulović wird 1917 in Saloniki zum Tode verurteilt.

Juni: In der Nacht vom 1. auf den 2. werden Princip und Grabež vom Kontaktmann Nr. 1, dem Bäcker Mico Mičić, und Nr. 2, dem Landarbeiter Jakov Milović, samt Waffen auf Schmugglerpfaden über die Grenze zum Bauernhaus des Obren Milošević (Nr. 3) in Dorf Trnovo geleitet. Am Morgen des 2. Juni bringen Nr. 2 und 3 die Attentäter nach Priboj zum Lehrer Veljko Čubrilović (Kontaktmann Nr. 4), wobei nicht die Attentäter, sondern die Begleiter die Mordwaffen transportieren. Čubrilović kommt der Gruppe zu Pferd entgegen und verstaut die 6 Bomben und 4 Pistolen im Quersack seines Pferdes, dann führt er die beiden jungen Leute in das Haus des alten Bauern Mitar Kerović (Nr. 5). Alle Beteiligten erfahren, wozu die Waffen dienen sollten. 3. 6.: Der Lehrer Čubrilović organisiert die Kontaktmänner Nr. 6, 7 und 8, Nedvo und Blagoje Kerović, dann Cvijan Stejepanović. Zwei von ihnen befördern die Waffen mit den Verschwörern in einem Bauernwagen nach Tuzla zu Kontaktmann Nr. 9, dem Bioskopbesitzer Miško Jovanović. In Tuzla treffen Princip und Grabež wieder mit Čabrinović zusammen, die drei reisen nun waffenlos mit der Bahn nach Sarajevo. Bomben und Pistolen bleiben bei Miško Jovanović. (Der ganze Transportapparat trat selbständig in Aktion, funktionierte reibungslos und für die geleiteten Verschwörer unentgeltlich. Die von Belgrad aus gesteuerte Transportkette durch den „Kanal" bestand aus 13 Funktionären!) – 4. 6.: In der Bahn erfährt Čabrinović das genaue Datum des Thronfolgerbesuches. – Erzherzog Franz Ferdinand in Audienz beim Kaiser. 5. 6.: Angebliche Warnung des serbischen Gesandten Jovan Jovanović in Wien beim k. u. k. Finanzminister Bilinski. (Diesen Tag nannte der Gesandte erst 10 Jahre später: „Mein Besuch fand, soweit ich mich erinnern kann, ungefähr am 5. Juni statt, also 23 Tage vor dem Attentat[9]." – Am 6.6. bringt die *Bosnische Post,* Sarajevo, einen Leitartikel über fortgesetzte Schülerexzesse. – 10. 6.: Apis-Dimitrijević bereitet in den neueroberten Gebieten einen Staatsstreich gegen die serbische Regierung vor, doch sein Aufruf verfehlt die Wirkung. – 11. 6.: Nikola Pašić neuerdings mit der Führung der Regierungsgeschäfte betraut. – Serbische Regierung wieder Herr der Lage. – 12. 6.: Die Armee wird durch das Eingreifen des russischen Gesandten Hartwig, der nicht auf seinen verläßlichen „Mitarbeiter" Pašić verzichten will, beschwichtigt. – In Bosnien werden am 12. 6. die Meldevorschriften, besonders für ‚Zuzügler' aus Serbien, verschärft. – 12.–14. 6.: Kaiser Wilhelm besucht Franz Ferdinand auf Schloß Konopischt. – 13. 6.: Der montenegrinische Gesandte in Belgrad äußert sich über die geplante serbisch-montenegrinische Union: „Alle

Fragen werden einst und vielleicht bald durch einen großen Weltkrieg ihre Lösung finden...[10]". Am 14. 6. reist Danilo Ilić von Sarajevo nach Tuzla zu Miško Jovanović (Kontaktmann Nr. 9), holt bei ihm die Waffen und bringt sie in Sarajevo ins Haus seiner Mutter. – Im bosnischen Landtag wird einstimmig ein Gesetz zur Förderung der Landwirtschaft angenommen. Zusammenkunft des Zaren Nikolaus mit König Carol von Rumänien in Constanza. Der k. u. k. Gesandte in Bukarest, Ottokar Czernin, rechnet mit dem Entstehen eines gegen Österreich-Ungarn gerichteten rumänisch-serbischen Balkanbundes und meint, „man müsse rasch eingreifen, es sei einfach unmöglich, tatenlos zuzusehen, bis wir von allen Seiten umzingelt und wehrlos sind[11]". (Am 15. Juni soll eine Sitzung der Zentralleitung der *Schwarzen Hand* stattgefunden haben. Gewiß ist jedenfalls, daß an diesem Tag Major Tankosić vorschlug, den Innenminister Stojan Protić „physisch zu bedrohen[12]". Angeblich handelte es sich um dieselbe Zusammenkunft, in der Apis-Dimitrijević seinen Freunden vom Attentatsplan Mitteilung machte[13]. Auch wird behauptet, nach der Sitzung hätte Dimitrijević den Auftrag gegeben, die Aktion in Sarajevo abzublasen. Wenn das Datum stimmt und nicht der 15. Juni alten Stils (der 28. Juni!!) gemeint ist, dann wäre noch genügend Zeit gewesen, strikte Gegenbefehle zu geben und auf ihre Durchführung zu achten.) – 15. 6.: Der serbische Geschäftsträger in Berlin, Dr. Milos Bogičević, wird zur Gesandtschaft in Kairo versetzt, doch der Diplomat tritt diesen Posten nie an und geht später in die Schweiz. – Nach dem 15. Juni unternimmt Ilić noch eine zweite Reise, wohin, ist nicht geklärt, er behauptet nach Bosnisch-Brod, andere sagen, über die Grenze nach Šabac oder nach Belgrad zu Dimitrijević. 16. 6.: Über die Regierungskrise in Serbien hört man aus Belgrad: Der König habe wirklich die Absicht gehabt, die Regierung den Jungradikalen anzuvertrauen, sei jedoch einer Pression des russischen Gesandten ausgesetzt gewesen. Herr Hartwig habe den König wissen lassen, ein Regierungswechsel sei jetzt, wo Rußland unablässig an der Versöhnung zwischen Bulgarien und Serbien arbeite, absolut nicht am Platz. – 19. 6.: Der russische Militärattaché in Belgrad, Oberst Artamanow, geht auf Urlaub. – Am 20. Juni übersiedelt Erzherzog Franz Ferdinand mit Gattin und Kindern ins böhmische Schloß Chlumetz, wo die Kinder bleiben. – 22. 6.: Der Gemeinderat von Sarajevo beschließt einstimmig, die bisher ‚Cemalusa' genannte Hauptstraße in Franz-Ferdinand-Straße umzubenennen[14]. – Das Hofreise-Department sendet mit der Post am 22. 6. dem k. u. k. Gemeinsamen Finanzministerium „Programme" für die am 23. beginnende Reise des Thronfolgers. Im sogenannten Verteiler scheint das für Bosnien zuständige gem. Finanzministerium überhaupt nicht auf[15]. Am 23. Juni fährt Franz Ferdinand nach Wien, abends erfolgt die Weiterreise nach Triest, am 24. die Einschiffung auf S. M. S. ‚Viribus Unitis‘, am 25. Ankunft in Metković. Auf der Fahrt dorthin erhält der Erzherzog ein Radiotelegramm aus Belgrad: „König übertrug seine Regierungsgeschäfte an den Kronprinzen." Damit wurde Peters zweiter Sohn Alexander Regent, da sein Vater nach den Versprechungen, die er den Offizieren gab und nicht einlösen konnte, resignierte. – Tags zuvor, am 24. erfolgte die Auflösung der Skupština und die Ausschreibung von Neuwahlen. – Am 25. 6. besichtigt Franz Ferdinand Mostar, abends trifft er in Bad Ilidža bei Sarajevo ein, wo die Herzogin Sophie, die mit der Bahn über Ungarn gereist war, ihn erwartet. Gegen Abend programmwidriger Besuch der Sarajevoer Bazars sowie einer Teppichfabrik. – Der 26. und 27. Juni sind Manövertage. – Am 27. begibt sich Kaiser Franz Joseph nach Ischl. – Am gleichen Tag nimmt Danilo Ilić den Kontakt mit dem Tischler Mehmedbašić auf und übergibt ihm eine der sechs Bomben.

Der 28. Juni 1914

Kurz nach acht: Danilo Ilić verteilt in einer Zuckerbäckerei Waffen an die Attentäter. – 9.42: Abfahrt des Hofsonderzuges von Bad Ilidža. – 10.07: Ankunft in Sarajevo. – 10.26: Bombenattentat am Appelquai[16]. 10.29: Ankunft der Automobilkolonne vor dem Rathaus von Sarajevo. – 10.50: Pistolenattentat des Gavrilo Princip am sogenannten ‚Schillereck‘. Der sogleich festgenommene und zur Tat geständige Princip (siehe I/1) sagt um 7 Uhr u. a. aus: „Ich muß noch beifügen, daß ich von jenen Komitadži in Belgrad auch eine Bombe bekam, welche ich heute ebenfalls im Gürtel trug... wie man mit ihr umzugehen hat, hat mich jener Komitadži unterrichtet... Es tut mir leid, daß ich die Herzogin von Hohenberg getötet habe, weil ich nicht die Absicht hatte, sie zu töten."[17] Am Nachmittag des 28. wird am Tatort ein Lokalaugenschein durchgeführt, ebenso am Appelquai, wo Čabrinović die Bombe warf, dann eine Durchsuchung im Haus der Mutter Ilić, wo ihr Sohn und Gavrilo Princip wohnten. – In der Nacht vom 28. auf den 29. werden die Opfer obduziert. Aus dem Befund: „Die Verletzung bei Seiner kaiserlichen Hoheit ist eine Einschußöffnung und weist den Charakter eines Nahschusses auf." Bei Ihrer Hoheit: „Die Verlet-

zung ist eine Einschußöffnung mit Blutunterlaufung der Umgebung... In beiden Fällen dürfte die Todesursache durch innere Verblutung eingetreten sein. Die Verletzungen sind als tödlich anzusehen, dürften mit einer kleinkalibrigen Schußwaffe aus nächster Nähe zugefügt worden sein. Auch durch augenblickliche ärztliche Hilfe war der Tod nicht abzuwehren."[18]
29. und 30.: Exzesse gegen Serben in Bosnien und der Herzegowina, über die später der SHS-Kultusminister Ljuba Jovanović schrieb: „Ich war Zeuge, wie sie (die Österreicher) sich daranmachten, die Gelegenheit (die Ermordung des Thronfolgers) möglichst günstig für ihre innere Lage auszunützen, die Serben und andere ähnlich unzuverlässige Elemente möglichst zurückzudrängen und auch zu schädigen, und hierin fanden sie reichlich Unterstützung auch bei einem Teil von Leuten unseres Blutes, am meisten in Bosnien und der Herzegowina, auch in Kroatien, der Slovakei und Dalmatien."[19]
Juli: Am 2. 7. wird Trifko Grabež in den Sarajevoer Polizeiarrest eingeliefert, und am 4. 7. gesteht der Lehrer Danilo Ilić: „In Belgrad ist ein gewisser Major Voja Tankosić. Derselbe war der Führer der Komitadži. Princip erzählte mir, daß er bei diesem Major war, der ihn unterwiesen habe, wie man das Attentat ausführen solle."[20] 5. 7.: Alexander Graf Hoyos, Legationsrat im k. u. k. Ministerium des Äußern, überbringt für den deutschen Kaiser ein Handschreiben Franz Josephs. Es wird Wilhelm II. durch den k. u. k. Botschafter in Berlin nebst einer nach dem Attentat geänderten Denkschrift überreicht. – 7. 7.: Princip gibt die Verbindung mit Major Tankosić zu, behauptet aber, nicht selbst mit ihm verhandelt zu haben. – Ministerpräsident Pašić erklärt einem Vertreter der Budapester Zeitung *Az Est:* „Die gegen ganz Serbien gerichteten Angriffe der österreichischen Presse seien tief betrüblich. Serbien sei an dem Attentat nicht beteiligt. Das Attentat sei von österreichischen Bürgern, ja nicht einmal von Bürgern, sondern von wahnsinnigen Kindern verübt worden. Wie kann Serbien dafür zur Verantwortung gezogen werden?[21]" – In Wien tagt der „Ministerrat für Gemeinsame Angelegenheiten". – 8. 7.: Der russische Diplomat Gagarin berichtet über die politische Situation in Bosnien[22]. – 9. 7.: Verhaftung des Lehrers Veljko Čubrilović (Kontaktmann Nr. 4). – 10. 7.: Haftbefehl gegen den flüchtigen Muhamed Mehmedbašić. – Der russische Gesandte in Belgrad, Nikolaus Hartwig von Herkowitsch, erliegt in den Räumen der österreichisch-ungarischen Gesandtschaft während eines Gesprächs mit dem k. u. k. Gesandten Freiherrn von Giesl einem Herzschlag. – 11. 7.: Kontaktmann Nr. 6 (Nedjo Kerović) wird

festgenommen. – 13. 7.: Sektionsrat Dr. Friedrich Ritter von Wiesner sendet aus Sarajevo die sogenannten „Kriegsschuld-Depesche". – Auch Čabrinović gibt die Verbindung mit Major Tankosić zu. – Alle Kontaktmänner in Haft. – Am 14. 7. berichtet der britische Konsul aus Budapest: „Doch kann über das teilnehmende Interesse, daß er (der Thronfolger) den Bestrebungen der verschiedenen Nationen entgegenbrachte, kein Zweifel bestehen, und sowohl die Südslawen wie auch die Rumänen Siebenbürgens setzten große Hoffnungen auf seine Thronbesteigung. Diese Tatsache macht das Verbrechen von Sarajevo um so sinnloser. Es ist sicherlich eine Ironie des Schicksals, daß der künftige Herrscher, der allgemein als Verfechter der südslawischen Rechte galt, als Opfer einer verbrecherischen Propaganda der großserbischen Bewegung zum Opfer fallen mußte." – 15. 7.: Trifko Grabež leugnet noch immer die Verbindung mit den serbischen Offizieren. – Am 16. 7. rät die *Times* Serbien einen „klugen und ehrenhaften Weg". Es sollte selbst und aus freien Stücken eine Untersuchung vornehmen, die, wie es Grund hat anzunehmen, Österreich-Ungarn von ihm verlangen wird, und es sollte den Mächten einen vollständigen Bericht über das Verfahren unterbreiten.[23] – 19. 7.: Ministerrat für Gemeinsame Angelegenheiten in Wien. – 20. 7.: Endlich gesteht auch Grabež, und zwar mit Erlaubnis des Princip, die Verbindung mit Major Tankosić.
21. 7.: Das Ultimatum, amtlich als „Begehrnote" bezeichnet, trifft um 11 Uhr in der k. u. k. Gesandtschaft in Belgrad ein. Schon am Tage zuvor wies Graf Berchtold den Gesandten in Belgrad an: „Eine Diskussion über den Inhalt der Note (Ultimatum) und die Interpretation der einzelnen Forderungen wollen Euer Hochwohlgeboren vermeiden und Herrn Pašić, wenn er insistieren sollte, erklären, daß Sie zu einer weiteren Diskussion nicht ermächtigt seien, vielmehr die Annahme ‚pure et simple' verlangen müßten."[24] – 23. 7., 18 Uhr: Überreichung der „Begehrnote" mit 48stündiger Frist. – 25. 7., 15 Uhr: Serbische Mobilisierung. – 25. 7., 2 Minuten vor Ablauf der Frist, also um 17.58, Überreichung der serbischen Antwortnote; um 18.30 Abreise des österreichisch-ungarischen Gesandten aus Belgrad. – Ebenfalls am 25. 7.: Festnahme und Abtransport des Rade Malobabić durch die serbische Polizei. – Das Ministerium des Äußern in Wien versendet das sogenannte Dossier an die europäischen Mächte. – Am 28. 7. erfolgt die Kriegserklärung Österreich-Ungarns an Serbien. – 30. 7.: Schwere Artillerie der k. u. k. Armee, darunter auch 30,50-cm-Mörser, steht schußbereit vor Belgrad. – 31. 7. Generalmobilmachung in Rußland und Österreich-Ungarn.

August: 1. 8.: Kriegserklärung Deutschlands an Rußland, am 3. 8. Kriegserklärung Deutschlands an Belgien sowie Einmarsch. Kriegserklärung Deutschlands an Frankreich und Montenegros an Österreich-Ungarn. – 5. 8.: Kaiser Franz Joseph unterzeichnet das Ministerratsprotokoll vom 7. 7. – 6. 8.: Landeschef und Feldzeugmeister Potiorek wird zum Kommandant der Balkanstreitkräfte ernannt, bleibt jedoch Landeschef für Bosnien und die Herzegowina. – Erste Geiselerschießung in Bosnien. – Kriegserklärung Österreich-Ungarns an Rußland. 6.–10. 8.: In das Arader Konzentrationslager (Ungarn) werden 600–700 bosnisch-herzegowinische Landesangehörige serbischer Nationalität eingeliefert. – 10. 8.: Österreichisch-ungarische Truppen überschreiten die serbische Grenze. – 12. 8.: Kriegserklärung Englands und Frankreichs an Österreich-Ungarn. – Am 16. 8. richtet der Untersuchungsrichter in Sarajevo an Čabrinović die Frage: „Warum willst du nicht jene Personen nennen, welche dich zum Attentat angestiftet haben? Es würde deine Strafe bedeutend mildern, wenn du alles gestehen würdest." Antwort: „Ich will sie nicht nennen, weil sie Princip nicht genannt hat."[25]

September: Der Untersuchungsrichter Gerichtssekretär Leon Pfeffer übergibt am 19. 9. die Protokolle der Untersuchung der Staatsanwaltschaft, und am 21. schlägt Landeschef Potiorek dem Gemeinsamen Finanzministerium in Wien vor, das Verfahren gegen die Attentäter dem Festungsgericht in Sarajevo zu übertragen. – 24. 9.: Fertigstellung der Anklageschrift in der „Strafsache gegen Gavrilo Princip und Genossen wegen Verbrechens des Hochverrates". Die Staatsanwaltschaft beantragt, 25 Angeklagte vor Gericht zu stellen und 80 Zeugen vorzuladen. – 25. 9.: Finanzminister Bilinski lehnt den Vorschlag des Landeschefs vom 21. 9. ab und betont, „die rückwirkende Anwendung des Ausnahmegesetzes auf einen Prozeß, der legal nicht darunter fällt, würde einem Eingriff der Exekutive in die Rechtsprechung, ja einer Rechtsbeugung gleichkommen ... auch könnte sich die Verwaltung von Bosnien und der Herzegowina im Falle der Abtretung des Prozesses an ein militärisches Gericht niemals von dem Verdacht reinigen, daß sie keine hinreichenden Beweise für die Schuld der Verurteilten besessen und deshalb durch einen Akt der Kabinettsjustiz ein fügsames Gericht eingeschoben habe..." – Ende September verübt der serbische Major Kosta Todorović, Kommandant einer Komitadži-Einheit, um nicht den Österreichern in die Hände zu fallen, Selbstmord. Er war es, der mit Gačinović und mit Malobabić in engster Verbindung stand. Als Grenz- und Terroroffizier hatte er eine „wahrhaft grandiose" Organisation aufgebaut. Aus den in seiner

Kanzlei in Loznica durch die k. u. k. Truppen erbeuteten Aufzeichnungen ging seine Zusammenarbeit mit den Vertrauensleuten der „Kulturorganisation" *Narodna Odbrana* hervor. Diese Aufzeichnungen (Tagebuch, Listen, Berichte und Kassenbelege) führten zur Aufdeckung des ganzen serbischen Spionagenetzes in Bosnien und der Herzegowina und zur Verhaftung ihrer Agenten. Major Todorović' Agenten gehörten zum Großteil der *Narodna Odbrana* an.
Oktober: 2. 10: Der Gem. Finanzminister Bilinski gibt die Weisung, die Öffentlichkeit von der kommenden Hauptverhandlung „unbedingt auszuschließen" und auch die Anträge auf Zulassung von Vertrauensmänner abzulehnen. Die Landesregierung in Sarajevo bittet jedoch „von dem angeordneten Ausschluß der Öffentlichkeit absehen zu wollen, weil dies den Anschein erwecken könnte, daß wir etwas zu verheimlichen haben, was nicht der Fall ist ... Auch würde die Geheimtuerei auf die hiesige Bevölkerung den schlechtesten Eindruck machen ...*" Graf Berchtold, der Minister des Äußern, stellt fest, „daß das Urteil im Attentatsprozeß den ungeheuren internationalen Konsequenzen des Verbrechens volle Rechnung zu tragen habe, außerdem müsse das Urteil gefällt und vollstreckt werden, bevor eine Entscheidung auf einem der beiden Kriegsschauplätze fällt ..." Am 3. 10. erfolgt die Bekanntgabe des Verhandlungssenats, zum Vorsitzenden wird der Oberlandesgerichtsrat Alois von Curinaldi, ein vorzüglich kroatisch sprechender Dalmatiner, ernannt. Als sein Stellvertreter soll Landesgerichtsrat Bogdan Naumović, ein Kroate, fungieren. – Bei den Kämpfen zu Beginn des Monats wird Major Tankosić schwer verwundet, er stirbt nach einigen Tagen[26]. – 12. 10.: Serbische und montenegrinische Truppen stehen in Pale, 20 km vor Sarajevo. – Beginn der Hauptverhandlung gegen Princip und Genossen. – 19. 10.: Der Belgrader *Piemont* verfälscht in einem Bericht über die Verhandlung in Sarajevo eine Äußerung Princips im großserbischen Sinn, und zwar behauptet das Blatt, Princip hätte ausgesagt, er habe den Erzherzog getötet, „um das serbische Reich wiederherzustellen[27]". Starke serbische Kräfte in der Nähe von Sarajevo, erst am 22. 10. erfolgt ihr Rückzug über Rogatica, ihre Armeegruppen werden gezwungen über die Drina zurückzugehen. – 28. 10.: Urteil gegen die Attentäter und ihre Mithelfer, die „schuldig sind, Seine k. u. k. Hoheit den Erzherzog Thronfolger Franz Ferdi-

---

* Trotz der Kriegszeit und des Umstandes, daß die Stadt Sarajevo im bedrohten Gebiet lag, erfolgte eine beschränkte Zulassung der Öffentlichkeit und der Presse.

nand getötet zu haben, und dies in der Absicht, eine gewaltsame Angliederung der Gebiete Bosniens und der Herzegowina an das Königreich Serbien herbeizuführen." Die Angeklagten Gavrilo Princip, Nedeljko Čabrinović und Trifko Grabež erhalten 20 Jahre schweren Kerker, verschärft durch einen Fasttag monatlich und durch hartes Lager in einer Einzeldunkelzelle am 28. 6. jeden Jahres. Da keiner dieser drei Angeklagten „bei der Ausführung der Tat das 20. Lebensjahr vollendet" hatte, durften sie nach dem Gesetz nicht zum Tode verurteilt werden. Zur Todesstrafe, „welche durch den Strang zu vollziehen ist", werden der 24jährige Lehrer Danilo Ilić, der Lehrer Veljko Čubrilović aus Priboj (28, Kontaktmann Nr. 4) der Bioskopbesitzer Miško Jóvanović aus Tuzla (36, Kontaktmann Nr. 9), ferner der Landarbeiter Jakov Milošević (43, Kontaktmann Nr. 3) und der Landarbeiter Nedjo Kerović (28, Kontaktmann Nr. 6) verurteilt. Lebenslänglich erhielt der Bauer Mitar Kerović (60, Kontaktmann Nr. 5); sechzehn Jahre schweren Kerker der Gymnasiast Vaso Čubrilović (18), dreizehn Jahre der Schüler der Lehrerbildungsanstalt Cvetko Popović (18), der Handelsakademiker Ivo Kranjčević (19) und der Schüler der Lehrerbildungsanstalt Lazar Djukić (18); sieben Jahre der Landarbeiter Cvijan Stejepanović (37, Kontaktmann Nr. 8); drei Jahre der Handelsakademiker Branko Zagorac (18) und der Gymnasiast Marko Perin (17). Sieben der Angeklagten wurden freigesprochen. – 31. 10.: Die Landesregierung in Sarajevo hat Bedenken, die drei „prominentesten" Sträflinge, und zwar Princip, Čabrinović und Grabež, in der frontnahen bosnischen Strafanstalt Zenika zu internieren.

Dezember: 2. 12.: Das Präsidium des Kreisgerichtes in Sarajevo meldet dem k. u. k. Kriegsministerium in Wien, die drei Hauptschuldigen seien „am heutigen Tag an die k. u. k. Militärstrafanstalt in Theresienstadt (Böhmen) abinstratiert worden". – 2. 12.: Einnahme der Stadt Belgrad durch die k. u. k. Truppen, doch erfolgte einige Tage später wieder die Räumung. – 24. 12.: Rücktritt Potioreks.

1915

Jänner: Am 26. 1. wird das Gnadengesuch der zum Tode verurteilten fünf Angeklagten durch eine „allerhöchste Entscheidung" beantwortet: „Gnade für Jakov Milović (Kontaktmann Nr. 2) und Nedjo Kerović (Nr. 6), doch bei Danilo Ilić, Veljko Čubrilović und Miško Jovanović habe „das richterliche Amt nach dem Gesetz zu walten[28]".

Februar: Dies geschieht am 3. 2. im Hofe des sogenannten Defensivlagers in Sarajevo. Als Henker fungiert Alois Seefried, der nach dem Krieg in jugoslawische Dienste trat. Die Reihenfolge der Hinrichtun-

gen war im Urteil vorgeschrieben, zuerst der 28jährige Lehrer Veljko Čubrilović (Gründer des Sokolvereines in Priboj, Bezirksvertrauensmann der serbischen *Narodna Odbrana*, Lieferant militärischer Nachrichten, Transporteur der Waffen nach Priboj); als zweiter wurde Miško Jovanović, der 36jährige Grundbesitzer und Bioskopinhaber gehenkt (er war Mitglied der serbischen *Narodna Odbrana*, Vorstand der serbischen Sokoln in Tuzla, Agent des militärischen Belgrader Nachrichtendienstes, er bewahrte die für Sarajevo bestimmten Bomben am Dachboden seines Hauses auf, transportierte sie in einer Zuckerschachtel nach Doboj, wo sie Ilić übernahm). Als dritter kam der 24jährige ehemalige Lehrer, Übersetzer und Journalist Danilo Ilić, „Hauptorganisator" des Sarajevoer Attentats, Mitglied der Geheimorganisation *Schwarze Hand*, an die Reihe. (Er stand in engster Verbindung mit dem Mitglied der *Schwarzen Hand* und serbischen Agenten Vladimir Gačinović in der Schweiz, verteilte die Waffen, begeisterte Minderjährige für den „Tyrannenmord", verriet sie dann dem Untersuchungsrichter und beteuerte schließlich, er persönlich sei gegen das Attentat gewesen).
Februar: In Trebinje (Herzegowina) erfolgte eine Serie von Hinrichtungen wegen Zusammenarbeit mit dem Feind.
März: Oberst Apis-Dimitrijević wird seines Postens als Nachrichtenchef des serbischen Generalstabes enthoben und zum Stabschef des Generalstabes der Užice-Armee ernannt. – 20. 3.: Die Sträflinge Vaso Čubrilović, Cvetko Popović, Mitar Kerović, Jakov Milošević, Nedjo Kerović werden aus Zenica in die Militärstrafanstalt Möllersdorf bei Wien überstellt, Lazar Djukić, Ivo Kranjčević und Cvijan Stejepanović in die Anstalt Theresienstadt.
April: 26. 4.: Londoner Vertrag, in dem Italien Südtirol bis zum Brenner, Istrien und Dalmatien zugesprochen wird, falls es auf der Seite der Entente in den Krieg eintritt.
Mai: 30. 5.: Pašić legt gegen den Londoner Vertrag Verwahrung ein.
Oktober: Die Deutschen verhandeln mit serbischen Politikern über den Abschluß eines Seperatfriedens. Geplant ist ein Serbien unter einem deutschen Fürsten, als Kandidat für den serbischen Thron wird Herzog Johann Albrecht von Mecklenburg-Schwerin genannt. – 6. 10.: Beginn der Offensive gegen Serbien, zwei Tage später wird Belgrad wiedererobert. – 11. 10.: Kriegserklärung Bulgariens an Serbien. – 29. 10.: Schlacht bei Kragujevac, Sieg der Verbündeten über die Serben. – 31. 10.: Oberst Vulović befreit in Kuršumlija nach 15monatiger Haft den serbischen Agenten Rade Malobabić. Vulović teilt Apis mit, er habe Malobabić „in fürchterlichem Zustand

angetroffen . . . er war voller Wunden von den schweren Eisen, die er fast ein ganzes Jahr tragen mußte. Ich fand den Schatten eines Menschen . . . es gelang mir, ihn halbtot über Albanien nach Korfu zu bringen . . .²⁹"
November: Am 5. 11. wird Niš durch die Bulgaren besetzt, am 24. und 25. erfolgt die Auflösung der serbischen Armee. Am 10. wird in Kraljevo das serbische Staatsarchiv gefunden.
1916
Jänner: Am 20. 1. stirbt in Theresienstadt Nedeljko Čabrinović an Lungentuberkulose.
Februar: Der Wiener Psychiater Pappenheim besucht in der Festung Theresienstadt den Häftling Gavrilo Princip. Sein Bericht erschien 1926 in Form einer Broschüre. – Mehmedbašić und Bilbija in Athen.
März: 26. 3.: In der Strafanstalt Möllersdorf stirbt Nedjo Kerović. Todesursache: Tuberkulose.
April: Die Reorganisation der serbischen Armee auf Korfu ist beendet.
Mai: Gačinović fährt auf eine Propagandareise nach Amerika.
Juni: 6. 6.: Leutnant Tavčar berichtet über das in Niš gehörte Gespräch des Mehmedbašić mit seinem Freund.
Juli: 26. 7.: Angeblicher Mordversuch des Rade Malobabić an dem Regenten Alexander im Auftrag des Obersten Apis-Dimitrijević in Ostrovo – später wird der 29. 8. genannt.
August: Am 27. 8. erklärt Rumänien an Österreich-Ungarn den Krieg.
Oktober: 1. 10.: In Möllersdorf stirbt Mitar Kerović, Todesursache: Tuberkulose. – 21. 10.: In Theresienstadt stirbt der Attentäter Trifko Grabež, Todesursache: Tuberkulose. (Über den Tod des Jakov Milošević liegt kein Datum vor).
November: 21. 11.: Tod Kaiser Franz Josephs I.
Dezember: 15. 12.: Apis-Dimitrijević und die führenden Männer der *Schwarzen Hand* werden auf griechischem Gebiet durch serbische Militärbehörden festgenommen. – Der Vorsitzende im Sarajevo-Prozeß, Dr. Curinaldi, studiert Theologie und tritt in den Jesuitenorden ein.
1917
Jänner: Weitere Mitglieder der *Schwarzen Hand* werden verhaftet, auch im Ausland, zum Beispiel der Freiwillige Golubić in Frankreich. – 8. 1.: Woodrow Wilson, Präsident der Vereinigten Staaten verkündet die 14 Punkte.
März: 15. 3.: Zar Nikolaus II. von Rußland gestürzt. – 20. 3.:

Anklageschrift gegen die Offiziere der *Schwarzen Hand*. – Der serbische Innenminister Stojan Protić und der Kommandant der königlichen Leibgarde Petar Zivković reisen in die Schweiz, Zivković führt ein Empfehlungsschreiben des Regenten Alexander an den Prinzen Sixtus mit sich. – 24. 3.: Laxenburger Brief Kaiser Karls an den Prinzen Sixtus. Über Serbien heißt es darin: „... es soll seine Souveränität wieder erhalten, und um unsern guten Willen zu zeigen, sind wir bereit, ihm einen Zugang zur Adria zu verschaffen, sowie ihm wirtschaftliche Konzessionen einzuräumen." Österreich-Ungarn verlangte aber „primordiale et absolue" den Abbruch der Beziehungen zu jenen Vereinigungen, deren Programm die Zerstörung der Monarchie ist, insbesondere zur *Narodna Odbrana*[30].
April: Am 10. 4. (28.3.a.St.) schreibt der inhaftierte Generalstabsoberst Dragutin Dimitrijević-Apis an das serbische Kriegsgericht für Offiziere in Saloniki: „Ich habe deshalb den Rade Malobabić angeworben, das Attentat von Sarajevo zu organisieren... die Hauptteilnehmer am Attentat waren alle meine Agenten, die ich ihnen durch Vermittlung des Rade sandte..." – 12. 4.: Der französische Ministerpräsident Clemenceau veröffentlicht den Laxenburger Brief Kaiser Karls vom 24. 3. – Mitte April: Konferenz der „unterdrückten Nationalitäten" Österreich-Ungarns in Rom. Die Engländer Wickham Steed und Seton-Watson stehen den Südslawen zur Seite.
Juni: Am 5. 6. erfolgt die Urteilsverkündung im Saloniki-Prozeß. Drei der Angeklagten werden zum Tode verurteilt: Oberst Apis-Dimitrijević, Major Vulović und Rade Malobabić. Mehmedbašić soll auf 15 Jahre in ein Arbeitshaus eingewiesen werden. Im Urteil wird behauptet, die Angeklagten hätten einen Mordanschlag auf den Regenten Alexander geplant und durchgeführt. Die Anschuldigung ist konstruiert und basiert auf erpreßten Zeugenaussagen. Als Belastungszeuge fungiert Milan Ciganović, der Konfident des Ministerpräsidenten Pašić und Vermittler zwischen Tankosić und den Attentätern von Sarajevo. – 25. 6. Prinz Sixtus gibt seine Vermittlungsversuche auf. – 26. 6.: In einem Steinbruch unweit von Saloniki werden Apis-Dimitrijević, Vulović und Malobabić hingerichtet.
Juli: 2. 7.: Für Vaso Čubrilović, Cvetko Popović und Stejepanović wird die Einzelhaft aufgehoben. – Der jugendliche Attentäter Djukić stirbt in der Irrenanstalt. (Genaues Datum unbekannt.) – 20. 7.: Deklaration von Korfu: Beschluß, ein Königreich der Serben, Kroaten und Slowenen zu errichten.
August: 11. 8.: Der Chefideologe der *Mlada Bosna*, Agent des

serbischen Geheimdienstes, Mitglied der *Schwarzen Hand,* Organisator des Mordes von Sarajevo und des Verschwörertreffens in Frankreich, Vladimir Gaćinović stirbt unter geheimnisvollen Umständen im Spital von Neuchâtel[31].
Oktober: Vaso Čubrilović, Ivo Kranjčević und Cvijan Stejepanović werden aus Theresienstadt in die bosnische Strafanstalt Zenika überstellt. – 24. 10. Princip soll ebenfalls nach Zenika, wird aber als transportunfähig gemeldet.
1918
April: 28. 4. stirbt Gavrilo Princip in der geschlossenen Abteilung des Garnisonspitals in Theresienstadt an Knochentuberkulose.
Mai: 29. 5.: Amerikanische Erklärung, „wonach die Unabhängigkeitsbestrebungen der Tschechen und Jugoslawen ausdrücklich approbiert werden."
August: 22. 8.: Der englische Schriftsteller Seton-Watson veröffentlicht in der Zeitung *Nova Europa* einen Artikel unter dem Titel: „Serbien muß wählen." Er erinnert daran, daß sich die offizielle serbische Propaganda bemüht hatte, die in Saloniki angeklagten Offiziere als Verräter hinzustellen, „die sich in Intrigen und in Verhandlungen mit dem Feind einließen, um einen Separatfrieden zu schließen." – 1918 erscheint in Berlin eine „aktenmäßige Darstellung" der Verhandlungen gegen die Attentäter von Sarajevo von Prof. Pharos (Pseudonym für Pater Puntigam?). Das Protokoll ist sehr frei übersetzt und auf ein Fünftel des Umfanges gekürzt. Es kann nicht als aktenmäßige Darstellung bezeichnet werden; daß eine solche nicht durch eine amtliche österreichische Stelle erfolgt, stellt sich als schweres Versäumis heraus. – Das amtlich serbische Protokoll des Saloniki-Prozesses erscheint im gleichen Jahr. Es trägt den Titel *Die geheime Umsturzorganisation,* Saloniki, Druckerei Großserbien 1918[32]. Das Werk ist manipuliert, die Verhöre und die Statuten sind unvollständig, Hinweise auf die Auslandstätigkeit der *Schwarzen Hand* und auf den Mord in Sarajevo fehlen, so das Geständnis des Apis-Dimitrjević.
September: 21. 9.: Beginn der Offensive der „alliierten Orientarmee" gegen Bulgarien. – 26. 9.: Bulgarisches Friedensangebot an die Entente.
Oktober: 5. 10.: Die Kroaten, Serben und Slowenen Österreichs bilden in Agram einen eigenen Volksrat. – 12. 10.: Die serbische Armee besetzt Niš. – 16. 10.: Kaiser Karl erläßt das Manifest zur Neugliederung der Monarchie. – 19. 10.: Agramer Volksrat erklärt das Manifest des Kaisers für „nicht befriedigend". – 21. 10.: Konsti-

tuierung der „provisorischen Nationalversammlung für Deutschösterreich". – 31. 10.: Übergabe der k. u. k. Flotte an Jugoslawien.
November: 2. 11.: Serbische Truppen besetzen Laibach. – 4. 11.: Alexanders Einzug in Belgrad. – 14. 11.: Der bosnische Politiker A. Sola ermächtigt den k. u. k. Hofrat Čerović zur Beschlagnahme aller Akten, Gelder und Wertpapiere der Bosnischen Abteilung des Gemeinsamen Finanzministeriums in Wien.
1919
Am 10. 9. unterzeichnete die österreichische Delegation den Staatsvertrag von St. Germain.
1920
9. 6.: Princips Gebeine werden exhumiert und von einer vielköpfigen bosnischen Delegation nach Sarajevo überführt.
1922
Stojan Protić (bei Kriegsausbruch serbischer Innenminister, 1917 Außenminister) gibt in der Zeitschrift *Radikal* der Öffentlichkeit bekannt, daß Oberst Dimitrijević während des Saloniki-Prozesses eine Erklärung verfaßte und unterfertigte, in der er gesteht, daß er derjenige war, der das Attentat von Sarajevo organisiert habe (Apis-Erklärung vom 28. 3. 1917). – 22. 8.: König Peter stirbt. – Im gleichen Jahr veröffentlicht der Belgrader Universitätsprofessor Stanoje Stanojević die Broschüre *Die Ermordung des Erzherzogs Franz Ferdinand*[33]. – Prof. Hans Ueberberger nennt nicht mit Unrecht Stanojević den offiziellen serbischen Historiker des Attentats, der die von der Regierung abhängige *Narodna Odbrana* zu entlasten versucht und zum Ausdruck bringt, Apis-Demitrijević wäre der individuelle Urheber des Attentats gewesen.
1923
Von einem Mitglied der *Mlada Bosna* und dem Attentatsmitwisser Borivoje Jevtić erscheinen eine Reihe von Publikationen über Princip und seinen Freundeskreis. Dedijer behauptet, dieser Schriftsteller habe jahrelang das Monopol für die Princip-Berichterstattung innegehabt. Auch Borivoje Jevtić suchte die serbische Regierung zu entlasten und beanspruchte die „Ehre des Attentats" ausschließlich für die *Mlada Bosna*.
1924
Dr. Ljuba Jovanović (1914 serbischer Minister für Kultus und Unterricht) publiziert in einem Sammelband den Beitrag *Nach dem Veitstag des Jahres 1914*, der weltweites Aufsehen erregte. Dort heißt es: „Ich erinnere mich nicht, ob es Ende Mai oder Anfang Juni 1914 war, als uns eines Tages Herr Pašić sagte – diese Dinge bearbeitete er

meist nur mit Stojan Protić, der damals das Ministerium des Innern hatte, aber so viel sagte er auch anderen –, daß gewisse Leute Vorkehrungen trafen, um nach Sarajevo zu gehen und Franz Ferdinand, der dort eintreffen und am Veitstag feierlich empfangen werden sollte, umzubringen... Und Herr Pašić und wir übrigen meinten, man solle, und Stojan übernahm es auch, eine Verfügung an die Grenzbehörden an der Drina zu erlassen, daß man den Übergang der jungen Leute verhindere... Aber diese Grenzbehörden waren selbst in der Organisation *(Schwarze Hand)* und führten die Verfügung Stojans nicht aus... So schlug der behördliche Versuch, die Ausführung des vorbereiteten Attentats zu verhindern, fehl... Am Veitstag war ich am Nachmittag allein in meiner Wohnung. Etwa um 5 Uhr meldete sich bei mir telephonisch ein Beamter aus dem Preßbüro... und obwohl ich wußte, was sich dort (in Sarajevo) vorbereitete, war mir doch... als ob mir jemand einen Schlag versetzt hätte[34]..."

1925
März: Das offizielle Blatt des Belgrader Außenministeriums kündigt ein Blaubuch an, das jedoch nie erschien. – *April:* Der „Vater Jugoslawiens", der Engländer Seton-Watson, hebt in einem Belgrader Interview „den unangenehmen Eindruck hervor, den weiteres Schweigen" in seinem Lande mache. Es wäre nur ein Eingeständnis, „daß unsere Feinde ihre Behauptungen bewiesen haben und Serbien tatsächlich schuldig ist[35]." Seton-Watson hatte gerade sein Buch *Sarajevo* veröffentlicht, in dem er die Auffassung zum Ausdruck brachte, die bosnische Jugendbewegung habe völlig selbständig gehandelt. – Am 23. 4. kommt Ministerpräsident Pašić auf die Erklärungen seines früheren Kabinettsmitgliedes Ljuba Jovanović zurück, und zwar mit folgenden Worten: „Die Ermordung Franz Ferdinands war für Österreich nur eine günstige Ausrede, um mit Serbien abzurechnen... es ist eine internationale Kommission gebildet worden, dies nachzuprüfen... Ich habe Herrn Ljuba Jovanović gebeten, seine Erklärung zu widerrufen, denn es ist nicht wahr, daß er den Ministerrat vom Mordplan informiert habe[36]." Eine internationale Kommission wurde jedoch nicht gebildet, und Jovanović hatte von Pašić gesprochen und den Ministerrat mit keinem Wort erwähnt. *Mai:* Seton-Watson bittet nochmals um „eine klare Antwort" auf die Frage, ob Pašić tatsächlich, als er die Nachricht vom Attentat bekam, gewußt habe, was sich dort vorbereitete[37]. In der in Wien erscheinenden Zeitschrift *La Federation Balcanique* setzen serbische Emigranten ihre Enthüllungen über König Alexander und den Saloniki-Prozeß fort.

1926
Dezember: Der frühere serbische Gesandte in Wien, Jovan Jovanović, führt an der Belgrader Universität in einem Vortrag aus: „Vom Tage an, da der Zagreber *Srboran* die Meldung brachte, Franz Ferdinand würde den bosnischen Manövern beiwohnen und noch dazu am Veitstage, bestürmten die Freischärler Tankosić um die Erlaubnis, diese Ankunft zu verhindern. Tankosić wies sie immer wieder auf harte Weise ab. Danach wandten sich diese Jugendbündler an Oberst Dimitrijević, den Chef der Kundschaftsabteilung des Generalstabes. Es waren fünf, und sie kamen bis Šabac. Knapp vor dem Flußübergang kam es zu einer Zecherei, und in überströmender Laune verriet sich einer von ihnen. Die Behörden bekamen Wind davon, und die Burschen wurden auf Anordnung des Innenministers Protić unter Eskorte nach Belgrad gebracht. So mißlang der erste Versuch[38]." (Für diese Darstellung gibt es überhaupt keine Beweise, sie wurde nicht einmal von serbischer Seite aufrechterhalten.) Dann kommt Jovan Jovanović in seinem Vortrag auf seine Warnung bei Minister Bilinski zu sprechen und behauptet, diese Warnung könne aus den Archiven nachgewiesen werden. (Das ist bis heute nicht gelungen!) Der Tenor seiner Ausführungen gipfelte in der Feststellung: „Das Attentat von Sarajevo war eine Ausrede für den Krieg!"
1928
Juni: 28. 6.: Der kroatische Bauernführer Stefan Radić wird im Belgrader Parlament durch den Pistolenschuß eines serbischen Radikalen tödlich verwundet. Die kroatischen Abgeordneten verlassen die Skupština. – In der Zeitschrift *Nova Europa*, Agram, erscheint ein Artikel des Obersten Cedomir Popović, ehemaliges Mitglied der Zentralleitung der *Schwarzen Hand*, in dem er feststellt: „Die Revolutionäre Serbiens können ruhigen Gewissens vor jedes Gericht treten und eingestehen, daß auch die ersten terroristischen Versuche in Bosnien-Herzegowina die Folgen der Annäherung und der kameradschaftlichen Zusammenkünfte der südslawischen Jugend aus Österreich-Ungarn mit den serbischen Offizieren waren. – „Es sind alle jene, welche sagen, daß die revolutionäre Jugendbewegung in Bosnien ... selbständig, unbeeinflußt vom revolutionären Belgrad gehandelt habe, entweder im Irrtum, oder aber sie wollen etwas vertuschen[39]." Ferner stellte Oberst Popović fest, die Auslandsorganisation der *Narodna Odbrana* und der *Schwarzen Hand* sei derart vereinheitlicht gewesen, daß im Ausland sogar Angehörige der einen oder anderen Organisation nicht mehr unterscheiden konnten, ob sie für diese oder jene tätig waren[40].

März: Am 18. 6. erklärt der Politiker Pribičević, einer der Hauptangeklagten im Agramer Prozeß und Führer jener Delegation, die im Jahre 1918 aus Agram nach Belgrad zu Alexander fuhr, bei einer Tagung der bäuerlich-demokratischen Koalition „vor aller Welt", das Südslawenproblem in Österreich-Ungarn habe den Weltkrieg hervorgerufen, die freiheitliche Politik Serbiens habe Österreich-Ungarn zum Krieg herausgefordert, Serbien wollte um der Einigung Jugoslawiens willen den Krieg.[41]

1929
Jänner: 6. 1.: Proklamation der Königsdiktatur in Jugoslawien: Aufhebung des Parlaments, der Versammlungsrechte und Einführung der Zensur.

1930
Februar: 2. 2.: Enthüllung einer Gedenktafel für Princip in Sarajevo. Die *Politika*, Belgrad, aus diesem Anlaß: „Princip wurde Nationalheld, während sein Opfer der Vergessenheit anheimfiel." Der sowjetrussische Historiker N. P. Poletika schreibt in seinem Werk *Der Sarajevoer Mord* (Leningrad 1930), die Ablehnung des österreichischen Ultimatums war „aus der Furcht zu erklären, daß österreichische Detektive sich bis zu dem vorarbeiten könnten, was die serbische Regierung bis jetzt sorgsam verbergen mußte – nämlich ihre Teilnahme an der Organisation des Sarajevoer Mordes ...[42]"

1932
Oberst Cedomir Popović ändert seine Meinung, nunmehr erklärt er, das Attentat wäre das Werk der *Mlada Bosna* gewesen[43].

1934
Oktober: 9. 10.: König Alexander wird in Marseille ermordet. Ungarn wird beschuldigt, Mazedonier und Kroaten als Mörder gedungen zu haben. Der Vorsitzende im Prozeß gegen die Attentäter von Sarajevo, Landesgerichtsrat Dr. Curinaldi, vernichtet persönliche Aufzeichnungen über den Verlauf des Sarajevoer Prozesses, da er als Reaktion auf die Marseiller Bluttat eine Kroatenverfolgung und bei sich eine Hausdurchsuchung befürchtete[44].

1941
Nach dem Einmarsch deutscher Truppen in Jugoslawien werden Belgrader Archive „sichergestellt" und nach Wien gebracht. In den Beständen findet der Wiener Historiker Prof. Dr. Uebersberger das Geständnis des Obersten Apis-Dimitrijević vom 28. 3. 1917[45].

1943
Prof. Uebersberger veröffentlicht in der *Zeitschrift für Auswärtige Politik* unter dem Titel *Das entscheidende Aktenstück zur Kriegs-*

schuldfrage 1914[46], den Wortlaut des Geständnisses vom 28. März 1917, das von Apis in einem Konzept und einer Reinschrift verfaßt wurde. Die deutsche Publikation des Dokuments enthält jedoch einen verhängnisvollen Übersetzungsfehler, der den Anschein erweckt, Oberst Artamanow, der russische Militärattaché in Belgrad, sei von den Vorbereitungen zum Attentat unterrichtet gewesen[42]. Im Originaldokument heißt es aber lediglich, Artamanow habe Apis die Hilfe Rußlands zugesichert, wenn Österreich-Ungarn Serbien überfallen werde. Uebersberger wurde der Fälschung bezichtigt, und Dedijer behauptete sogar, der deutsche Außenminister habe dem Gelehrten befohlen, auf diese Weise Rußland als Urheber des Ersten Weltkrieges zu beschuldigen[48]. Es ist natürlich verdächtig, wenn der entscheidende Satz im *Entscheidenden Aktenstück zur Kriegsschuldfrage 1914* falsch wiedergegeben wird. Doch so einfach liegen die Dinge nicht, und es wäre unbillig, Uebersbergers umfassende Forschungen samt und sonders als Fälschungen abzutun.

1953
In Belgrad wird das Verfahren gegen den 1917 hingerichteten Oberst Apis-Dimitrijević und die *Schwarze Hand* wieder aufgenommen. Man spricht vom „zweiten Saloniki-Prozeß". Im Urteil wird das Geständnis des Oberst Apis-Dimitrijević bestätigt und dadurch amtlich festgestellt, daß er den Mord von Sarajevo angestiftet habe, völlig zu Unrecht sei er aber des Anschlages auf den Regenten Alexander und des Verrates beschuldigt worden.

1958
Prof. Ueberberger berichtigt seinen Fehler[49]. Er räumt ein, daß die entscheidende Stelle in der zweiten Fassung der Erklärung des Apis folgendermaßen lauten muß: „Herrn Artamanow habe ich nichts von meinen Absichten bezüglich des Attentats mitgeteilt." Allerdings heißt es an einer anderen Stelle: „Die Hauptteilnehmer an dem Attentat waren alle meine Agenten und erhielten kleine Honorare, die ich ihnen durch die Vermittlung des Rade (Malobabić) zusandte. Einige von diesen Quittungen befinden sich in russischen Händen, da ich das Geld für diese Arbeit jenseits der Grenze in erster Zeit vom General Artamanow erhielt, denn der Große Generalstab verfügte noch nicht über einen Kredit für diese verstärkte Tätigkeit."

VIII. Nachwort

J. F. Kennedys Ermordung war eine „grausame und erschütternde Gewalttat. Sie richtete sich gegen einen Mann, eine Familie, eine Nation und gegen die ganze Menschheit." Mit diesen eindrucksvollen Worten begann der amerikanische Warren-Report, der sich bemühte, das Verbrechen von Dallas „im Lichte der Vernunft zu werten". Nach einer Untersuchung von sieben Monaten kam die Kommission zur Erkenntnis, für die Anstiftung durch eine auswärtige Macht habe sich kein Hinweis ergeben. Anders beim Attentat von Sarajevo, da drängte sich der Verdacht fremder Einflußnahme unmittelbar nach der Tat auf und wurde in den allerersten Verhören, schon am 28. Juni 1914, zur Gewißheit. Die Ermordung des Thronerben der österreichisch-ungarischen Monarchie, Erzherzog Franz Ferdinand, und seiner Gattin war der fünfte Anschlag, der auf auswärtige Organisationen und Persönlichkeiten einen Verdacht warf. Das mußte zu politischen Weiterungen führen. Den Sachverhalt zu klären, das Verbrechen von Sarajevo ebenfalls „im Lichte der Vernunft zu werten", wäre, wie heute feststeht, ohne Mithilfe von Ausländern, königlich serbischen Beamten, Offizieren und Kabinettsmitgliedern, ausgeschlossen gewesen. Doch die Wissenden schweigen bis zum 28. Juli 1914, dem Tag der Kriegserklärung, sie schwiegen bis zum Frieden 1919 und Jahre nachher. Ja, die SHS-Regierungen der Serben, Kroaten und Slowenen* taten alles, um der Wahrheit den Weg zu

---

* Am 1. Dezember 1918 proklamierte Thronfolger Alexander im Namen seines Vaters, des Königs Peter I. von Serbien, das einheitliche Königreich der Serben, Kroaten und Slowenen (SHS).

versperren. Erst das neue Jugoslawien leistete einen bedeutsamen Beitrag zur Aufklärung. Doch davon später.

Als 12 Jahre nach dem Attentat, im Mai 1926, der Gesandte der Republik Österreich dem König der Serben, Kroaten und Slowenen sein Beglaubigungsschreiben überreichte, gefiel es Seiner Majestät, dem neuen Vertreter Österreichs gegenüber, „einen scharfen, ja geradezu drohenden Ton" anzuschlagen, und zwar zeigte sich Alexander I., wie Tage zuvor sein Außenminister, über die in Wien konzentrierte bolschewistische Wühlarbeit erbost[1]. Wann werde die Wiener Polizei dagegen ernste Schritte unternehmen? Man warte vergebens darauf! Auch die Belgrader Presse ballte gegen Wien die Faust. Diese Stadt, so schrieb sie, wurde nach dem Krieg zur Hexenküche aller Verschwörer, aller Umstürzler und Terroristen. Schuld daran sei die Laxheit österreichischer Regierungen (zuerst Seipel, dann Ramek, d. A.). Sie dulde in aller Gemütlichkeit kommunistische Umtriebe. Armes, schönes Wien, so bedauerte man in Belgrad, armes, schönes Wien, ihm winke als Verschwörernest und Revolutionszentrale eine traurige Zukunft[2]. Hoffinger, der Gesandte der Republik Österreich, suchte, soweit dies möglich war, den königlichen Zorn zu besänftigen und der öffentlichen Kampagne entgegenzuwirken. Nachdem er ihren Ursachen nachgegangen war, vermutete er mit Recht, dieser Verleumdungsfeldzug gegen Wien käme „der Belgrader Regierung besonders gelegen, um die Aufmerksamkeit der Welt von der Erörterung der Komplizität beim Attentat von Sarajevo abzulenken, die besonders lebhaft in den angelsächsischen Ländern eingesetzt hatte[3]". So veröffentlichte der Publizist und Historiker Seton-Watson am 16. Februar 1925 einen Brief an den Ministerpräsidenten Pašić und den früheren Minister Ljuba Jovanović, „in welchem er sie aufforderte, sich von der Anklage reinzuwaschen, von dem Verbrechen gewußt und es stillschweigend geduldet zu haben[4]". Pašić teilte daraufhin der Belgrader Presse mit, seine Regierung werde ein Blaubuch über die Entstehung des Krieges veröffentlichen. In Wirklichkeit dachte er gar nicht daran.

In der ehemaligen k. u. k. Residenzstadt hatten klassische Zeugen des 28. Juni, intime Freunde der Attentäter von Sarajevo, Zuflucht gefunden, darunter frühere bosnische Terroristen und Vertraute jener serbischen Offiziere, die in den Mordplan verwickelt waren. Diese Emigranten hatten sich in der in Wien erscheinenden Zeitschrift *La Fédération Balcanique* ein Sprachrohr geschaffen, das ihnen die Gelegenheit gab, vom Ausland her den serbischen Absolutismus anzugreifen. Das war die bolschewistische Wühlarbeit, die König

Alexander und Ministerpräsident Pašić auf die Nerven ging. So beteuerte in diesem Wiener Blatt der Emigrant Mustafa Golubić, ein Jurist, der aufhorchenden Welt, nicht nur der frühere Nachrichtenchef des serbischen Generalstabes und Leiter der Geheimorganisation *Vereinigung oder Tod*, Oberst Dragutin Dimitrijević, genannt Apis, habe den Mord von Sarajevo vorbereitet, auch andere Prominente hätten, wie Apis erklärte, davon gewußt, und zwar der russische Militärattaché in Belgrad, Wassilij Artamanow, der dortige russische Gesandte Nikola Hartwig, der serbische Ministerpräsident Pašić und der Thronfolger Alexander[5].

Die österreichische Regierung ignorierte den königlichen Zorn. Und so konnte das Blatt *La Fédération Balcanique* fortlaufend über die Ereignisse während des Ersten Weltkrieges berichten, zum Beispiel über die schweren Differenzen zwischen dem damaligen Regenten Alexander und den Offizieren der Schwarzen Hand, die, als sich die serbische Armee und Regierung 1916 auf griechisches Staatsgebiet nach Saloniki und Korfu zurückziehen mußten, ihren tragischen Höhepunkt erreichten. Den Auftakt bildete ein mißlungener Versuch, Oberst Apis-Dimitrijević durch bezahlte Schergen umbringen zu lassen[6]. Im Dezember 1916 gelang es der serbischen Exilregierung auf Korfu – mit Erlaubnis ihrer französischen Alliierten –, die führenden Männer des Geheimbundes festzunehmen, worüber ein Regierungskommuniqué Aufschluß gab: „Die Offiziere, die Mitglieder der Schwarzen Hand waren, sind wegen beabsichtigter Übergabe der Salonikier Front an die deutschen und österreichischen Truppen verhaftet worden und werden dem Gericht zur Aburteilung überstellt[7]."

Das Kommuniqué enthielt die halbe Wahrheit, die Festnahme der Offiziere entsprach den Tatsachen, nicht die angegebene Begründung. Zur „Unschädlichmachung" des gefährlichen Obersten wurde dann ein Prozeß, der sogenannte Saloniki-Prozeß, inszeniert, in dem ein serbisches Offiziersgericht die Anklage erhob, Apis-Dimitrijević hätte durch zwei Ausländer, einen Herzegowiner und einen Serben aus Kroatien, den Regenten Alexander ermorden lassen wollen. Mit Hilfe erpreßter Zeugen – die Richter boten für beeidete falsche Aussagen gemeinen Mördern die Freilassung – wurden Oberst Apis, Oberstleutnant Vulović und der frühere serbische Geheimdienstmann Rade Malobabić, „der Staatsgefangene aus dem Ministerzug", zum Tode verurteilt und am 26. Juni 1917 in einem Steinbruch unweit von Saloniki hingerichtet.

Nach dem Kriege wiesen serbische Offiziere, die in russische

Dienste getreten waren[8], und Mustafa Golubić, selbst Zeuge im Saloniki-Prozeß, immer wieder auf diese „Orgie des Unrechts und des Wahnsinns" hin. Stürmisch verlangte die Emigrantenzeitschrift *La Fédération Balcanique* eine Revision des Prozesses[9]. Natürlich vergebens. Weder Alexander, der König, noch Ministerpräsident Pašić dachten, obwohl auch einheimische Persönlichkeiten gegen die tragische Justizkomödie von Saloniki Stellung nahmen, daran, „alte Prozeßgeschichten" aufzuwärmen oder gar Blaubücher herauszugeben. Das war ganz im Sinne des „alexandrinischen Versteckenspiels", das noch lange weiterbetrieben wurde, auch nach dem Tode des Königs. Erst das neue Jugoslawien unter Marschall Tito erfüllte 12 Jahre nach dem Tode des Juristen Golubić – er war 1941 durch Henkershand gestorben – und 36 Jahre nach dem Saloniki-Prozeß die Forderung nach einer Wiederaufnahme. Die Staatsanwaltschaft Belgrad begründete den diesbezüglichen Antrag mit dem „Vorliegen neuer Beweise", mit der Feststellung, „1917 wären die Militärrichter befangen" gewesen, ferner verlange die „Volksmoral und Menschlichkeit" eine Wiederholung des Verfahrens.

Der Belgrader Revisionsprozeß 1953 gegen Apis-Dimitrijević endete mit einem Freispruch des 1917 hingerichteten Obersten. Auch seine in Saloniki verurteilten Mitarbeiter und Kameraden wurden „rehabilitiert und ihre Ehre wiederhergestellt". Im Urteil hieß es, Apis-Dimitrijević sei Unrecht geschehen, er hatte weder die Absicht, die serbische Front den Österreichern und Deutschen zu übergeben, noch habe er einen Mordanschlag auf den Regenten Alexander inszeniert. Ferner nahm das Revisionsgericht von dem schriftlichen Protokoll Kenntnis[10], das Apis im Gefängnis von Saloniki verfaßte und in dem er gestand, das Attentat von Sarajevo angestiftet zu haben. Das Offiziergericht hatte seinerzeit diese Selbstbezichtigung verheimlicht und ihre Aufnahme in den Prozeßakt verhindert. Anders das Zivilgericht 1953 in Belgrad, es nahm von dem Geständnis offiziell Notiz, bestätigte seine Echtheit, sah jedoch keine Veranlassung, den Mord von Sarajevo und seine entsetzlichen Folgen vom Standpunkt der „Volksmoral und Menschlichkeit" zu beleuchten oder gar das politische Konzept, das diesem Verbrechen zugrunde lag, zu untersuchen. Mit dem Konzept, das zum Justizmord von Saloniki führte, befaßte man sich ausführlich und urteilte darüber im Belgrader Revisionsprozeß: Das Militärgerichtsverfahren war eine innenpolitische Abrechnung der damaligen Regierungs- und Hofclique, die in Oberst Apis eine Gefahr sah. Außenpolitisch wollte man sich in doppelter Hinsicht sichern, einerseits bei den Verbündeten und anderseits, weil die Lage an der Front schlecht stand, auch beim Feind. Die Alliierten sollten wissen: Wir bestrafen in Apis den Mörder, der die Welt in den Schrecken des Krieges (eben durch die Tat von Sarajevo) stürzte. Den Feinden (Österreich-Ungarn und Deutschland) gab man zu verstehen, durch die Liquidierung des Apis und seiner Mitarbeiter seien alle Steine des Anstoßes, die eine Verständigung verhindern könnten, aus dem Weg geräumt. Wir, Alexander und Pašić, haben mit dem Mord von Sarajevo nichts zu tun und bestrafen sogar jene Leute, die durch ihr Verbrechen eure Kriegserklärung verursachten[11]. Wir erfüllen hiermit euer Ultimatum vom 23. Juli 1914. Der Artikel sechs ist überholt! Was wollt ihr mehr? Wir sind Ehrenmänner, mit denen man über einen Frieden verhandeln kann. Und an Friedensverhandlungen waren damals die serbische Exilregierung und Alexander, der Regent ohne Land und Befehlshaber einer geschlagenen und erschöpften Armee, im höchsten Maß interessiert.

In diesem Zusammenhang drängen sich mehrere Fragen auf. Die erste: Welche Strafen hätten Alexander und Pašić, die Arrangeure der Salonikier „Orgie des Unrechts und des Wahnsinns", zu gewärtigen gehabt, wenn sie – gleich Apis post mortem – von dem Belgrader Revisionsgericht zur Verantwortung gezogen worden wären? Antwort: Strafen wegen mehrfachen Mordes, Erpressung, Verleumdung, Verführung zum Meineid, Mißbrauch der Amtsgewalt usw. wären ihnen gewiß gewesen, ohne Zweifel Höchststrafen. – Frage zwei: Wie steht es nun mit der allgemeinen Glaubwürdigkeit dieses Königs und dieses Ministerpräsidenten? Schlecht, nach den erwiesenen Tatbeständen sogar denkbar schlecht. – Frage drei: Sind ihren Beteuerungen im Zusammenhang mit dem folgenschwersten Verbrechen der neueren Zeit, dem Attentat von Sarajevo, glaubhaft? Unwahrscheinlich, doch das ist die Frage, die noch offen bleibt, und zwar solange nur Indizien vorliegen, die besagen, daß sie auch in diese Tat auf verhängnisvolle Weise verstrickt waren. Mitglieder der Schwarzen Hand, also einer verbrecherischen Organisation, klagen Alexander und Pašić an, nicht nur von ihren Absichten gewußt, sondern sie gefördert zu haben. Ein Urteil in der Kriegsschuldfrage läßt sich schwer fällen, solange nicht feststeht, ob es 1914 neben der verbrecherischen Organisation auch eine verbrecherische Regierung gab, auf deren Appelle Rußland und die Westmächte allzu bereitwillig hörten.

Handfeste Beweise für den schweren Verdacht wird man erst auf den Tisch legen können, wenn man in Jugoslawien aus dem Fall

Saloniki echte Konsequenzen zieht, den Weg des Jahres 1953 weiterverfolgt und jede Rücksichtnahme auf chauvinistische Gefühle beiseite läßt. Doch solange noch in offiziellen und offiziösen Darstellungen das Attentat vom 28. Juli 1914 glorifiziert wird („Das helle Licht der Geschichte[12]"), solange noch der Jugend „das leuchtende moralische Kapital[13]" der Attentatsmentalität gepriesen, solange von Staats wegen die Version des Tyrannenmordes hochgehalten wird, besteht geringe Hoffnung für eine objektive Durchforschung und Preisgabe des Beweismaterials, mögen manche jugoslawische Forscher noch so sehr um eine Bereinigung und eine Beendigung des „alexandrinischen Versteckenspiels" bemüht sein.

Kurioserweise sind es immer wieder westliche Demokratien, die an den Tyrannenmördern Gefallen finden[14]. Im Osten, vor allem bei den Russen, scheint man weniger naiv und leichtgläubig, vielleicht auch weniger romantisch, sie durchschauten klar das geschickte Spiel, kein Wunder daher, daß man sich heute in Titos Reich über das „Nichtverständnis, die Oberflächlichkeit und die Verachtung der sowjetischen Historiographie und Publizistik" im Zusammenhang mit Princips Heldentat bitter beschwert[15].

Der Kriminalfall Sarajevo wurde immer wieder mit der Kriegsschuldfrage verquickt. Das behinderte seine Erforschung. Wichtigstes Quellenmaterial galt als Kriegsbeute. Beide kriegführenden Parteien bemächtigten sich – um der Wahrheit auf den Grund zu kommen und den Gegner zu kompromittieren oder um die Wahrheit zu vertuschen und nicht kompromittiert zu werden, je nach Einstellung – im Ersten und Zweiten Weltkrieg (auch in den Zwischenkriegsjahren) unter Mißachtung des sogenannten Provenienzprinzips öffentlicher und privater Archive. Man verschleppte sie, holte sie wieder zurück, verschleppte sie neuerdings, wobei eine heillose Verwirrung entstand und wertvolle, auf das Attentat, seine Vor- und Prozeßgeschichte auf wichtige politische und militärische Persönlichkeiten bezugnehmende Dokumente in Verlust gerieten und natürlich auch die Gelegenheit gegeben war, Papiere von zentralster Bedeutung einfach verschwinden zu lassen. Es gab auch große Bestände, die auf der Flucht verlorengingen oder angesichts des herannahenden Feindes einfach ins Feuer geworfen wurden.

Allein die exakte Erforschung der Archivaliengeschichte würde einem Forscherteam jahrelang Arbeit geben. In diesem Werk ist kein Platz für eine umfassende Darstellung, lediglich für oberflächliche Hinweise auf bisher veröffentlichtes oder jedermann zugängliches Archivmaterial aus österreichischen (beziehungsweise österreichisch-ungarischen) und serbischen (beziehungsweise jugoslawischen) Beständen. Die Österreicher fahndeten während des Ersten Weltkrieges in den besetzten serbischen Gebieten nicht nur nach Personen, die am Verbrechen von Sarajevo mitgewirkt hatten[16], sondern sie suchten auch nach Beweisen in Belgrader Aktenschränken. Im Zuge dieser Aktion beschlagnahmten sie Bestände des serbischen Außenministeriums und Briefe des Ministerpräsidenten Pašić.

Von den Gerichtsprotokollen fehlen die serbokroatischen Niederschriften der gerichtlichen Untersuchung. Doch als vollwertiger Ersatz der Original-Untersuchungsprotokolle dient der Forschung heute eine amtliche deutsche Übersetzung (UP), die noch während des Krieges mit aller Sorgfalt angefertigt und nach Wien gebracht wurde[17]. Von der Anklageschrift und dem Urteil liegen serbokroatische Originalprotokolle vor, auch erschienen gedruckte deutsche Übersetzungen in Buchform[18]. Auch das amtliche Protokoll der Hauptverhandlung (12. bis 23. Oktober) vor dem Kreisgericht Sarajevo zählt zu den verschollenen Dokumenten. Zu seiner Rekonstruktion waren komplizierte Untersuchungen über das Schicksal des stenographischen Urtextes (den die beiden Gerichtsstenographen[19] in die Tasche steckten) und verschiedener Abschriften und Diktate notwendig. Die vom Autor verwertete Rekonstruktion geht auf einen Urtext zurück, der während des Krieges nach Wien gebracht und später an Belgrad ausgeliefert wurde. Sie trägt einen Echtheitsvermerk[20] und wurde 1954 in Sarajevo veröffentlicht[21]. Der Zeitraum nach dem Kriege, die Jahre zwischen 1919 und 1928, ist die „Periode der Verachtung". Wie ist das zu verstehen? Nach der Gründung des SHS-Staates bestieg Peters Sohn Alexander den Thron. Des Vaters Ansehen war durch die Mordnacht des Jahres 1903 angeschlagen, Sohn Alexander hatte den Justizmord von Saloniki auf dem Gewissen. Waren der 1903 hingeschlachtete letzte Obrenović und seine Gattin Draga im Volk höchst unpopulär, geradezu verhaßt, so waren Alexanders Opfer mehrere um den Aufbau der Armee höchst verdiente Offiziere, nationale Heroen. Der neu erstandene jugoslawische Staat, nicht frei von nationalen und wirtschaftlichen Schwierigkeiten, war bestrebt, das Wohlwollen der westlichen Weltkriegsverbündeten, der hilfreichen Sieger und Retter aus höchster Not, zu erhalten. Zu diesem Zweck suchte man unliebsame Ereignisse aus der Vorkriegs- und der Kriegszeit zu eliminieren. Das erklärt die abweisende Haltung der Belgrader Nachkriegsregierung den Attentatshelden der Mlada Bosna gegenüber. Bosnische Gelehrte serbischer Nationalität empörten sich mit Recht über die „eiskalte Ablehnung

Belgrads[22]". Das ging so weit, daß der Mitattentäter Mehmedbašić auf Betreiben der Polizei Sarajevo verlassen mußte, wenn sich der „Befreierkönig" Alexander der Stadt nahte. Den jungen Revolutionären, die sich als Mitbegründer der südslawischen Einheit fühlten, blieb nur der Hohn über den Dank des Hauses Karagjorgjević.

Zu den ersten Maßnahmen der neuen jugoslawischen Regierung gehörte die Rückführung der Beuteakten nach Belgrad. Sie machte nun ihrerseits Beute und bemächtigte sich der Akten des Gemeinsamen Finanzministeriums in Wien[23], das für die Verwaltung von Bosnien und der Herzegowina zuständig war. Darüber hinaus ging man auf die Jagd nach Dokumenten, die die österreichisch-ungarische Kriegsschuld beweisen sollten[24]. Schützenhilfe leistete ihnen ein früherer Hofrat[25], ein Beamter serbischer Nationalität und Berater des k. u. k. Finanzministers Bilinski. Bei der emsigen Suche nach belastendem Material stieß man auf das interne Informationstelegramm des Sektionsrates Wiesner aus Sarajevo vom 13. Juli 1914[26], das bei den Friedensverhandlungen in Paris und in vielen Geschichtswerken als bündige Schuldbeweis angesehen wurde.

1922, acht Jahre nach dem Prozeß gegen die Attentäter von Sarajevo, bemühte sich einer der beiden Gerichtsstenographen, seine Aufzeichnungen und das Stenogramm seines Kollegen mühevoll zu rekonstruieren. Manche Stellen waren inzwischen jedoch schwer leserlich geworden und mußten ausgelassen werden. Der Stenograph verhandelte wegen der Veröffentlichung der Rekonstruktion mit dem Ausland, doch die Regierung in Belgrad machte ihm einen Strich durch die Rechnung, sie hatte kein Interesse an der Verbreitung der Wahrheit. Der eine Grund war, daß sich die Version vom Überfall auf Serbien und dem Attentat als „Vorwand" in der Diskussion über die Schuldfrage als äußerst brauchbar erwies, den zweiten Grund nannte ein bosnischer Historiker: „Die jugoslawische Regierung konnte ein derartiges Stenogramm schon deshalb nicht veröffentlichen, weil dies zur Revision des Saloniki-Prozesses gegen Dragutin Dimitrijević hätte führen müssen, jedoch jede Erörterung dieses Prozesses nicht nur unerwünscht, sondern geradezu verboten war[27]."

Während der Sarajevoer Gerichtsvorsitzende Dr. Curinaldi nach dem Umsturz in strengster Zurückgezogenheit lebte und Schweigen bewahrte, ließ sich der Untersuchungsrichter Leon Pfeffer zu öffentlichen Aussagen hinreißen. 1926 erklärte er, er habe die Untersuchung zur Unzufriedenheit seiner damaligen Vorgesetzten geführt, das sei der Grund, weshalb er nur einen kleinen schäbigen Orden bekommen habe. Dann sagte er: „Aus den Aussagen der Beschuldigten ging hervor, daß sie gegenüber dem amtlichen Serbien ihre Absichten verbargen, sie reisten durch Serbien mit falschen Pässen[28]." 1941 nennt er Alexander den „tückischesten Henker Europas" und fährt fort: „Nun, da die Freiheit (die kroatische, d. A.) errungen ist, kann ich über die Untersuchung offen sprechen: Das Attentat wurde mit Wissen und unter Mithilfe des späteren Königs vorbereitet, was man vor Pašić geheim hielt ... Der Saloniki-Prozeß war nichts anderes als eine Fortsetzung der Untersuchung gegen jene Sarajevo-Attentäter, die sich in Serbien befanden ... Alexander bestätigte das Urteil von Saloniki und ließ jene Personen beseitigen, mit welchen er zusammen das Attentat von Sarajevo vorbereitete[29]."

Das im Jahre 1923 erschienene Werk des serbischen Professors Stanoje Stanojević war einer der vielen Versuche, den amtlichen serbischen Standpunkt zu untermauern, das heißt Apis zu be- und die Regierung zu entlasten. Es wurde darin zugegeben, Dimitrijević habe den Mord von Sarajevo inszeniert, nachdem er durch den russischen Geheimdienst von den Überfallsabsichten erfahren hatte[30].

Im gleichen Jahr kam es zu einem Friedensschluß im Archivkrieg zwischen Österreich und Jugoslawien, beide Staaten schlossen ein Archivabkommen[31]. Zeitweise allerdings entwickelte sich aus dem Archivfrieden ein kalter Archivkrieg, bei dem es weniger um den Besitz dieses oder jenes Bestandes ging, viel eher um die Durchsetzung verschiedener Standpunkte. Auf der einen Seite war man daran interessiert, für die Forschung das Material zu bewahren und in absehbarer Zeit zugänglich zu machen, auf der anderen Seite gab es immer wieder „lebenswichtige" politische Gründe, an die Ereignisse vor und während des Krieges nicht allzu deutlich zu erinnern. Nachdem die Österreicher gezwungen waren, ihre Archive den Siegern zu öffnen, herrschte anderseits in Serbien die Tendenz, eigenes Material zu verstecken und auch mit den beschlagnahmten Beständen ebenso zu verfahren. Dies beweist eine serbische Notiz aus dem Jahre 1929[32].

Das „alexandrinische Versteckenspiel" hatte schon 1918 mit der Veröffentlichung von frisierten Protokollen des Saloniki-Prozesses[33] begonnen. In ihrer ersten Ausgabe hieß es: „Bei der Ausarbeitung des Berichtes wurde besondere Aufmerksamkeit darauf verwendet, daß nichts Wesentliches ausgelassen und der ganze Verlauf der Gerichtsverhandlung vollkommen objektiv dargelegt werde[34]." Nun, das Wesentliche der Tätigkeit der Schwarzen Hand waren ihre Morde und Mordpläne im Ausland, und gerade die hütete man sich in diesem offiziellen Prozeßprotokoll auch nur anzudeuten.

Im kalten Archivkrieg war König Alexander und seiner Regierung ein nicht ungefährlicher Gegner erwachsen. Es war ein Theresianist[35] serbischer Nationalität, er hieß Dr. Miloš Bogičević (Boghitchewitch) und darf nicht mit dem Sarajevoer Archivdirektor Vojislav Bogićević verwechselt werden. Miloš war eine begabte, allerdings ein wenig schillernde Persönlichkeit, dessen bewegter Lebenslauf noch gründlich zu durchforschen ist und dessen tragischer Tod der Aufklärung bedarf. Dieser Theresianist studierte in Deutschland, war kurze Zeit Dozent für Internationales Recht auf der Belgrader Universität, wurde dann Diplomat, 1914 war er serbischer Geschäftsträger in Berlin. Bei Kriegsausbruch quittierte Dr. Bogičević seinen Dienst, ging in die Schweiz, wo er zwischen Frankreich und Deutschland zu vermitteln suchte. Nach dem Krieg lebte er in Wien und Berlin, wo er mit der deutschen Gesellschaft für Kriegsschuldforschung zusammenarbeitete. Über seine Beziehungen zu Pašić liest man in der Jugoslawischen Enzyklopädie: „Der Ministerpräsident zeigte diesem undisziplinierten Beamten gegenüber viel Rücksicht. Erst auf das Betreiben demokratischer Abgeordneter erhob er gegen ihn eine gerichtliche Klage, die Untersuchung wurde jedoch verschleppt, und der Staatsanwalt bestand nicht auf eine Verurteilung in contumatiam[36]."

Bogičević war es, der im Jahre 1928 eine Sammlung serbischer Akten herausgebracht hatte, die in aller Welt Beachtung fand. Diese Dokumentation[37] wurde von serbischer Seite angegriffen und als Fälschung bezeichnet. Doch man widerlegte nicht ein einziges Dokument durch die Vorlage des Originals, und intern bezeichnete man sämtliche Dokumente als authentisch[38], das Urteil galt auch für das Buch *Kriegsursachen* von Bogičević[39].

Neben den Veröffentlichungen serbischer Emigranten im Ausland erschienen Anklageartikel von früheren serbischen Offizieren, so von Oberst Božin Simić, einem intimen Freund des Apis. Simić belastete den russischen Militärattaché Artamonow[40] schwer und erklärte öffentlich, „es sei ein Irrtum, anzunehmen, daß die revolutionäre Jugendbewegung von selbst entstanden sei[41]." Als offiziöses Ablenkungsmanöver sind wohl *Gavrilo Princips Bekenntnisse* anzusehen, die in Wien mit einem Vorwort des Pressechefs der jugoslawischen Gesandtschaft herausgebracht wurden[42]. Princip sagte im Gefängnis, er habe die Ermordung Franz Ferdinands ohne jeden fremden Einfluß, nur auf eigene Eingebung hin, beschlossen. Es ist bloß die Frage, glaubte Princip selbst daran oder wiederholte er nur das, was er beschworen hatte.

Während in der Republik Österreich (auch bei deutschen Verlagen) eine Unmenge selbstkritischer Publikationen herauskam, zum Beispiel schon 1922 Kanners *Kaiserliche Katastrophenpolitik*, dann eine Menge Biographien, die Einblick in das politische Getriebe der Monarchie gestatteten und die maßgebenden Persönlichkeiten schärfstens charakterisierten, wachte in Belgrad das Auge der königlichen Polizei. Conrad von Hötzendorf schrieb seine Erinnerungen, die eine Unzahl von Dokumenten, Briefen und Protokollen umfassen, deren Inhalt auch den wohlgesinnten und weniger wohlgesinnten Gegnern zugute kam. Hervorhebens- und beachtenswert war im Nachkriegsjugoslawien die Literatur der Mlada Bosna[43], in der sich die Diskussion, wem die Ehre des Attentats zukäme, den serbischen Offizieren oder den jungen Bosniern, nicht vermeiden ließ.

Zur Zeit der Königsdiktatur, nach 1929, wurde es in Südslawien, nach Beseitigung des letzten Restes von Selbstverwaltung, nur noch schlimmer. Auch nach den Wahlen vom September 1931 mit der scheindemokratischen Verfassung war von Freiheit der Forschung in dieser Hinsicht keine Rede, das Polizeiregime verhinderte nun auch jene Publikationen, wie sie bis dahin im liberaleren Zagreb noch möglich waren. 1929 veröffentlichte in Wien der frühere Belgrader Vertreter des sogenannten Telegraphen-Korrespondenz-Bureaus der amtlichen Nachrichtenstelle ein Werk über *Jugoslawiens Entstehung*[44]. Der Verfasser, Dušan Lončarević, lieferte darin viel Material und den Beweis, schon als k. u. k. Offizier ein guter Serbe gewesen zu sein[45].

Das gleiche Jahr brachte eine grundlegende Publikation über den Ausbruch des Ersten Weltkrieges, nämlich soweit es das Verhältnis der Donaumonarchie mit anderen Staaten betraf, das große neunbändige Aktenwerk, von dem der Serbe Bogičević sagte, es sei wohl „bis jetzt die beste und ausführlichste Dokumentensammlung, eine wahre Fundgrube der Kriegschuldforschung[46]". Und tatsächlich, das monumentale Werk *Österreich-Ungarns Außenpolitik von der bosnischen Krise 1908 bis zum Kriegsausbruch 1914* (ÖUA) enthält 11.204 Dokumente und erfüllt die in es gestellte Aufgabe, es gibt weitgehende Aufschlüsse und Hinweise, in welcher Richtung man weiterforschen kann. Das oft angekündigte jugoslawische Gegenstück fehlt bis heute, 60 Jahre nach dem Kriegsbeginn, 44 Jahre nach dem Beginn der hiesigen Veröffentlichung. Das kleine Österreich hat seine Verpflichtung dem großen Vorgänger gegenüber erfüllt, das große Jugoslawien, dem südslawischen Piemont, dem kleinen Serbien, gegenüber nicht.

1930 erschien das Werk *Das österreichisch-serbische Problem bis zur Kriegserklärung Österreich-Ungarns an Serbien, 28. Juli 1914,* von Roderich Gooß. Es ist ein grundlegendes Werk und heute noch für jeden Sarajevo- und Kriegsschuldforscher unentbehrlich[47].

Von einem gescheiterten Versuch, die serbischen Aktenschränke zu öffnen und zumindest eine Auswahl diplomatischer Dokumente zu publizieren, hören wir aus dem Jahre 1934. Nach dem Druck des ersten Bandes schritt die Regierung ein, verbot dessen Auslieferung und verhinderte auch eine Fortsetzung der Arbeit[48]. Wieder siegte die Angst, man würde damit Waffen aus der Hand geben, die gegen das Vorkriegsserbien und die Dynastie verwendet hätten werden können.

In den Jahren vor 1941 erfolgt eine Annäherung der jugoslawischen Regierungskreise an das Hitlerregime. 1937 (oder 1938) verübt der „Erzverräter[49]" Bogičević unter geheimnisvollen Umständen in Berlin Selbstmord. Angeblich soll auch die SS dabei die Hand im Spiel gehabt haben.

Nach dem Überfall Hitlers auf Jugoslawien und der blitzartigen Besetzung des Landes begann aufs neue die Archivalienjagd. Im Auftrag des deutschen „Kommissars für Archivschutz in den besetzten Gebieten" wurde das Belgrader diplomatische Archiv, Akten des Saloniki-Prozesses und andere Bestände als Kriegsbeute nach Wien gebracht. Gleichzeitig holte man auch die 1919 entführten und dann der Öffentlichkeit vorenthaltenen Dokumente des Wiener „Bosnischen Archivs" zurück. In der Folge erhielt eine Wiener Forschergruppe den Auftrag, die Beuteakten zu sichten und nach dem Vorbild bisher erschienener Aktenwerke *Die diplomatischen Akten des serbischen Außenministeriums* zusammenzustellen und zu veröffentlichen. Dabei griff man auf Fachkräfte zurück, die sich bei der Edition der ÖUA bewährt hatten[50]. Doch die Aufgabe war zu groß, die Zeit zu knapp, noch vor Kriegsende, im Februar 1945, ging ein Bändchen mit 38 höchst wichtigen Aktenstücken (SAP) in Druck, von dem nur wenige Exemplare im Umlauf sind[51]. Nach Auslieferung der Originale blieben mehrere im Auftrag der Forschergruppe angefertigte Übersetzungen zurück, und zwar in privater Hand. In diesem Buch sind mehrere dieser Dokumente wiedergegeben (FG). Obwohl keine Möglichkeit zu neuerlichen Vergleichen gegeben war, besteht kein Grund, die Richtigkeit der Textinhalte anzuzweifeln. Dies beweisen ebenfalls vorhandene Fotokopien. Vielleicht entschließt man sich in Belgrad auch die Originale in absehbarer Zeit der Öffentlichkeit zugänglich zu machen, dann wird sich ja erweisen, daß damals Fachleute und keine Fälscher am Werk waren. Bei dem Belgrader

Historiker-Symposion im September 1974 wurde erklärt, daß die Akten des serbischen Außenamtes bald ausländischen Besuchern zur Verfügung stehen würden.

In Sarajevo wurde in den fünfziger Jahren das sogenannte „Bosnische Archiv", die Bestände des Gemeinsamen Finanzministeriums, vorbildlich geordnet und aufgestellt[52]. Ferner brachte im Jahr 1954, wie bereits erwähnt, das Staatsarchiv für Bosnien und die Herzegowina das rekonstruierte und lange Zeit der Öffentlichkeit vorenthaltene Protokoll der Verhandlungen gegen Princip und Genossen heraus[53]. Ebenfalls 1954 erschien dort eine Sammlung von Briefen junger Bosnier, die Einblick in das Denken revolutionärer Jugendbündler gewähren[54].

Notwendig und zu begrüßen wäre eine bessere Zusammenarbeit österreichischer und jugoslawischer Forscher. Sie ist nicht leicht, solange sich in den Grundauffassungen die Geister scheiden. Die einen sehen im Attentat von Sarajevo den verhängnisvollen Auftakt zur Zerstörung einer mitteleuropäischen Großgemeinschaft, eines organisch gewachsenen Gebildes, die anderen das auslösende Moment einer Weltkatastrophe, die dritten den Beginn der Befreiung aus dem k. u. k. Völkerkerker und die „Geburtsstunde einer Nation". Forschern aller Richtungen wird aber die 1964 in zweiter Auflage in Sarajevo erschienene Attentatsbibliographie von Nutzen sein[55].

Nach dem Belgrader Revisionsprozeß 1953 erschienen in Belgrad zwei gründliche Untersuchungen[56] über die dunkelsten Kapitel der Pašić-Zeit. Dr. F. Hauptmann[57], noch vor mehreren Jahren Universitätsprofessor in Sarajevo, Kenner der neueren südslawischen Geschichte, schrieb über die beiden Werke, jetzt sei es nicht mehr zweifelhaft, daß der serbische Regent, Ministerpräsident Pašić und ihr Kreis den Oberst Apis und seine Genossen, teils aus innen-, teils aus außenpolitischen Gründen aus dem Weg räumten. Nun bleibe der Forschung die Aufgabe, die Beziehungen der Gruppe Apis zur serbischen Regierung zu klären. Damit berührt Prof. Hauptmann den Kern der Sache; ihn zu finden, kann jugoslawischen Forschern, die heute keine Rücksichten mehr zu nehmen brauchen, nicht allzu schwerfallen. Auch nicht die Beantwortung der Frage, wie sich Pašić' zweideutiges Verhalten, seine widersprüchlichen Aussagen und sein verdächtiges Schweigen allen Anschuldigungen gegenüber erklären läßt? Dabei kommt man auf die alte Frage, die Seton-Watson schon 1926 stellte: „Duldete Pašić die Attentatsvorbereitungen stillschweigend?" Ferner: Stand er unter dem Druck der verbrecherischen Organisation? Oder sah er kaltlächelnd zu? Das heißt, wollte er Apis und seine Freunde ins Verderben rennen lassen, um sie zur gegebenen Zeit zu erledigen? Oberst Božin Simić[58], ein verläßlicher Zeuge, sprach von der Schlinge, die Ministerpräsident Pašić seinem Erzfeind, dem Führer der Schwarzen Hand, um den Hals legte. Die Schlinge rechtzeitig zuzuziehen, daran wurde er gehindert. Erst drei Jahre später fand sich dazu eine Gelegenheit, im Saloniki-Prozeß, nach einer Reihe von Zwischenfällen, Zwischenfällen weltweiten und schrecklichen Ausmaßes.

IX. Anmerkungen

I. Österreichische Herausforderung

1. Das Attentat

[1] Thermalbad, 12 km westlich von Sarajevo.
[2] Kasernenkomplex am Stadtrand.
[3] Nach der Aussage UP, S. 143.
[4] VP, S. 50.
[5] Damit ist der Knall der Zündkapsel gemeint, die Detonation der Handgranate erfolgt 11–13 Sekunden später.
[6] UP, S. 225.
[7] Th. v. Sosnosky: *Erz. Franz Ferdinand*, S. 206.
[8] Sprechprogramm, KA, Wien, 1914, 15-2/5-44.
[9] *Pester Lloyd*, 12. Juli 1914.
[10] Aussage Obersthofmeister Rumerskirch, UP, 28. Juni, Ord. Zl. 18, S. 234.
[11] F. Würthle: *Franz Ferdinands letzter Befehl* in Österreich in Geschichte und Literatur, Juni 1971.
[12] „Schillereck": Ecke Appelquai und Franz-Joseph-Gasse, so genannt nach dem dort befindlichen Delikatessengeschäft des Moritz Schiller.
[13] Muhamed Mehmedbašić, Vaso Čubrilović u. Cvetko Popović.
[14] Grabez, 13. Okt. 14, VP, S. 101.
[15] Der Konak von Sarajevo, 1868 erbaut, damals Amtssitz türkischer Valis, nach der Okkupation eine Zeitlang Regierungsgebäude, dann Wohnsitz der Landeschefs für Bosnien und die Herzegowina. Die Einrichtung der Zimmer, in die die sterbenden Opfer des Attentats gebracht wurden, blieb erhalten. Für die Öffentlichkeit ist der Konak nicht zugänglich, er ist heute Gästehaus der bosnischen Regierung, in dem auch Marschall Tito bei seinen Sarajevoer Aufenthalten abzusteigen pflegt.
[16] Harrach, 28. Juni 1914, UP, S. 227, 228.
[17] Kommissions-Protokoll, 28. Juni 1914 (Entwurf im Heeresgeschichtl. Museum, Wien).
[18] UP v. 28. 6. 1914, S. 100.
[19] Ebenda, S. 101.

[20] Dr. Andreas Morsey, Dienstkämmerer, Reserveleutnant, hinterließ Aufzeichnungen, die sich heute im Besitz der Gräfin Sophie Nostitz, Salzburg, befinden.
[21] Erich Ritter von Hüttenbrenner, Generalstabsmajor, Aussage: UP, S. 285.
[22] Daniel Purić, Kath. Theologiestudent.

2. Der Marsch nach Saloniki

[1] ÖUA Nr. 10654, Bl. 9; *Odjek* v. 3. Juli 1914.
[2] Ebenda.
[3] Čedomir Popović: *Sarajevski Atentat i Organizacija „Ujedinjenje ili smrt"* in *Nova Europa*, Zagreb, 26. 7. 1932. Übersetzung bei Vladimir Dedijer: S. 731.
[4] Lončarević, Dušan, *Jugoslawiens Entstehung*, Wien 1929, S. 542, 543.
[5] Veselin Masleša: *Mlada Bosna*, Belgrad 1945, S. 45.
[6] Vladimir Dedijer: *The Road to Sarajevo*, New York, S. 445.
[7] *Serbisches Generalstabswerk*, 1. Bd. dt. Übersetzung (Manu.) KA, Bibl.
[8] Petar Stojanović: *Susreti sa Sarajevskim Atentato rima* in der *Borba*, Belgrad, 17. u. 18. Juni 1964.
[9] Hermann Kantorowicz: *Gutachten zur Kriegsschuldfrage 1914*, Frankfurt 1967, S. 358.
[10] Marco: Nik. Hartwig in *Nova Europa*, 26. April 1928, BMH 1928, S. 745.
[11] UP v. 6. 7. 14, S. 361.
[12] UP S. 364, 365.
[13] *Borba*, Belgrad, 16. Juni 1964.
[14] Aus einem Gespräch des Königs der Serben, Kroaten und Slowenen mit dem österr. Gesandten Hoffinger am 3. März 1923. (HHStA, N.P.A., Karton 3).

3. Opfer edler Pflichterfüllung

[1] St. Veit oder Vitus genoß in Westfalen und im slawischen Norden und Osten hohe Verehrung. Er galt als Nothelfer gegen den Veitstanz, und seine Reliquien werden in Saint Denis und im Prager Veitsdom aufbewahrt. Im serbischen Kirchenkalender muß Vidov, der Märtyrer, seinen Kulttag mit acht anderen Heiligen teilen.
[2] Der 1236 verstorbene hl. Sava ist der Schutzpatron der Serben, sein Vermächtnis gilt der Herzegowina (Ducatus sancte Sava), ÖUA, VIII, Nr. 10654, Bl. 3.
[3] Das bekannte Amselfeld ist ein 500 m hoch gelegener, etwa 84 km langer und von Gebirgen umrandeter Talkessel nordwestlich von Priština.
[4] Die Angaben über den Namen des Helden stammen erst aus dem Ende des XV. Jahrhunderts. Im Werk „Il Regno degli Slavi" des Ragusaners Mavro Orbini stößt man zum erstenmal auf die vollentwickelte Obilić-Legende. (Aus der *Encyclopaedia Jugoslavae*.)
[5] Knez Lazar, geb. um 1329, regierte 1371–1389, war einer der Nachfolger des Zaren Dušan und Herrscher über ein Teilgebiet. Er breitete seine Herrschaft vom serbischen Kernland aus, stand unter ungarischer Oberhoheit, gegen die er sich, als die Türken von Süden her angriffen, empören wollte.

⁶ *Gorski Vijenac: Der Bergkranz*, dt. Übersetzung von S. Kirste, Wien 1886.
⁷ Siehe *Cyrillischer Taschenkalender 1914*, Ausgabe des Handelshauses Jefta M. Pavlović, Belgrad.
⁸ *Bosanski Glasnik* = *Bosnischer Bote*, 1914. Dieses Universal-Handbuch wurde in Serbokroatisch (lat. u. zyrill.) sowie in Deutsch herausgegeben. Im Kalender der serbisch-orthodoxen Kirche in Bosnien war der *Knez-Lazar-Vidovdan* kein Feiertag, nicht einmal ein Gerichtsfeiertag, deren es für die Orthodoxen 20, für die Katholiken 11 und für die Muselmanen 4 gab. Der Vidovdan des Jahres 1914 fiel zufällig auf einen Sonntag.
⁹ Am 13. August 1905 genehmigte der Kaiser das „Statut über die Regelung der Kirchen- und Schulverwaltung der serbisch-orthodoxen Eparchien (Metropolien) in Bosnien und Hercegovina". Es gewährte und anerkannte: „1. Die serbische Sprache und die zyrillische Schrift. 2. Die serbische Fahne. 3. Versammlungsfreiheit bei Verhandlungen über Kirchen- und Schulangelegenheiten. 4. Den Einfluß von Laien, also auch von Politikern, auf den Geistlichen- und Lehrerstand. 5. Verwaltungs- und Verfügungsfreiheit über das Kirchenvermögen und freie Fundamentallehre in den serbisch-nationalen und konfessionellen Schulen." Fritz Reinöhl stellt fest: Das Statut gab der großserbischen Arbeit einen ungeheuren Auftrieb. Wieweit die Infiltration bereits gediehen war, geht aus dem Umstand hervor, daß der am Waffenschmuggel beteiligte und im Sarajevoer Prozeß zum Tode verurteilte Agent Miško Jovanović im Rahmen dieser Kirchen- und Schulautonomie das Recht besaß, in Tuzla bei Ernennungen von Lehrern und Pfarrern mitzustimmen und ihre Gehälter festzusetzen. (*Großserbische Umtriebe*, Bd. 1. Wien 1944.)
¹⁰ Spottname für Landfremde, die in Bosnien mit Koffern angereist kamen, meistens Österreicher, Ungarn oder Deutsche. In der türkischen Zeit, als es fast nur Saumpfade gab und Tragtiere die ausschließlichen Beförderungsmittel waren, wurden die Habseligkeiten der Reisenden in Packtaschen untergebracht. Koffer europäischer Herkunft (Kufer) waren für Bosniaken ein ungewohnter und lächerlicher Anblick. In Sarajevo erschien ein Witzblatt mit dem Titel *Kufer*.
¹¹ Krsto Marić an Danilo Ilić, Brief v. 8. 8. 1912 in *Mlada Bosna*, herg. v. V. Bogićević, Sar. 1954.
¹² *Der Bergkranz*.
¹³ Angeführt bei D. Subotić: *Jugoslav Popular Ballads*, Cambridge 1923, S. 81.
¹⁴ *Der Bergkranz*.

4. Der Rache zweiter Teil

¹ Die Broschüre *Narodna Odbrana* wurde mit Urteil des Sarajevoer Kreisgerichtes vom 23. Mai 1912, Zl. 2952 St. für verfallen erklärt.
² Der Direktor der Serbischen Staatsdruckerei, Zivojin Dačić.
³ Erst anläßlich der Hausdurchsuchung bei einem Rechtsanwalt in Agram kam die Staatsanwaltschaft in den Besitz des ersten Exemplares der Narodna-Odbrana-Broschüre, welche dann als Beweismaterial im Hochverratsprozeß gegen die Mitglieder der serbischen „Sokoln" diente. Aus einer Note der kroatischen Landesregierung an den Chef des Generalstabes v. 10. April 1918 (SAR-A, Wien).

⁴ Dem serbischen Amtsblatt *Srpske Novine* vom 28. Juni 1914 lag ein Aufruf der Narodna Odbrana bei, dem die zitierte Stelle entnommen ist. ÖUA Nr. 10654, Bl. 4.
⁵ Bericht vom 29. Juni 1914, ÖUA Nr. 9943. – Damit stimmt überein, daß die südslawische Öffentlichkeit Österreich-Ungarns ebenfalls erst am Vidovdan 1914 von den neuen Vorstellungen der Belgrader Propagandisten erfuhr, und zwar durch die Aufrufe der serbischen Vereine (Sokoln, Prosvjta), die alle auf den Stichtag 28. Juni ausgerichtet waren.
⁶ Potiorek an das Gem. Finanz. Min., ABH, Sarj. GFM. Pr. 599/13.
⁷ 1671 wurden mehrere Verschwörer hingerichtet, die in Ungarn und Kroatien einen Aufstand gegen die habsburgische Herrschaft vorbereitet hatten, darunter der Banus von Kroatien, Peter Zriny (Zrinsky), der nach der kroatischen Krone strebte, und Franz Christoph Frangipani (Frankopan), Graf von Tersat.
⁸ Inhaltsangabe eines Guslarenliedes aus J. Matl: *Die serbo-kroatische Literaturwissenschaft*, Zeitschrift für slavische Philologie XI, Berlin 1934.
⁹ Ber. Gen. Kom. Agram v. 20. 1. 1914. KA. MKFF, 22. 3. 1914, 14–6/2 u. ABH, Sarj. GFM. Pr. BH 599 v. 21. 5. 1914.
¹⁰ ÖUA Nr. 9973 v. 1. 7. 1914.
¹¹ Ivan Vila wird in den Akten als Detektiv bezeichnet, eine Berufsbezeichnung, die nicht unseren Vorstellungen entspricht. Ein bosnischer Detektiv war ein Polizist in Zivil, ein Polizeiagent, wie man damals sagte. Am 3. Juni 1914 transportierte Vila den Schüler Krsto Marić, der nach der Zrinsky-Frankopan-Demonstration in Mostar den Gymnasialdirektor Poljak geohrfeigt hatte, nach Tuzla und trat am 4. Juni im selben Zug wie Čabrinović die Rückreise nach Sarajevo an. (Abschr. eines Berichtes über „Geh. Schülerorganisationen", SAR–A, Wien, O 441.)
¹² Vaso Čabrinović, der Vater des Nedeljko, besaß ein kleines Kaffeehaus in Sarajevo und war Konfident der Polizei. Dedijer schreibt: „Um die Konzession zur Eröffnung des Cafés zu bekommen, hatte der alte Čabrinović der Ortspolizei gewisse Dienste zu leisten." (S. 371.) Das ist sehr beschönigend ausgedrückt, Dedijer hat wohl nicht die Unterlagen über Vaso Čabrinović zu Gesicht bekommen.
¹³ UP v. 14. Juli 1914, S. 166.
¹⁴ Am 25. Juni war der Erzherzog in Bad Ilidža eingetroffen. Am Nachmittag war er mit seiner Gattin in der Stadt Sarajevo, um dort Einkäufe zu tätigen. Der 26. und 27. Juni waren Manövertage.
¹⁵ Dedijer, S. 551: „Bisher (bis zur Unterhaltung mit dem Detektiv Vila am 4. Juni) kannten die Verschwörer das genaue Datum seines Eintreffens in der Bosnischen Hauptstadt nicht." – In der Anmerkung 45 auf S. 891: „Allerdings dementierte Ivan Vila bei der Gerichtsverhandlung diese Behauptung des Čabrinović." (VP. S. 302.) Das ist ein Irrtum, Vila sagte beim Untersuchungsrichter sowie in der Verhandlung aus, er habe dem Čabrinović nicht erzählt, weshalb er die Dienstreise nach Tuzla unternehmen mußte (Eskortierung des Marić). Čabrinović aber kannte den Grund. Vorsitzender: „Jeste li Vinjemu pripovjedali ... nisam mu kazao." (VP, S. 301 u. 302.)
¹⁶ Joseph Redlich: *Kaiser Franz Joseph von Österreich*, S. 435. In Wien hörte Berchtold von einer „geradezu panischen Aufregung" (Hantsch: *Berchtold*, Bd. 2, S. 537).

[17] ÖUA Nr. 10184 „Ne cé biti ništa od toga stari je car bolestan i prijestolonasljednik ne cé ici u Bosnu."
[18] HHSA, Wien, N. H. Z. A., K 67, VI.
[19] König Alexander I. Obrenović und seine Gattin Draga. – Der serbische Oberst Čedomir A. Popović (Marco) bekannte 1927, daß auch die ersten terroristischen Versuche in Bosnien und der Herzegowina die Folgen der Annäherung und der kameradschaftlichen Zusammenkünfte der südslawischen Jugend mit den serbischen Offizieren waren. *Nova Europa*, Agram 1927, XV u. XVI. Siehe auch Gooß, S. 195.
[20] UP, S. 99 ff.
[21] UP, S. 141 u. a. a. O.
[22] G. B. in Cuprija und in Prokuplje bei Niš.

5. Serbiens Unschuld

[1] ÖUA Nr. 4827 v. 8. Dezember 1912.
[2] Dr. M. Boghitschewitsch (Bogičević) *Die auswärtige Politik Serbiens 1903–1914*, I., S. 280.
[3] Ebenda.
[4] Ebenda.
[5] Ebenda.
[6] Wie Anm. Nr. 1.
[7] Aus der Denkschrift des serbischen Staatsmannes Ilija Garašanin: *Die Politik Serbiens*. Eine Übersetzung im HHSA, Auszüge in Gooß, S. 23–27.
[8] Radikale Partei – großserbisch orientiert, rußlandfreundlich, 1887 gegründet. N. Pašić namhafter Mitbegründer.
[9] Hantsch I, S. 372.
[10] Leon Bilinski: *Wspomnienia i dokumenty*, Tom. I, Warschau 1924. S. 257-296. - Auszugsweise in einem Artikel von Ljuba Jovanović in der *Politika* v. 12. 4. 1925, übersetzt in den BMH 1925, S. 281–284.
[11] Bog. Bd. III, S. 105.
[12] ÖUA Nr. 3270 v. 6. 2. 1912.
[13] Ebenda.
[14] Bog. II, S. 310, der dt. Ges. Griesinger am 16. Nov. 1912.
[15] Dedijer, S. 745.
[16] BMH, Bd. 25, S. 281-284.
[17] Siehe Anm. 1 zum Kapitel VI/1.
[18] Jovan Jovanović' Bericht vom 6. Juli 1914. Er wurde am 10. Juli (27. Juni) unter der Nr. 237 und der vertr. Nr. 2555 registriert. – HHSA, FG.
[19] Sir M. de Bunsen an Sir Edward Grey v. 29. Juli 1914, Tel. Nr. 122, Brit. Dokumente, Bd. 1. Nr. 265, S. 271.
[20] Ljuba Jovanović, Minister für Kultus und Unterricht im Kabinett Pašić zur Zeit des Kriegsausbruches 1914 und späterer Präsident der Skupština. Der Artikel *Nach dem Veitstag des Jahres 1914* erschien in der von Ksjunjin herausgegebenen Broschüre 1914–1924, *Blut des Slawentums* („Kro Slovenska", Belgrad 1924), dt. BMH 1925/2, siehe auch Gooß, S. 285.

[21] Siehe Gooß, S. 287.
[22] *Štampa*, Belgrad, 30. Juni 1914, dt. ÖUA Nr. 9952 Bl.
[23] *Fremdenblatt*, Wien, 1. Juli, Wollff'sches Bureau v. 2. Juli, auch ÖUA Nr. 9952, Bl.
[24] Pašić' Erklärungen in der Zeitung *Az Est*, Budapest, vom 7. 7. 1914 und in der Pariser Ausgabe der *New York Herald Tribune* vom 20. 7. 1914, ferner im *Standard* vom 21. 7. 1914.
[25] BMH 1925, S. 438.
[26] Mit Četnići sind hier die Freischärler und Freunde Princips gemeint.
[27] Der 23. Mai a. St., nach dem neuen Kalender der 5. Juni.
[28] Leon von Bilinski, *Wspomnienia i dokumenty 1846–1922*, 2. Bd., Warschau 1924, S. 277 f.: „Das Gerücht, ich hätte den Kaiser vor der Reise gewarnt, ist mit der Wahrheit nicht übereinstimmend; denn ich hatte keine Veranlassung, mich in diese militärische Reise einzumischen." Am 28. 6. 1924 schrieb die *Neue Freie Presse*, Wien: „Bilinski erwähnt in seinen Memoiren nichts von der ihm übermittelten Warnung des serbischen Gesandten. Er sagt lediglich, der Erzherzog habe vor der Reise den Wunsch geäußert, ,es möge sich mit dieser Angelegenheit ausschließlich der Landeschef als kommandierender General befassen, ohne in die Aktion das Gemeinsame Finanzministerium einzubeziehen'. Dagegen konnte ich keine Einwendungen erheben . . ."
[29] *Politika*, Belgrad, 4.12.1926 (Nr. 6686).
Am 10. Jahrestag, also am 28. Juni 1924, äußerte sich Jovan Jovanović im *Wiener Tagblatt* über seine Warnung, betonte dabei die Herausforderung durch Manöver: „. . . ich erklärte dem Minister Bilinski ganz offen, was ich erfahren hätte, nämlich daß die Manöver in Bosnien an der Drina, also gerade gegenüber Serbien abgehalten werden sollen und der Erzherzog Franz Ferdinand sie selbst kommandieren werde. Ich sagte dem Minister Bilinski: ,Wenn das wahr ist, dann kann ich Euer Exzellenz versichern, daß dies größte Unzufriedenheit bei den Serben erregen wird, welche dies als einen Akt der Provokation betrachten müssen. Manöver unter solchen Umständen sind gefährlich. Unter der serbischen Jugend kann sich jemand finden, der in sein Gewehr oder seinen Revolver nicht ein blindes, sondern ein wirkliches Geschoß steckt und das dann abfeuert. Und diese Kugel könnte den Herausforderer treffen. Deswegen wäre es gut und vernünftig, daß Erzherzog Franz Ferdinand nicht nach Sarajevo geht und daß die Manöver nicht am Vidovdan und nicht in Bosnien abgehalten werden.'" Dazu ist zu sagen: 1. In dieser Äußerung ist vom 5. Juni als Tag der Vorsprache bei Bilinski die Rede. In der *Wiener Sonn- und Montagszeitung* vom 23. 6. 24 nennt er den 21. Juni als Besuchstag. 2. Schon am 26. Mai berichtete der Militärattaché genau die Manöverannahme, aus der zu ersehen war, daß die Übungen nicht „an der Drina gerade Serbien gegenüber" abgehalten wurden. 3. Am 17. Mai berichtete Jovanović selbst, „es heißt, daß der Thronfolger den Manövern beiwohnen wird". Überall stand zu lesen, daß Potiorek und nicht der Thronfolger das Kommando führen werde.
[30] Der ehemalige Pressechef Bilinskis, Paul Flandrak, veröffentlichte im *N. W. Journal* vom 26. 4. 1925 eine Stellungnahme: „Im Mai 1914 . . . erschien Jovanović zum letztenmal im Arbeitszimmer des gem. Minister." Er hätte damals von Verstimmungen diesseits und jenseits der Grenze gesprochen und von seinem Wunsch, alles zu

vermeiden, wodurch die angebahnten Verhandlungen tangiert werden könnten. Siehe auch BMH, 25, S. 286, Gooß, S. 249, 250.
31 Siehe S. 26.
32 SAP, Nr. 9, Tel. nach Wien 21. Juni (4. Juli), Vertr. Nr. 2431, Dep. Abfertigungsprotokoll Nr. 185. Erledigungsantwort liegt nicht vor. (Es handelt sich hier wie bei dem Antworttelegramm (Anm. 32) um Inhaltsangaben im Geschäftstagebuch der Pol. Abt. des serb. M. d. Ä.).
33 SAP, Nr. 10, nur Eintragung im Geschäftstagebuch Nr. 2481 (siehe Anm. 32).
34 *Politika*, Belgrad, v. 26. 4. 1926 und *Obzor*, Zagreb, v. 27. 4. 1926. (Siehe auch Gooß, S. 286 u. 287 und E. Durham: Pashitch attempted denial of Ljuba Jovanovitch charge".
35 Brockhaus-Lexikon.

6. Das bosnische Aviso

1 VP, S. 185.
2 VP, S. 63.
3 Dedijer, S. 436.
4 Auszug aus B. Jevtić: *Erinnerungen und Eindrücke über das Attentat von Sarajevo.* Belgrad 1924, dt. Auszug BMH 1925, S. 657. Jevtić forderte in der unter der bosnischen Schuljugend stark verbreiteten Zeitschrift *Srpska Omladina* (Nr. 1) die Teilnahme der Mittelschüler an der Volksaufklärung: „Die Jungen, deren Seelen unschuldig und weiß, allen Einflüssen zugänglich sind, müssen mit sich abrechnen, sich läutern, stärken und moralisch kräftigen. Ihr Nationalismus muß sich zur Religion steigern..."
5 UP, v. 16. 8. 1914 u. an anderen Stellen.
6 *Srbobran*, Zagreb, *Pregled*, *Istina* und *Hrvatski dnevnik* in Sarajevo, *Die Zeit*, Wien.
7 UP v. 13. Juli 1914, S. 157.
8 Siehe B. Nešković: *Die Wahrheit über den Saloniki-Prozeß*, Belgrad 1953 (sk.), S. 268. Dem Gericht lag ein Tagebuch des Mj. M. Vasić vor, das am 14. 8. 1911 folgende Eintragung zeigte: „Hat Misan für den Streik vorzubereiten und nimmt Abgesandte für das Attentat auf F. F. auf." Der Major fiel am 30. Juni 1913 im Kampf gegen die Bulgaren, er kannte sowohl Princip wie Čabrinović und bereiste als Kellner und Straßenarbeiter getarnt Bosnien. VP, S. 51 u. 407.
9 Čabrinović schrieb am 31. August aus Triest an Jevtić nach Sarajevo, er habe sich einen Browning gekauft. (*Mlada Bosna*, Brief 21.) – Dedijer, S. 521: In seinen Memoiren berichtet Orlić (*Jugoslavenska sećanja*, Rijec, 10. Juli 1937), „daß Čabrinović ihn gebeten habe, ihm einen Paß nach Serbien zu besorgen... Dieser sprach mit Orlić über seine Pläne in bezug auf ein Attentat auf einen habsburgischen Würdenträger, er erwähnte sogar den Namen Franz Ferdinand."
10 Dordje Nastić, eine der zwielichtigsten Gestalten der Vorkriegsepoche, geb. 1884 in Mostar, gest. 1919 in Graz. Wenn es gelänge, seine Lebensgeschichte zu rekonstruieren, ergäbe dies Einblicke in die serbische Untergrundtaktik und die Maßnahmen der österr. Gegenspionage, auch Blicke hinter die Kulissen des Agramer Hochverrats- und des Cetinje-Bomben-Prozesses. Nastić war serbischer Journalist und

entwickelte sich, wie man sagte, zum „dreifachen Spion". Zuerst serbischer Agent und Propagandist, verstanden es später die Österreicher, ihn „umzudrehen". Doch auch bei ihnen errang er sich kein Ansehen; Sektionschef Dr. Hörmann von der b. h. Landesregierung bezeichnete ihn als „professionellen Wortverdreher und dreisten Lügner". Nastić war der Autor mehrerer Pamphlete, die großen Wirbel hervorriefen: *Die Jesuiten in Bosnien, Finale, Meine Affären.* In Sarajevo heißt es, die homosexuellen Freundschaften des Nastić hätten bei der Beschaffung von Skandalmaterial eine Rolle gespielt.

[11] VP, S. 35, 57.
[12] UP, S. 191.
[13] Ebenda.
[14] Anklageschrift S. 103, 104.
[15] Pušara war, obwohl er 1912 eine Demonstration anführte, Angestellter des städt. Magistrats in Sarajevo. Nach Jevtić war er dazu ausersehen, Franz Ferdinand in Visoko, falls er dorthin reisen sollte, „abzufangen". B. Jevtić: *Erinnerungen und Eindrücke*... BMH, 1925, S. 680.
[16] Dr. Andreas Morsey, Dienstkämmerer bei Erzherzog Franz Ferdinand.
[17] UP v. 3. Juli, S. 109.
[18] Dedijer, S. 586.
[19] UP v. 18. 8. 1914, S. 185.
[20] Ebenda.

7. Motive

[1] Čabrinović erhielt nicht wegen seiner Teilnahme am Streik, sondern wegen seiner Ausschreitungen ein Aufenthaltsverbot für Sarajevo. Da er nach Trebinje zuständig war, wurde er dorthin ausgewiesen. In Wirklichkeit kam es gar nicht dazu.
[2] Der Kommissär war der spätere Bezirksvorsteher von Tuzla, Michael Mihalić, ein Kroate.
[3] UP v. 26. 7. 1914, S. 142.
[4] VP v. 12. 10. 1914. – Der bosn.-herzeg. Landtag bestand aus Vertretern der serb. nationalen Partei, der moslemischen Einheits-Partei, der kroatisch-nationalen Partei, der kath.-kroatischen Vereinigung und aus Virilisten.
[5] Princip hatte eine richtige Lesewut. Er verschlang wahllos, was er erreichen konnte, hauptsächlich nationalistische Ergüsse und sentimentale Gedichte. Von einem „Studium der Literatur" zu reden ist eine der üblichen Übertreibungen.
[6] UP v. 28. 7. 1914, S. 100.
[7] Dedijer, S. 534.
[8] UP v. 18. 6. 1914, S. 119.
[9] Dedijer, S. 542 nach Jevtić und Pappenheim. Princip spielte, was die Person des Mj. Tankosić betrifft, vor Gericht die übliche Komödie; er tat so, als hätte dieser kaum etwas von ihm gewußt. Das ist mehr als unwahrscheinlich. Tankosić, der in der Hauptsache bosnische Freiwillige unter sich hatte, war über die jungen Emigranten genau im Bilde. Dann standen die drei Attentäter unter der speziellen Obhut des Milan Ciganović, der des Majors rechte Hand und später (?) Spitzel des

Ministerpräsidenten Pašić war. Princip suchte vor Gericht Tankosić zu schmähen, was er immer tat, zum Beispiel bei Pušara und Bajić, wenn er das Gericht irreführen wollte. Er nannte Tankosić, über dessen Heldentaten Artikel, Gedichte und Broschüren erschienen waren, „sehr naiv". (UP v. 19. 7. 1914, S. 119, UP v. 17. 7., S. 341.) Was die Angeklagten von Tankosić wirklich hielten, ging aus der Szene hervor, die sich abspielte, als sie erfuhren, daß er gefallen war. Kein erfahrener Offizier läßt Leuten, über die er nicht genau im Bilde ist, 6 Bomben und 4 Pistolen ausfolgen, wobei er nach guter alter Verschwörertradition natürlich selbst im Hintergrund bleibt. Unter den drei Attentätern traute er eben dem kleinen Princip am wenigsten zu. Das war ein Irrtum, hat aber Princip angestachelt, das äußerste zu wagen.

[10] UP v. 16. 7. 1914, S. 329.
[11] VP v. 12. 10. 1914, S. 38.
[12] Ebenda.
[13] UP v. 17. 8. 1914, S. 136.
[14] VP, S. 34.
[15] Ivo Andrić sprach vom „kalten Typ" der österr. Schulen.
[16] Man hat den Eindruck, als ob die von der serbischen Propaganda hochgespielte Vidovdan-Version manchen österr. Publizisten nicht unwillkommen war. Schließlich ist es bequemer und auch ungefährlicher, die Behörde einer Termin-Schlamperei zu bezichtigen, als an heikle Themen zu rühren.
[17] UP 4.7.1914, S. 306. – Čabrinović: „... wenn der Thronfolger uns Jugoslawen nicht so schrecklich gehaßt hätte, hätte ich nie daran gedacht, ihn zu töten, ebensowenig als ich daran dachte, den Kaiser Franz Joseph zu ermorden." UP v. 12. 7. 1914, S. 154. – „Was die Person Sr. k. u. k. Hoheit des Thronfolgers anbelangt, erklärte Vaso Čubrilović, er habe sich deshalb zum Attentat entschlossen, weil er in den Zeitungen gelesen hatte, weiland der Thronfolger sei ungerecht gegen die Slawen." (Urteil dt. S. 118). – Čabrinović am 28. 6. 1914 (S. 144): „... soweit mir aus Zeitschriften bekannt ist, ist Franz Ferdinand ein Feind der Slawen im Allgemeinen, besonders aber der Serben."
[18] Urteil dt. S. 125.
[19] UP v. 12. 7. 1914, S. 154.
[20] UP v. 4. 7. 1914, S. 306.
[21] Ebenda.
[22] Ebenda.
[23] UP v. 15. 8. 1914, S. 134. – Ein zukünftiger Kaiser von Österreich als Slawenfeind war der großserbischen Propaganda willkommen. Als Slawenfreund hätte er noch immer zwischen Wien und Agram, auch zwischen Wien und Laibach ein besseres oder vielleicht sogar ein gutes Verhältnis herstellen können. Dazu war es 1914 noch immer nicht zu spät. Ein den Südslawen gutgesinnter Kaiser von Österreich hätte einer österreichischen (westlichen) Lösung der südslawischen Frage den Weg bereiten können. Damit wäre die östliche, die Belgrader Lösung, verbaut gewesen.
[24] Ebenda.
[25] VP v. 12. 10. 1914 (dt. S. 111).
[26] UP v. 15. 8. 1914, S. 186.
[27] UP v. 18. 8. 1914, S. 185.

²⁸ VP v. 12. 10. 1914 (dt. S. 55 u. 63).
²⁹ Ebenda.
³⁰ Dedijer, S. 837.
³¹ Die Angeklagten brachten öfters zum Ausdruck, daß Vielvölkerstaaten „wie die Pest" zerfallen müßten, daß sie militärisch schwach seien, weil ihren Armeen jede nationale Begeisterung fehle.
³² UP v. 17. 8. 1914, S. 136.
³³ VP v. 12. 10. 1914, S. 108.
³⁴ VP v. 13. 10. 1914, S. 155.

8. Furcht um Serbien

¹ UP v. 25. 7. 1914, S. 180. – Serbien empfand die Gründung des albanischen Staates unter der Ägide Österreich-Ungarns und Italiens als Provokation und als Versuch, den Weg zur Adria dauernd zu versperren. Im Herbst 1913 besetzten serbische Truppenteile das albanische Staatsgebiet, obwohl Ministerpräsident Pašić versprochen hatte, „das albanische Kind ausschließlich der Erziehung seiner Eltern (ÖU u. Italien) zu überlassen". Im Oktober 1913 kam es dann zur Albanien-Krise, von der später die Rede ist. Der österr.-ung. Gesandte, Freiherr von Giesl, war der Meinung, daß der Gedanke der Besetzung Albaniens vornehmlich in den Köpfen der Militärpartei, der sogenannten „Schwarzen Hand", spukte. (ÖUA, VII, 8896.) Wie man sieht, spukte er auch noch später in den Köpfen der von den Belgrader Offizieren gelenkten bosnischen Jugendlichen. Vorstellungen über eine serbische Mobilisierung wegen Albanien tauchten bis zum Juni 1914 auf.
² Ebenda.
³ UP v. 25. 7. 1914 – Wie wenig Serbien vor der Großmacht Österreich-Ungarn zitterte, geht aus der Meldung des Evidenzbüros vom 17. 2. 1914 an die Militärkanzlei des Erzherzogs hervor, in der es hieß: „Zu dem Haß gegen die Monarchie gesellt sich seit dem (Balkan-) Krieg eine unglaubliche Geringschätzung unserer militärischen und politischen Stärke." „Die Serben sehen sich schon vor Wien", äußerte sich der englische Geschäftsträger (KA, Wien, MKFF, 1914, 45-16/2). Am 29. September 1913 schrieb das *Mali Journal:* „Vor Österreich-Ungarn braucht Serbien keine Angst zu haben, denn dieses ist schwächer als der kleinste Staat." (Funder, S. 479).
⁴ Das Schloß Konopischt ist heute Eigentum des tschechischen Staates. Noch immer (1972) werden bei den Führungen durch das Schloß die Fremden auf die „Konspiration" Franz Ferdinands mit Kaiser Wilhelm II. hingewiesen, die am 12. Juni 1914 stattgefunden haben soll und angeblich zum „Überfall auf Serbien und damit zum Ersten Weltkrieg führte".
⁵ Urteil, S. 113, 152.
⁶ UP v. 17. 7. 1914, S. 341.
⁷ Urteil, S. 121.
⁸ Die Spannungen, von denen Apis spricht, entstanden aus dem sogenannten Prioritätsstreit, der zu schweren Differenzen zwischen den Militär- und Zivilbehörden führte. Die Armee fühlte sich zurückgesetzt und beschuldigte die von der

radikalen Regierung Pašić eingesetzten Beamten in den neueroberten Gebieten der Korruption; sie seien eine „Bande von Männern ohne Gewissen . . .". Als sich der Streit verschärfte, entließ König Peter die Regierung Pašić am 10. Mai 1914, jedoch intervenierte der russische Gesandte Hartwig erfolgreich für sie. Am 24. Juni kam es zur Auflösung der Skupština, und König Peter übertrug die Regierungsgeschäfte seinem Sohn Alexander. Am 1. August sollte eine neue Skupština gewählt werden.

9 Aus den persönlichen Erinnerungen des serbischen Obersten Čedomir A. Popović, erschienen in der Zeitschrift *Nova Europa*, Agram, Juli 1932. Auszüge seiner Erinnerungen wurden ins Deutsche übersetzt und erschienen in den BMH, Nov. 1932, S. 1097–1121.

10 In der Zeitschrift *Die proletarische Revolution* und *Der Bolschewik* (Jg. 1924, Nr. 9) schrieb der russische Professor M. N. Pokrowski: „Nach der Zusammenkunft Kaiser Wilhelms II. und des österreichischen Kronprinzen (!) Ferdinand in Konopischt erhielt der Chef der Nachrichtenabteilung des serbischen Generalstabes, Oberst Dimitrijević, eine Geheimmeldung vom russischen Generalstab des Inhalts, daß die russische Regierung zuverlässige Nachrichten erhalten habe, über den Charakter und die Ziele der Zusammenkunft Wilhelms II. und des Kronprinzen Ferdinand, in deren Verlauf Deutschland den Plan, Serbien zu überfallen und zu erobern, gutgeheißen sowie Hilfe und Unterstützung zugesagt habe. Andere Nachrichten . . . bestätigten . . . die Richtigkeit. Innerhalb der serbischen Bevölkerung waren anläßlich der von den beiden Monarchen bei der Zusammenkunft in Konopischt gefaßten Beschlüsse phantastische und aufgeregte Gerüchte im Umlauf, eine furchtbare Nervosität bemächtigte sich aller, und die Luft war mit Elektrizität geladen. Als in Bosnien Manöver der österr.-ung. Armee angesetzt waren und es bekannt wurde, daß Kronprinz Ferdinand die Absicht habe, in Sarajevo einzutreffen, war Oberst Dimitrijević überzeugt, daß Österreich-Ungarn gewillt sei, den Überfall auf Serbien auszuführen. Nach langer Überlegung kam er – wie er im April 1915 erzählte – zu der Überzeugung, daß der Überfall auf Serbien und der Krieg nur durch die Ermordung Ferdinands verhindert werden könne, welch letzteren die ganze serbische öffentliche Meinung in diesem Augenblick als den größten Feind Serbiens und des serbischen Volkes und als den *Hauptinitiator* jeglicher Unternehmung gegen sie ansah." Prof. Pokrowski übernahm wahrscheinlich aus dem Buch des serbischen Historikers Stanoje Stanojević gewisse Gedankengänge (*Die Ermordung des Erzherzogs Franz Ferdinand*, S. 54/55). Eine deutsche Übersetzung der Stellungnahme des russischen Professors befindet sich in den BMH, Jg. 1925, S. 169. Eine Nachprüfung des Zitats in den russischen Zeitschriften war nicht möglich.

11 *Detailbestimmungen für die größeren Manöver 1914 und die Anordnungen der Manöverleitung*, Sarajevo, Landesdruckerei.

12 Das serb. Kriegsministerium, Allg. Milit. Abteilung, Generalstabssektion, legte diesen Bericht unter der Vertr. Zl. F/Oj.W.Zl. 438 am 8. April (26. März) 1914 dem Serb. Außenministerium vor. (Vertr. Zl. 1257, Reg. Zl. J/I/16.) Rohübersetzung FG.

13 Das serb. Kriegsministerium legte diesen Bericht dem Außenministerium am 27. (14.) April 1914 unter der Vertr. Zl. F..Dj. W. Zl. 586 vor. (Vertr. Zl. 1403 Reg. Zl. J/I/16), Übersetzung FG., HHStA.

14 KA, Wien, Evb. Fasc. 5496 v. 20. 1. 1909.

¹⁵ ÖUA Nr. 235.
¹⁶ Auffenberg-Komarow: *Aus Österreichs Höhe und Niedergang*, Mü. 1920, S. 248.
¹⁷ Die Allg. Milit. Abteilung des serbischen Kriegsministeriums, Generalstabssektion, legte diesen Bericht (Vertr. F. Gj. W. Zl.) am 26. (13.) Mai dem Außenministerium vor. Rohübersetzung FG, HHStA.
¹⁸ Bericht Ges. Jovan Jovanović an den Ministerpräsidenten Nikola Pašić aus Wien vom 4. Mai (17. April) 1914, Vertr. Nr. 91.
¹⁹ Europäische Kapitalgesellschaften erbauten und betrieben die Eisenbahnen in der europäischen Türkei. Durch die Balkankriege fielen ungefähr 380 km dieser Strecke an das siegreiche Serbien, das die Absicht hatte, sie zu verstaatlichen. Die österr.-ung. Regierung vertrat die Interessen ihrer Staatsangehörigen in langwierigen Verhandlungen. „Die serbische Regierung trat dafür ein, daß sie nur mit der Orientbahn-Gesellschaft zu verhandeln habe und daß sie die Einmischung eines fremden Staates in diese privatrechtliche Frage ablehnen müsse." (Lončarević, S. 523). Erst nach Beendigung des Weltkrieges erfolgte die endgültige Regelung.
²⁰ Im Frühjahr 1914 tagten die Delegationen in Budapest. Die Delegationen waren Ausschüsse, welche die dem österreichischen Reichsrat und dem ungarischen Reichstag zustehenden Rechte hinsichtlich der gemeinsamen Angelegenheiten ausübten. Die Delegationen wurden alljährlich abwechselnd nach Wien und Budapest einberufen.
²¹ Der „Freund" dürfte der Budapester Advokat Dr. Emil Gavrila gewesen sein, dessen staatsfeindliche Tätigkeit von Fritz Reinöhl untersucht worden ist. (*Großserbische Umtriebe*, Wien 1944.) Gavrila stand im engsten Kontakt mit dem Ministerpräsidenten Pašić und dem Sarajevoer Bankier Jeftanović. In serbischen Diensten stand er seit 1896.
²² Tel. d. Gen. Konsuls I. Milanković, Budapest, vom 7. (20.) Mai 1914, eingelangt am 10. (23.) Mai, Vertr. Nr. 1702, Vorakt Vertr. Nr. 1643, Register V/I, Übersetzung FG, HHStA.
²³ Raymond Poincaré: *Memoiren*, Bd. 2, S. 306 dt. (Dresden).

9. 16 Lastwagen, 171 Reiter

¹ KA, Wien, MKFF, Karton 154, Nr. 10. 777 ex 13.
² Das 15. Korps war in Sarajevo, Visegrad, Foča, Tuzla, Banjaluka garnisoniert und das 16. in Ragusa, Mostar, Trebinje, Nevesinje, Biliča, Spalato und Castelnuovo.
³ Dedijer, S. 768.
⁴ KA, Wien, MKFF, Karton 154, Nr. 10 777 ex 13 v. 27. 12. 1913. Über die Höhe der Manöverkosten gab es eine aufschlußreiche Auseinandersetzung. Die Ansprüche des Landeschefs, Armeeinspektors und Feldzeugmeisters Oskar Potiorek gingen nämlich weit über die Wiener Vorstellungen und sogar über die des Generalstabschefs hinaus. Potiorek verlangte ungefähr eine Million Kronen. Conrad zeigte sich, was die bosnischen Manöver anging, von der sparsamen Seite: „ . . . die Truppenstärke muß sich in jenem Rahmen bewegen, welcher durch die Rücksichtnahme auf die Kosten, die Ausbildungserfordernisse der *anderen* Korps und die verfügbaren Geldmittel gegeben ist." Weiters erklärte Conrad: „Da an Geldmittel für größere

Manöver im Jahre 1914 für die ganze Monarchie überhaupt bloß ca. 1,050.000 Kronen verfügbar sein werden, so ist eine *Reduktion* der in Rede stehenden Manöver in Bosnien und der Hercegovina, in erster Linie hinsichtlich des Umfangs der teilnehmenden Truppen, unerläßlich."

5 Potiorek an Conrad, 15. 12. 1913, KA, Wien, MKFF 1913 8–26.
6 KA, Wien, MKFF, Karton 154, Nr. 10777 ex 13 v. 27. 12. 1913 und KM 1914, 5. Abt. 7–2/5–9.
7 Im KA zu Wien befindet sich eine „Untertänigste Meldung betreffend bh. Manöver-Adjustierung." Sie trägt das Datum vom 1. Mai 1914, und ist vom Obersten Dr. Bardolff unterzeichnet. Es wird Entscheidung erbeten, ob die Truppen in neuartigen (hechtgrauen) oder in altartigen (blauen) Friedensmonturen auszurücken hätten. Gleichzeitig wird in der Meldung unterstrichen: „Die Monturwirtschaft aller Truppen in BHD (Bosnien, Hercegovina und Dalmatien) wurde durch die letzte Krise schwer in Mitleidenschaft gezogen, so daß Schonung nottut." Der sich auf den „Marsch nach Saloniki vorbereitende Feldherr" gibt auf diese Meldung einen handschriftlichen Vermerk. Er lautet: „Mit schlechten Friedensmonturen wie gewöhnlich." (KA, Wien, MKFF, 1914, 15–2/5–7).
8 KA, Wien, Ordre de bataille.
9 Station Ivan, 96 km von Mostar, 39 km von Sarajevo. Eine 1 km lange Fahrstraße führte von der Station zum Ivansattel, der Ivantunnel ist 658 m lang, in Rasteljica endete die 15 km lange Zahnradstrecke des eigentlichen Ivan-Überganges.
10 Siehe Anmerkung 12, Kap. II/3, S. 288.
11 Veltzés: *Int. Armee Almanach*, 1913/14, 7. Jg. Der österr.-ung. Militärattaché in Belgrad bringt eine Schätzung des Gesamt-Friedensstandes der serbischen Armee durch den russ. Militärattaché, sie lautet auf „zirka 100.000 Mann". (ÖUA, Nr. 9883 v. 19. Juni 1914.)
12 Boghitschewitsch: *Kriegsursachen*, S. 170 ff.
13 Aus dieser Zeit stammt der Bericht des k.u.k.Gesandten Ugron in Belgrad über eine Unterredung mit dem Ministerpräsidenten Pašić, der ausführte: „Würde sie (die Monarchie) Serbien gegenüber eine wohlwollende Haltung einnehmen, so würde das Land zu ewigem Dank verpflichtet sein und es nie vergessen. Es könnte jetzt ein Wendepunkt in den Beziehungen zwischen der Monarchie und Serbien eintreten und nichts würde mehr den allerherzlichsten Beziehungen im Wege stehen." Ugron fügte hinzu: „Ich will dahin gestellt sein lassen, inwieweit diese fast an Liebeswerbung grenzenden Auslassungen des Herrn Ministerpräsidenten aufrichtig sind oder nicht." (ÖUA, Nr. 3911 v. 2. Oktober 1912.)
14 Bericht aus St. Petersburg vom 25.(12.) März 1914, Vertr. Nr. 81, an den Ministerpräsidenten Pašić. Gez. Dr. M. Spalajković, eingelangt am 1. April (19. März) 1914. Eigenhändiger Erledigungsvermerk Pašić' – Registraturvermerk: Min. d. AA, Politische Abteilung, Vertr. Nr. 1081, Vorakt vertr.Nr. 901, Vertr. Nr. O/II 1. Übers. FG., HHStA.
15 Brief des Landeschefs Potiorek an Oberst Dr. Bardolff vom 18. April 1913. KA, Wien, MKFF 3590 ex 13, 8–20, auch Bezug auf Pb/3–1912.
16 Die bosnische Chronik zählt von 1391 bis 1463 sechs Könige und eine Königin auf.
17 Über die geplante Manöverreise schrieb Potiorek am 22. Februar 1914 an Oberst

Dr. Bardolff: „... bitte ich Euer Hochwohlgeboren, Seiner kaiserlichen Hoheit zu melden, daß ich in den gegenwärtigen Zeiten unter den bestehenden Verhältnissen wohl ... *die volle Verantwortung* ruhig übernehmen kann, welche nach einem, mir längere Zeit vorher bekannten, also zeitgerechten Vorkehrungen ermöglichenden Programm erfolgt, nicht aber für einen mehr oder weniger kommenden inoffiziellen Besuch des Landes." (Antwort auf Bardolffs Schreiben vom 17. 2. 1914. KA, Wien, MKFF 15–2/5.) Über Potioreks Sicherheitsvorkehrungen und Verhalten am 28. Juni 1914: Fritz Würthle, *Franz Ferdinands letzter Befehl*, Österreich in Geschichte und Literatur, Graz, Juni 1971, Fg. 6.

[18] Bad Kobiljaka-Koviljača, unmittelbar am Grenzfluß der Drina gelegen, besitzt eine Schwefeltherme mit einer Temperatur von 30 Grad. Aus Zeugenaussagen geht hervor, daß Bosnier von dem serbischen Grenz- und Terroroffizier Todorović dort in der Handhabung von Waffen unterrichtet wurden. (Tel. v. 21. 10. 1914, ABH, Pr. BH Nr. 1691; Voj. Bogićević.)

[19] Wie Anm. 15.

[20] Ungefähr 30 km nordwestlich von Sarajevo an der Bahnstrecke nach Bosnisch-Brod liegt die Haltestelle Čatići und nicht weit davon das älteste Franziskanerkloster Bosniens, das „königliche" Sutjeska, das schon 1379 erwähnt wird. In der Klosterkirche befinden sich Grabstätten bosnischer Fürsten. Nach eineinhalb Stunden Bahnfahrt erreicht man die Ruine der Burg Bobovac, einstige Residenz der Bane und Könige von Bosnien und Aufbewahrungsort der bosnischen Königskrone.

[21] Conrad III, S. 445.

[22] Ebenda, S. 702.

[23] KA, Wien, MKFF 10226 ex 13, 8–26.

[24] Potiorek an Conrad, 15. Dezember 1913.

[25] KA, Wien, MKFF, 15–2/5–2 v. 22. Februar 1914.

[26] In einem Schreiben aus Miramar vom 12. 3. 1914 an Landeschef Potiorek im Hotel Goldene Krone in Wien werden der 26. u. 27. Juni als Manövertage bestimmt. Über den 28. heißt es: „Den Sonntag, den 28., nimmt Seine Kaiserliche Hoheit für eine Besichtigung von Sarajevo in Aussicht und werden der Einladung E. E. zum Dejeuner im Konak mit Vergnügen Folge leisten." MKFF 15–2/5–2 ex 14.

[27] Der Artikel XXV des Berliner Vertrages beginnt mit den Worten: „Les provinces de Bosnie et d'Herzégovine seront occupées et administrées par l'Autriche-Hongrie." Der weitere Text beschäftigt sich mit dem Sandschak. Von einer Befristung der Okkupation und Verwaltung Bosniens war keine Rede.

II. Generalstabskonzept

1. Der einzige serbische Moslim

1. Die jugoslawischen Moslims sind im jugoslawischen Staat berechtigt, sich als Nation zu bekennen, jedenfalls anerkennen die kommunistischen Behörden in amtlichen Papieren in der Rubrik „Nation" die Eintragung: Mohammedaner.
2. Dušan Stephan, der Mächtige, geb. um 1308, gest. 1355, König von Serbien, seit 1346 Kaiser von Serbien.
3. Brief d. Hasan Rebac, 8. Gymn.-Kl. in Mostar vom 28. 5. 1911. Nr. 72 der Briefsammlung *Mlada Bosna*.
4. Der Attentäter Branko Zagorac sagte am 9. Juli 1914 in der Verhandlung: „Die Fortschrittler verfolgten den Zweck, die Serben und die Kroaten einander näher zu bringen." UP, S. 412.
5. Trifko Grabež – VP, S. 108; „Neka je stvar izraz čitave Bosne; neka nije specijalno srpskoga naroda."
6. VP. S. 122.
7. ÖUA Nr. 10066.
8. OSIP, a. b. Dedijer S. 733.
9. Dušan Tvrdoreka, NOVOSTI, Bdg. 23, 24, 25. IX. 1926.
10. ABH, Sar. LR 5867 v. 11. 7. 1914.
11. Ein Flugblatt, verfaßt von dem serbischen Agenten Vladimir Gačinović. In ihm wird Bogdan Žerajić verherrlicht, der 1910 auf General Varešanin ein Attentat verübte. Nach mißlungener Tat beging Žerajić, ein Jusstudent, Selbstmord. „... seine Hand sank, aber aus dem Blute werden tausend tapfere Hände sich erheben." (Aus *Tod eines Helden*).
12. Pol. Chronik v. 29. 4. 1914 (S. 99).
13. Unter Čaršija versteht man für gewöhnlich den türkischen Markt, im übertragenen Sinn auch die öffentliche Meinung der Stadt. Wenn man sagt, „die Čaršija sagt", dann heißt das: „allgemein wird behauptet".
14. Bericht des Vizekonsuls Kohlruss aus Prisren v. 27. 1. 1914, ÖUA Nr. 9255.

2. Die verdächtigen Anarchisten

1. Tvrdoreka, NOVOSTI, 23., 24., 25. 9. 1926.
2. ÖUA Nr. 9992 v. 2. Juli: „Heute haben Princip und Grabež das Komplott gestanden, dabei den Namen Muhamed Mehmedbašić, Tischler aus Stolac, genannt."
3. Meld. d. Bez.-Amtes Bileća (Nr. Pr. 385 v. 9. 7. 1914). Abschr. HHStA, FG.
4. Wie Anm. 3. – Auch Čabrinović bedauerte, kein Attentat auf König Nikita verübt zu haben, als *man* eines auf ihn wollte. „Upliće i Nikitu, a ja žalim da nisam neke godine izvršio atentat na njega, kad su htjeli atentat na njega." VP (Bog.) S. 304.

⁵ Daß die Drohung des Mehmedbašić von den lokalen Behörden nach Wien weitergegeben wurde, ist nicht ersichtlich, jedenfalls erging von Wien keine Warnung nach Cetinje.
⁶ K. u. k. Chef d. Generalstabes, KA, B. Nr. 476. (Aus den vertraulichen Mitteilungen eines hohen montenegrinischen Militärs.)
⁷ Kopie HHStA, FG.
⁸ Sandschak siehe Karte.
⁹ KA, Evb. 1912, F. 5521.
¹⁰ Bericht des serb. Ges. vom 13. Mai (30. April) 1919, vertr. Nr. 119 an Pašić. Abschr. F G.
¹¹ Wie Anm. 3.
¹² ÖUA Nr. 10186 v. 10. 7. und 10224 v. 12. 7. 1914.
¹³ Dedijer schreibt auf S. 523 d. dt. Ausgabe: „Die Richtigkeit der eben zitierten Information wurde durch einen Bericht des französischen Botschafters in Cetinje in einer Meldung vom 23. Juli 1914 bestätigt. Er meldete nach Paris, daß der montenegrinische Außenminister Plamenac ihm gesagt habe, Mehmedbašić sei aus dem Gefängnis entflohen und habe bestätigt, daß sich die Verschwörer in Tours getroffen haben . . .". Schon am 14. Juli meldete der serbische Gesandte in Cetinje Herrn Pašić: „Der verhaftete Mohammedaner in Nikšić behauptet, daß die Verschwörung zu Tours in Frankreich angezettelt wurde." (Vertr. Nr. 160, Abschr. HHStA, FG.).
¹⁴ ÖUA Nr. 10241 v. 13. 7. 1914 u. 10279 v. 15. 7. 1914.
¹⁵ Ebenda.
¹⁶ Ebenda.
¹⁷ ÖUA Nr. 10329 v. 17. 7. 1914.
¹⁸ ÖUA Nr. 10381 v. 19. 7. 1914 u. 10404 v. 20. 7. 1914 u. 10669 v. 24. 7. 1914.
¹⁹ ÖUA Nr. 10487 v. 22. 7. 1914.
²⁰ Genaugenommen gab es keine österr.-ung. Staatsangehörigen oder Untertanen, sondern österreichische oder ungarische Staatsbürger. Die Bewohner Bosniens und der Herzegowina besaßen die b.h. Landesbürgerschaft.
²¹ Runderlaß v. 1. Juli 1914, Serb. Blaubuch Nr. 8.
²² Als Treffpunkt werden Tours, Toulouse und Paris genannt. Es ist anzunehmen, daß an allen drei Orten Zusammenkünfte stattfanden.
²³ SAP Nr. 11 v. 27. Juni (10. Juli) 1914, vertr. Nr. 158.
²⁵ Verdiente Terroristen erhielten aus verschiedenen Fonds Beihilfen, auch Stipendien. Sie mußten sich aber, da sie brutalster Gehorsamspflicht unterworfen waren, auf Abruf neuen Terroraufgaben widmen. Über den Mustafa Golubić (geb. 1889) berichtet am 4. 3. 1916 das Bezirksamt in Stolac: „ . . . als Realschüler ging G. 1910 nach Belgrad mit einem gültigen Paß auf ein Jahr und ist seither nicht mehr zurückgekehrt. 1914, vor dem Krieg, meldete er sich aus Toulouse, Paris, Bordeaux und am 17. Juli 1914 das letztemal aus Lausanne. Sicherlich ging er nach Kriegsausbruch aus der Schweiz nach Serbien und kämpfte dort als Komitadschi gegen uns." (ABH, Sarj. LR, Präs. 2524 16) – Am 3. 3. 1916 meldete das Bezirksamt die Verlusterklärung seiner Landesbürgerschaft.
²⁶ SAP Nr. 13 v. 2. (15.) Juli 1914, vertr. Nr. 163. In diesem Tel. schrieb Gavrilović im

Gegensatz zu Tel. 158 von der „Verlegenheit der montenegrinischen Regierung, die nicht wisse, wer zur Flucht verholfen habe".

[27] Tel. aus Cetinje v. 8. (21.) Juli 1914. Vertr. Nr. 171, am selben Tag in Belgrad eingelangt. „Persönlich. Der österr.-ung. Ministerpräsident (Gemeint ist Graf Berchtold, Min. d. Äuß., d. A.) hat vom montenegrinischen Minister der Auswärtigen Angelegenheiten in freundschaftlicher Weise Angaben über die Richtung der Flucht des Mehmed Bašić verlangt, mit dem Beifügen, daß die Untersuchungsbehörde großen Wert darauf lege, auch ihn zu verhören, und daß sie überzeugt sei, alle Fäden in die Hand zu bekommen, die, wie sie gemeldet hat, nach Belgrad führen, wo man dann einen Schritt unternehmen würde. Der Minister der Auswärtigen Angelegenheiten (Plamenac, d. A.) hat geantwortet, daß die Richtung der Flucht unbekannt sei und daß die Richtung der Untersuchung von Sarajevo irrig sei, da der Flüchtling mehrere Male versichert habe, daß die Verschwörung in Tours in Frankreich angezettelt (wörtl.: gemacht) wurde. Dem Gesandten war die letztere Behauptung sehr unangenehm. Der Minister der Auswärtigen Angelegenheiten sagt mir, er sei davon unterrichtet, daß der Flüchtling kein Agent provocateur ist. M. Gavrilović." Erledigung auf der Rückseite. Dem Herrn Ministerpräsidenten mitzuteilen 9. (22.) VII. D. S. Č. G. Exp. 9. (22–VII–1914) um 11 Uhr abends. Abschr. FG.

[28] Lettre de M. Pierre Plamenatz, ancien Ministre des Affaires étrangères du Montenegro à M. M. . . . London, 23. Mai 1917 (Dr. Bog. II, N. 977). Leider gibt Bogičević nicht an, wo dieser Brief aufbewahrt wird.

[29] Serb. Blaubuch, Nr. 8.

3. Agententreffen

[1] Cyrill Tavčar, geb. 1887 in Laibach, Lt. im slawonischen Inf.-Reg. Nr. 78, spricht vollkommen deutsch und slovenisch, kroatisch notdürftig, . . . sehr gute Geistesgaben . . . hervorragend tapfer und umsichtig . . . v. 18. 8. 1914 bis 7. 10. 1915 Kriegsgefangener in Niš; vom 8. 10. 1915 bis 11. 1. 1916 auf der Flucht aus der Gefangenschaft. (KA, Qualifikationsliste, u. KM 1916, Abt. 10 Kgf. 10–44/1554.

[2] Abschriften der schriftl. Aussage vom 6. Juni 1916. ABH, Sarj. LR. 1542 v. 16. und KA. Ferner: Kopie und Kommentar HHStA, FG.

[3] Unter „die beiden" sind der Besucher Muhamed und Lt. Tavčars Bettnachbar, der „Hotelier" und Komitadži Kurilić, gemeint. Dazu die Auskunft des Bezirksamtes Stolac v. 6. 8. 14: „M. Mehmedbašić und Kurilić waren Busenfreunde und schrieben einander . . . Mehmedbašić brachte dieses Geld (vom Verkauf seiner Werkstatt) zum Großteil bei Trinkgelagen, so bei Kurilić, durch." BHA, Sarj. LR. Pr. 348/14 u. 2524/16. Im Fasc. ‚G. Princip' (ABH, Sar.) befindet sich noch eine Meldung des Bezirksvorstehers von Stolac, und zwar vom 24. Juli 1914: „. . . Der hiesige Weinhändler Milan Kurilić, welcher Mitte Juni nach Neuserbien verreist ist, kehrte nicht zurück und will jetzt, wie ich höre, dort ansiedeln. Wenn jemand den Mehmedbašić zum Attentat überredet hat, so war es nur der Milan Kurilić, der eifrigste Anhänger der Narod-Partei, mit dem er am meisten verkehrte und in dessen Gasthaus er fast mehr als in seiner Tischlerei weilte."

⁴ Komitee – In der Balkangeschichte spielten Freischaren immer schon eine große Rolle. Seit 1868 kämpften sogenannte Komitadži (Komitadschi), das waren Mitglieder des bulgarischen Revolutionskomitees (Komita), gegen die Türken und beunruhigten später Mazedonien durch blutige Aufstände. Für die serbischen Banden wurde dann in der europäischen Presse derselbe Ausdruck gebraucht. Unter einem Komita (Komitadži) verstand man einen Mann, der von einem Komitee bewaffnet und ausgesendet wurde.

⁵ Über die Aufstellung schrieb die *Borba* am 27. Juni 1964: „Mehmedbašić sagte, vor der Österr.-ung. Bank waren keine Menschen und er befürchtete aufzufallen. Er ging deshalb dem Rathaus zu, wobei er den Čabrinović um 30 Schritt überholte. Als nach der Explosion der Bombe des Čabrinović eine Pause entstand, entfernte sich Mehmedbašić und wartete vor dem Hotel ‚Zentral', wo Franz Ferdinand programmgemäß vorbeikommen sollte." Die einzige ungenaue Angabe des Mehmedbašić bezieht sich auf den Bombenschmuggel über die Save. Diese wurden nach Aussagen des Angeklagten von ihnen auf der Save von Belgrad nach Šabac transportiert und dann über die Drina (15 km südlich der Savemündung) nach Bosnien gebracht. Es ist durchaus wahrscheinlich, daß Mehmedbašić, der nur mit Ilić Kontakt hatte und erst am Morgen des 28. Juni von ihm die Bombe bekam, über den genauen Schmuggelweg gar nicht im Bilde war.

⁶ Dr. D. Ljubibratić: *Mlada bosna i Sarajevski atentat*, Sarj. 1964, Kap.: Das Zentrum in Lausanne, S. 125-131.

⁷ Ebenda.

⁸ Aus den Akten des Saloniki-Prozesses: Es kam auch vor, daß Mehmedbašić andere Schergen des Apis mit diesem Namen belegte. Aussage des Bilbija vor dem serbischen Sicherheitsdienst in Saloniki, vertr. Nr. 666 v. 30. 4. 1918, Kopie FG.

⁹ *Der Saloniki-Prozeß*, dt. Übers. nach dem serb. Originaltext, Berlin 1931, S. 419, 448, 471.

¹⁰ Wie Anm. Nr. 6.

¹¹ Kosta Todorović ließ in Loznica sein Tagebuch und die Liste der serbischen Konfidenten in BuH zurück. Das Material fiel in die Hände der Österreicher; dies führte zu den Hochverratsprozessen von Banjaluka.

¹² Konfidentenmeldung des Gačinović v. 22. 5. 12. (Anklageschrift der Staatsanwaltschaft Banjaluka v. 19. 8. 1915, Nr. 1685, und Bog.: *Mlada bosna*, Sarj., Brief Nr. 16.)

¹³ Borivoje Jevtić: *Erinnerungen* ... dt. BMH, 25, S. 659.

¹⁴ Graf G. S. Witte.

¹⁵ Janitscharen, Leibgarde des Sultans, 1826 aufgelöst und niedergemetzelt; bei dieser berüchtigten Elitetruppe dienten viele Serben, daher war die Umgangssprache unter den Janitscharen zeitweise Serbisch.

¹⁶ Wie Anm. Nr. 6.

¹⁷ In Toulouse: Hotel Restaurant St. Gerome (Dr. Boghitschevitsch: *Procès de Salonique*, Paris 1927, S. 159.) – In Paris: Hotel Gobelin, nach Pavle Bastajić (zit. bei Dedijer S. 527). Über die Toulouser Tagung veröffentlichte der serbische Diplomat Dr. Miloš Bogičević ein Protokoll. Eine Verschwörung vom Ausland beziehungsweise von einem dritten Staat aus zu organisieren, hat zweifellos Vorteile. Die

Gefahr des Verrates ist geringer, die Möglichkeit abzulenken und die Spuren zu verwischen, größer. Im vorliegenden Fall kam noch dazu, daß mehrere Mitglieder der Schwarzen Hand, durch absolute Gehorsamspflicht an die Weisungen der Obersten Zentralleitung in Belgrad gebunden, im Ausland studierten. Wie aus späteren Aussagen hervorging, bezogen sich die Terrorbestimmungen des Statutes der Geheimorganisation auf die Tätigkeit „außerhalb des Landes und in den nicht befreiten Gebieten". Der serbische Oberst Vulović sagte 1917 im Saloniki-Prozeß zu seiner Rechtfertigung vor serbischen Richtern: „Alle Morde und Verbrechen in den nicht befreiten Gebieten betrachte ich als notwendiges Übel, die im nationalen Interesse ausgeführt werden mußten." Als Zeugnis für die Tätigkeit der Schwarzen Hand in Frankreich blieb eine Legitimation der „Obersten Zentralleitung" der Organisation „Vereinigung oder Tod" erhalten. Durch sie wird ein Verschwörer, und zwar das Mitglied Nr. 1872, nach Paris delegiert, um dort eine Provinzleitung zu gründen und die Organisation im Geiste des „Statutes und der Geschäftsordnung" durchzuführen.

[18] O. Tvrdoreka in NOVOSTI, 23., 24. u. 25. Sept. 1926 und an anderen Stellen.
[19] Apis-Dimitrijević in Saloniki.

4. Methoden des nationalen Terrors

[1] Alberti Luigi: *The origins of the war of 1914*, 2. Bd., auch zitiert bei Dedijer, S. 526.
[2] Grahovo, Arezin Brijeg, liegt 850 m hoch, 290 Einwohner, war Einbruchstation gegen Dalmatien, 37 km von Knin.
[3] Dedijer, S. 528, u. andere.
[4] UP v. 9. Juli, S. 311.
[5] Dr. Martin Pappenheim: *Gavrilo Princips Bekenntnisse*, Wien 1926.
[6] Ljuba Jovanović, BMH, Jg. 25, S. 69.
[7] Das Zeugnis des Trifko Grabež fand die Sarajevoer Polizei nach dem Attentat in einem Klosett, wo er Pistole und Notizen versteckt hatte.
[8] UP v. 21. Juli 1914, S. 120.
[9] Dedijer, S. 528.
[10] Konstantin, Herzog von Sparta, König von Griechenland 1913–1917; Sophie, Gemahlin des Königs, 1913–1917, geb. Prinzessin von Preußen.
[11] Einvernahmeprotokoll des Vladeta Bilbija vom 22. 3. 1918, niedergeschr. v. d. Akt. Sicherheitsdienst in Saloniki, bestätigt durch den Chef des Sicherheitsdienstes (vertr. Nr. 475), Bericht an den Minister des Inneren, Korfu, vertr. Nr. 666. Saloniki v. 30. 4. 1918. – Kopie u. Übersetzung HHStA, FG.
[12] Serbien war damals von österr.-ung., deutschen und bulgarischen Truppen besetzt. Der Kern des serbischen Heeres rettete sich nach Albanien, wurde auf der Insel Korfu reorganisiert und nahm später, 1918, am Vormarsch der Entente-Truppen teil. Montenegro war ebenfalls besetzt, nachdem es im Jänner 1916 die österr.-ung. Forderungen nach bedingungsloser Kapitulation angenommen hatte. Saloniki im griechischen Mazedonien war Stützpunkt der Engländer und Franzosen. König Konstantin lehnte trotz des Angebotes der Insel Zypern durch die Engländer jede Unterstützung Serbiens ab.

[13] Eleutherios Venizelos, 1864–1936, maßgeblich am Zustandekommen des Balkanbundes beteiligt, gilt als Schöpfer des Bukarester Friedens (1913). Geriet bei Ausbruch des 1. Weltkrieges in Gegensatz zu König Konstantin, dieser erklärte Griechenland für neutral, während Venizelos auf seiten der Entente in den Krieg eintreten wollte. Im Juni 1917 erzwang er die Abdankung des Königs und erklärte den Mittelmächten den Krieg.

[14] UP u. VP, auch Borivoje Nešković: *Istina o solunskom procesu*, S. 207–225.

[15] Das Geheimnis seines Todes ist ungeklärt, jedenfalls behaupteten im Saloniki-Prozeß einige Bosnier, Vulović habe ihn umbringen lassen, weil er von den Mordplänen zu viel gewußt habe. Einer von Arežinas Freunden sagte: „Ich kann von Vulović nicht loskommen, denn ich weiß, was mich dann erwartet." (Sal. Prozeß, dt. S. 284.)

[16] Major Voja Tankosić, Teilnehmer am Königsmord 1903, Führer von Komitadži-Einheiten, Ausbilder in den geheimen Terrorlagern, Mitglied der Narodna Odbrana und der obersten Zentralleitung der „Schwarzen Hand".

[17] Voja Kovačević.

[18] Verhör v. M. Mehmedbašić in der Kanzlei des Sicherheitsdienstes in Saloniki am 31. 8. (13. 9.) 1917. Kopie u. Übersetzung HHStA, FG.

[19] Die Wahrscheinlichkeit, daß Ciganović schon zur Zeit des Sarajevoer Attentates Konfident des Ministerpräsidenten war, ist sehr groß. In den ersten Julitagen pflegte die k. u. k. Gesandtschaft in Belgrad Erhebungen über ihn und teilte der Landesregierung in Sarajevo mit, Milan Ciganović sei Vertrauensmann des Božidar Janković. Und dieser General stand, wie uns Dedijer (S. 692) mitteilt, dem Ministerpräsidenten Pašić „sehr nahe". Daraus geht hervor, daß ‚Cigo' auch zur Zeit der schwersten Differenzen zwischen Schwarzer Hand und Regierung mit beiden Seiten Kontakt hielt. – Der montenegrinische Minister Plamenac stellte schon im Mai 1917 fest, er habe 1915 in Podgoriza erfahren, daß unter den „Verschwörers sich ein Geheimagent und Vertrauter des Herrn Pašić befand." (Siehe Kap. 10, Anm. 28.)

[20] Tel. an das Innenministerium in Korfu vom 7. 7. 1917, Nr. 1192, gez. Min. Jovanović, Kopie HHStA, F.S.

III. Pašić: „Von nun an wird es anders sein als bisher!"

1. Der 3. Oktober 1913 und die „pressante Demarche"

[1] Über die diesbezüglichen österreichischen Absichten instruierte Graf Berchtold den k. u. k. Botschafter in Berlin am 1. Aug. 1913: „... Von allen Balkanproblemen ist die südslawische oder, besser gesagt, die serbische Frage diejenige, die für die Monarchie die größte Bedeutung besitzt. Sie tangiert am nächsten unsere vitalen Interessen, ihre Lösung im großserbischen Sinne wäre geeignet, unsere Existenzbedingungen in Frage zu stellen... Aus verschiedenen Anzeichen habe ich die Impression erhalten, daß man in Berlin geneigt zu sein scheint, ... unsere Absichten Serbien gegenüber falsch zu interpretieren... Die Monarchie verfolgt Serbien gegenüber, wie sie es zur Evidenz bewiesen hat, keine aggressiven Absichten und strebt auch an sich die Erwerbung serbischen Territoriums schon deshalb nicht an, weil ein solcher territorialer Gewinn sich in den bestehenden Rahmen nur schwer einfügen ließe und nicht unbedingt eine Stärkung bedeuten würde... Ich ersuche Euer Exzellenz, sich im Sinne des Vorstehenden Herrn von Jagow sowie dem Herrn Reichskanzler gegenüber mit dem Ersuchen um strengste Geheimhaltung auszusprechen..." (ÖUA Nr. 8157)

[2] Der russische Gesandte in Belgrad berichtete am 9. 10. 1913 über seinen Besuch am Ballhausplatz und das Gespräch mit Graf Berchtold. (Boghitschewitsch, Bd. II, S. 443.)

[3] Hantsch, Bd. II, S. 489, 490.

[4] Ebenda.

[5] Siehe Karte, Kapitel I/1, S. 13.

[6] Hantsch, Bd. II, S. 490.

[7] So nannte der russische Gesandte Hartwig die Unterredung zwischen Berchtold und Pašić. – Folgender Brief an den Ministerpräsidenten Pašić charakterisiert die Tätigkeit des russischen Gesandten in Belgrad, Nik. Hartwig. Das Schreiben ist in russischer Sprache abgefaßt und trägt das Datum vom 27. (14.) Mai 1914: „Hierher kam der mir sehr empfohlene Ungar Adorian (André A.), Redakteur einer einflußreichen ungarischen Zeitung. Er ist ein Gegner des Dreibundes und führt jetzt in seiner Zeitung *Az Est* einen verzweifelten Kampf mit dem Ballplatz aus Anlaß der antislawischen österreichischen Politik. Sein Ziel ist es, sich näher mit Serbien bekanntzumachen, ihm die Sympathien der Ungarn zuzuführen, welche zusammen mit den Serben einen Kampf gegen Österreich führen müssen... Ich würde sehr wünschen, daß Sie ihn herzlich empfangen... Sein heißer Wunsch ist es, sich dem König vorzustellen... die jetzige Bewegung in Ungarn gegen Österreich kann eine sehr große Rolle spielen zum Nutzen der Slaven..." (Abschr.: HHStA, FG.).

[8] ÖUA, VII, Nr. 8813.

⁹ Der deutsche Botschafter Tschirschky meldete am 6.12.1912 nach Berlin, Berchtold habe ihm als „Hauptzweck" seiner Politik genannt, „sich die Möglichkeit zu verschaffen, die sieben Millionen Südslawen der Monarchie in Ruhe und Frieden als Glieder der Monarchie regieren zu können". GP, Bd. 33, Nr. 12487.

¹⁰ Cuvaj von Ivanska, Eduard, Banus von Kroatien, er vertagte den Kroatischen Landtag, regierte mit verfassungswidrigen Methoden und war sehr verhaßt. – Man darf nicht glauben, daß der Erzherzog über die Zustände in Kroatien nicht unterrichtet war. Das geht aus den Worten hervor, die er im Jahre 1912 an den Kaiser richtete oder zu richten die Absicht hatte: „Ich glaube E. M. über die Lage in Kroatien am besten durch die untertänigste Meldung orientieren zu können, daß der königliche Kommissär, Herr von Cuvaj, im ganzen Lande in einer Weise verhaßt ist, wie dies einem Träger der Regierungsgewalt noch selten zuteil wurde. Die Ursache dieses Haßgefühls liegt zunächst in einer Anzahl von Gewaltmaßregeln, mit welchen Herr von Cuvaj seine Herrschaft zu festigen trachtete; dieselben umfaßten nicht nur die rücksichtsloseste Verfolgung der politischen Gegner und eine vollständige Knebelung der Presse, sondern eine gänzliche Unterdrückung der politischen Freiheiten überhaupt, wobei meist Formen eingehalten wurden, welche einerseits das materielle Wohl vieler loyaler Staatsbürger in Mitleidenschaft zogen, anderseits das Ehrgefühl in weitestgehendster Weise verletzen ... Wenn dieser ... Darstellung entgegen die königlich ungarische Regierung behauptet, daß im Lande Ruhe herrsche, so scheint mir das nur ein mit Gewaltmittel aufrecht erhaltener Zustand zu sein ... (ich) wage ... E. M. meine untertänigste Anschauung dahin zu unterbreiten, daß gerade jenes Volk, welches dem Herde der Balkanwirren zunächst sich befindet, freudig und zuversichtlich in die Zukunft blicken und nicht – nach seiner Auffassung völlig entrechtet – passiv abseits stehen sollte ..." Entwurf eines Alleruntertänigsten Vortrages an den Kaiser vom Okt. 1912. Der Erzherzog setzte die handschriftliche Bemerkung hinzu: „Ausgezeichnet verfaßt." KA, Pu/25-12.

¹¹ Rob. A. Kann, *Franz Ferdinand und Graf Berchtold als Außenminister*, Mitteilungen des Ö. St. Archivs Bd. 22, 1969, S. 259.

¹² Ministerrat für Gemeinsame Angelegenheiten vom 3. 10. 1913. Graf Berchtold, ferner anwesend: Graf Stürgkh, Graf Tisza, Ritter von Bilinski, FZM Ritter von Krobatin, G. d. I. Freiherr Conrad von Hötzendorf, Admiral Haus. ÖUA, VII, Nr. 8779.

¹³ Albanien, bis zur Unabhängigkeitserklärung 1911 türkisch, durch die Londoner Botschafterkonferenz 1912 und 1913 anerkannt und neutral erklärt. Festlegung der Grenzen: November 1913. Serben und Griechen beanspruchten albanisches Gebiet, liefen Sturm gegen die „Zangengeburt" des albanischen Staates, die von Österreich-Ungarn und Italien gefördert wurde.

¹⁴ Kann, S. 271.

¹⁵ *Simplicissimus*, München 13. 10. 1913, Nr. 29.

¹⁶ Bilinski, *Erinnerungen*.

¹⁷ In mehreren Blättern, auch in der *Ill. Kronen-Z.* v. 4. 10. 1913, NFP v. 3. 10. 1913 u. a.

¹⁸ Hantsch, Bd. II, S. 491.

¹⁹ ÖUA, Nr. 8808, dort inhaltlich erwähnt.

[20] Der Brief müßte sich in Belgrader Archiven befinden.
[21] ÖUA, Nr. 8783.
[22] Schreiben v. 9. 10. 1913, Hantsch, Bd. II, S. 498, 499.
[23] Tagebuchvermerk v. 12. 10. 1913, Hantsch, Bd. II, S. 499.
[24] Bericht v. 16. 10. 1913, ÖUA, Nr. 8846.
[25] Nach dem Tagesbericht über den Besuch des serb. Ges. Jovanović bezeichnete dieser am 20. 10. 1913 das Ultimatum als „pressante Demarche".
[26] ÖUA, Nr. 8850.
[27] Bericht des deutschen Gesandten Griesinger v. 21. 10. 1913. GP, Bd. 36, I. Hälfte, S. 414.
[28] Österreich-Ungarn sah sich 1912 und 1913 gezwungen zu mobilisieren.
[29] ÖUA v. 19. 10. 1913, Nr. 8870.
[30] ÖUA v. 20. 10. 1913, Nr. 8882. Wie schwierig es oft ist, auch für einen Diplomaten, die politische Situation zu erfassen, geht aus einem Bericht des Legationsrates Otto Czernin (nicht Ottokar, der spätere Minister) hervor, der sich zu der Feststellung verstieg, nunmehr habe der russische Einfluß am Balkan beinahe den Nullpunkt erreicht. Jetzt bleibe Rußland nichts anderes übrig, als das Nachgeben Serbiens als „weise" zu bezeichnen, nachdem es das Fortdauern der serbischen Okkupation in Albanien nicht mit Waffengewalt erzwingen konnte.
[31] ÖUA v. 20. 10. 1913, Nr. 8880 u. 8882.
[32] Der Serbe Dušan Lončarević, der Herrn von Stork persönlich kannte und beruflich mit ihm zu tun hatte, schrieb: An Stelle des feinsinnigen, durchaus friedlich gesinnten Freiherrn von Haymerle trat Legationsrat von Stork, „der schon 1907 eine Zeitlang der Gesandtschaft in Belgrad zugeteilt war". Er „galt als der Prototyp des österr.-ung. diplomatischen Karrieristen. Es waren dies jene Mitglieder des diplomatischen Korps, die dem niederen Adel angehörten, nicht unter dem Schutz mächtiger Protektoren standen und sich deshalb durch Fleiß und Rührigkeit emporarbeiten mußten. Ein aufgeweckter, sehr ambitionierter Diplomat, war Ritter von Stork Tag und Nacht auf der Lauer, um womöglich als erster irgendeine Sensation zu erfahren und sich dadurch auszuzeichnen. Selbst in den gewöhnlichsten Vorkommnissen witterte er Intrigen gegen die Monarchie; seine Phantasie war ungemein rege und er bemühte sich, die einzelnen politischen Ereignisse bis in die kleinsten Details zu analysieren. Er war ein Neurastheniker, der schon in jungen Jahren von verschiedenen Heilmethoden Gebrauch nehmen mußte, um sich arbeitsfähig zu erhalten." Ritter von Stork war Zögling der Orientalischen Akademie und eine Zeitlang bei einem Wiener Bezirksgericht tätig. Nachdem er mehrere Auslandsposten innegehabt hatte, wurde er als Legationsrat der Gesandtschaft in Belgrad zugeteilt. (*Jugoslaviens Entstehung*, S. 512, 513.)
[33] Pašić in der Skupština am 29. 10. 1913 (Lončarević, S. 520–522).
[34] ÖUA, Nr. 8956.

2. Sechs Monate Entspannung

[1] Bilinski bezeichnet Berchtold so, weil er auf ausdrückliches Verlangen des Kaisers im Amt blieb.

² Lončarević; S. 655: „Seine große Popularität verdankte Pašić zum nicht geringen Teil dem Umstand, daß er im Volke als ein ‚batlija', ein Glücklicher, galt, der alles, was er unternimmt, zu einem guten Ende führt..."
³ Hantsch: „Die Erklärungen waren auf einen durchaus friedlichen Ton abgestimmt und glitten über die schwerwiegenden Krisen allzu flach hinweg, obwohl diese doch wahrlich genug Aufregungen im Lande verursacht hatten. Gewiß, die Rede war ‚schlicht, loyal, nicht ruhmredig, im allgemeinen Urteil der Delegierten'." Bd. II, S. 512.
⁴ Heinrich Kanner ist der Verfasser des Buches *Kaiserliche Katastrophenpolitik*, in dem Berchtolds Politik in Grund und Boden verdammt wird.
⁵ J. M. Baernreither: *Fragmente*... S. 281.
⁶ Ottokar Graf Czernin, 1913–1916 Gesandter in Bukarest, 1916–1918 Minister des Äußern. Allmayer-Beck nennt ihn eine „sehr eigenartige Gestalt... geistig ungemein lebhaft und impulsiv,... ein Mann schneller Entschlüsse... ungewöhnlich selbstbewußt und adelsstolz". Allmayer-Beck: *Ministerpräsident Baron Beck*, Wien 1956, S. 120. – J. Redlich schrieb: „Der Mann ist reines 17. Jahrhundert." *Schicksalsjahre*... 2. Bd., S. 212.
⁷ Kann spricht von einer „mündlich geschlossenen Waffenkonvention". (Mittl. d. Österr. Staatsarchivs, Bd. 22, 1969, S. 256.)
⁸ ÖUA, VII, Nr. 9032.
⁹ Friede von Bukarest beendet den 2. Balkankrieg: 10. 8. 1913.
¹⁰ Carol I., Fürst (seit 1881 König) von Rumänien 1866–1914.
¹¹ ÖUA v. 30. 11. 1913, Nr. 9039.
¹² ÖUA v. 20. 12. 1913, Nr. 9110. – Der *Piemont* war das Organ der Schwarzen Hand.
¹³ ÖUA v. 20. 1. 1914, Nr. 9219.
¹⁴ ÖUA v. 18. 2. 1914, Nr. 9337 u. 9385.
¹⁵ ÖUA v. 11. 3. 1914, Nr. 9463.
¹⁶ Ebenda.
¹⁷ Tiszas Denkschrift v. 15. 3. 1914, ÖUA Nr. 9482.
¹⁸ Delegiertensitzung in Budapest, 29. 4. 1914.
¹⁹ ÖUA v. 3. 5. 1914, Nr. 9631.
²⁰ Ebenda.
²¹ Ebenda.
²² Bericht des serb. Ges. Jovan Jovanović v. 5. Mai (22. April) 1914, vertr. Nr. 1634, HHStA, FG.
²³ Wie Anm. 18.
²⁴ ÖUA, Nr. 9902 v. 22. 6. 1914.
²⁵ Ebenda.

3. „An uns ist es, Österreich nicht herauszufordern!"

¹ Hantsch, Bd. II., S. 549.
² Ed. Ritter von Steinitz: *Rings um Sasonow*, 1928, S. 52.
³ Lončarević, S. 541, 542.
⁴ S. D. Sasonoff: *Sechs schwere Jahre*, dt. Berlin 1927, S. 217.

⁵ Denkschrift des Sektionsrates Franz Freiherr von Matscheko, ohne Datum (vor dem 24. Juni), ÖUA Nr. 9918.
⁶ Laut Amtsvermerk wurde die Reinschrift dieser Denkschrift am 24. Juni ausgefertigt. Diese erste Fassung wurde in der Zeit zwischen 24. Juni und dem 28. Juni von Matscheko umgearbeitet und von Berchtold mit Verbesserungen und Einschaltungen versehen. Dieser somit hergestellten zweiten Fassung wurde nach dem 28. Juni der Schlußabsatz, „die vorliegende Denkschrift war eben fertiggestellt . . ." hinzugefügt (ÖUA, Nr. 9984). Aus Anm. b. ÖUA, Nr. 9918.
⁷ Siehe Anm. 6.
⁸ Wie Anm. 2.
⁹ In diesem Zusammenhang kommt einem „untertänigsten Referat" vom 22. 1. 1914 an den Thronfolger Bedeutung zu: „Die Orientbahnen gehörten seit Baubeginn, der um das Jahr 1870 in Angriff genommen wurde, in die Einflußsphäre Österreichs. Die Monarchie war damals noch die unbestrittene kulturelle Balkanvormacht, und der Bau dieser Bahnen hatte den Zweck, das europäische Eisenbahnnetz von der Grenze Ungarns bis nach Saloniki und Konstantinopel auszudehnen. (1888 fuhr der erste direkte Zug von Wien nach Konstantinopel, d. A.) Die Bahnen sind im Besitz der ‚Betriebsgesellschaft der Orientbahnen' . . . In dieser Frage prallt die wirtschaftliche Rivalität Deutschlands mit Österreich-Ungarn am Balkan offenkundig zusammen. Unsere Industrie erblickte und fühlte schon seit längerem in der reichsdeutschen (Industrie) den *gefährlichsten* Konkurrenten am Balkan." Bardolff. (KA, MKFF, 1914, 39-8/2-2.)
¹⁰ Protokoll des zu Budapest am 24. Mai 1914 abgehaltenen Ministerrates für gemeinsame Angelegenheiten, HHStA, Wien.
¹¹ Bericht vom 8. 4. (26. 3.) 1914 d. serb. Mil. Attachés an das Kriegsministerium, Allgem. Pol. Abt. Gen. Stabssektion, Vertr. F/Dj. W. Zl. 438. An die Pol. Abt. des Außenministeriums weitergegeben. Vertr. Zl. 1257. Abschr.: HHStA, FG.
¹² Stephan Verosta: *Theorie und Realität von Bündnissen*, Wien 1971, S. 474.
¹³ Botschafter Sir V. Cartwright an Sir Arthur Nicolson am 31. 1. 1913, zit. in H. Nicolson: *Die Verschwörung der Diplomaten*, dt., Frankfurt 1931.
¹⁴ Ottokar Graf Czernin in seinem Buch *Im Weltkrieg*, Berlin 1919, S. 55. „Obwohl der Erzherzog es mir gegenüber niemals offen zugegeben hat, daß er das instinktive Gefühl hatte, daß die Monarchie die furchtbare Kraftprobe eines Kriegs nicht werde aushalten können, und Tatsache ist, daß er sich nicht nur nicht im kriegstreibenden, sondern im entgegengesetzten Sinne betätigt hat . . . es war einige Zeit vor dem Tode des Erzherzogs, als einer jener berüchtigten Balkanrummel die Monarchie in Aufregung versetzte und die Frage, ob mobilisiert werden sollte oder nicht, auf die Tagesordnung brachte . . . ich erklärte dem Erzherzog die in Wien über ihn kursierenden Gerüchte und die Gefahr, durch ein allzu scharfes Vorgehen auf dem Balkan einen Konflikt mit Rußland heraufzubeschwören. Ich fand auch nicht den geringsten Widerspruch seitens des Erzherzogs, und . . . er schrieb ein Telegramm an Berchtold, welches seine volle Zustimmung zu einer entgegenkommenden Haltung aussprach . . ."
¹⁵ Der deutsche Botschafter in Wien, von Tschirschky, an den Reichskanzler am 8. Mai 1914 anläßlich italienisch-slowenischer Krawalle in Triest. Tschirschky gibt

die Auffassung seines italienischen Kollegen wieder, der er sich anschließt. Kaiser Wilhelm macht dazu die Randbemerkung: „Richtig." GP, Bd. 39, S. 405.
16 Joseph Redlich: *Kaiser Franz Joseph*, Berlin 1929, S. 458.
17 Gina Gräfin Conrad von Hötzendorf: *Mein Leben mit Conrad v. Hötzendorf*, 1935, S. 114.
18 Robert A. Kann gebraucht diesen Ausdruck in einem anderen Zusammenhang (*Die Sixtusaffäre*, Wien 1966, S. 74).
19 *Die deutschen Dokumente zum Kriegsausbruch*, Charlottenburg 1919, Nr. 65. Ber. d. Botschaftsrates Prinz Stolberg v. 17. 7. 1914.
20 Danilo Ilić am 4. 7. 1914, UP.
21 *Die dt. Dokumente*, Nr. 213. Nach einer Mitteilung des ö.-u. Generalstabschefs Conrad.
22 Der damalige Polizeidirektor Fr. Wlatnig in Kärnten pflegte zu sagen: „In Wien sieht man die Serben nur durch die kroatische Brille, deshalb denkt man dort so schlecht über sie." (Nach einer Mitteilung des Herrn Fr. Wlatnig, Sohn des Genannten.)
23 Pappenheim, *Princips Bekenntnisse*, Wien 1926.

4. „Die Kriegsfurie an die Kette gelegt"

1 UP v. 28. Juni 1914, S. 91, 92 (Protokoll).
2 Ilse Tielsch, *Die Wochenschrift „Die Zeit" als Spiegel literarischen und kulturellen Lebens in Wien um die Jahrhundertwende* (Diss.Wien 1952): „Kanners Sarkasmus und seine Angriffslust auf dem Gebiet der Politik . . . (war) ohnegleichen."
3 Heinrich Kanner: *Kaiserliche Katastrophenpolitik*, Lpz., 1922, S. 102.
4 Ebenda, S. 109.
5 Kurt Paupié, *Handbuch der österr. Pressegeschichte 1848–1959*, I., S. 160, zit. bei Robert A. Kann: *Kaiser Franz Josef und der Ausbruch des Weltkrieges*, Wien 1971, S. 5.
6 Wie Anm. 3, S. 109. Anspielung auf das „Literarische Bureau" des k. u. k. Ministeriums des Äußern.
7 Kanner, S. 104.
8 Ebenda, S. 102.
9 Daß der albanische Staat seine Existenzberechtigung hat, steht heute nicht mehr zur Debatte.
10 Kanner, S. 31.
11 Ebenda, S. 80.
12 Ottokar Czernin schrieb schon 1919 in dem Buch *Im Weltkrieg*, Berlin, S. 55: „Der bedauerlich geringe Umgang, den er (Franz Ferdinand) mit weiteren Kreisen hatte, habe es mit sich gebracht, daß . . . zahllose falsche Gerüchte über ihn im Umlauf waren. Eines dieser Gerüchte, welches sich mit großer Hartnäckigkeit bis auf den heutigen Tag erhalten hat, geht dahin, daß der Erzherzog ein Kriegshetzer gewesen sei und den Krieg als eine notwendige Kombination in seine Zukunftspläne eingestellt hätte. Keine Variante ist falscher als diese."

[13] Rudolf Sieghart *Die letzten Jahrzehnte einer Großmacht*, Berlin 1932, S. 241.
[14] Robert A. Kann: *Kaiser Franz Joseph und der Ausbruch des Weltkrieges*, Wien 1971, S. 14.
[15] Ebenda, S. 13.
[16] Ebenda, S. 14, 15, Gespräch v. 2. 1. 1917.
[17] Meld. des Evidbureaus v. 18. 3. 1913, KA, Gen.-Stabs-Akten Fasc. 5538.
[18] Petar Stojanović, *Borba*, 25. Juni 1964.
[19] 211. Bericht des Ges. Dr. Milan Vesnić v. 21. Juni (4. Juli) 1914, vertrauliche Nr. 170, FG.
[20] 258. Bericht des Ges. Milan Djordjević v. 26. Juni (9. Juli) 1914, vertr. Nr. 424. Am 14. Juni 1914 hatte Djordjević an Pašić geschrieben: „Leider zweifle ich, ob Österreich zustimmen würde, daß Serbien die nördliche Hälfte (Albaniens) erhält, und ich glaube, daß Italien dagegen wäre, Griechenland Valona mit der südlichen Hälfte zu geben. Man muß irgendeine Lösung finden, einen solchen Zustand kann man nicht lange dulden. Ich bin insbesondere der Ansicht, daß Italien nicht zustimmen würde, daß Österreich allein Albanien besetzte. Ich glaube, daß dies nicht einmal die österreichische Regierung wünscht, aber ich fürchte den österreichischen Thronfolger, seinen Einfluß. Dieser Mann ist eine Gefahr für Europa." SAP, S. 14.
[21] 262. Tel. v. 26. Juni (9. Juli) 1914, vertr. Nr. 649, FG.
[22] ... Tel. Ljub. M. Mihailović aus dem Jahre 1914, vertr. Nr. 162, FG.
[23] Carlo Graf Sforza, 1920/21, ital. Außenminister.
[24] C. Sforza: *L'Homme qui du sauver l'Autriche*, Revue de Paris 1923, Mai, Nr. 9. Sforzas Äußerung ist nicht kritiklos aufzunehmen.
[25] Auf Seite 295 seines Werkes schreibt Dedijer: „Befürwortete der Erzherzog, daß Österreich-Ungarn in den Balkan eindrang, und wenn ja, beabsichtigte er, dieses Ziel mit militärischer Gewalt zu erreichen, wie Conrad vorschlug, oder durch friedliches Vorwärtsrücken?" Die Antwort, der Dedijer ausweicht, die er aber hätte geben müssen, lautet: Weder – noch! Man muß diesem Autor zugute halten, daß die aufschlußreichen Arbeiten des amerikanischen Forschers Robert A. Kann über den Thronfolger erst in den allerletzten Jahren erschienen sind. Er und andere Gelehrte haben glaubhaft dargestellt und belegt, daß Franz Ferdinand in den kritischen Situationen, soweit sie den Balkan betrafen, für gemäßigtes Vorgehen und den Frieden eingetreten ist. Robert Kanns abschließendes Urteil über den Thronfolger: „Vor allem tritt ein eindeutiger und starker Friedenswille zutage, der auch durch rein verbale Überkompensation einer leidenschaftlichen Phraseologie keineswegs beeinträchtigt wird. Ebensowenig wird dieser Friedenswille durch die unleugbare Tatsache abgeschwächt, daß er vorwiegend machtpolitisch und nicht humanitär bestimmt ist." Und an anderer Stelle: „Wäre der Erzherzog im Juni 1914 nicht gefallen, so ist anzunehmen, daß sein Einfluß, soweit unmittelbare österreichische Interessen im Spiele waren, stark genug gewesen wäre, um die Risikenpolitik auf dem Balkan zu verhindern ... Der Tod des bedeutenden Mannes, der, aus welchen Gründen immer, nicht nur, wie so viele, den Krieg verhindern wollte, sondern auch die Macht dazu hatte, wirksam einzugreifen, hat zweifellos auf den Ausbruch des Weltkrieges beträchtlichen Einfluß ausgeübt, ganz unbeschadet der besonderen

Umstände seiner Ermordung. Dieser viel zuwenig beachtete Umstand ist letzten Endes ebenso wichtig wie die Frage der Verantwortlichkeit für das Attentat von Sarajevo." (Robert A. Kann, Princeton, USA: *Erzherzog Franz Ferdinand und Graf Berchtold als Außenminister*, 1912–1914, Mitt. d. Österr. Staatsarchiv, 22. Bd., 1969. Siehe auch Anm. 14.)

[26] *Theorie und Realität von Bündnissen* (S. 448): Eingehend untersucht der Autor in diesem Werk Franz Ferdinands Verhalten und kommt zu dem Schluß: „Der Thronfolger wollte aber vor Konsolidierung der inneren Verhältnisse der Monarchie überhaupt keinen Krieg, vor allem keinen, der Rußland zum Gegner Österreich-Ungarns machte. Bald galt Franz Ferdinand im In- und Ausland als Haupt der Kriegspartei in Wien, ohne daß er dieser ihm abträglichen Irrmeinung in der Öffentlichkeit entgegengetreten wäre." (S. 229.) – Auch der deutsche Gelehrte Fritz Fischer weist auf die Einstellung Franz Ferdinands hin, wenn er schreibt: „Tatsächlich bedeutete diese Haltung des österreichisch-ungarischen Thronfolgers den größten Unsicherheitsfaktor auch für die deutsche Politik, seitdem sie vom Dezember 1912 an und verstärkt seit Oktober 1913 sich auf den ‚unvermeidlichen' Krieg mit Rußland vorbereitete, wofür sie den österreichisch-ungarischen Bundesgenossen unbedingt brauchte. Schon im Dezember 1912 hatte sich Moltke, wie erwähnt, über die ‚unbestimmbare Persönlichkeit' des österreichischen Thronfolgers kritisch ausgesprochen." *Krieg der Illusionen*, S. 598.

5. „Serben alle und überall"

[1] Dedijer, S. 487.
[2] Hitler: *Mein Kampf*, S. 421 u. XXI.
[3] Dedijer, S. 897 u. 630.
[4] Zusammenstellung d. Gem. Fin. Min. v. 1. 10. 1915 „Historische Entwicklung der großserbischen Propaganda", KA, Wien, KM Präs. 1915, 81-10/1-6.
[5] Dedijer, S. 486.
[6] Hitler, S. 434.
[7] Wie 4.
[8] St. Stanojević im *Narod*, Sarajevo (zit. Gooß, S. 41).
[9] Verhandlung v. 29. 5./11. 6. 1917, Hauptquartier A.G. Nr. 49.598, Abschr.: FG.
[10] Dedijer, S. 710.
[11] Ebenda.
[12] Dedijer, S. 534.
[13] Elaborat: Geheime Schülerorganisationen an den Mittelschulen BuH, HHStA, FG.
[14] ÖUA Nr. 3590 v. 27. 6. 1912.
[15] Sokol = Falke, Name nationalistischer, teilweise bewaffneter tschechischer, polnischer, serbischer und kroatischer Turnvereine. Gegründet 1862. – 1903 in Mostar ein einziger Sokolverein, 1906 15 Vereine in BuH. Seit 1911 kommt es zur „brüderlichen Eintracht" zwischen kroatischen und serbischen Sokoln. Beschluß: Bei öffentlichen Umzügen sollen stets nebeneinander schreiten: ein Serbe, ein Kroate, ein Slowene.
[16] ABH, Sar, LR, 7661 v. 14.

17 Wie 4.
18 KA, MKFF Ms/65 v. 23. 2. 1912.
19 Wie 4.
20 DD I. 19 a v. Griesinger, 6. 7. 1914.
21 ÖUA Nr. 9964, Bl. 2.
22 Milutin Jovanović aus Berlin, 5. 7. 1914, kein Vermerk, Abs. FG.
23 GK. K. J. D. Milanović aus Budapest. Abschr.: FG.
24 Z. B. Oberstaatsanwalt Dr. M. Holländer, Reg.-Kommissär Dr. Gerde, bei der Polizei, Reg.-K. Wladimir Glück, E. Pollak, usw. Auch der Untersuchungsrichter L. Pfeffer wurde von den Angeklagten als Jude bezeichnet.
25 Spalajković aus Petersburg, 4./21. 7. 1914, Nr. 48, Res. Zl. 2457, Absch. FG.
26 BuH erhielt am 20. 2. 1910 eine Verfassung. Über die Aufnahme schrieb FML Auffenberg: Ihre Promulgierung „erfolgte im ganzen Lande anstandslos, der Eindruck war ein günstiger und (es) erschienen überall Deputationen der Bevölkerung aller Culte bei den betreffenden politischen Amtschefs und baten ihren Dank und die Versicherung ihrer Loyalität und dynastischen Treue an die Stufen des Allerhöchsten Thrones gelangen zu lassen". (Dr. Hamdija Kapitžić: Dva priloga novijoj istoriji BiH, Sar., 1962, S. 305.) – Kiszling (Kroaten, S. 84): „Die Bosnier erhielten einen Landtag, dem sogar etwas mehr Recht zugebilligt war als dem Agramer Sabor. Der langwierige Instanzenweg blieb aber erhalten ... auch vermißten die Bosnier eine ihnen eingeräumte Ingerenz auf die gemeinsamen Angelegenheiten der Monarchie." Von seiten der Behörden sprach man von „einem vielversprechenden Anfang", die serbische Opposition von der „Karikatur einer Verfassung". Über die bosnische Verfassung erklärte Masaryk noch 1909 bei einem Besuch in Sarajevo dem Sektionschef Shek der dortigen Landesregierung: „Wenn der Inhalt der Verfassung, wie er in der Öffentlichkeit bekannt geworden ist und wie ihn Baernreither dem Masaryk mitgeteilt habe, der Wahrheit entspricht, dann könne und müsse man sich damit zufriedenstellen: auch sei das Wahlrecht ganz entsprechend geregelt – und auf breiter Grundlage aufgebaut." (ABH, GFM, Pr. 1835 v. 10. 9. 1909.)
27 In den beiden Balkankriegen 1912 und 1913.
28 Ein Kroate wurde von einem Serben erschossen.
29 Bericht des Botschaftssekretärs Fürst Gagarin vom 8. 7./25. 6. 1914 aus Sarajevo, INT. BEZ. 1. h., 4. Bd., S. 227.
30 ÖUA Nr. 10206.
31 GK. Petković aus Budapest, 18. 4./2. 5. 1914, Bog. I, S. 106/107.
32 Bog. III, S. 199.
33 Ebenda.

6. Der serbische „Vizekönig" und sein Schwiegersohn

1 Aus einem Interview des Dr. Spalajković geht hervor, daß er als Generalsekretär des serbischen Auswärtigen Amtes in den Jahren 1908–1911 die österreichfeindlichen Artikel der *Politika* inspirierte. (Gooß, S. 278.)
2 ÖUA Nr. 10017 v. 3. 7. 1914.
3 ÖUA Nr. 10016 v. 3. 7. 1914.

[4] Ebenda: Blg.
[5] ÖUA Nr. 10018, 10106 u. 10461.
[6] *Balkan*, 8. 7., u. *Piemont*, 8. 7.; ÖUA Nr. 10654.
[7] INT. BEZ. I. Rh., Bd. 4, v. 1. 7. 1914.
[8] ÖUA Nr. 9961 v. 30. 6. 1914.
[9] M. J. Spalajković: *La Bosnie et l'Hercégovine*, Paris 1899.
[10] KA, 2704-4 Inf. Büro.
[11] Siehe Reinöhl, S. IX f. u. Gooß, S. 46.
[12] Reinöhl, S. XX, Bog., II, S. 99.
[13] Eugen Letica, orthodoxer Erzbischof und Metropolit, war ein durchaus loyaler Kirchenfürst. Die letzten Jahre seines Lebens soll er – ohne zu konvertieren – in einem katholischen Kloster verbracht haben. Schon 1908 erhielt er aus Belgrad anonyme Drohbriefe, er sei ein Verräter am Serbentum und man werde ihn eines Tages durch die Straßen peitschen. (ABH, LR, Präs. Nr. 7470 v. 7. 12. 1908.)
[14] Tschirschky am 21. 3. 1908 nach Berlin, G. P., Bd. 26 (I), S. 4.
[15] 1911 rief Jeftanović die „Serbische Nationalbank" ins Leben, deren Präsidium er selbst übernahm. Sein Sohn Dušan bereiste Serbien, um die Aktien unterzubringen ... Von dem Stammkapital von 300.000 Kronen zeichnete die Belgrader Bank allein 215.000, 50.000 scheint die serbische Klassenlotterie aufgebracht zu haben. (Reinöhl XIV.)
[16] KA, Wien, MKSM Persönliche Vormerkungen v. 30. 9. 1912.
[17] Potiorek an Bilinski, Persönliche Vormerkungen v. 21. 8. 1912, KA, Wien. Fasc. 93.
[18] Sprechprogramm, KA. MKFF 1914 15-2/5-44.
[19] Vakufdirektor Šeriff Arnautović; Dir. Nikolaus Berković u. Dr. Moritz Rothkopf.
[20] Zeugenliste Nr. 69 b u. 69 h, beide Texte gingen verloren. Nach VP, S. 275, sagte Princip in der Verhandlung „ ... niti je istina da se ja poznam sa kakvim Glišom Jeftanovićem niti Spalajkovićem ..."
[21] Der b. h. Abgeordnete Grgjić war Großserbe und gehörte zu dem Kreis der „Unversöhnlichen". Er stand bereits mit dem Attentäter Žerajić in Verbindung und wußte von dessen Mordabsichten auf Kaiser Franz Joseph. Er fiel durch seine Ausfälle im Landtag auf, Potiorek verglich er mit einem wegen seiner Mordlust und Habgier berüchtigten Türkenpascha. Bei der Trauerkundgebung des Landtages für den ermordeten Erzherzog erschienen er und sein Bruder demonstrativ in lichter Kleidung. Grgjić wurde später zum Tode verurteilt, dann begnadigt, 1930 hielt er bei der Enthüllung der Gedenktafel für Princip die Erinnerungsrede. Regierungskommissär Collas hatte schon am 11. 12. 1912 und früher darauf hingewiesen, daß die unter der Leitung des V. Grgjić stehende Kanzlei des Kulturvereines Prosvjita das Zentrum der serbischen Irredenta sei. 1914, in den Wochen vor dem Attentat, verschaffte Grgjić dem Princip in dieser Kanzlei Schreibarbeiten (!). Grgjić stand schon 1912 mit dem serbischen Grenz- und Terroroffizier Hauptmann Kosta Todorović in Verbindung, erhielt aber seine Weisungen direkt aus Belgrad. (Bericht aus Loznica vom 25. 9. 1912 FG.)
[22] Aus Vojislav Bogićević: *Prilog istorisi sarajevskog Atentata*, zit. bei Trisić (1969), Nr. 1402.
[23] ABH, Sar., GMF, Präs. Nr. 580 v. 15. 5. 1914.

²⁴ Gooß, S. 284.
²⁵ Svetolik Savić.
²⁶ SAP, Wien, 45, Nr. 7. Bericht der Pol.-Dir. Belgrad, Pol. Abteilung, an den Innenminister, 17. (30.) Juni 1914. Das Stück gehörte offensichtlich zu den im Ersten Weltkrieg in Belgrad erbeuteten Aktenbeständen. Schon 1916–1918 lag im HHStA eine Übersetzung vor.
²⁷ Uebersberger, S. 236 f.
²⁸ SAP, 45, amtl. Niederschrift der Pol.-Dir. Belgrad, 18. 6./1. 7. 1914, Nr. 8.
²⁹ Die k. k. Pol.-Dir. in Triest teilt am 8. 7. 1914 der LR in Sarajevo mit, Čabrinović habe einen Koffer in Triest zurückgelassen, in dem sich ein Paket Briefe und Karten befunden hätten. Es dürfte sich um den gleichen Koffer gehandelt haben. Zl. P–I–1718/1 v. 8. 7. 1914. Abschr.: FG.
³⁰ Weisung d. Ministerpräs. Pašić an alle kgl. Gesandtschaften vom 18. 6./1. 7. 1914, Serbisches Blaubuch, Nr. 8.
³¹ *Poletika*, S. 341 f.; zitiert auch bei Uebersberger, S. 263.

7. *Diplomatendisput*

¹ ÖUA Nr. 9984.
² ÖUA Nr. 9948 u. 10021.
³ F. Würthle: *Franz Ferdinands letzter Befehl* in „Österreich in Geschichte und Literatur", 71/6.
⁴ Der Mordanschlag des Bogdan Žerajić auf den Landeschef und Feldzeugmeister Varešanin am 15. Juni 1910 war das erste einer Reihe von Attentaten gegen hohe Funktionäre Österreich-Ungarns. Vladimir Gaćinović verherrlichte den Anschlag Žerajić' in dem Gedicht „Tod eines Helden".
⁵ Sowohl Princip wie Čabrinović nahmen Zyankali. Angeblich hatte es durch Zersetzung seine Wirksamkeit verloren. Doch hatte das Pulver, das sie in Belgrad erhielten, überhaupt eine Wirkung? Es gibt eine Version, nach der Oberst Apis-Dimitrijević von einem befreundeten Apotheker Gift für die Attentäter verlangte, ohne den Zweck anzugeben. Der Apotheker, der das schlechte Verhältnis des Apis zur Regierung Pašić kannte, fürchtete, daß er den Regierungschef oder Mitglieder seines Kabinetts vergiften wolle. Daher gab er Apis ein harmloses Pulver, und dieses erhielten dann die Attentäter.
⁶ UP v. 28. 6. 1914, S. 99, 100.
⁷ UP v. 28. 6. 1914, S. 101.
⁸ Protokoll des Art.-Zeugs-Oberoffizials F. Chalupa über den Transport und die Vernichtung der am 28. Juni 1914 vor dem Schillerschen Geschäft in der Franz-Joseph-Straße aufgefundenen Handgranate vom 30. 6. 1914, Abschr. in ABH, Sarajevo. – Die Feststellung dieses Sachverständigen wurde später bestätigt. Siehe VP, S. 437: Die Handgranaten sind von derselben Konstruktion wie jene den Sachverständigen aus früherer Untersuchung bekannten 19 bei Brčko vorgefundenen Granaten, welche in Original-Makulatur-Papier des Kragujevacer Arsenals eingewickelt waren ... Derlei Handgranaten werden außer in Serbien sonst nirgends in Europa verwendet. – Aus dem Gutachten des k. u. k. Artilleriedepots in Sarajevo

vom 11. 7. 1914: „Die Scharfadjustierung scheint einheitlich von fachkundiger Hand durchgeführt zu sein." ABH, Sarajevo, LR, Pr. 5804 v. 10. 7. 1914.
[9] Wie sich später herausstellte, stammten die vier Selbstladepistolen, System Browning, Modell 12, aus einer Serie von 90 Stück, die am 13. 12. 1913 (!) durch den Vertreter der Fabrique Nationale d'Armes de Guerre in Herstal-chez-Liège an Monsieur Doucet verkauft wurden.
[10] UP v. 28. 6. 1914, S. 141, 143.
[11] UP v. 1. 7. 1914, S. 145–151.
[12] Ebenda.
[13] ÖUA Nr. 9943.
[14] Crakanhorpe an Sir Edward Grey, 2. 7. 1914, Brit. Dok. Bd. 1, Nr. 27.
[15] ÖUA Nr. 9950 v. 30. 6. 1914. Zitierte Stelle aus dem Französischen übersetzt.
[16] Ebenda.
[17] ÖUA Nr. 9980 v. 2. 7. u. Nr. 10055 v. 5. 7. 1914.
[18] Hartwig nach Petersburg, 5. 7. 1914, Bog., II, S. 525.
[19] *Internationale Beziehungen I*, 5. Bd., Nr. 319, weiters die Meldungen von Anfang Juli.
[20] Griesinger nach Berlin, 2. 7. 1914, D. D. I. Nr. 12.
[21] ÖUA Nr. 10047 v. 4. 7. 1914.

IV. Die diplomatische Aktion gegen Serbien

1. Der immer vornehme Leon Pfeffer

[1] Bilinski an Potiorek, 25. 9. 1914, ABH, Sarj. LR, Pr. 1541 ex 14.
[2] Ebenda.
[3] Ebenda.
[4] Ebenda.
[5] Crankshaw: *Der Niedergang des Hauses Habsburg*, S. 452.
[6] Auch Auffenberg K.: *Österreichs Höhe und Niedergang*, S. 256, äußerte sich in diesem Sinn.
[7] ABH, LR, Zl. 921, 5062, 5218, 6309 ex 09.
[8] *Der Montag*, Wien, 16. 8. 1926.
[9] Aufzeichnung des Autors über ein Gespräch mit Prof. Cvetko Popović am 28. 7. 1965 im Staatsarchiv Sarajevo.
[10] Prof. Stevan Žakula wurde von der ö.-u. Verwaltung zum Direktor der Handelsakademie in Sarajevo ernannt. Er war Sokolinspektor für den Gau Sarajevo. Der Bioskopbesitzer in Tuzla, Misko Jovanović, sagte von ihm in der Untersuchung: „Ich war loyal (dem Staat gegenüber), bis Žakula nach Tuzla kam." (UP, S. 391.)
[11] Wie Anm. 9.
[12] Leon Pfeffer: *Erinnerungen*, S. 50: „Senatspräsident Chmielewski teilte mir mit, daß die Polizeiorgane Princip und Čabrinović nachts verhörten und daß sie ihnen mit

Lapis die Wunden ausbrannten. Mir gegenüber haben sich Princip und Čabrinović nicht beklagt, daß sie bei der Polizei gefoltert wurden und ich habe sie darüber nicht befragt. Ich ging deswegen zum Senatspräsidenten und beschwerte mich über das Verhalten der Polizei. Damit in Hinkunft der Zutritt zu den Beschuldigten verhindert werde, wurde verfügt, daß niemand das Militärgefängnis betreten kann, der das Losungswort nicht kennt. Täglich gab ich dem Direktor des Gefängnisses ein neues Losungswort bekannt. Von diesem Zeitpunkt an konnte niemand ohne meine schriftliche Genehmigung und ohne Kenntnis des Losungswortes in das Militärgefängnis gelangen."

[13] Wie Anm. 9. Siehe auch Brief Nr. 97 vom 28. Okt. 1914 in der Briefsammlung *Mlada Bosna*. Seine Echtheit steht jedoch nicht fest.

2. Ein schönes Geständnis

[1] ÖUA Nr. 10118 u. 10146.
[2] S. D. Sasonoff: *Sechs schwere Jahre*, Berlin 1927, S. 189 u. 190.
[3] 15. Juni 1910: Mordanschlag des Bogdan Zerajić; 8. Juni 1912: Attentat des Luka Jukić auf den Banus von Kroatien, Cuvaj; 18. August 1913: Anschlag des aus Amerika zurückgekehrten Stefan Dojčić auf den königl. ung. Sekr. Skerlecz, und noch am 20. Mai 1914: Mordanschlag des Jakob Šefer ebenfalls auf Skerlecz. Bei allen Attentaten wies die Spur nach Belgrad.
[4] Dedijer zitiert auf S. 598 den Popen Mirko Maksimović, dem Ilić gestand, er „fühle sich als die zentrale Gestalt der Aktion".
[5] Branković, in der Obilić-Legende der große Verräter.
[6] Lebedow-Schriften (Gradski Muzej, Sarajevo).
[7] Leon Pfeffer: *Istraga u sarajevskom Atentatu*, Zagreb 1938, S. 54.
[8] UP, S. 247.
[9] UP, S. 247, 248.
[10] Dedijer, S. 534.
[11] UP, S. 108.
[12] Ebenda.
[13] UP, S. 242.
[14] Nach Dedijer, S. 553, 601, Dobroslav Jevdević.
[15] VP, S. 417.
[16] VP, S. 143.
[17] Der *Textvergleich* (S. 36) – Diese Arbeit enthält eine durch die FG angefertigte Gegenüberstellung verschiedener Verhandlungsprotokolle (Mousset, Pharos, Kesterčanek). Das Werk erschien nicht im Druck, ein Bürstenabzug im SAA, Wien. Siehe auch F. Würthle *On the Trial of the Sarajevo Assasins*, in: *Austrian History Yearbook*, Houston, 1966.
[18] VP, S. 417 (Bericht vom 17. 10. 1914).
[19] VP, S. 159.
[20] VP, S. 417.
[21] VP, S. 143.
[22] Dedijers Angaben über diesen Šarac sind irreführend. In der dt. Ausgabe seines

Sarajevo-Buches gibt es deren zwei, einen Djuro und einen Milan. Doch einen Milan Š. kennt weder Dr. D. Ljubibratić noch N. Trišić.

²³ Ced. Popović in *Nova Europa*, Zagreb 1932, dt. in BMH, 1932/II, S. 1114, 1115.

²⁴ *Mlada Bosna i sarajevski atentat*.

²⁵ *Der Saloniki-Prozeß*, dt. Übersetzung nach den serbischen Originaltexten, Berlin 1933, S. 287.

²⁶ „Der Wissenschaftler und der alte Partisane liegen bei Dedijer sich oft in den Haaren. Letzterer versäumt keine Gelegenheit, den alten Feinden Serbiens eins auszuwischen, oft mit, oft ohne Grund. Der Tod des Chefideologen, Vladimir Gačinović, ist ein hervorragendes Beispiel. Gačinović starb blutjung, unter sehr verdächtigen Umständen, 1917 in der Schweiz, und zwar in jenen Tagen, da der Chef der ‚Schwarzen Hand', Oberst Dimitrijević-Apis, durch ein serbisches Offiziersgericht liquidiert wurde. Der Zusammenhang liegt klar auf der Hand. Nicht für Dedijer. Er verdächtigt unter anderen auch die österreichische Polizei, und zwar unter Berufung auf ein Buch des Dr. Dragoslav Ljubibratić. Eine Irreführung mehr. Oder nur eine Spekulation darauf, daß im Westen niemand dieses Buch lesen wird." Aus F. Würthle: *Der Tod von Sarajevo . . .*" in *Die Presse*, Wien, 20. 1. 1968.

3. Die Kriegsschuld-Depesche

¹ ÖUA Nr. 10080 v. 6. 7. 1914.

² UP, S. 248 u. S. 251.

³ UP, S. 253.

⁴ UP, S. 254 v. 24. 7. 1914.

⁵ Dr. Friedrich v. Wiesner, 1904 Staatsanwaltstv. für Wien, trat 1911 ins Außenministerium ein.

⁶ Chef d. Justizabt. HR Chmielewski, Reg.-Kom. Dr. Gerde, Präsidialchef Collas, Beamter d. Polizei (Krim.-Ref Ivasiuk?), ein Hauptmann d. Kundschaftdienstes, Chef der Gend. Gen. Mj. Šnjarić.

⁷ Wiesner: *Meine Depesche vom 13. Juli 1914* in *Rings um Sasonoff* v. E. Steinitz, Berlin 1918, S. 176.

⁸ Ebenda.

⁹ Conrad *Aus meiner Dienstzeit* IV, S. 81.

¹⁰ Gooß (*Gutachten* S. 253) spricht von dem „aktiven Bestreben, einem der serb. Regierung aufgezwungenen Untersuchungsverfahren durch die rechtzeitige Verwischung aller belastenden Spuren, durch die Abschiebung und das Entrinnenlassen der durch das Attentat kompromittierten Persönlichkeiten von *vornherein* die Möglichkeit der Erzielung sicherer Ergebnisse zu benehmen."

¹¹ Viktor Ivasiuk, pol. Adjunkt, Kriminalreferent, geb. in Czernowitz, galt als „vollkommen verläßlich u. vertrauenswürdig", wurde 1919 nach Änderung seines Namens in Ingomar in den österr. Polizeidienst übernommen. 1938 wirkl. Hofrat und Pol.-Dir. von Salzburg, von den Nationalsozialisten ins Konzentrationslager gebracht, was die jugoslawische Presse befriedigt feststellte.

¹² Milan Pribićević, Sohn eines slowenischen Bürgerschullehrers, Kadettenschule, Lt. im Reg. Nr. 7, 1903: 3000 Kr. Schulden, 1904 legt Charge ab. (Qualiste, KA, Wien)

¹³ Slovenski Jug, 1903 gegründet, Offiziere, Staatsbeamte, reiche Kaufleute, Emigranten aus Bosnien waren Mitglieder. Milan Pribičević verfaßte die Statuten. Zweck: Befreiung u. Vereinigung aller Südslawen und die Revolutionierung Österreich-Ungarns. In der Öffentlichkeit trat d. SJ als eine „kulturelle Institution" auf.
¹⁴ ÖUA Nr. 10112 v. 7. 7. 1914.
¹⁵ Nikola Tausanović. 1916 stellte der Landeschef von Bosnien fest: „. . . und wurden von der serb. Regierung Fälschungen offenbar zu dem Zweck übermittelt, damit wir uns auf diese Dokumente stützend, den Attentatsprozeß aufbauen . . . Glücklicherweise haben unsere Gerichte diese Gefahr zu vermeiden gewußt." (Reinöhl S. 163)
¹⁶ Mitverschworene aus dem Weg zu räumen hatten serb. Komitadži wenig Hemmungen. Auch Princip dachte daran, seinen Freund Čabrinović zu ermorden, „damit nichts an den Tag komme". (VP v. 15. 10. 1914) Auch auf der Reise nach Sarajevo wurde erwogen, den „unvorsichtigen Čabrino" umzubringen.
¹⁷ Reinöhl S. XXVIII.
¹⁸ Potiorek am 14. Juli an Conrad. Conrad, IV, S. 82 ff.
¹⁹ ÖUA Nr. 10252 v. 13. 7. 1914.
²⁰ Die betreffende Stelle in ÖUA: „Mitwisserschaft an serbischen Regierungsleitung an Attentat . . ." Im Artikel von Wiesner bei Steinitz: „Mitwisserschaft serbischer Regierung an der Leitung des Attentates . . ." Im sogenannten Originaltelegramm: „Mitwisserschaft an serbischer Regierung, Leitung des . . ." (HHSA, Wien, PA . . .) Dechiffrierungsformular wie gewöhnlich vernichtet.
²¹ Tel. an Generalstabchef Conrad v. 14. Juli 1914: Conrad, IV, 83 f., und Pitreich-Hubka: *Der kritische Monat 1914*, Graz 1949, Man. KA, S. 30. Auch Uebersberger spricht von der gänzlichen Unvertrautheit Wiesners mit der Aktenlage.

4. Die Annexion und Serbiens Wohlverhalten

¹ „Im großen und ganzen ist aber die Umwandlung der Okkupation in die Annexion nichts anderes als der Tausch eines Rechtstitels. In der Sache hat sich nichts geändert . . . Im wesentlichen wurde das eine immerhin garantiereiche Papier, der Berliner Vertrag, zerrissen und ersetzt durch das andere Papier, das ist die Souveränitätserstreckung. Dieses garantielose Papier hat uns sehr schwere Opfer gekostet." Aus Karl Renners Rede in den Delegationen des Reichsrates am 9. 11. 1910.
² In der gleichen Rede äußerte sich Renner abfällig über Aehrenthals Großmachtpolitik: „Wir wollen und sollen nichts anderes sein, als ein bescheidener Mittelstaat, neutral nach allen Richtungen, der sich in erster Linie der Verfassungsarbeit im Innern und vor allem der Wirtschafts- und Sozialpolitik widmet." Vollständiger Text bei Verosta, S. 594–629.
³ ÖUA Nr. 164 v. 7. 10. 1908.
⁴ ÖUA Nr. 347 v. 20. 10. 1908 (Privatbrief aus Konopischt).
⁵ ÖUA Nr. 1425 v. 31. 3. 1909.
⁶ ÖUA Nr. 1447 v. 3. 4. 1909.
⁷ ÖUA Nr. 1555 v. 22. 4. 1909 (Franz Joseph I. an Wilhelm II.).

V. Kein Verkehr mit Konfidenten!

1. Eine politische Monstrosität

[1] ÖUA Nr. 10096 v. 7. 7. 1914. Die Anfrage der LR erfolgte am 5. 7. 1914.
[2] ÖUA Nr. 10072 v. 6. 7. 1914.
[3] ÖUA Nr. 10084, Bericht d. Garanten des Vizekonsulats aus Niš v. 6. 7. 1914.
[4] Die kroatisch-serbische Koalition bestand aus Parteien, die sich zu den Resolutionen von Fiume und Zadar (1905) bekannten. Diese sahen eine gemeinsame Politik der Kroaten und Serben, anfangs auch eine Zusammenarbeit mit der ungarischen Opposition, gegen Wien vor. Bei der Wahl vom 28. Februar 1908 errang im Agramer Landtag die Koalition 57 von 88 Mandaten. Banus Rauch bezeichnete sie als „antidynastisch und hochverräterisch". Bereits am 14. März wurde der Landtag vertagt. Die kroatisch-serbische Koalition nahm gegen die Annexion Stellung, während die bosnischen Kroaten mit aller Energie dafür eintraten. (Siehe: Jasna Tomić, *Die Fiumaner Resolution vom 3. Okt. 1905* [Diss. 1971, Graz]).
[5] Franjo Supilo, Deputierter des kroat.-slavonisch-dalmat. Landtages im ung. Abgeordnetenhaus.
[6] Nach dem Gerichtssaalbericht der *Neuen Freien Presse*, Wien, 9.–22. 12. 1909.
[7] Ebenda, 10. 12. 1909, S. 2.
[8] Schreiben an den Sektionschef von Macchio v. 1909, ÖUA Nr. 1866 (HHStA, Friedjung-Nachlaß, PA XIX/81).
[9] ÖUA Nr. 1876. v. 10. 12. 1909.
[10] ÖUA Nr. 1841 v. 26. 11. 1909.
[11] ÖUA Nr. 1808 v. 14. 11. 1909.
[12] ÖUA Nr. 1831 v. 24. 11. 1909.
[13] ÖUA Nr. 1825 v. 22. 11. 1909.
[14] Ebenda.
[15] Wie Anm. 6.
[16] ÖUA Nr. 1886 v. 14. 12. 1909.
[17] An Sektionschef von Macchio am 16. 12. 1909, ÖUA Nr. 1898.
[18] ÖUA Nr. 1901 v. 17. 12. 1909.

2. Masaryk: „Österreich muß ein Reich werden!"

[1] Božidar Marković: *Die serbische Auffassung zur bosnischen Frage*, Berlin 1908.
[2] Sitzungsprotokoll des Slovenski Jug v. 20. 10. (3. 11.) 1908.
[3] Gerichtssaalbericht der *Neuen Freien Presse*.
[4] Ebenda.
[5] Ebenda.
[6] Siehe auch: J. M. Baernreither: *Fragmente eines politischen Tagebuches*, Berlin 1928, S. 137–145.

⁷ L. v. Südland (Dr. Ivo Pilar, Tuzla): *Die südslawische Frage und der Weltkrieg*, Zagreb 1944.
⁸ Th. G. Masaryk: *Der Agramer Hochverratsprozeß und die Annexion Bosniens und der Herzegowina*, Wien 1909, S. 65, 68.
⁹ Ebenda, S. 115.
¹⁰ Ebenda, S. 116, 117, 129.
¹¹ *Masaryk erzählt sein Leben*, Gespräche mit Karel Čapek, dt. Berlin, S. 207.
¹² Ebenda.
¹³ ÖUA Nr. 2476 v. 5. 3. 1911.
¹⁴ Masaryk, S. 130, 131.
¹⁵ P. Slijepčević in *Srpski Književni*, 16. 3. 1930, u. Tadić in *Zora*, 1. 1. 1910, zitiert bei Dedijer, S. 341, 342.
¹⁶ Borivoje Jevtić: *Sarajevski Atentat, Politika*, 28. 6. 1925.
¹⁷ B. Zečević: Memorandum und Brief an Dedijer v. 15. 2. 1959 in P. Slijepčević, Mlada bosna in Napor Bosne i Hercegovine za Oslobodjenje i Ujedinjenje, S. 203/204, zit. b. Dedijer, S. 344.
¹⁸ Ebenda, s. 882.
¹⁹ Djuro Šarać aus Čujluk in Bosnien am 8. 5. 1917 in der 40. Sitzung des Saloniki-Prozesses.

3. Der beste Konfident

¹ Swietochowski, Viktor von, Hauptmann, Honorardragoman an der Gesandtschaft in Belgrad 1908-1911.
² Müller, Handelsagent, österr. Spion, starb in serbischer Kerkerhaft.
³ K. u. k. Militärattaché in Belgrad an das Evidenzbureau d. k. u. k. Generalstabes am 24. Juli 1909 (der Friedjung-Prozeß begann am 9. 12. d. gleichen Jahres!), KA, Wien, Ev. B., K. 3152/B, Fasc. 1543.
⁴ HHStA, PA XIX/77. – Dieser Bericht des Geschäftsträgers v. 23. Juli 1909 (!) wurde in das große Aktenwerk (ÖUA) nicht aufgenommen! Auch nicht das Schreiben des Militärattachés vom 24. Juli d. s. Jahres, obwohl auch solche Berichte Platz fanden, wenn sie wichtig waren.
⁵ Baernreither, S. 140, 141.
⁶ Der Besuch des Königs Eduard VII. fand am 12. und 13. August statt. An der Unterredung nahmen auch der englische Staatssekretär für Auswärtige Angelegenheiten und Graf Aehrenthal teil. Nach deutschen Pressestimmen hatte König Eduard versucht, den Kaiser von Österreich zu bewegen, in Berlin „zwecks Verminderung der deutschen Flottenbauten zu intervenieren". (ÖUA Nr. 1700 u. 1703.) Als Gegenleistung habe der König seine Zustimmung zur Annexion angeboten, und zwar ohne vorherigem Einverständnis der anderen Mächte. Friedjung blieb bei seiner Behauptung (*Vossische Zeitung*, Berlin, v. 4. 8. 1909), obwohl Eduard mehrmals intervenieren ließ und verlangte, er möge seine „abscheuliche Lüge" widerrufen. (ÖUA Nr. 1724, 1777, 1800, 1816 u. 2306.)
⁷ ÖUA Nr. 1700 v. 2. 8. 1909 u. Nr. 1703 v. 3. 8. 1909.
⁸ ÖUA Nr. 1929 v. 29. 12. 1909.

⁹ ÖUA Nr. 1945 v. 15. 1. 1910.
¹⁰ ÖUA Nr. 1929 v. 29. 12. 1909.
¹¹ ÖUA Nr. 1957 v. 26. 1. 1910.
¹² Cvitaš Wilhelm, Mj. Dragoman d. Ges. in Belgrad 1901–1908.
¹³ Forgách formulierte hier: „... sondern sich wegen des mit der Publizierung konfidentionellen Materials verbundenen Odiums direkt ablehnend verhalten müssen."
¹⁴ ÖUA Nr. 1912 v. 1. 2. 1910.
¹⁵ ÖUA Nr. 2044 v. 17. 3. 1910.
¹⁶ ÖUA Nr. 2049 v. 18. 3. 1910.

4. Vasić und Masaryk

¹ Tagesbericht v. 31. 7. 1910, ÖUA Nr. 2226. Zu dem Besuch bei Kaiser Franz Joseph kam es dann bekanntlich nicht.
² Das heißt soviel, wenn uns nicht Bomben bis dorthin zerreißen; eine Anspielung auf das geplante Attentat auf seinen Vater: siehe Mitteilung des bulgarischen Gesandten Rigoff an den Botschafter Pallavicini, „er sei in Cetinje in die Geheimnisse des Attentats auf den König von Montenegro eingeweiht gewesen und habe gewußt, daß die Fäden desselben bis zur serbischen Regierung und König Peter gereicht hätten". ÖUA Nr. 10282.
³ Aus Cetinje, ÖUA Nr. 2100.
⁴ Zur Vorgeschichte des Ersten Weltkrieges gehören sechs Prozesse, die man einmal im Zusammenhang untersuchen müßte: der Bombenprozeß von Cetinje, der Agramer, der Friedjung-, der Vasić-, der Sarajevo- und schließlich der Saloniki-Prozeß. Immer spielen mehr oder weniger zweifelhaftes Material oder falsche Zeugenaussagen eine Rolle. In Cetinje fällten montenegrinische Richter das Urteil, in Agram erließ ein kroatisches Gericht ein Fehlurteil, das von Kaiser Franz Joseph aufgehoben wurde, die Klage vor den Wiener Geschworenen wurde durch einen Vergleich aus der Welt geschafft, Vasić fand auffallend milde Richter, und im Saloniki-Prozeß wurden vom Gericht und unter der Patronanz des Ministerpräsidenten Pašić und des Regenten Alexander falsche Zeugen gebraucht und auf ihre Aussage hin drei Männer zum Tode verurteilt und hingerichtet.
⁵ ÖUA Nr. 2223 v. 26. 7. 1910.
⁶ Ebenda.
⁷ ÖUA Nr. 2198 v. 17. 6. 1910.
⁸ *Vasić – Forgách – Aehrenthal*, einiges Material zur Charakteristik unserer Diplomatie, von Prof. Th. G. Masaryk, Prag 1911, S. 12, 13, 24.
⁹ Extraausgabe der POLITIKA v. 9. 11. (27. 10.) 1910.
¹⁰ ÖUA Nr. 2297 v. 9. 11. 1910.
¹¹ ÖUA Nr. 2300 v. 10. 11. 1910. – Daß Außenminister Dr. Milovanović die „Nachforschungen" Masaryks nicht unterstützt habe, gibt auch Seton-Watson (S. 346) zu. Wien habe damals angeblich den so lange aufgeschobenen Empfang des Königs Peter in der Wiener Hofburg in Aussicht gestellt und so versucht, den serbischen Außenminister „für die Vertuschung des Skandals zu gewinnen". Eine

falsche Auslegung, Aehrenthal schrieb am 28. 11. 1910 ausdrücklich: „Wenn es auch richtig ist, daß der Wunsch der serbischen Regierung nach einem möglichst baldigen Empfang des Königs ... ein wesentliches Moment in der Situation bildet, wie sie gegenwärtig zwischen uns besteht, so erscheint mir eine Verquickung der Besuchsfrage mit der Affäre Vasić ausgeschlossen." (ÖUA Nr. 2333.) Selbstverständlich konnte in einer so vergifteten Atmosphäre – und sie wurde neuerlich gründlich vergiftet – ein Monarchenbesuch nicht arrangiert werden.

[12] ÖUA Nr. 2327 v. 24. 11. 1910.
[13] Daß die Absicht bestand, für ihn in Österreich zu sorgen, geht aus den Akten einwandfrei hervor.
[14] Lončarević, S. 377.
[15] Nach einer Note des serb. Min. d. Äußeren v. 18. 11. 1910, Zl. 1653.
[16] Th. G. Masaryk: *Vasić – Forgách – Aehrenthal*, Prag 1911.
[17] Übersetzung aus dem ČAS, Prag. HHStA, PA XIX/82, Serbien XII/6.
[18] Siehe Anm. 16.
[19] Andrej Parlov: *L. v. Tolstoi u. Masaryk*, Innsbruck 1957 (Diss.)
[20] Dušan A. Lončarević: *Jugoslaviens Entstehung*, S. 389.
[20a] KA, EVB, AOK-Akten, Fasc. 5519.
[21] Wie Anm. 16, S. 10, 11.
[22] *Die Zeit*, Wien, 30. 7. 1914.
[23] Heinrich Kanner: *Kaiserliche Katastrophenpolitik*, Leipzig 1922, S. 31 u. a.
[24] Karl Renners Rede in der Delegation des Reichsrates am 9. 11. 1910, vollständiger Text bei Verosta, S. 594–624.
[25] HHStA, PA XIX/75 v. 9. 2. 1908 u. ÖUA Nr. 1841 v. 26. 1. 1909.
[26] ÖUA Nr. 2429, 2430, 2432 v. 25. u. 27. 1. 1911. – Das Gutachten ist gezeichnet von Generalkonsul R. Oppenheimer, Ministerialrat Th. v. Pirquet, Ministerialsekretär Franz v. Matscheko und Vizekonsul Leonidas Čudić und endet mit der Feststellung, daß die Überprüfung des Belgrader Materials nichts ergeben habe, was mit den vom Grafen Forgách abgegebenen Erklärungen über die Art und Weise, wie das vom Konfidenten (Stefanović-Vasić) dem Dragoman übergebene Material übernommen, verarbeitet und vernichtet worden ist, irgendwie kollidieren würde. Das Gutachten wurde nicht veröffentlicht! Im HHStA, Wien, liegen zwei Kartons Negative und Fotos von jenen Originalen, die Stefanović-Vasić in die Belgrader Gesandtschaft brachte. Einer gründlichen Untersuchung sind sie bis heute noch nicht unterzogen worden. Prof. Bittner schrieb 1937: „Eine solche Untersuchung wird einmal vorgenommen werden müssen, um die Frage der Hintermänner des Stefanović-Vasić zu klären." (Prof. Dr. Ludwig Bittner: Die angeblichen Fälschungen der ö.-u. Gesandtschaft in Belgrad in *„Der Weg zur Freiheit"*, Berlin 1937, Nr. 7/8.)
[27] Schreiben des Dipl.-Ing. Swietochowski, Sohn des Hauptmanns Swietochowski, an den Verfasser, 13. 4. 1973, SAA.
[28] Maurice Schulz: *L'Affaire Friedjung*, Revue d'Histoire de la Monde, Paris, 15. Jg., S. 133.
[29] *Masaryk erzählt sein Leben*, S. 130. – Die Gespräche mit Čapek wurden, wie dieser im Vorwort angibt, von Masaryk mehrfach korrigiert.
[30] *Politika*, Presserapportv. 13. 12. 1909, HHStA, P.A. XIX/81.

5. Abbruch persönlicher Beziehungen

[1] *Die Zeit*, Wien, 29. 1. 1911 u. 2. 3. 1911.
[2] ÖUA Nr. 2413 v. 17. 1. 1911.
[3] *Die Zeit*, ebenda.
[4] Ebenda.
[5] ÖUA Nr. 2464, auch 2461, 2463–2466.
[6] ÖUA Nr. 2469 v. 2. 3. 1911.
[7] ÖUA Nr. 2511 v. 21. 4. 1911.
[8] ÖUA Nr. 2514 v. 22. 4. 1911.
[9] ÖUA Nr. 2515 v. 22. 4. 1911.
[10] ÖUA Nr. 2520 v. 26. 4. 1911.
[11] ÖUA Nr. 2490 v. 1. 4. 1911.
[12] ÖUA Nr. 2535 v. 3. 5. 1911. Minister Aehrenthal befand sich vom 11. 3. bis 25. 5. auf Urlaub. Der Inhalt des Erlasses könnte den Schluß zulassen, daß ihm das Stück zur Genehmigung vorgelegt wurde.
[13] Musulin: *Das Haus am Ballplatz*, München 1924, S. 175.
[14] Hantsch, Bd. II, S. 486.
[15] Bittner, BMH, Jg. 35, Nov., S. 952.
[16] Der russ. Ges. Hartwig (G. Pol. XXIII, 396) u. d. franz. Geschäftsträger in Athen (Doc. dipl. franc. 3. S. IV. 367).
[17] Siehe Dr. Emil von Ploner in *Ungarn*, Lp. 1918, S. 235.
[18] Conrad, III, S. 462.
[19] Macchio, HHStA, NL. – König Alexander meinte im Jahre 1923 über Forgách, ... er habe viel Schuld an allem Unglück, infolge seiner rein magyarischen und prinzipiell antislawischen Politik. „Il nous avait dans le nez, c'etait plus qui lui." Aus einem Gespräch mit dem österreichischen Gesandten Hoffinger (HHStA, N.P.A., Karton 3).
[20] Hantsch, Bd. II, S. 486.
[21] ÖUA Nr. 8848, Berchtold an Forgách v. 16. 10. 1913 u. Nr. 8872, Flotow an Berchtold v. 19. 10. 1913.
[22] ÖUA Nr. 8873 v. 19. 10. 1913.
[23] Spalajković am 2. 10. 1912 an d. Belgr. Außenministerium (M. Bog. I, Nr. 193 u. 194).
[24] Nik. Schebeko, 1914 russ. Botschafter in Wien.
[25] M. Bog. II, Nr. 884.
[26] Interview Spalajković in der *Wetschernoe Wremja* v. 29. 7. 1914, das als Äußerung „serbischer diplomatischer Kreise" bezeichnet wurde. Tags darauf schrieb die *ganze* Presse diese Worte dem Gesandten Spalajković zu, was dieser in keiner Weise dementierte. ÖUA Nr. 10016 v. 3. 7. 1914.

6. Falsche Spuren

[1] H. van Lynton.
[2] Die Entzifferung erfolgte durch den Wiener gerichtlich beeideten Sachverständigen

für Chiffrenwesen, Dr. Eugen Mauler. Über die Fälschung des H. van Lynton, der sich bei den Serben Stevens nannte, existiert eine interessante Abhandlung von seiner Hand im SAA, Wien.

[3] ÖUA Nr. 10132, Mensdorff aus London, 8. 7. 1914.

[4] *The Story of the Black Hand and the Great War*, v. Vojslav M. Petrović. dt. BMH, 1935, Juli, S. 597. Petrović, ein geborener Montenegriner, der 1934 Selbstmord verübte, war 1914 Attaché an der serbischen Gesandtschaft in London.

[5] *Freimaurer-Lexikon*, S. 1379.

[6] *Die Furche*, Wien, 10. 7. 1954.

[7] Ottokar Czernin: *Im Weltkrieg*, Berlin 1919, S. 98.

[8] Čabrinović: „Ja, kad god sam pitao Ciganovića što je s tom stvari, on je kazao: kad taj dede. Pričao je tada Ciganović da su slobodni zidari već prije 2 god, osudili na smrt pok. prijestolonasljednika, ali da nemaju ljudi." VP, Bog., S. 294.

[9] Pater Anton Puntigam stammte aus der Südsteiermark, war eine Zeitlang Professor am erzbischöflichen Gymnasium in Travnik und dann 9 Jahre in der Seelsorge in Sarajevo tätig. Er wohnte der Verhandlung gegen die Attentäter bei und gilt allgemein als der Herausgeber der 1919 in Berlin erschienenen „aktenmäßigen Darstellung" *Der Prozeß von Sarajevo* von Prof. Pharos. Dieser Verhandlungsbericht ist sehr gekürzt und belastet die Freimaurer. 1970 erschien in Wien eine Dissertation von L. A. Nicole über Pater Puntigam. Dieser tritt der Auffassung entgegen, daß sich hinter dem Pseudonym Pater Puntigam verberge. Die Bezichtigung der Freimaurerei kam nicht von ungefähr, Verdachtsgründe lagen vor. Allein die Tatsache, daß sowohl Major Tankosić wie der Eisenbahnbeamte Milan Ciganović – also jene beiden Männer, die den Attentätern die Mordwaffen „in die Hand drückten" – als Logenbrüder gelten, gab zu denken. Dazu kam noch, daß die Angeklagten alles daransetzen, diesen Verdacht zu bekräftigen. Auch der Verteidigung kamen diese Anschuldigungen nicht ungelegen. Pfeffer auf S. 140 seines Buches: „ . . . Pater Puntigam versicherte mir im Gespräch während einer Pause, daß beim Attentat auch die Freimaurer im Spiele seien. Ich antwortete darauf, daß außer den Freimaurern hier auch gewisse andere dunkle Kräfte verwickelt seien, aber ich hätte dies nicht feststellen können, weil das Geständnis der Attentäter über Tankosić nicht hinausging. Unterdessen, einige Tage später, begann der Vorsitzende (Dr. Curinaldi) die Attentäter über die Freimaurerei zu verhören. Heute kann ich mich an Einzelheiten nicht mehr erinnern, ich weiß nur, daß die Antworten komisch ausgefallen sind, und es scheint mir, daß Čabrinović versicherte, daß auch er Freimaurer sei . . . Ich machte den Justizchef aufmerksam, aber er gab die Weisung aus, daß über die Freimaurer nicht mehr verhandelt werden soll." – Auch die Urteilsbegründung (S. 104) beschäftigte sich mit der Frage der Anstiftung des Mordes durch die Freimaurer: „Hier muß noch erwähnt werden, daß sowohl Čabrinović als auch Princip in der Hauptverhandlung einen neuen Umstand hervorbrachten: Ciganović und Tankosić seien Freimaurer gewesen . . . sie behaupteten ausdrücklich, dies erst erfahren zu haben, nachdem sie den Entschluß zur Ausführung der Tat gefaßt hatten. Mit Rücksicht auf den letzten Umstand ist das Gericht der Ansicht, daß die Erzählung über die Freimaurer auch unter die Versuche gehöre, die Mitwirkung der Narodna Odbrana und der offiziellen Kreise Serbiens zu decken,

obwohl Čabrinović ausgesagt hat, daß unter anderem die Frömmigkeit weiland des Thronfolgers und der Umstand, daß er im ‚katholischen Fahrwasser schwimmt', ebenfalls einen Grund abgaben, daß das Attentat aus Rache und Haß gegen Österreich geführt wurde, weil er der Ansicht war, weiland der Thronfolger sei ein sehr großer Mann, der in der Zukunft den Südslawen sehr viel schaden würde." Auch Pater Puntigam korrigierte später seinen Irrtum, allerdings nur in seinen Tagebuchaufzeichnungen, nicht aber in aller Öffentlichkeit: „Was die Mitwirkung der Freimaurer am Attentat angeht, so möchte ich sie bezweifeln", schreibt er, „und zwar aus folgenden Gründen: Erstens bin ich es, der dem Dr. Konstantin Premužić, dem Verteidiger des Čabrinović, nahelegte, er möchte seinen Klienten fragen, ob nicht auch die Freimaurer mitgewirkt hätten. So kam die Freimaurerei aufs Tapet. Zweitens fragte ich nach der Verurteilung von Čabrinović, als ich ihn in der Lagerkaserne besuchte, ob die Mitwirkung der Freimaurer wahr sei. Er verneinte es und sagte: ‚Das Attentat war rein nationalistisch.'" – (Memoiren: *„Wie Gott mich geführt"*, Provinz-A. d. Jesuitenordens, Wien I.)

[10] Pfeffer, S. 140.
[11] Premužić: „. . . Jesi li slobodni zidar?" Čabrinocić: „Zašto to pitate? Ne mogu Vam kazati." (VP, Bog., S. 39.)
[12] Pretsjedatelj: „Da svršimo pitanje koje je stavio gosp. branitelj prije podne. Je li Vama bilo poznato prije atentata da su Tankosić i Ciganović slobodni zidari? Prije nego ste stvorili odluku?" – Čabrinović: „To je bilo poslije." – Pretsjedatelj: „Je li u Vašoj odluci da ubijete prestolonasljednika igrala ulogu okolnost, da su oni bili slobodni zidari, odnosno, da ste Vi bili?" – Čabrinović: „Jest i to je igralo ulogu." – (VP, Bog., S. 42.)
[13] Tel. v. 12. 10. 1914, Pr. BH, Nr. 1655 fol. 31/32, Textvergleich S. 13, VP, S. 408.
[14] Bilinski an LR, Sar. v. 13. 10. 1914, Pr. BH, Nr. 1655, fol. 1/2, Textvergleich S. 13.
[15] *A Searchlight on the European War*, London 1914.
[16] Norman: Loge *„Großer Orient"* und Attentat von Sarajevo, BMH, Jg. 1931, Febr.
[17] Oskar Tartaglia, Veleizdajnik Moje Uspomene iz Borbe Protiv Crnožutog Orla, Zagreb 1928.
[18] *Freimaurer-Lexikon*, S. 1379: „ . . . in Wirklichkeit waren weder die Freimaurer als solche, noch waren einzelne Freimaurer an dem Attentat oder seiner Vorbereitung irgendwie beteiligt . . . aber auch keiner der Anstifter und Förderer gehörten dem Bunde an . . . von dem (Schwarze Hand) nicht ein einziger Freimaurer war." Das gesamte diese Lügenbildung betreffende Material in Dr. Stephan Kekule von Stradonitz: *Der Mord von Sarajevo*, Leipzig 1931. – Dedijer, S. 834, 835.
[19] Bittner: *Die Schwarze Hand*, BMH, 10. Jg., S. 55 ff.
[20] Weder das Außenministerium noch das Gem. Finanzministerium verfügte über einen Lektor für die südslawische Presse des Inlandes. Gegen die subversive ausländische Presse verfügten die lokalen Behörden ein Verbot für den Bezug durch die Post (Postdebit); eine Einrichtung, die es heute noch in Oststaaten gibt.
[21] ÖUA Nr. 2921.
[22] ÖUA Nr. 2929.
[23] ÖUA Nr. 2966.
[24] ÖUA Nr. 3073.

25 ÖUA Nr. 3262.
26 ÖUA Nr. 3264.
27 N. Wiener Tagblatt v. 26. 1. 1906.
28 Večernje Novosti, Bittner, BMH, 32, Nr. 1.
29 Akt im ABH, Sar., v. 23. 2. 1912.
30 ÖUA Nr. 10074 v. 6. 7. u. Nr. 10525 v. 23. 7. 1914.
31 ÖUA Nr. 10505 v. 22. 7. 1914.
32 Esti Ujsag, Budapest, 20. 7. u. NFP, Wien, v. 20. 1. 1914.
33 Serb. Antwortnote v. 25. 7. 1914.
34 ÖUA Nr. 3590 v. 27. 6. 1912.
35 Genčić G. A., serb. Minister d. Inneren 1899/1900.
36 Nešković: *Die Wahrheit über den Saloniki-Prozeß*, Belgrad 1953.
37 Mustafa Golubić.
38 Siehe „Nachwort".
39 Vladimir Kajganović (siehe Gooß, S. 254–256).
40 Leon Pfeffer, S. 137, 138 u. Textvergleich S. 10.
41 UP, S. 182 v. 25. 7. 1914.
42 L. Pfeffer: Aleksandar Karagjorgjević zu Krivac sarajevskog atentata in *Hrvatski Narod*, 28. 6. 1941.
43 Die Behauptung steht nicht im Gegensatz zu Pfeffers Artikel in der *Samouprava* v. 24. 7. 1927, in dem er nur die Nachricht dementiert, daß Princip durch Tankosić dem Thronfolger vorgestellt wurde.
44 Nováković, UP, S. 188.

7. Nachtragsverhöre

1 Sarkotić, BMH, 1929, Nr. 7. – Ein solcher Funktionär war zum Beispiel der Bioskopbesitzer Miško Jovanović in Tuzla.
2 Pfeffer, S. 142 f.
3 In Sarajevo, Mostar, Bosnisch-Brod, Tuzla, Zagreb, Volosko, Susak, Split, Dubrovnik u. Zara (Zadar).
4 UP, S. 142.
5 VP, 12. 10. 1914.
6 UP S. 176 u. VP.
7 J. Orlić: *Jugoslavenska Sjećanja*, Rijeć, 10. 7. 1937.
8 UP, S. S. 255, 193–196.
9 SAP, 1945, S. 17.
10 Dedijer, S. 604.
11 UP, S. 247, 248.
12 Pfeffer, S. 142 ff, dt. Textvergleich S. 136–138.
13 Ebenda.
14 *La Main Noire*, Librairie Nouvelle, Lausanne 1917, v. Mj. Dobrivoje R. Lazarević, IX. serb. Inf.-Reg. Reg. – Die von Lazarević angeführte Liste der Schwarzen Hand kann weder Anspruch auf Vollständigkeit noch Richtigkeit erheben.
15 Ebenda, dt. Ausgabe, S. 41.
16 Siehe S. 212 ff.

VI. Die Würfel fallen

1. Sasonow: „Serbien soll verzichten!"

¹ Die sogenannte Prochaska-Affäre ist bezeichnend für die ungeschickte Information der Öffentlichkeit im alten Österreich, ja für ein besonderes Talent, sich selbst ins Unrecht zu setzen. Als im Herbst 1912 die damals noch zur Türkei gehörende Stadt Prisren mit vorwiegend mohammedanischer Bevölkerung von serbischen Truppen besetzt wurde, behinderten sie den dortigen k. u. k. Konsul in seiner Amtstätigkeit, das heißt, sie sperrten ihn Wochen hindurch „aus militärischen Gründen" von der Welt ab, ließen keine Besucher zu ihm und raubten dem Post-Kawassen einen versiegelten Postbeutel mit der Konsulatspost. Als sich der Konsul beim kommandierenden General darüber und über die Wegnahme eines Pferdes beschwerte, antwortete dieser, er betrachte Reklamationen über solche Nichtigkeiten, wie sie eben im Kriege vorkommen, als reinen Mutwillen. Er habe Briefe in Händen, daß der Konsul der serbischen Armee feindselig gegenüberstünde. Für die Außenwelt war Konsul Prochaska eine Zeitlang verschollen. In der Wiener und Budapester Presse tauchten abenteuerliche Kombinationen auf, der liebenswürdige, kleine, wohlbeleibte, aus Brünn gebürtige Konsul wäre festgenommen und mißhandelt worden, ja man behauptete sogar, die serbische Soldateska hätte ihn entmannt. Reine Erfindungen. Auf Erkundigungen des Ministeriums des Äußern über das Schicksal des Konsuls antwortete der serbische Gesandte in Wien mit der Beschwerde: Prochaska habe die Türken und Albaner zum Kampf gegen die Serben aufgerufen, vom Dachboden des Konsulats sei geschossen worden. Man bitte um seine Abberufung. (ÖUA Nr. 4312 v. 8. 11. 1912.) Diese Vorwürfe waren ebenfalls Erfindungen. Bevor das Schicksal der drei im Kriegsgebiet befindlichen k. u. k. Konsulate nicht restlos geklärt war, ignorierte das Ministerium die wilden Sensationsmeldungen. Auch nachher ließ es sich noch Zeit. Prochaska konnte Prisren verlassen, aber sein Wagen wurde von der dortigen serbischen Bevölkerung mit Blechkannen, -stücken, Steinen und Krautköpfen beworfen. (ÖUA 4664 v. 27. 4. 1912.) Reichlich spät entschloß sich das Ministerium zu der amtlichen Feststellung, „die im Umlauf gewesenen Gerüchte, wonach Konsul Prochaska serbischerseits auf seinem Posten förmlich gefangengehalten, ja sogar mißhandelt worden wäre, entbehren jeder Grundlage." (Gooß, S. 109.) Vielfach wurde behauptet, daß diese Gerüchte „von den obersten Reichsämtern eher favorisiert als behindert wurden". (Auffenberg, S. 211.) – Oder wie der Historiker Hantsch sich ausdrückte: „Das Ministerium hatte diese Gerüchte nicht unterbunden, zum Teil weil es eine kräftige Unterstützung durch eine aufgebrachte öffentliche Meinung begrüßte, zum andern Teil, weil es lange nicht möglich war, diese Gerüchte zu überprüfen." (Hantsch I, S. 368.) Der geraubte Postsack enthielt offizielle und private Post, auch ein Schreiben des Konsuls an den Grafen Berchtold. Was mit Prochaskas Korrespondenz geschah, ist nicht geklärt, jedenfalls tauchte sie in St. Petersburg auf, und Pašić verlangte sie von dort zurück. (Bog. II, Nr. 228.) Er muß auch an ihre

Veröffentlichung gedacht haben, zögerte aber und bemerkte: „Nötigenfalls werden wir von den Briefen Gebrauch machen, natürlich nur, wenn wir sagen können, daß wir dieselben gefunden haben und nicht, daß sie dem Kurier abgenommen worden sind." Die Zeilen des Konsuls vom 23. Oktober 1912 an seine „Liebe Mama" in Brünn hatten den Zorn der serbischen Militärs erregt. Sie wurden geschrieben, als die Serben vor Prisren standen: „Jeden Moment kann ich gänzlich von der Außenwelt abgeschnitten werden ... ich komme mir schon wie der Telegrafist im ‚Kurier des Zaren' vor. Telegrafen habe ich übrigens schon keinen mehr. Heute telegrafierte ich bis 3 Uhr früh drauflos und meldete zum Schluß, daß die Drahtunterbrechung bevorstehe, was eine Stunde später auch geschah. Morgen früh versucht ein Kawasse, meine Post nach Usküb zu bringen, ob es geht, weiß ich nicht mehr. Die Serben haben Priština bombardiert und sollen brennen und massakrieren wie die Wilden. Die Montenegriner geradeso, eine feine Gesellschaft. Hier kein einziger Soldat, dafür 2000 Lumessen (ein albanischer Stamm) eingerückt, ein Mordsgesindel. Eben kam der Gouverneur (wohl der türkische) zu mir, mich zu bitten, wir (Österreich-Ungarn) möchten einmarschieren, er wisse nicht mehr aus und ein. So froh ich bin, mitten in der Sache, vielleicht der Lösung der Balkanfrage zu sein, so drücken doch die Greueltaten dieser Wilden, die jetzt im Großen losgehen werden, wirklich auf mein Gemüt. Die Montenegriner sind vor Ipek, ... hier wird alles drunter und drüber gehen, ein Wirrwarr, Baschibozuks (türkischer Landsturm), Banden etc. ... Was mich betrifft, mach Dir keine Sorgen, ich bin kreuzfidel ... Grüße und Küsse, Dein Oskar." (Kopie FG.) Die Affäre, die viel Staub aufwirbelte, endete mit einer Entschuldigung des serbischen Ministerpräsidenten. In den Augen der Bewohner von Prisren wurde dem österreichisch-ungarischen Prestige durch eine ehrenvolle Flaggenhissung Genüge getan. Dem angeschlagenen Prestige in der Welt wurde nicht aufgeholfen, auch kein Versuch zur Klarstellung unternommen. Vielleicht hätte es Sinn gehabt, dem Ursprung des Gerüchtes nachzugehen. Gibt es doch zu denken, wenn man davon hört, daß die Narodna Odbrana mit der Kastration des Konsuls Propaganda trieb. Jedenfalls existiert eine Anzeige der Bezirksexpositur im bosnischen Odzak, daß ein Vertreter der Narodna Odbrana, der serbisch-orthodoxe Pope Mirko Mikulić, seinen Leuten voller Genugtuung verkündete, die Serben hätten dem Konsul Prochaska die Genitalien abgeschnitten. (biHA, LA, Pr. 5953 v. 26. 12.) Demnach haben nicht die Österreicher das Gerücht aufgebracht, über das sich die Welt so entrüstete, sie hatten nur versäumt, es sofort zu dementieren, wozu sie erst nach längeren Bemühungen in der Lage waren.

[2] Tel. d. ö.-u. Botschafters Szápáry v. 21. 7. 1914, ÖUA Nr. 10461.
[3] Mensdorff aus London v. 24. 7. 1914, ÖUA Nr. 10537.
[4] Szápáry am 27. 7. 1914, ÖUA Nr. 10835.
[5] Franz. Text: ÖUA Nr. 1425, dt.: Gooß.
[6] **Mensdorff am 25. 7. 1914, ÖUA Nr. 10600.**
[7] **Siehe Anm. 3, Kap. IV./2.**
[8] ÖUA Nr. 10395, dt. Gooß, S. 226 ff.
[9] ÖUA Nr. 10395, Bl. S. 518, Gooß, S. 237 f.
[10] Hantsch, Bd. II, S. 589.

[11] 1. Entwurf (Musulin?) HHStA, PA 1/811, ohne Datum.
[12] Brief Forgáchs an Bot. Mérey in Rom, 16. 7. 1914, HHStA, Nachl. Mérey.
[13] Hantsch II. Bd., S. 603.
[14] HHStA, Pol. A. 1065 ex 14, Potiorek an Bilinski, 25. 7. 1914.
[15] Int. Bez. 1. Rh., 5. Bd., S. 6.
[16] Serb. Blaubuch Nr. 33.
[17] Zitiert in der *Vossischen Zeitung* v. 24. 7. 1914.
[18] Int. Bez. 1. rh., 5. Bd., S. 65, Nr. 75.
[19] Chwostow u. Minz: *Geschichte der Diplomatie*, Moskau 1947. Bd. II, S. 302.
[20] Tel. Spalajković an Pašić v. 24. 7. 1914, SAP, III. Bd., S. 27.
[21] Ebenda.
[22] ÖUA Nr. 10616, 10617 u. 10619 v. 24. 7. 1914.
[23] ÖUA Nr. 10615 v. 24. 7. 1914.
[24] Nachruf in der *Politika*.
[25] *La Bosnie et l'Herzegovine*, Paris 1899.
[26] ÖUA Nr. 1077 v. 1. 3. 1909.
[27] Bog. II, S. 467.
[28] Miroslav Spalajković: „Une Journée du Ministre de Serbie à Petrograd, Le 24 Juillet 1924." Extrait de la Histoire Diplomatique, Avril-Juin 1934.
[29] Ebenda, S. 17.
[30] S. Pribičević am 8. 3. 1928 (a. St.) in der Skupština, Gooß, S. 173 (nach Berichten der *Politika*).

2. Ultimatum: Artikel sechs

[1] v. Salis: *Die Ursachen des Ersten Weltkrieges*, Stuttgart 1964, S. 46, entn. *Weltgeschichte*, Zürich 1955.
[2] Eintragung in Asquiths Tagebuch am 26. 7. 1914. (BMH, Juni 1928).
[3] Zitiert bei Gooß, S. 262. Der *Observer* (kons.) schrieb: „Wir hoffen, daß die öffentliche Meinung Englands sich schwer entschließen wird, die harte Entschlossenheit der österreichischen Politik zu verdammen. Wir hoffen, daß niemand einen Finger und die Stimme erheben wird, um Serbien in seiner Halsstarrigkeit zu bestärken oder es vor dem gebührenden Maße unmittelbarer Züchtigung zu bewahren. Das Ultimatum mag selbst auf die Gefahr einer russischen Intervention und eines europäischen Krieges erzwungen werden ... wir müssen Rußland helfen, Garantien gegen die Vernichtung der Unabhängigkeit Serbiens zu erhalten, ohne den schuldigen Staat vor einer ausreichenden Bestrafung zu bewahren." *Daily News:* „Österreichs Forderungen enthalten nichts, was wirklich unerträglich wäre ..."
[4] Th. G. Masaryk: *Weltrevolution.*
[5] Sasonoff, S. 192.
[6] Maurice Paléologue: *Am Zarenhof,* S. 660.
[7] AZ v. 24. 7. 1914, zit. bei Verosta, S. 476.
[8] *Das politischen Tagebuch Josef Redlichs,* bearb. v. Fritz Fellner, Graz 1953, S. XIX.
[9] Hoyos Alexander Graf, Legationsrat, Kabinettschef des Grafen Berchtold.

¹⁰ Redlich TB, S. 238, Eintragung v. 24. 7. 1914.
¹⁰ᵃ Über die „Geduld" der Österreicher heißt es in einer Broschüre aus der Kriegszeit: „Drei Fristen hat also die serbische Regierung verstreichen lassen, ohne sie zu der erwarteten Umkehr und zur Befriedigung des österr.-ungarischen Rechtsstandpunktes zu benützen: die Frist von dem Sarajevoer Mordtag bis zur Überreichung der Note in Belgrad, das ist vom 28. Juni bis 23. Juli; die Frist, die in dieser Note gegeben war, das ist vom 23. bis 25. Juli; und schließlich die Frist vom Abbruch der diplomatischen Beziehungen bis zu der erfolgten formellen Kriegserklärung, das ist vom 25. bis 28. Juli." (*Die Schuld am Weltkrieg,* von einem Österreicher, Wien 1915). Der Autor hätte noch hinzufügen können: ... und die Frist bis zum Beginn der Feindseligkeiten, die erst Tage nach der Kriegserklärung begannen.
¹¹ In diesen Artikeln wurde gefordert: Einschränkung der Pressefreiheit, Auflösung der Narodna odbrana, Ausschluß der Propaganda aus den Schulen, Entlassung belasteter Beamter und Offiziere, Behinderung des Waffenschmuggels, Aufklärung über Äußerungen serb. Diplomaten.
¹² ÖUA Nr. 10860 v. 28. 7. 1914.
¹³ Wladimir Giesl: *Zwei Jahrzehnte im nahen Orient,* Berlin 1927, S. 269.
¹⁴ D. D. Nr. 271.
¹⁵ Arthur Nicolson: *Die Verschwörung der Diplomaten,* Frankfurt 1931, S. 423.
¹⁶ ÖUA Nr. 10860.
¹⁷ Ljuba Jovanović in 1914–1924, *Blut des Slaventums,* Belgrad 1924, BMH, 1925, S. 74.
¹⁸ Borivoje Nešković: *Die Wahrheit über den Saloniki-Prozeß,* Belgrad 1958, (cyr.) S. 258 ff.
¹⁹ Sektionschef für Justizwesen im Kriegsministerium Oberst Dušan Stefanović.
²⁰ Wie Anm. 18.
²¹ Sal. Prozeß, 1917, 4, 34, 43. Sitzung.

3. Der 25. Juli und Zar Nikolaus II.

¹ *Serb. Blaubuch Nr. 33.* In der vorliegenden Abschrift der Zirkularnote des Ministers L. Paču heißt es: „Die serbische Regierung hat noch keinerlei Beschluß gefaßt, weil auch noch nicht alle Minister in Belgrad sind, aber schon jetzt kann ich sagen, daß die Forderungen derartige sind, daß keine serbische Regierung sie in ihrer Gänze annehmen kann." Abschr. HHStA, FG.
² Vortrags-Aufzeichnung Sasonows für Nikolaus II., 25. 7. 1914, Int. Bez., 1. Rh., 5. Bd., Nr. 47.
³ Aide-mémoire d. engl. Botsch. in St. Petersburg an Sasonow, 25. 7. 1914, Int. Bez., 1. Rh., 5. Bd., Nr. 44.
⁴ Ebenda.
⁵ Aide-mémoire an Sasonow, 25. 7. 1914, Int. Bez., 1. Rh., 5. Bd., Nr. 45.
⁶ SAP, Nr. 24 v. 25. 7. 1914.
⁷ Ebenda, Nr. 25.
⁸ Ebenda, Nr. 26.

[9] Ebenda, Nr. 27.
[10] Ebenda, Nr. 28.
[11] Pašić an Generalst.-Chef Putnik, 31. 7. 1914, Originaltext in Zivko Pavlović: *Bika na Jadru 1914*, Belgrad 1924, dt. in Bog., II, Nr. 416.
[12] Tel. d. Ges. Vesnić aus Paris, vertr. Nr. 201, Abschr. eines Einsichtsvermerkes aus dem Archiv der Gesandtschaft Paris, ohne Datum, wohl vom 25. 7. 1914. HHStA, Abschr. FG.
[13] Crankshaw: *Der Niedergang des Hauses Habsburg*, Wien 1967, S. 461.
[14] Wladimir Giesl: *Zwei Jahrzehnte im nahen Orient*, Berlin 1927, S. 267, 268.
[15] *Serbisches Generalstabswerk*, 1. Bd., S. 13, Man. dt. KA. Auch Lončarević erwähnt eine „günstige" Antwort aus St. Petersburg und läßt offen, wer sie gegeben habe. (S. 596.)
[16] Slavko Gruić: *Persönliche Erinnerungen aus der Julikrisis 1914, Politika*, Belgrad 1922–1925, Juli 1934, dt. BMH, 1935, Nr. 7, S. 587 ff.
[17] Über Ljuba Jovanović' Selbstbekenntnis vom Juni 1924, siehe VII. CHRONIK, ex 1924, zitiert nach Gooß, S. 284.
[18] Wie Anm. 16.
[19] Wenn Gruić damit recht hat, dann erledigte Baron Giesl in der halben Stunde zwischen der Überreichung der Antwortnote durch Ministerpräsidenten Pašić und der Abfahrt des Zuges allerhand: Er studierte die Note, kleidete sich um, fuhr mit dem Fiaker zum Bahnhof (ca. 1500 m) und verabschiedete sich von den Diplomaten. Er selbst schrieb (S. 268): „Die Fama erzählt, ich hätte ihn (Pašić) im ‚touristischen Reisegewand' empfangen. Das ist nicht wahr, es würde gegen jede Tradition verstoßen haben. Ich trug einen dunklen Anzug."
[20] ÖUA Nr. 10437 v. 21. 7. 1914.
[21] Berthold Molden, Leitartikler des *Fremdenblatt;* 1914 für Kriegsdauer als Hofrat zur Dienstleistung im Min. d. Äußeren einberufen. Denkschrift: HHStA, P. A. 1/811.

4. Der Staatsgefangene

[1] König Peter I. von Serbien (1903–1921) verzichtete aus Gesundheitsgründen am 24. Juni 1914 zugunsten seines zweitältesten Sohnes Alexander auf die Ausübung der Regentschaft.
[2] Aussage des Sekretärs d. Kreishauptmannes in Kragujevac, Radomir P. Todorović, in Saloniki 1917 in der XXI. Sitzung des Saloniki-Prozesses. – Nešković, S. 13.
[3] Ebenda.
[4] XXIII. Sitzung des Saloniki-Prozesses. – Mit dem russischen Militärattaché Artamanow stand Malobabić auch in Verbindung, was aus einer Aussage des Obersten Apis hervorgeht: „Deshalb habe ich ihn auch dem Militärattaché eines uns verwandten und verbündeten Staates anempfohlen, der sich durch meine Vermittlung der Tätigkeit des Herrn Malobabić bedient hat." L. Sitzung.
[5] XXV. Sitzung.

⁶ Max Ronge: *Kriegs- und Industriespionage* . . ., (S. 62): „Die Verhaftung hatte den ganzen Kundschaftsdienst lahmgelegt." Siehe auch Bogičević: *Le Procés de Saloniqui*, S. 78 ff.
⁷ Bei diesen Gelegenheiten muß Malobabić mit Strandtmann in Kontakt gekommen sein.
⁸ Nešković, S. 276–281.
⁹ Ebenda.
¹⁰ Nešković, S. 282.

5. „Erschöpfende Aufschlüsse"

¹ D. D. 1. Nr. 31 u. 40, bei Gooß S. 214.
² Hantsch, Bd. II, S. 590.
³ Weder das Ministerium des Äußern noch das Gem. Finanzministerium verfügten über einen Lektor für die in der Monarchie erscheinenden serbokroatischen Blätter!
⁵ Das Dossier v. 25. Juli, ÖUA Nr. 10654, keine Übersetzungen in andere Sprachen. Siehe auch Dr. Friedrich von Wiesner, *Die unwiderlegt gebliebene Begründung für das Ultimatum Österreichs an Serbien vom Juli 1914*, BMH 1927, wo es heißt: „Zwischen dem 18. und 20. Juli langten nach und nach aus Sarajevo die Ergänzungen der Voruntersuchung und die Übersetzungen ein... Als am 20. Juli der Erlaß an die k. u. k. Botschafter hinausging, war also nur ein Teil der Beilagen gedruckt, ein anderer im Druck, der Rest aber und das Memoire selbst noch nicht einmal im Konzept fertig..."
⁵ Prof. Dr. Walter Schücking.
⁶ Tel. nach St. Petersburg v. 25. 7. 1914, ÖUA Nr. 10685.
⁷ Ebenda.
⁸ Aus Paris, 27. 7. 1914, ÖUA Nr. 10822.
⁹ Ges. Vesnić aus Paris am 26. 7. 1914, vertr. Nr. 217, Abschr. FG.
¹⁰ Ges. Djordjević am 27. 7. 1914 aus Konstantinopel, vertr. Nr. 3205 (2), Abschr. FG.
¹¹ Der serb. Ges. Ćolak-Butić über eine Bemerkung des ö.-u. Militärattachés Oberstl. Laxa verschiedenen „Kollegen" gegenüber. Tel. aus Sofia, vertr. Nr. 67, Abschr. FG.
¹² Tschirschky an Jagow, 26. 7. 1914, D. D. 213.
¹³ Szögyény aus Berlin, ÖUA Nr. 10656. – Geiss, S. 211: „Unter den Augen des gestrengen Tschirschky fiel jedoch an diesem Tage die erste Vorentscheidung, die Kriegserklärung an Serbien schon vorzuziehen, die endgültige Entscheidung am 27., die Kriegserklärung am 28. 7. vorzunehmen."
¹⁴ Hantsch, Bd. II., S. 591.
¹⁵ Mérey aus Rom, 29. 7. 1914, ÖUA Nr. 10990.
¹⁶ Szápary aus St. Petersburg, ÖUA Nr. 10620, 10966 u. 10999.

6. Der gegenwärtige Augenblick ist einzigartig

¹ Tel. aus St. Petersburg, 26. (13.) Juli, vertr. Nr. 63, SAP, Nr. 32.
² ÖUA Nr. 10755, 26. 7. 1914. – Dem dt. Militärattaché gab der russ. Kriegsminister

das Ehrenwort, es sei noch keine Mobilordre ergangen. Erst wenn Österreich die serbische Grenze überschreite, würden die vier Militärbezirke mobilisiert!
3 Brit. Dok. Nr. 170 v. 27. 7. 1914.
4 Ebenda, Nr. 179 v. 27. 7. 1914.
5 Tel. aus St. Petersburg v. 27. 7. 1914, ÖUA Nr. 10835.
6 SAP, Nr. 33, vertr. Nr. 64.
7 SAP, Nr. 34, vertr. Nr. 65 v. 26. (13.) 7. – Aufg. 1 Uhr 35, eingeg. 27. (14.) 7. 11 Uhr vorm. Entzifferung (Schrift: Miroslav Janković), Ausfertigungsvermerk der Ziffernabteilung: „14. (27.) Juli 1914". – Vordruck „Belgrad" nicht abgeändert, eingegangen wohl in Niš. Registrierungsvermerk: „Vertr. Nr. 2789."
8 Der Text des Zarenbriefes vom 27. Juli, so weit er im Blaubuch wiedergegeben wird (Nr. 43), ist lange nicht so kriegslustig wie die Auslassungen des serbischen Diplomaten: „... meine Regierung macht alle Anstrengungen, um die gegenwärtigen Schwierigkeiten zu beseitigen. Ich zweifle nicht daran, daß Hoheit und die königliche Regierung von dem Wunsch durchdrungen sind, diese Aufgabe zu erleichtern, indem sie nichts außer acht läßt, um zu einer Entscheidung zu kommen, die die Würde Serbiens wahre und die Greuel eines neuen Krieges vermeide. Solange die geringste Hoffnung vorhanden ist, Blutvergießen zu vermeiden, müssen alle unsere Bemühungen auf dieses Ziel gerichtet sein. Sollten wir jedoch entgegen unseren alleraufrichtigsten Wünschen hierin keinen Erfolg haben, so können Eure Hoheit davon versichert sein, daß Rußland auf keinen Fall gleichgültig gegenüber dem Geschick Serbiens verbleiben wird. Nikolaus."
9 Ebenda.
10 SAP, Nr. 33 v. 26. 7. 1914.
11 Bericht gez. Spalajković, vom 27. (14.) März 1914, vertr. Nr. 1084, Vorakt vertr. Nr. 868, Register 0/IV–12. Von Pašić zur Kenntnis genommen. Abschrift: Ćorović. (Abschr. FG.)
12 KA, MKFF, 59–90 ex 13.

7. Belgrad – offene Stadt

1 Artikel 1 der Haager Konvention v. 18. 10. 1907.
2 Aufzeichnung des Dr. Sike Milisić v. 7. 8. 1914 Abschrift FG., HHStA.
3 Serb. Blaubuch Nr. 47.
4 Russ. Orangebuch Nr. 43, Sasonow am 28. 7. 1914.
5 Ebenda, Nr. 48, auch an die Botschafter in Paris, Berlin, Wien u. Rom.
6 *Politika*, Belgrad, 28. 6. 1935.
7 SAP, 1945, Nr. 37, Registervermerk, vertr. Nr. 2889.
8 Graf Berchtold am 31. 7. 1914 im Gem. Ministerrat über den engl. Vorschlag, Belgrad als Faustpfand zu besetzen: „Wir hätten davon gar nichts, selbst wenn Rußland hiezu seine Einwilligung geben würde. Alles dies wäre Flitterwerk, Rußland würde als Retter Serbiens und namentlich der serbischen Armee auftreten. Letztere würde intakt bleiben und wir hätten in zwei bis drei Jahren wieder einen Angriff Serbiens unter viel ungünstigeren Bedingungen zu gewärtigen." ÖUA Nr. 11203.

⁹ SAP, 45, Nr. 38, aufg. St. Petersburg 23,55 Uhr, Registriervermerk: vertr. Nr. 3138.
¹⁰ Szápary, 29. 7. aus St. Petersburg, ÖUA Nr. 11003 u. 11177 v. 31. 7.
¹¹ Svetozar Ristić leitete vor und nach dem Ersten Weltkrieg als Pressereferent das serbische Pressebureau. Lončarević bringt in seinem unfreundlichen und sehr kritischen Buch Ristić' Schilderung der beiden Tage in aller Ausführlichkeit. S. 618–623.
¹² Tatsächlich zweifelte man in Niš eine Zeitlang an der „Echtheit der Kriegserklärung" wegen des „ungewöhnlichen Weges", auf dem sie gekommen war.
¹³ In den Feldakten der k. u. k. Armee ist von einer „Gefechtsperiode" an der Savebrücke in der Nacht zum 29. 7. die Rede. (KA, Wien, FA, Op. 49, Blg. 19.) – „Nach dem 2ten Kanonenschuß erfolgte die Sprengung der Brücke." (Ebenda, Op. 28.) An der Verbreitung der falschen Nachricht vom Bombardement hatte die Presse, auch die Wiener und Budapester, ihren gehörigen Anteil. Eine Beschießung der Festung Belgrad mit schwerer Artillerie erfolgte erst am 11. August zwischen 16 und 18 Uhr, und zwar als „Ablenkungsdemonstration" für die am nächsten Tag geplante Eröffnung des Feldzuges gegen Serbien durch den Übergang von Abteilungen des Prager Korps über die Drina unterhalb von Janja. (Siehe: Kurt Peball: *Der Feldzug gegen Serbien und Montenegro 1914*, Sonderheft der ÖMZ, 1965.)
¹⁴ Siehe auch Int. Bez., 1. Rh., 5. Bd., Nr. 337.
¹⁵ „Situation beim Feind auf Grund der (milit.) Nachrichten bis zum 30. Juli, 4 Uhr nachm." KA, FA.
¹⁶ 7. Infanterietruppendivision.
¹⁷ Der Banovo Brdo im Südwesten von Belgrad lag 1914 völlig außerhalb der Stadt Belgrad. (Siehe Karte, S. 224).
¹⁸ KA, Wien, FA, Op. 52.
¹⁹ Ebenda, Op. 94.
²⁰ *Juli 1914*, hrsg. v. Immanuel Geiss, Originalausgabe 1965, Taschenbuch, S. 238, Anm. 2 u. S. 107.
²¹ Strandtmann nach St. Petersburg, 30. 7., Int. Bez., 1. Rh., 5. Bd., Nr. 321.
²² Int. Bez., 1. Rh., 4. Bd., Nr. 276 v. 30. 7. 1914.
²³ Szögyény am 30. 7. 1914, ÖUA Nr. 11033.
²⁴ Tel. v. 31. 7. 1914, ÖUA Nr. 11125.
²⁵ Schebeko an Sasonow, 3. 8., Int. Bez., 1. Rh., 5. Bd., Nr. 495.
²⁶ Die Kriegserklärung an Rußland erfolgte am 6. August 1914.
²⁷ Nachlaß Macchio, HHStA, Wien.
²⁸ Aus St. Petersburg, Tel. 1076, aufg. 29. (16.) 11. 7. Absch. FG.
²⁹ *Glas nove omladine*.
³⁰ Zitiert bei S. M. Stedimlija *Verschwörung gegen den Frieden*, I., Zagreb 1944.
³¹ Bericht aus Paris v. 25. 1. 1934, gez. Egger, HHSA, Liasse Südslavien NPA, Kar. 790.
³² General Milan Nedić, serb. Regierungschef unter der deutschen Besatzung. Verübte 1947 in der Gefangenschaft Selbstmord.
³³ *Serbiens Mission*, das politische Vermächtnis der serbischen Nation v. Dr. M. Spalajković, geschr. 1945 in Kitzbühel, herg. Paris 1964, (cy.) S. 7.
³⁴ Ebenda. S. 15.

8. Mörderische Hypothesen

[1] Mensdorff an Berchtold, 6. 8. 1914 (HHStA, PA). Am 1. August erklärte Deutschland Rußland den Krieg. Zwischen Österreich-Ungarn und Großbritannien bestanden eine Woche später noch immer diplomatische Beziehungen. Der k. u. k. Botschafter stellte in seinem Schreiben vom 6. die Frage, warum der Frieden nicht erhalten bleiben könne, „obwohl wir (Ö.-U. und England) verschiedenen Mächtegruppen angehören".

[2] Peter Schuster: *Henry Wickham Steed und die Habsburgermonarchie*, Wien 1970. Dieses informative Werk sei angehenden Diplomaten zur Lektüre angeraten, macht es doch, wie kaum ein anderes, die Folgen gestörter Beziehungen zwischen Diplomatie und Presse deutlich.

[3] W. Steed, *Through Thirty Years*, I, S. 247, Redlich S. 138 f.

[4] Ebenda, I, S. 248 f. (zit. Schuster, S. 46).

[5] Schuster, S. 50.

[6] Ebenda, S. 78.

[7] *Times* v. 6. 6. 1908 (zit. Schuster, S. 79).

[8] Steed an Robinson (zit. Schuster, S. 119).

[9] Schuster, S. 100.

[10] Ebenda, S. 90.

[11] Ebenda, S. 60.

[12] *Through Thirty Years* I, S. 393 f. (zit. Schuster, S. 161).

[13] Auch diese Behauptung Steeds ist eine Irreführung. Oberst Apis-Dimitrijević als Vollzugsorgan einer Wiener Hofclique? Lächerlich! Wohl hatte der Ballhausplatz von serbischen Bestrebungen, eine in jeder Hinsicht unhaltbare politische Situation zu beenden, Kenntnis. König Alexanders Wahnsinnspolitik wurde zu Recht oder zu Unrecht Österreich angelastet. Das wurde für Wien im Laufe der Zeit untragbar, besonders da die positiven Kräfte Serbiens die Zustände am Belgrader Hof geradezu als Nationalschande empfanden. Für den angestrebten Dynastiewechsel hätte die Flucht des unglücklichen Königs und seiner kompromittierten Gattin über die Savebrücke, ins benachbarte Ungarn, genügt. Dr. Miloš Bogičević behauptet, die Verschwörer hätten, um nicht der Gefahr einer militärischen Intervention ausgesetzt zu sein, die stillschweigende Zustimmung des großen Nachbarn eingeholt. Damit wurden der ehemalige serbische Finanzminister W. Petrović und ein Vetter des späteren Königs, Nenadović, beauftragt. Beide führten Besprechungen mit Herrn Heinrich Müller von Rogoj, einem Beamten des Informationsbureaus im Ministerium des Äußern. Die österr. Regierung habe sich den Emigranten gegenüber wohlwollend verhalten und ihre Zusammenkünfte und Umsturzbewegungen stillschweigend geduldet.

[14] *History of the Times*, IV, S. 189.

[15] Tel. d. Ges. Bošković vom 20. (7.) Juli 1914, vertr. Nr. 46, Abr. HHStA, FG.

[16] Im Nov. 1911 stellte der Besitzer des *Corriere della Sera* an Steed die Frage, ob es wahr sei, daß der Erzherzog an Paralyse leide. Durch Masaryk erfuhr Steed, in der Umgebung des Schlosses Konopischt werde davon gesprochen, Diener des Thronfolgers seien in Wirklichkeit Krankenwärter in Livree. Angeblich soll Prof. Redlich

nach einer Aussprache mit Ministerpräsident Stürgkh die Information über die Erkrankung bestätigt haben. (*Through Thirty Years*, Bd. 1, S. 368.) Prof. Kantorowicz wiederholte später in einer Berliner Wochenschrift die Behauptungen Steeds. Darauf antwortete Dr. Viktor Eisenmenger, 19 Jahre Leibarzt des verstorbenen Erzherzogs, im Jahre 1930, „es konnte passieren, daß sein Temperament die Grenzen des Taktes und der höfischen Sitte überschritt und er sich zu einem Zornesausbruch hinreißen ließ. Solche Zornesausbrüche aber als Tobsuchtsanfälle zu bezeichnen und daraus auf eine beginnende Paralyse zu schließen, wie es vor kurzem ein Gelehrter (eben der Jurist Prof. Kantorowicz, d. A.) getan hat, ist ebensowenig zulässig, als wenn man aus diesem Schluß auf eine fortgeschrittene Paralyse des Gelehrten schließen wolle." Weiters erklärte Dr. Eisenmenger: „Während einer Kur, besonders im Ausland, war der Erzherzog ständig über die Gerüchte verärgert, die ihm natürlich immer wieder zu Ohren kamen, daß er sich durch ein Vergehen die Ungnade des Kaisers zugezogen habe und daß er in die Verbannung geschickt worden sei, oder, daß nicht die zugegebene Tuberkulose, sondern eine andere Krankheit seine lange – und das macht die Sache noch mehr verdächtig – schließlich doch eine erfolgreiche Kur notwendig gemacht habe. Darum bekam ich von ihm die Erlaubnis, sogar die Aufforderung, die Wahrheit zu sagen." Oder wie er an anderer Stelle sagt, seine ärztliche Schweigepflicht zu verletzen. (Eisenmenger: *Erzh. Franz Ferdinand*, Wien 1930, S. 165, 188.)

17 Der Plan sah angeblich vor, Rußland (durch einen Angriff auf Serbien) zu provozieren. Da man der Neutralität Englands sicher war, hoffte man Frankreich schnell zu besiegen. Nach dem Sieg sollten Polen, Litauen und die Ukraine Franz Ferdinand und später seinem älteren Sohn zugesprochen werden. Dem jüngeren Sohn waren Böhmen, Ungarn und die südslawischen Länder samt Serbien zugedacht. Deutschösterreich hätte unter einem Erzherzog aus dem Hause Habsburg ein Teil des Deutschen Reiches werden sollen. (Veröffentlicht in *The Nineteenth Century and After*, Febr. 1916, zit. Schuster, S. 170.)

18 ABH, Sar. GFM Pr. 753, 1335 u. 1348/09.

19 Aus späteren Jahren existiert noch eine schriftliche Meldung des Vaso Čabrinović, in der er der Polizeiwache anzeigte, Demonstranten seien dabei, sich zu sammeln und in die innere Stadt zu ziehen.

20 In dem Ehrengrab der bosnischen Attentäter ruhen: Žerajić, Princip, Čabrinović, Grabež, Veljko Čubrilović, Ilić, Mitar und Nedjo Kerović, Jovanović, Zagorac, Perin.

21 *Through Thirty Years*, II., S. 9 (zit. Schuster, S. 164).

22 Schuster, S. 196.

23 *History of the Times*, III, S. 645 f.

24 Schuster, S. 197.

25 Ebenda.

26 *The Habsburg Monarchy*, London 1913–1919. Das Buch wurde 6 Monate nach dem Erscheinen auf Grund der Anzeige eines Polizeibeamten konfisziert.

27 ÖUA Nr. 10158 v. 10. Juli 1914, und Nr. 10304 u. 10336. Steed schrieb, er habe die österr. Botschaft nach einem kurzen Wortwechsel verlassen. Schuster meint: „Es bestehe kein Grund zum Zweifel, daß diese Darstellung richtig ist." Graf

Mennsdorff geht in seiner Berichterstattung so wenig auf die Details dieser wichtigen pressepolitischen Aktion ein, daß man annehmen muß, der Botschafter habe getrachtet, einer Erörterung dieser peinlichen Angelegenheit auszuweichen.

VII. Chronik

[1] Bog. I, S. 399
[2] Bog. I, S. 503
[3] ÖUA, Nr. 9673
[4] Bog. II, S. 54
[5] UP, S. 345
[6] Ebenda
[7] UP, S. 344
[8] Ebenda
[9] *Neues Wiener Tagblatt* v. 28. 6. 1924
[10] ÖUA, Nr. 9902
[12] Ded. 713
[13] Ded. 724
[14] KA, MKFF, 15-2/2-33
[15] ABH, GFM, Pr. 725
[16] UP, Aussage v. 28. 6. 1914
[17] UP, S. 99 u. 101
[18] UP, S. 193
[19] ÖUA, Nr. 10415
[20] UP, S. 248
[21] Zit. bei Gooß, S. 245
[22] Brit. Dok. Nr. 70, S. 93
[23] Zit. bei Gooß, S. 258
[24] ÖUA, Nr. 10396
[25] UP v. 16. 8. 1914
[26] Ded. S. 728
[27] Ded. S. 696
[28] ABH, GEM, Pr. 95 v. 26. 1. 1915
[29] *Der Saloniki-Prozeß*, Berlin 1933, S. 229
[30] Prince Sixte de Bourbon: *L'Offre de Paix Séparée de l'Autriche*, Paris 1920, S. 97
[31] Drag. Ljubibratić: *Mlada Bosna, Sarajevski Atentat*, S. 225 n. a.
[32] dt. Berlin 1933: *Der Saloniki-Prozeß*
[33] dt. von Wendel, Frankfurt 1922
[34] zit. bei Gooß, S. 284
[35] Poletika, zit. bei Ueberberger, S. 264
[36] *Politika*, Belgrad v. 26. 4. 26
[37] HHA, Beilage zum Bericht des österr. Gesandten in Belgrad, Zl. 46, Res. 25 v. 11. 5. 25

[38] dt. Auszug in *Der Montag*, Wien 18. 12. 1926
[39] dt. Text in BMH, 28, S. 388
[40] Ebenda, S. 346
[41] Zit. bei Gooß, S. 172, 173
[42] Poletika, S. 262–265, 290, 300, 304 f.; zit. auch bei Uebersberger, S. 233
[43] *Nova Europa*, Agram, 1932, S. 405–410
[44] Mitteilung des MR Ernst Putz nach einer Unterredung mit einem Ordensbruder des früheren Richters
[45] Ded. S. 819
[46] Berlin, Juli 1943
[47] Wörtlich: „... und so teile ich ihm meine Absichten das Attentat betreffend mit."
[48] Ded. S. 819
[49] Uebersberger, S. 289

VIII. Nachwort

[1] Bericht d. österr. Ges. Hoffinger aus Belgrad v. 2. u. 9. 5. 1925, HHSt 9, NPA, Karton 3 u. 4.
[2] Belgrader Zeitung: *Merks's Wien* v. 29. 4. 1925.
[3] Wie Anm. 1.
[4] Es handelt sich um eine Diskussion, die sich längere Zeit hinzog und durch einen offenen Brief in der *Times* eingeleitet wurde. Am 11. 5. 1925 urgierte Seton-Watson in der *Politika*, Belgrad, seine Anfragen.
[5] *La Fédération Balcanique*, Nr. 9, S. 109, v. 1. 12. 1924. Golubić schrieb unter dem Pseudonym Nikola Nenadović. Am 22. 6. 1925 brachte das Blatt „anläßlich der Note der Belgrader Regierung an die österr. Republik" eine Sonderausgabe, in der es hieß: „In den letzten Nummern der F.B. wurden Tatsachen mitgeteilt, die bis heute von der jugoslawischen Regierung nicht dementiert worden sind und die auch nicht dementiert werden können... Hier liegen die Ursachen der Demarche der serbischen Regierung gegen die österr. Republik und nicht in irgendwelchen ‚umstürzlerischen Plänen' der in Österreich lebenden Balkanemigranten."
[6] *La Fédération Balcanique* 1924, Nr. 9, S. 110, u. 1925, S. 329 f., auch bei M. Bogičević und dem russischen Historiker Poletika.
[7] Ebenda, 1924, Nr. 9, S. 111.
[8] In St. Petersburg lebte z. B. seit 1916 Oberst Božin Simić, der als Kommandant der Freiwilligen Division nach Rußland entsandt worden war. Unter Kerenski war er General der russ. Armee und kehrte erst vor dem Zweiten Weltkrieg nach Serbien zurück. Andere Mitglieder der Schwarzen Hand waren Oberstl. Gojković (er sprach von der „Orgie des Unrechts und des Wahnsinns"), dann Major Srb und Oberst Janković. Letzterer schrieb: „... bis dahin bleibe ich mit meinen Kameraden in Petrograd, um von da der ganzen Weltöffentlichkeit die Abscheulichkeit eines zweiten (?) Salonikier Skandals bloßzulegen, der ... schlimmer ist als alles, was Österreich je hätte entdecken können."

⁹ In den Nr. 20–21 v. 31. 5. 1925 wird die Revision des Saloniki-Prozesses verlangt: „Es ist ein internationales Komitee aus allen jenen Publizisten und Gelehrten zu bilden, die die Kriegsursachen und Verantwortung erforschen, um eine Aktion für die Revision des Saloniki-Prozesses energisch ins Werk zu setzen." Unter den Gründen wird angeführt: „Pašić und König Alexander sind die direkt Schuldigen am Weltkrieg, und sie müßten daher vor Gericht gestellt und verurteilt werden."

¹⁰ Schon gleich nach dem Ersten Weltkrieg erwähnte Minister Protić dieses Protokoll. Den genauen Text erfuhr man aber erst aus den Veröffentlichungen von Prof. Uebersberger im Jahre 1943, der den Originaltext den Beuteakten entnommen hatte. (Dedijer, S. 819.)

¹¹ Wie die kroatischen Emigranten über das Verhalten der Regierung Pašić dachten, geht aus den Memoiren des kroatischen Politikers H. Hinković hervor. Er meinte, „wenn die serbische Regierung leichten Herzens schon die populärsten serbischen Offiziere opferte, welches Schicksal hätte dann uns, ihre naiven Gäste, jenseits der Drina auf Korfu ereilt, hätte Serbien damals den Separatfrieden mit Österreich-Ungarn geschlossen? Wäre es nämlich zu diesem Frieden gekommen, wäre nichts natürlicher gewesen, als daß sie uns (die Mitglieder der Südslawischen Ausschusses) an die österreichischen Behörden ausgeliefert hätten." (Zit. aus dem Artikel „Die serbische Verantwortlichkeit für das Sarajevoer Attentat" v. A.S.P., in *Hrvatska revija*, Jg. 13., 1963, Nr. 3.)

¹² Nik. Trišić: *Sarajevski atentat u svjetlu bibliografskih podataka,* Sar. 1964, S. 501.

¹³ Ebenda.

¹⁴ Ein Tyrannenmord setzt einen Tyrannen voraus. War Franz Ferdinand der Tyrann Bosniens? In welcher Funktion?

¹⁵ Trišić, S. 501.

¹⁶ So nahmen die Österreicher am 13. 8. 1914 den serbischen Zollwachmeister Grbić fest, der die Attentäter über die Grenze geschmuggelt hatte.

¹⁷ Die amtliche Übersetzung der UP in Deutsche umfaßt 503 Schreibmaschinseiten. Die Verhöre mit den Angeklagten und die Augenschein- sowie Hausdurchsuchungsprotokolle sind vollständig, nicht jedoch die Niederschriften der Zeugenbefragungen. Die UP werden im HHStA, NEFF, aufbewahrt.

¹⁸ *Der Sarajevo-Prozeß*, dt. Übersetzung der Anklageschrift nach dem kroatischen Originaltext, nachgeprüft vom Orientalischen Seminar in Berlin und amtl. dt. Übersetzung des Urteils aus dem HHStA. in Wien, Berlin 1933

¹⁹ Der Fachschullehrer Vlad. Kesterčaneck und der Gymnasialabsolvent M. Prbić.

²⁰ Aus dem Vorwort des VP, S. 3: „Der nun vorliegende Text ist die authentische Abschrift des Originalprotokolles von 1914, das seinerzeit ins Deutsche übersetzt und mit dieser Übertragung nach Wien abgegeben wurde." Als weiterer Beweis der Authentizität gilt auch der schriftliche Vermerk, den der damalige Vorstand des Hauptarchivs beim Ministerium des Äußern zu Belgrad am 26. Jänner 1939 auf den Text angebracht hat. Dieser Vermerk lautet: „Diese Abschrift wurde vom amtlichen Text aus dem Archiv des ehemaligen gemeinsamen Ministeriums für Bosnien und die Herzegowina (Bosnisches Archiv) zur Abtretung für den Druck des Ministeriums für Äußere Angelegenheiten in Belgrad angefertigt.

²¹ *Sarajevski atenta* (Stenographische Originalprotokolle der Hauptverhandlung

gegen Prinicp und Genossen, verfaßt zu Sarajevo 1914, kritische Bearbeitung v. Prof. Voj. Bogićević, Ausgabe des Staatsarchivs der Volksrepublik Bosnien und Hercegovina, Sarajevo 1954.

[22] Trišić, S. 500. – Im Februar 1930 wurde in Sarajevo eine bereits zwei Jahre vorher eingemauerte Gedenktafel für Princip enthüllt. Da die Regierung verbot, bei der Gedenkfeier Reden zu halten, sagte Vasily Grdić lediglich nur: „O Volk, wir haben uns hier getroffen, um den Größten von uns Ehre zu erweisen, heute erweist man die Ehre am würdigsten durch Schweigen." Trišić, S. 695; *Politika*, Beograd v. 3. 2. 1930.

[23] Eine Aktennotiz aus dem Jahre 1933 besagt darüber: „Die Beschlagnahme erfolgte im Februar 1919, also mehr als ein Jahr vor der Ratifikation des Friedensvertrages, gewaltsam durch die Vertreter der jugoslawischen Regierung beim liquidierten Gemeinsamen Finanzministerium." Z. 2411 (WRA 1348).

[24] ÖUA, Vorwort, S. VII: „Sofort nach dem Zusammenbruch Österreich-Ungarns hatte man den Vertretern einiger Nachbarstaaten den freien Zutritt zu den Archiven des Wiener Auswärtigen Amtes (damit also *die freie ungehinderte Einsicht* in die Akten und Fundbehelfe) sowie das Entlehungsrecht zugestehen müssen. Von diesem Zugeständnis, das späterhin in eigenen Archivverträgen festgelegt wurde, haben diese Staaten ausgiebig Gebrauch gemacht und sind auf diese Weise in den Besitz von Abschriften zahlreicher diplomatischer Akten der alten Monarchie, auch aus der für die Vorgeschichte des Krieges wesentlich in Betracht kommenden Zeit, gelangt. Die genannten Archivverträge stellen diese Bestände zwar unter den Schutz des Amtsgeheimnisses und untersagen die schriftstellerische Verwertung. Dennoch verraten mehrere seither im Ausland erschienene Veröffentlichungen unleugbar die Verwertung der Wiener Archive."

[25] Am 14. 11. 1918 erhielt der k. u. k. Hofrat Dr. Božidar Čerović folgenden Brief vom Vorsitzenden der Volksregierung des Volksrates SHS in B. u. H.: „Die Regierung des Volksrates in B. u. H. ladet Sie ein und ermächtigt Sie, daß Sie alle Immobilien des b. u. h. Landesärars in Wien, das gesamte Vermögen, das Bargeld und die Wertpapiere, die Verträge und alle Schriften von Bedeutung übernehmen. gez. A. Šola."

[26] ÖUA Nr. 10252 u. 10253. Siehe auch Kriegsschuld-Depesche.

[27] VP (Voj. Bogićević), S. 2.

[28] Leon Pfeffer, Staatsanwalt i. R., im *Obzor*, Agram, 22. 7. 1926.

[29] Leon Pfeffer am 28. 7. 1941 im *Hrvatski narod*, Zagreb.

[30] Stanoje Stanojević: *Die Ermordung des Erzherzogs Franz Ferdinand*, dt. Frankfurt, skr. Belgrad 1923. Am 31. 5. 1925 schrieb L.F.B. über diese Broschüre: „1923 war die serbische Regierung durch ihre Geheimpolizei in Wien benachrichtigt worden, daß eine Publikation in Vorbereitung begriffen sei, welche die Mitwisserschaft und die Mordanstiftung des offiziellen Belgrad nachweisen werde. Man wollte diesem befürchteten Hieb zuvorkommen. Den Gegenhieb führte Prof. Stanoje Stanojević, aber er führte ihn so ungeschickt, daß er damit seine Auftraggeber selbst schwer verwundete ... Stanojević verquickte mit Absicht die Zusammenkunft in Konopischt mit der Organisation des Attentates von Sarajevo, um dieses zu entschuldigen, obwohl zwischen dem einen und dem anderen Ereignisse in Wirklichkeit nicht

die geringste Verbindung besteht... Volle Aufklärung könnte am besten eine Wiederaufnahme und die Revision des Salonikier Prozesses bringen, durch den sich 1917 das Kabinett Pašić und die serbische Dynastie der Kronzeugen entledigte, die über die Teilnahme der Dynastie und der Regierung an der Anstiftung des Attentates von Sarajevo hätten aussagen können."

[31] In dem Archivabkommen verpflichtet sich Österreich gemäß Artikel 191 des Staatsvertrages von St. Germain, der Regierung des Königreiches der Serben, Kroaten und Slowenen alle Urkunden, Altertümer und Kunstgegenstände sowie alles wissenschaftliche und bibliographische Material, das aus dem besetzten Gebiet weggeholt wurde, zurückzustellen.

[32] „Desgleichen müßte an die Sichtung des sogenannten ‚Bosnischen Archivs' gegangen werden, welches bereits volle zwei Jahre versiegelt liegt, ohne einen einzigen Beamten." (Abschr. FG.)

[33] *Die geheime Umsturzorganisation*, Bericht über die Verhandlung vor dem Militärgericht in Saloniki nach den bei der Verhandlung gemachten Notizen. Saloniki, Druckerei „Großserbien" 1918. Dt. *Der Saloniki-Prozeß*, Berlin 1933, 746 Seiten.

[34] Zit. b. Uebersberger: *Österreich zwischen Rußland und Serbien*, S. 279.

[35] Theresianist war ein Schüler der 1746 gestifteten Theresianischen Ritterakademie in Wien, einer der vornehmsten Erziehungsanstalten der Monarchie. M. Bogičević studierte dort mehrere Jahre.

[36] Enc. Jug.: Miloš Bogičević.

[37] Miloš Bogičević (Bogitschewitsch) *Die auswärtige Politik Serbiens* 1903–1914, Bd. l. Geheimakten aus serbischen Archiven, Berlin 1928. – Der zweite Band erschien 1929 und brachte Geheimakten aus russischen, montenegrinischen und sonstigen Archiven, der 3. Band war ein Textband (1931). Schon 1919 hatte Bogičević in Zürich eine Broschüre *Kriegsursachen* herausgebracht, 1927 in Paris das Buch: *Le proces de Salonique*.

[38] Notiz an den Minister eines serbischen Archivbeamten vom 25. (12.) Jänner 1929. „Das Buch (Bog. Bd. 1) enthält deutsche Übersetzungen von 417 Dokumenten aus dem Archiv unseres Ministeriums des Äußeren. Sämtliche Dokumente sind *authentisch*. Tendenziös ist nur die Auswahl der Dokumente. Das Buch hat große Lücken (Zollkrieg u. a.)." Geh. Fasz. 26, 146/147 (Abschrift u. Übers. FG.)

[39] In der obigen Notiz hieß es über das Buch *Kriegsursachen* von Bogičević, es enthält „Dokumente, deren Authentizität bisher ebenfalls von niemandem in Frage gestellt wurde". Wir hören auch, wer nach serbischer Auffassung bei den Veröffentlichungen des Bogičević mitgewirkt haben soll, nämlich das österreichische Außenministerium, die deutsche Propagandazentrale für Kriegsschuldforschung und sowjetische Behörden! Als Grund der Veröffentlichung vermutet das serbische Ministerium: „... weil wir das sogenannte ‚Bosnische Archiv' aus Wien weggeschafft haben, auf das wir, ihrem Dafürhalten nach, kein Recht haben."

[40] Interview mit dem Journalisten Serge in der Pariser Zeitschrift *Clarité*, Mai 1925.

[41] Marco (Božin Simić): *Nova Europa*, Zagreb XVI, S. 63.

[42] Martin Pappenheim: *Gavrilo Princips Bekenntnisse*, Wien 1926, Kommentar von R. P. (Ratko Parežanin).

[43] Junge Bosnier, die mit Arbeiten hervortraten waren: Borivoje Jevtić, Dragoslav

Ljubibratić, Oskar Tartalja, Nikola Trišić und der Mitattentäter Ivo Kranječević. Zwei der Attentäter wurden Historiker: Univ.-Prof. Vaso Čubrilović in Belgrad und Prof. Cvetko Popović in Sarajevo.

[44] Wien 1929.

[45] KA, Evb. Evidenzbogen 112 v. 11. 8. 1909.

[46] Bog. Bd. 2, Vorwort. – Die Auswahl der Akten der ÖUA erfolgte durch Ludwig Bittner, Alfred Francis Pribram, Heinrich Srbik und Hans Uebersberger.

[47] Gooß war Beamter des HHStA, dann im Ministerium des Äußern, 1919 begleitete er die österreichische Friedensdelegation nach St. Germain, wo ihn Graf Brockdorff-Rantzau veranlaßte, in den deutschen diplomatischen Dienst zu treten. Die große jugoslawische Bibliographie von Trišič (Anm. 55) widmete diesem wissenschaftlichen Werk 14 Zeilen, der journalistischen Schilderung von Emil Ludwig, *Juli 14*, 21 Zeilen!

[48] Vladimir Čorović, Universitätsprofessor in Belgrad, schrieb einen Textband *Beziehungen zwischen Serbien und Österreich im 20. Jahrhundert* und stellte einen Dokumentenband zusammen. Die Werke wurden nicht herausgegeben.

[49] Aus der *Politika*, Belgrad.

[50] Ludwig Bittner, Alois Hajeck, Hans Uebersberger, Reinöhl, Schwanke, Plönies, Leschanowsky.

[51] *Serbiens Außenpolitik 1908–1918*. Dipl. Akten des serbischen Ministeriums des Äußern in deutscher Übersetzung, Wien 1945.

[52] Kasim Isivić: *Ordnungsarbeiten im Archiv B. u. H.* (skr.), in *Glasnik IV–V*, Sar. 1965 – Das Werk über die *Wissenschaftlichen Anstalten in B. u. H. während der österreichisch-ungarischen Verwaltung* von Dr. H. Kapidžić und Kasim Isović ist eine hervorragende Zusammenstellung von 255 dt. Akten. Sar. 1973.

[53] Siehe Anmerkung 21/8.

[54] *Mlada Bosna*, Briefe, herg. v. Voj. Bogićević, Sarajevo 1954.

[55] Nikola Trišić: *Sarajevski atentat u susetlu bibliografskih podataka*, Sar. 1964.

[56] Borivoje Nešković: *Istina o solunskom procesu*, Belgrad 1953, und Milan Živanović Ž.: *Solunski proces hiljada devetstontina sedamneste*, Beograd 1955.

[57] Univ.-Prof. Hauptmann hat heute im Historischen Institut der Universität Graz die Abteilung Südosteuropäische Geschichte inne.

[58] Siehe Seite 282.

X. Abkürzungen

BiHA	(auch DAS = Državni arhiv, Sarajevo) Aufbewahrungsort des Aktenmaterials des k. u. k. Gemeinsamen Finanzministeriums (GFM) und der Bosnisch-herzegowinischen Landesregierung (LR).
BMH	BERLINER MONATSHEFTE, die ersten sechs Jahrgänge bis 1928 unter dem Titel DIE KRIEGSSCHULDFRAGE, hrg. von A. v. Wegerer, Berlin.
BuH (BiH)	Bosnien und Herzegowina.
DAS	siehe BiHA.
DD	Deutsche Dokumente zum Kriegsausbruch, Berlin 1926.
FG	Übersetzungen von Akten des serbischen Außenministeriums durch die Forschergruppe 1942–1945 (siehe Nachwort) HHSA, PA I, Sarj. FG.
GP	DIE GROSSE POLITIK DER EUROPÄISCHEN KABINETTE 1878–1914. Sammlung der Dipl. Akten des Auswärtigen Amtes, Berlin 1922–1927.
HHSA	Haus-, Hof- und Staatsarchiv, Wien.
Int. Bez.	DIE INTERNATIONALEN BEZIEHUNGEN IM ZEITALTER DES IMPERIALISMUS: DOKUMENTE AUS DEN ARCHIVEN DER ZARISTISCHEN UND PROVISORISCHEN REGIERUNG, dt. Berlin 1931.
KA	Kriegsarchiv, Wien.
MKFF	Mil.-Kanzlei Erz. Franz Ferdinand, KA, Wien.
ÖUA	ÖSTERREICH-UNGARNS AUSSENPOLITIK

	von der bosnischen Krise 1908 bis zum Kriegsausbruch 1914. Dipl. Aktenstücke des ö.-u. Ministeriums des Äußern, Wien–Leipzig 1930.
SAR-A, Wien	(Arbeitsarchiv des Verfassers.)
SAP	SERBIENS AUSSENPOLITIK 1908–1918. Dipl. Akten des serb. Ministeriums des Äußern in deutscher Übersetzung, III. Bd. (26. Mai bis 6. Aug. 1914). Bearbeitet von L. Bittner, Alois Hajek und Hans Uebersberger, Wien 1945.
UP	PROZESS IN SARAJEVO, amtl. Übersetzung der Untersuchungsprotokolle ins Deutsche. Masch.-Manuskript, 503 S., vom 28. Juni bis 22. August 1914, Nachlaß Erz. F. F. HHSA, Wien.
VP	VERHANDLUNGSPROTOKOLL, serbo-kroatisch, SARAJEVSKI ATENTAT (Stenografische Originalprotokolle der Hauptverhandlung gegen Gavrilo Princip und Genossen, verfaßt zu Sarajevo 1914. Kritische Bearbeitung, Vorwort und Schriftleitung: Prof. Vojislav Bogićević, Ausgabe des Staatsarchivs der Volksrepublik Bosnien und der Herzegowina zu Sarajevo. 1954. 455 S.

Abgekürzte Buchzitate:

Bog. I, II od. III	Dr. Milos Bogičević (Boghitschewitsch): *Die auswärtige Politik Serbiens*, 3 Bde., Berlin 1928–1931.
Ded.	Vladimir Dedijer: *Die Zeitbombe/Sarajevo 1914*, Wien 1967.
Gooß	Dr. Roderich Gooß: *Das österreichisch-serbische Problem bis zur Kriegserklärung Österreich-Ungarns an Serbien, 28. Juli 1914*, Berlin 1930.
Nešković	Borivoje Nešković: *Istina o solunskom procesu*, Belgrad 1953.
Pfeffer	Leon Pfeffer: *Istraga u sarajevskom atentatu*, Zagreb 1938.

XI. Register

Aehrenthal, Alois Frh. v. 108, 140, 142, 148 ff., 157 ff., 161, 166, 185, 187 ff., 247 f., 257
Alexander I. Obrenović, Kg. v. Serbien 197, 248, 279
Alexander Karagjorgjević, Prinz-Regent v. Serbien, später Kg. v. Jugoslawien 19, 129, 199, 211 ff., 227, 229, 246, 253, 257, 266, 270 f., 273 ff.
Andrejew, Leonid 99
Andrić, Ivo 59
Arežina, Boško 76
Artamanow, Viktor Aleksejewitsch 91, 229, 272
Artamanow, Wassilij 275
Auffenberg-Komarów, Moritz Ritter v. 101

Baernreither, Josef M. 86, 153 f.
Bajić, Doka 37 f., 40
Bardolff, Karl 54
Berchtold, Leopold Gf. 28 ff., 32, 65, 79 ff., 85 f., 88 f., 93, 97, 100, 136, 190, 208, 210, 216, 231 f., 238, 260, 262
Bilbija, Vladeta 74 ff.
Bilinski, Leon Ritter v. 29 f., 33 f., 82, 101, 256, 261 f., 280
Bismarck, Otto Fürst v. 236
Bogičević (Boghitschewitsch), Miloš 29, 282
Bogićević, Vojislav 111, 282

Boos-Waldeck, Alexander Gf. 12
Božanović, Miloš 253
Branković, Vuk 21
Burian, Stephan Frh. v. 114

Čabrinović, Nedeljko 12, 25 ff., 35 ff., 45 f., 70, 77, 106, 117, 119 ff., 128 f., 131, 133, 137 f., 193 f., 196, 199 ff., 208, 220, 250 f., 254 ff., 260 f., 263, 265
Čabrinović, Vaso 26, 38, 250 f.
Carol, Kg. siehe Karl I.
Cartwright, Sir Fairfax Leighton 248
Čausević, Hadži Mehmad Džemaluddin 62
Ciganović, Milan 26, 39 f., 76 f., 118 f., 130, 132, 137, 193 ff., 196 ff., 220, 254 f., 266
Clemenceau, Georges 266
Collas, Karl 127
Conrad von Hötzendorf, Franz Frh. v. 41, 49, 53 f., 57, 81 ff., 97, 136, 141, 190, 233, 283
Crankshaw, Edward 223
Čubrilović, Vaso 18 f., 128, 132, 200, 254, 263 f., 266 f.
Čubrilović, Veljko 132, 259, 263 f.
Čudić, Leonidas 185
Čurčić, Fehim Effendi 12 f.
Curinaldi, Alois 35, 126, 262, 265, 272, 280

Cvitaš, Wilhelm   160
Czernin, Ottokar Gf.   86 ff., 90, 92, 193, 257

Dačić, Zivojin   199 f., 254
Danew, Stojan   101
Danilo, Erbprinz v. Montenegro   162
Dedijer, Vladimir   18, 26, 35 f., 38, 44, 53, 70, 74, 103, 105, 129, 203
Dimitrijević, Dragutin (gen. Apis)   17, 44, 47 f., 55 f., 60, 70, 74, 76, 78, 91, 97, 105 f., 110 f., 133 f., 139, 157, 194 f., 197, 205, 215, 219, 227 ff., 253, 256 f., 264 ff., 270, 272, 275 f., 280, 282
Djukić, Lazar   131, 263
Dojčić, Stephan   128
Draga, Gem. Kg. Alexander I.   249, 279

Eduard VII., Kg. v. Großbritannien u. Irland   248
d'Estournelles-Constant, Paul-Henri   236
Etienne, Eugène   236

Forgách, Johann Gf.   92, 140, 142, 149 ff., 157 f., 160 ff., 185 ff., 208, 210, 213, 216 f., 232, 244 f.
Frangipani (Frankopan), Franz Christoph Gf.   24
Franz Ferdinand, Ehzg., Thronfolger v. Österreich   9 ff., 31, 44 ff., 80 ff., 107 ff., 141, 155 ff., 186 ff., 229, 237 ff., 257 ff., 269 ff.
Franz Joseph I., Ks. v. Österreich, Kg. v. Ungarn   9 f., 49, 84, 91 f., 96 f., 102, 118, 142, 188, 208, 210, 237, 243, 257, 259, 261, 265
Franz, Otto Frh. v.   158
Friedjung, Heinrich   108, 147 ff., 156 ff., 161, 163, 186 f., 191, 194
Funder, Friedrich   149 f., 193

Gačinović, Vladimir   27, 55, 61, 70 ff., 130, 134, 195, 245, 253, 261, 264 f., 267
Gavrilović, Mihajlo   66 f.
Geiss, Immanuel   237, 243
Gellinek, Otto   157 f., 225
Genčić, G. A.   197
Gerde, Edmund   127
Gibbon, Eduard   22

Giesl, Wladimir Frh. v.   85, 211, 216, 218, 225 f., 233, 259

Golubić, Mustafa   67, 70, 74, 78, 198, 253, 265, 275 f.
Gorki, Maxim   99
Gooß, Roderich   218
Grabež, Trifko   15, 25, 40 f., 45 f., 74 f., 102, 120 f., 128, 131 f., 196, 201 f., 208, 254 ff., 260, 263, 265
Grey, Sir Edward   207, 222, 234
Grgjić (Grdić), Vasilj   105, 115
Gruić, Slavko J.   121 ff., 192, 225

Harrach, Franz Gf.   11 f., 15 f.
Hartwig, Nikolaus v. Henrikowitsch   28, 79, 84, 118, 254, 257, 275
Hauptmann, F.   285
Heinemann, Gustav   18
Hitler, Adolf   104 f., 246
Hörmann, Konstantin   213
Hohenberg, Sophie Hzgn. v.   9 ff., 25, 31 ff., 210, 243, 258
Holländer, Michael   127
Hoyos, Alexander Gf.   216, 259
Hüttenbrenner, Erich Ritter v.   16

Ilić, Danilo   12, 18, 21, 27, 46, 63, 73, 99, 121, 127, 129 ff., 138, 140, 146, 201 ff., 254, 257 ff., 263 f.
Ilić, Ilija   130
Iswolsky, Alexander Petrowitsch   247
Ivasiuk (Iwasiuk), Viktor, später Ingomar   137 f.

Janković, Božo   118
Jeftanović, Dušan   115 f.
Jeftanović, Gligorije (Gliso)   113 ff., 132
Jevtić, Borivoje   35 f., 72, 156, 268
Jovanović, Jovan M.   28 ff., 51, 89, 122, 130, 256, 270
Jovanović, Ljuba   32, 34, 116, 219, 225, 259, 268 f., 274
Jovanović, Miško   256 f., 263 f.
Jukić, Luka   128

Kanner, Heinrich   86, 99 ff., 168
Karl I., Ks. v. Österreich   266 f.
Karl I., Kg. v. Rumänien   87, 257
Kazimirović, Radovan   193

349

Kennedy, John F.   273
Kerović, Blagoje   256
Kerović, Mitar   256, 263 ff.
Kerović, Nedjo   256, 264 f.
Konstantin I., Kg. v. Griechenland   75 f., 229
Kranjčević, Ivo   60, 263 f.
Kurilić, Milan   69 f.

Lazar, Stefan Fürst   20 f.
Lazarević, Dobrivoje R.   205
Lazarević, Manojlo   115 ff., 196
Lešjanin, Ljubomir   48 ff., 93 f.
Letica, Eugenije   114
Ljubibratić, Dragoslav   70 f., 75, 134
Lloyd George, David   216
Lončarević, Dušan   92, 167, 283

Macchio, Karl Frh. v.   190
Malobabić, Rade   206, 227 ff., 233, 260 f., 264 ff., 275
Marković, Božidar   151 ff., 164, 166
Masaryk, Thomas Garrigue   148, 151 ff., 159, 163, 165 ff., 185 ff., 191, 216, 252
Mašlesa, Veselin   44
Mayer-Hofmann, Gerichtsrat   126
Mehmedbašić, Muhamed   60 ff., 66 ff., 73 f., 77, 130, 132, 157, 229, 253 f., 265 f.
Mensdorff, Albert Gf.   247
Merizzi, Erich   12, 14
Mičić, Mico   256
Milanković, Ivan   51
Millerand, Alexandre   236
Milovanović, Milovan   141, 160 f., 187
Milošević, Jakov   256, 263 ff.
Mišić, Petar   221
Molden, Berthold   226
Moltke, Hellmuth Gf.   244
Morsey, Andreas Frh. v.   16 f., 37
Murat I., Sultan   20 f., 24, 104
Musulin, Alexander Frh. v.   208, 210, 231

Nastić, Djorde   37
Naumović, Bogdan   126, 261
Nikolaus I., Kg. v. Montenegro   64 ff.
Nikolaus II., Ks. v. Rußland   55, 90, 142, 148, 162, 189, 211, 221 f., 224, 234 f., 239, 243 f., 257, 265

Njegoš, Petar Petrović   20 ff., 99
Norman, C. H.   194
Novaković, Aca   197, 200

Obilić, Miloš   20 ff., 37 f.
Orlando, Vittorio Emanuele   252
Orlić, Ivo   202, 204
Otto, Eduard   65 f., 68

Paču, L.   211
Pallavicini, Johann Gf.   135, 189
Pašić, Nikola   28 f., 33 f., 55, 66 ff., 79 ff., 88, 93, 102 f., 106, 108, 113, 116, 123, 135, 152, 160, 164, 186, 191, 197 ff., 205, 210, 212, 215, 218 ff., 223 ff., 227 ff., 238, 241 ff., 249, 253 ff., 260, 264, 269 f., 274 ff., 281 f., 285 f.
Perin, Marko   263
Peter I., Kg. v. Serbien   30, 55, 113, 188, 199, 207, 213, 224, 226, 255, 257, 268, 273, 279
Pfeffer, Leon   119, 125 ff., 133, 135 f., 193, 195, 199 ff., 203 f., 206, 261, 280
Pilar, Ivo   153
Plamenac, Peter   65 ff.
Poincaré, Raymond   52, 207
Poletika, N. P.   271
Popović, Čedomir A.   47 f., 133 f., 270 f.
Popović, Cvetko   127 f., 132, 254, 263 f., 266
Popović, Rade   255
Potiorek, Oskar   11 f., 14 f., 31, 54 ff., 60 f., 112, 114, 119, 125, 136, 138, 210, 261, 263
Premužić, Kosta   201, 203 f.
Pribičević, Milan   137 f., 156, 215
Pribičević, Svetozar   271
Princip, Gavrilo   9, 12, 14 ff., 22, 24, 27, 35 ff., 44, 60 f., 68, 74 ff., 99, 104, 109, 114 f., 117 ff., 125 ff., 136, 138, 192, 195, 200 ff., 208, 245, 255 f., 258 f., 261 ff., 268, 278, 282
Prochaska, Oskar   31, 207
Protić, Stojan M. H.   34, 116, 141, 220, 227 f., 266, 268 f.
Puntigam, Anton   193, 267
Pušara, Mihajlo   36 ff.
Puschkin, Alexander   99

Pušić, Daniel 17
Putnik, Radomir 223

Radić, Stefan 270 f.
Rašić, Nikolaus 126
Redlich, Josef 216
Renner, Karl 140, 185
Ristić, Svetozar 239, 241

Salis, J. R. v. 215
Salisbury, Lord Robert Arthur 58
San Giuliano, Marchese Antonino di 234, 254
Šarac, Djuro 130, 133 f., 201
Sasonow (Sasonoff), Sergej Dimitriewitsch 56, 90, 92, 112, 128, 190, 212 ff., 221 f., 224, 234 ff.
Sava, Hl. 19, 25
Schebeko, Nikolaus Nikolajewitsch 191, 244
Seefried, Alois 263
Šefer, Jakov 128, 254
Sergian, Mladen 149 ff., 155, 157 f., 160 ff., 185 f., 197
Seton-Watson, Robert William 32, 215, 266, 269 f., 274, 285
Sforza, Carlo Gf. 103
Shaw, George Bernard 216
Sieghart, Rudolf 101
Silva-Tarouca, Ernst Gf. 89
Simić, Božin 282, 286
Sixtus, Prinz von Bourbon-Parma 266
Šola, Vojislav 268
Sophie, Gem. Kg. Konstatin v. Griechenland 75 f., 229
Spalajković, Miroslav 56, 65, 91, 102, 108, 111 ff., 132, 147, 152, 155, 160, 162, 164, 187 ff., 203, 210, 212 ff., 221 ff., 234 ff., 243 ff., 253
Stadler, Erzbischof 114
Stanojević, Stanoje 105, 268, 281
Steed, Henry Wickham 247 ff., 266
Stefanović, Milan siehe Sergian Mladen
Stefanović-Vilovsky, Th. 196
Stejepanović, Cvijan 256, 263 f., 266 f.
Stork, Wilhelm Ritter v. 83 f., 121 ff., 146
Stürgkh, Karl Gf. 136, 216

Suchomlinow, Wladimir Alexandrowitsch 236
Supilo, Franjo 147, 158
Šustešić, Ivan 89
Svara, Franjo 12, 37, 126
Swietochowski, Viktor v. 157 f., 165 f., 185

Tankosić, Vojislav (Voja) 26, 33, 40, 70, 74, 76, 106, 117, 130, 133 f., 136 ff., 143, 146 f., 193 ff., 201 f., 208, 219 f., 254 f., 257, 259, 262, 270
Tartaglia, Oskar 194, 204
Tavčar, Cyrill 69 f., 265
Tisza, Stephan Gf. 81 ff., 88, 93, 136, 244
Todorović, Kosta 55, 261 f.
Toma, Hadži 198
Trotzki, Leo 245

Uebersberger, Hans 268, 272
Ugron, Stephan v. 28, 30, 85

Varagić, Jovan 35 f.
Vasić, Milan 36, 186, 213
Vasić, Vladimir siehe Sergian, Mladen u. Stefanović, Milan
Vasiljević, Dušan 202 f.
Venizelos, Eleutheros 76
Verosta, Stephan 96
Vidov, Hl. 19 f., 22 ff., 33, 38, 40
Vila, Ivan 26
Vulović, Ljubimir 76 f., 219, 231, 255, 264, 266, 275

Wiesner, Friedrich Ritter v. 136, 138 f., 195, 231 f., 280
Wilhelm II., dt. Ks. 88, 92, 118, 190, 216, 236, 243 f., 250, 253, 259
Witte, Sergej J. Gf. 216, 236

Zagorac, Branko 263
Žakula, Stevan 127
Zečević, Jovo 156
Žerajić, Bogdan 27, 119, 128
Zivković, Petar 266
Zriny (Zrinsky), Peter 24

Danksagung

Ohne Unterstützung zahlreicher Institute und Archive, ohne Rat und Hilfe zuständiger Wissenschaftler, die mir reichlich zuteil wurde, wären meine Bemühungen, neues Licht auf die historischen Vorgänge rund um das Attentat von Sarajevo zu werfen, vergeblich gewesen. Vor allem gilt mein Dank den Herren des Wiener Haus-, Hof- und Staatsarchivs, Direktor w. Hofrat Univ.-Prof. Dr. Richard Blaas, w. Hofrat Dr. Rudolf Neck und Amtsdirektor Anton Nemeth, ferner den Herren des Kriegsarchivs Archivoberrat Dr. Peball sowie den Archivräten Dr. Peter Broucek und Dr. Rainer Egger. Dr. Robert A. Kann, Professor of History an der Princeton University (USA) und Dr. Stephan Verosta, Professor für Völkerrecht, Rechtsphilosophie und internationale Beziehungen an der Universität Wien, Botschafter a. D., weiß ich aufrichtigen Dank für ihr Verständnis und ihr Entgegenkommen. Mit Auskünften und wertvollen Hinweisen standen mir das Historische Institut und das Institut für Zeitgeschichte der Universität Wien zur Seite. Großzügige Hilfe beim Ausbau des Sarajevo-Archivs gewährte mir das Bundesministerium für Wissenschaft und Forschung, technische Hilfe die Direktion der Österreichischen Staatsdruckerei. Herrn Davor Gašparović in Klosterneuburg, Sprachleher an der Wiener Urania, danke ich für die Korrektur der serbokroatischen Texte.

* * *

In der Monarchie war die amtliche Schreibweise in bewußter Anlehnung an die serbokroatische Sprache: *Hercegovina*. Nach dem Duden wird heute im deutschen Sprachraum, so auch in dieser Publikation, die Schreibweise *Herzegowina* gebraucht.